国外实用金融统计丛书

市场风险管理的数学基础

Essential Mathematics for Market Risk Management

[英] 西蒙·赫伯特（Simon Hubbert） 著

陈昭晶 译

机 械 工 业 出 版 社

本书为读者介绍了金融风险管理中经常使用的数学工具与技巧，涵盖了风险管理所需要的线性代数与概率论基础、投资组合理论、资本资产定价模型、VaR 理论、时间序列分析、金融衍生品定价的基础理论、最大似然估计法、Delta 方法、假设检验及极值理论等。本书将金融风险理论与严谨的数学推导紧密结合，能够使读者更为详细地对金融风险模型进行了解，不仅适用于金融从业者，而且也适用于研究相关模型的学者。

图书在版编目（CIP）数据

市场风险管理的数学基础/（英）赫伯特（Hubbert, S.）著；陈昭晶译．—北京：机械工业出版社，2015. 10

（国外实用金融统计丛书）

书名原文：Essential mathematics for market risk management

ISBN 978-7-111-51284-4

Ⅰ．①市…　Ⅱ．①赫…　②陈…　Ⅲ．①金融风险-风险管理-数学基础-研究　Ⅳ．①F830. 9

中国版本图书馆 CIP 数据核字（2015）第 196035 号

机械工业出版社（北京市百万庄大街 22 号　邮政编码 100037）
策划编辑：汤　嘉　责任编辑：汤　嘉　李　乐　韩效杰
版式设计：霍永明　责任校对：张　征
封面设计：路恩中　责任印制：常天培
北京机工印刷厂印刷（三河市南杨庄国丰装订厂装订）
2016 年 4 月第 1 版第 1 次印刷
169mm × 239mm · 17. 5 印张 · 1 插页 · 360 千字
标准书号：ISBN 978-7-111-51284-4
定价：49. 00 元

凡购本书，如有缺页、倒页、脱页，由本社发行部调换

电话服务	网络服务
服务咨询热线：010 – 88361066	机 工 官 网：www. cmpbook. com
读者购书热线：010 – 68326294	机 工 官 博：weibo. com/cmp1952
010 – 88379203	金　书　网：www. golden-book. com
封面无防伪标均为盗版	教育服务网：www. cmpedu. com

译　者　序

在美国次贷危机席卷全球金融市场之后，为了正确使用适当的风险管理方法来控制与防范风险，各大金融机构开始更加重视风险管理。对于学者来说，这是开拓新的风险管理方法领域、建立全新风险管理模型的机遇，因此，全面了解这方面的数学基础方法是至关重要的；对于从业人员来说，只有熟知风险管理方法背后的数学基础，才能了解风险管理的本质，在应对具体风险时才能够选择最合适的方法。西蒙·赫伯特的这本《市场风险管理的数学基础》涵盖了风险管理所需的基础数学工具，不仅适用于风险管理的学术研究，而且对于风险管理的从业人员来说也是推荐的必读书目之一。

市面上并不缺少介绍风险管理方法的书籍，但是专门介绍与风险管理相关的数学方法的书却为数不多。从业人员通常更倾向于阅读分析类的书籍，对于数学方法他们通常认为过于抽象而不愿阅读。但是，作者结合他在学术界与银行从业的经历，进而在本书中将数学与实际分析方法进行了完美的结合，使得读者既可以读懂较为基础的数学知识，也能够进一步应用到实际的模型中。

本书的内容结构是非常流畅与清晰的。在第 1 章的导论中，作者阐明了当前风险管理的发展以及面临的各种挑战，希望能够给予读者启发。本书的第 2 ~ 4 章重点讲解了风险管理所需要的数学基础知识，不过并没有进行非常深入的介绍，可以说，这三章只是在为后文提供一种语言方式，通过线性代数运算、概率论基础以及最优化工具，我们就可以描述并求解具体的风险管理模型。在风险管理中，最基本的方法就是分散投资以分散风险，于是第 5 章与第 6 章介绍了投资组合理论及其推导过程，从理论上阐述应该如何构建最优的投资组合。第 7 章的内容是资本资产定价模型（CAPM），说明如何应用 CAPM 模型来分散风险。第 8 章开始介绍风险因子建模方法以及应用主成分分析法来分析风险的构成。第 9 章与第 10 章正式介绍在险价值的概念及其不同的种类。第 11 章与第 12 章再次回归到数学工具的介绍中，介绍了矩、随机变量以及中心极限定理等高级概率论知识，并给出了一些常用的分布函数，风险管理的建模经常会涉及这些分布函数。第 13 章对金融衍生品的定价作了概论式的介绍，因为金融衍生工具在近些年是非常流行的风险对冲工具，所以对衍生品有一定了解还是非常有必要的。第 14 章主要讲述了非线性在险价值，主要包括非线性模型的一些近似方法，在现实的模型分析中，线性是非常难以做到的，并且我们求解闭合解也是非常困难的，所以数值近似方法是必不可少的。第15～17章以及第20章简要介绍了一些计量方法，其中包括时间序列方法、最大似然估计法、统计估计中的delta方法与波动性模型，在给定数据的前提下能够应用这些估计方法给出相应的估计量。第18章中的假设检验方法是统计检验的基本方法，也是检验估计结果可靠性的常用方法。第19章带领读者了解金融数据的一些特性，这对金融从业人员来说是非常有必要的，在掌握这些特征之后，读者才能较好地对数据进行解读。第21章的极值理论是风险管理中非常重要的理论，因为金融行业非常看重极端风险所带来的损失与收益，尤其是大额的损失。第22章介绍了数值模拟方法，可以根据数据和给定的假设对数据的发展进行模拟，以给出一定的启发。第23章给出了风险管理中其他在险价值方法，第24章的后验测试可以对前面的风险管理模型的表现进行评价。

本书历经8个月的翻译工作，终于完成了翻译的初稿。在这一过程中，译者力求保持原书流畅的逻辑结构与通俗易懂性。一些术语上的翻译可能会与读者之前所接触的有所差异，虽然与同事进行了反复讨论和校对，但可能还是会存在一些错误。

在此，我要特别感谢姚泽宇、张韶英等人为翻译工作所作出的贡献，他们为本书的翻译提供了大量的宝贵意见与支持！同时，希望读者能够给予一些宝贵的修改建议，以便为更多的读者提供更舒适的阅读体验。

译者
陈昭晶

前　言

本书旨在为读者介绍金融风险管理中经常使用的基础数学工具与技巧，例如，对于精于计算、渴望探索金融风险管理背后的科学本质并希望建立易于理解的知识体系且较为独立的研究生来说，这本书将会非常具有吸引力。另外，如果你是一位市场从业人员且有兴趣更深入地了解一些支撑目前最常用的数量方法（黑盒）的数学理论，那么这本书也不会让您失望。

目前现有的关于金融风险管理的书籍大致可以分为两类：一类为囊括众多话题但对于其中的数学理念解析不够深入的书（如 Hull（2007），Dowd（2002）和 Jorion（2006）出版的书），而另一类则包含太多过于严谨的数学推导而远远超出入门水平（如 McNeil，Frey 和 Embrechts（2005）与 Moix（2001）出版的书）。基于此种情形，我为中级水平的读者编写了这本书。本书从简单易懂而又覆盖全面的数学角度来阐释众多精心挑选的主题，这些主题对于经验丰富的风险管理者而言可能会常常遇到。为突出重点，本书完全专注于市场风险管理的数学方法。目前已经有众多关于信用风险管理科学的优秀文献，如 Bielecki，Rutkowski（2010）与 Schönbucher（2003）等人的成果就是很好的例证。正如本书的标题一样，它将紧紧围绕这一主题的数学方法进行阐述。因此，本书的编写理念就是让每一个即将开始一段光辉的风险管理生涯或是希望在这个领域更进一步学习的读者能够学习到必要的科学背景知识。尤其值得一提的是，我希望这本书可以与以下三本极为优秀的书籍相得益彰，它们的作者分别是 Alexander，Alexander 与 Christoffersen，这三本书的重点都在于具体案例以及方法的应用。

这本书是在我于伦敦大学伯贝克学院教授的两门日常课程的基础上发展而来的。这两门课程都是广义金融工程专业的一部分，一门是针对本科，另一门则是针对研究生。其中，伯贝克学院的本科课程的教授对象为熟悉基础微积分、线性代数和概率论的学生，同时也是对技术要求更高的研究生课程的先修课。沿着这条路学习的学生表现非常优异，鉴于此，这本书可以作为初级概论性教材（来自本科课程）和高级主题（来自硕士课程）的代表。市场风险管理这个领域非常广阔，其中的一些分支学科（如波动性模型、仿真技术、极值理论等）都可以用一整本书来阐述，所以在此说明，这本书并没有对该领域的研究前沿进行非常详尽的介绍。不过，我希望本书可以启发读者未来对这些主题进行更加深入的探究。

在此，我要感谢使这本书能够成功面市的人们，感谢来自伦敦大学伯贝克学院的我的两位同事——Brad Baxter 和 Raymond Brummelhuis，对我的支持与鼓励。同时也要感谢我曾经的一些学生，感谢他们对本书内容与结构安排方面一些有价值的反馈。特别要感谢 Mafalda Alabort Jordon 为本书第 19 章呈现的图表所作出的贡献。

目 录

1 导 论

在日常生活中，虽然不能避免风险的存在，但我们可以试图降低风险的潜在影响。总体而言，我们风险管理做得还不错：骑自行车时我们会戴上头盔，驾驶汽车时我们会系上安全带，接触腐蚀性物品时我们会戴上手套等。在金融投资的世界中，一个被广为认同的观点是我们所承担的风险越大，我们所获得的收益就会越高，但我们损失的可能性也会更大，这一点也尤为重要。金融风险管理者的任务就是去发觉风险的存在，去理解这些风险对于有潜力的投资会产生怎样的破坏作用，最重要的是，能够减少风险敞口以避免可能发生的危机。本书的目的是为管理和控制金融市场中的固有风险提供数学工具。我们遵循两个基本原则：第一，我们竭力保证，就平均而言，一项金融投资会在可以容忍的风险额度之下提供一个健康的回报率；第二，我们应该时刻警惕能够引发灾难性损失的罕见市场事件并为之做好准备。本章旨在阐明风险管理的基本问题以及一个风险管理者可能面临的典型挑战，为日后数学之旅的起航照亮了前进的方向。

1.1 风险管理的基本挑战

在正式的讨论开始之前，首先考虑一个看似很简单的问题。假设我们目前手上持有\$$W$ 的财富，于是我们决定在今天，即时间 t 将这笔财富投资于单一金融资产，投资期为未来的 τ 天。这项资产现在的价值是已知的，记为 $S(t)$，但其未来的价值 $S(t+\tau)$ 是不确定的。我们认为这项资产是一个普通的市场产品，例如股票的份额、外汇、债券或是其他大宗商品。在这种情况下，有两种可行的策略：

(1) 持有策略

如果我们认为该资产的价格会上涨，那么我们就可以今天将其买入，在未来以更高的价格卖出（希望如此），这样我们就可以获得收益。

(2) 卖空策略

如果我们认为该资产的价格会下跌，那么我们可以通过卖空策略而从中获利。这种策略概括于表 1-1。

表 1-1

时间 t	时间 $t+\tau$
现在借入该资产并立刻卖出，可获得 $S(t)$	以 $S(t+\tau)$ 的价格买入资产，偿还债权人

如果资产价格如我们所预想的一样下跌（即 $S(t+\tau)<S(t)$），那么我们将会获利。

这两种策略的风险是迥然不同的。资产价格不可能为负值，但是从理论上讲，其价格上涨是没有上界的。对于持有策略来说，这意味着损失有限但是却可能会有无限的盈利；然而对于卖空策略，情况则截然相反，存在着无限大的潜在损失。从这一点来看，在实际操作过程中，纯卖空策略通常就会受到特定的约束与管制。

现在我们假设将手中的\$$W$ 财富投资于 n 项风险资产，记为 $\{S_1, \cdots, S_n\}$，我们的投资策略为仅投资财富的一部分 w_i 于资产 S_i，$i=1, \cdots, n$。这里假设市场允许卖空，因此一些 w_i 可能会存在负值。这种情况将会引入另外一个问题：

资产组合问题

我们将如何选择最优的投资权重 $\{w_1, \cdots, w_n\}$ 以使得总投资在风险最小的情况下获得较高的回报？

在数学领域中，我们可以时不时发现有些看起来很复杂的问题却恰恰有最优雅且最令人满意的结果，上述的资产组合问题就是一个例子，并且为我们以后风险管理的数学旅程提供了一个完美的开端。这个问题本身在20世纪50年代早期由哈里·马科维茨（Harry Markowitz（1952））在其博士论文的研究中得到了解决，马科维茨著名的解法思路如下：

1）对资产组合的随机回报率 r_p 建立方程，其中 r_p 为组合权重 $\{w_1, \cdots, w_n\}$ 的函数。

2）运用概率知识得到 r_p 的期望回报率 μ_p（对潜在回报的度量）与波动率 σ_p（对风险的度量）。

3）进而在确保风险尽可能小的条件下，寻找能够产生令人满意的期望回报率的权重 $w_1^*, \cdots, w_n^*$。

解决上述问题所需要的数学工具将会在第 2 章至第 4 章详述，其完整解法讲解在第 5 章，这将会是我们旅程中第一个主要景点。

在马科维茨的投资组合理论出现之前，大多数投资决策都是基于投资者直觉或是一些再简单不过的建议，如“不要把鸡蛋放在一个篮子里”等，在量化分析上的涉猎甚浅。马科维茨为投资理论奠定了科学基础，在第 6 章我们还会发现其先驱研究的一些有趣结果。这些研究发现接下来激发了其他很多学者的灵感，他们对资产价值与其风险感知之间的关系进行了更深入的探究。这是一个非常棘手的问题，并且由于资产价格并不总是依照投资者的预期变化的，这就更增加了问题的难度。我们发现资产价格之间具有相关关系，某资产强烈的价格波动将会影响另一资产的

价格变化，反之亦然，我们称这两个资产之间存在相关性，这使得我们不得不考虑以下问题。

建模挑战

如何对风险资产价格随时间的变化进行精确建模？

相关性挑战

如何对多个风险资产之间的相关性进行精确建模？

在20世纪60年代早期，马科维茨鼓励一位名为威廉姆·夏普的博士研究生对这些问题进行研究。为解决这个问题，夏普假设市场中所有的投资者都利用马科维茨权重来构建投资组合，在此假设下，夏普建立了著名的资本资产定价模型（CAPM）。本书第7章将详细阐述该模型的数学推导，我们也会展现模型的一些实际应用和结果，包括下面提到的这一有趣的发现：

资产价格通过其对单一风险因素的反应而与其他资产价格相互关联。(1.1)

这一新发现告诉我们，在马科维茨假设的市场中有一单一已知风险因素可以被看作是推动所有风险资产的价格波动与联动的主要动力。这是一个惊人的结论，不容置疑它在金融经济学家之间引发了很大的争论。事实上，多年以来已经有众多实证研究来验证CAPM的有效性以及其所基于的假设条件。

在20世纪70年代，金融风险模型的发展又勇敢地向前迈了一步。具体来说，受到CAPM的启发，考虑下面更为一般的情形：

资产价格通过其对多个风险因素的反应而与其他资产价格相互关联。(1.2)

对应上面的假设，学者们提出了一类更为一般的风险模型，即线性因素模型。在本书第8章将会更为细致地讨论这个广为流行的方法。线性因素模型最具吸引力的特点是在驱动因子的选择与构成上有很大的灵活性，这种灵活性使得在实际风险管理中会出现以下问题：

因素选择的挑战

如何选择驱动风险因素的数量与特征？

本书第8章将会介绍主成分分析法，这是多元统计学中常用的降低维数的工具，我们将会阐述如何运用主成分分析法来有效科学地解决上面的因素选择问题。

1.2 在险价值

在20世纪80年代后期，拥有复杂风险头寸的基金经理和交易者越来越多地关注一种所谓“衍生品”的新兴金融工具来作为降低风险的手段。金融衍生品，顾名思义，就是从一些我们已经熟知的普通资产（如股票、大宗商品、外汇与债券）衍生出来的产品。当使用方法正确时，衍生品可以帮助持有者抵御风险，因此衍生品可以看作是一种保险政策。然而，随着衍生品的使用日益普及，人们也逐渐意识到这些产品的滥用会带来毁灭性的后果。事实的确如此，贯穿20世纪90年代中期，一系列与衍生品相关的灾难最终导致了时代亟须的银行业监管剧变。金融机构面临新型的且更加严格的控制，于是整个行业都不得不重新思考风险管理的策略。目前，所有的金融机构都拥有由应用型科学家组成的研究小组，他们会应用复杂的数学与统计方法来量化和控制风险敞口。风险管理的革命是在20世纪90年代早期开始的，当时著名的巴塞尔委员会（关于银行监管）正开展协商程序，从本质上来说开始着手强调以下重要问题。

免遭巨额损失

投资银行如何度量它们对基本金融资产不利以及不可预期的运动的风险暴露？

它们如何应用这种度量方式来决定其资本充足率的要求？

为了解决这个问题，巴塞尔委员会提议每个投资银行应该将其市场头寸分为两个账户：交易账户和银行账户。交易账户，顾名思义，包含用于部分积极日常交易策略的所有产品（例如投资组合和金融衍生工具就属于交易账户）。相比之下，银行账户中包括持有时间较长的头寸，例如长期债券。

巴塞尔委员会将关注重点转移至交易账户并研究其风险的量化方式。交易账户中每一种产品的价值中都包含有一部分是市场能够察觉的价格（假设流动性充足的前提下）。但是这些产品的未来价格却是未知的，因此，即使我们知道交易账户在今天的价值，其在明天或是未来任意时间的价值还是未知的。当市场行情较稳定时，人们会预计交易资产组合会带来日收益或至少是可以管理的轻微损失。然而，我们不能掌控市场行情，并且历史告诉我们，有时我们会预料到一场金融风暴的到来，在这场风暴中市场的剧烈波动会使得金融产品的价值大大损失。从上述观点出发，人们就会很自然地提出以下问题：

每100天中的99天里交易账户可能遭遇的最大损失是多少？

这个问题的答案就是99%置信水平下的交易账户在险价值（Value at Risk，VaR）；当然，对于其他置信水平，我们也可以提出同样的问题，例如95%置信水平，表示100天中的95天里可能遭遇的最大损失值。对于金融从业者来说，度量投资组合VaR值是很常用的，它表示了一种货币的潜在损失，并且从这个方面来看，这种度量方式既比较准确，易于操作又很容易理解。在1996年，巴塞尔委员会提议各银行将VaR作为其交易账户对市场风险暴露的度量方式，进而表现出该委员会对于VaR概念的认可。基于以下两个原因，巴塞尔委员会的最终报告被认为是具有开拓性的：

1）该报告认可各家投资银行运用自己内部的模型来计算VaR的估计值。

2）该报告为各家投资银行提供了统一的用于计算银行自身资本充足率要求的公式，且该公式是基于各家银行自行估计的VaR值的。

在险价值被广泛公认为是新兴风险管理改革中的重要里程碑之一。但VaR简单的概念掩盖了其度量方式的复杂性。例如，在单一计算方法出现之前，我们必须确保拥有所有相关的金融数据，包括历史数据和实时数据。因此，一家典型的金融机构会面临下面严峻的挑战：

IT 挑战

建立具有以下功能的 IT 系统：

- 收集所有金融产品的实时头寸数据并准确地反映在风险计算公式中。
- 具有能够动态反映固定区间内（如日度价格）历史价格的数据库。

这个 IT 挑战是巨大的，尤其是对于跨国投资银行来说，因为这些投资银行的交易投资组合遍布全球市场。大多数投资银行选择将这些数据管理项目交给那些具有数据库建造维护专长的 IT 咨询公司，这一点便也不足为奇。

VaR 的概念可以看作是风险管理新方法的突破点，事实上，它标志着科学行业一个非常令人兴奋的领域的兴起，在这个领域之中学术进展与现实实践都在进行持续的交流。我们从以下两个部分来考虑计算 VaR 的挑战。

VaR 的计算挑战

对于给定的置信水平 $\alpha \in (0,1)$，我们要如何计算一个包含如下内容的资产组合对应的在险价值：

1）例如股票、大宗商品、外汇与债券等的基本金融资产。

2）更为复杂的金融衍生工具？

我们将会在第 9 章讲述 VaR 挑战的第一部分，具体考察其数学性质。我们将会发现 VaR 一些优良的性质，不过也会发现一些棘手的问题。我们努力通过其他风险度量方法来解决这些问题，并考察这些方法能否成为 VaR 方法的强有力竞争者。

在第 10 章我们将会关注 VaR 的实际计算与其面临的挑战。在一开始，先假设代表投资组合日度损失的随机变量是服从正态分布的，然后给出一个基本模型。特别地，在这一简化的框架下，我们将会展示如何对几乎所有的 VaR 相关的重要挑战给出简洁的解析解。

由于现在我们在投资组合中引入了金融衍生工具，于是 VaR 挑战的第二部分就会更加复杂。为了解决这个问题，我们需要概率论与数理统计学中一些高级的理论，这些在第 11 章与第 12 章中将具体给出。最简单的情形是我们投资于单个衍生品，其价值依赖于其基础资产的价格。在数学上，我们称衍生品价格为资产价格的函数，写作

$$衍生品在时间\ t\ 的价格 = f(S(t)),$$

其中，f 是非线性函数。为了考察衍生品的潜在收益或损失，我们需要尽可能准确地确定 f 的函数形式。这就使得我们面临如下的挑战：

衍生品定价

对于给定的衍生品，我们应该如何确定其价值与基础资产价格之间的关系？

金融衍生品定价本身就是数理金融学的一个分支，有很多出色的教科书对于这个问题展开讨论。不过，在本书第 13 章，我们对于简单欧式期权的著名Black -

Scholes 期权定价公式进行了较为完备的推导。这个模型要追溯到 20 世纪 70 年代早期，但是它对现代数理金融学的发展是功不可没的。很多关于衍生品定价的开创性研究都可以看作是对最早的 Black - Scholes 模型的扩展与创新。

我们不会对衍生品定价给出更加深入的介绍，但是我们简单地假设计算方法是存在的，且对于我们遇到的任何衍生品都能给出价格。在这种情况下，我们就能够解决计算衍生品投资组合的 VaR 估计值问题。为了减轻该问题的计算负担，我们应该先考察一下该问题具有解析解的可能性。由于以下两个原因，解决这个问题还是非常困难的：

1）基础资产（衍生品所基于的资产）的数量可能非常巨大，即该问题的变量维数会较高。

2）即使我们了解某一特定资产的概率属性，但预测该资产价格的非线性函数（即衍生品）价格仍是非常困难的。

在 20 世纪 90 年代后期，Britten-Jones and Schaeffer（1999）解决了上述问题并提出了如下解决方法：

- 第一步　降低维数

将基础资产回报的模型变为一个线性因子模型。首先假设因子的数量会远小于资产的数量，因此问题的规模（即维数）也会大大缩小。

- 第二步　概率假设

针对控制风险因子的随机本质的概率规则提出一些简化的假设。

- 第三步　函数近似

对于非线性的衍生品函数进行局部近似。

在第 14 章我们将会详细介绍上述步骤，并且关于如何应用衍生品的局部近似法为所谓的非线性在险价值提供解析解，我们到时也会进行具体说明。

1.3　风险管理的进一步挑战

早期对于计算 VaR 的尝试发生在 20 世纪 90 年代中期，在此期间，大多数从业者的主要目标就是能够建立方便操作的直接解法。计算解析解的这些早期尝试都是基于对金融回报或收益随机性的简单假设。到 20 世纪 90 年代后期，绝大多数金融机构都利用了信息技术的快速发展，更快的计算速度与更大的数据储存空间都使得数量分析的专业团队能够进行更加深入的科学探究。其中一个尤为重要的例子就是运用历史数据来考察基础金融变量的特性。事实上，这也是我们下一个挑战的重点：

统计调查

运用实际价格数据进行统计调查来确定资产损益的关键实证性质。

在第 15 ~ 18 章中，我们将会给出解决上述问题所需的统计工具与方法技巧。

然后，在第 19 章，我们将这些工具进行实际应用并实行科学调查，目的是确定能够描述金融损益真实本质的重要统计特性。这些特性通常都是典型的事例，指引着改进风险模型的新发展。一个成功的数学模型应该满足上述尽可能多（如果不是全都满足）的特性。

我们研究的其中一个结果是极值会比基本模型的预测更容易出现，且大额损失比大额收益出现的次数更多。与之相关的，我们还发现一个基础金融资产的未来波动性与其过去的波动性是相关的。这是非常重要的观察结果，因为它表明当一个资产经历高波动性时，其出现极值的可能性就会增加，不好的是，极小值与极大值都是有可能出现的。以上观察结果使得我们思考一个所有风险管理者都会强调的重要问题：

波动性挑战

我们应如何建立能够准确抓住金融损失典型特征的随时间变化的波动性模型？

波动性建模这个话题范围很广，以至于它可以作为数理金融学的一个分支来介绍，事实上，也有一些关于这个问题的教科书。我们将在第 20 章详细介绍度量波动性面临的挑战，我们不但会对于不同的方法进行简略的复习，而且还会就目前最流行的 GARCH 模型族为读者展开讲解。GARCH 模型目前在金融建模中应用范围广泛，我们以后也会看到，原因就是这类模型能够捕捉到几乎所有的典型性质，此外，它们还非常容易进行实际操作。GARCH 建模框架也非常灵活，一旦读者理解了基本模型，也就可能对模型进行进一步地扩展以改进结果，这一点在市面上很多基于 GARCH 类型的波动性模型中都能体现出来。

为引出下一个重要的挑战，我们先回想一下在险价值方法，我们知道，这种方法可用来应对一年出现两三次的未预期到的事件。然而不幸的是，经验显示金融市场也有可能面临类似“龙卷风”的事件，例如恐怖袭击、政治动乱以及自然灾害。这些事件能够使得全球股票市场损失数十亿的市值。因此，量化风险管理的一个新挑战就是对于极端事件提出应对方法，即我们面临的新挑战为：

针对罕见事件损失的量化挑战

我们对于金融资产的潜在极端波动应该如何分配概率？

在第 21 章我们提出极值理论（Extreme Value Theory，EVT）来解决上述问题，它是概率论的一个分支，用以描述极端事件的统计特征。EVT 在科学与工程上都有很广的应用。特别地，水文学者成功地运用 EVT 来帮助预测具有潜在破坏性的洪水的发生概率与规模，进而他们运用这些结果来估计用来抵御洪水的堤坝的最优高度。在金融市场中，EVT 的应用也大约如此，风险管理者应用理论对投资组合在金融风暴中损失的可能性与规模进行建模，进而利用这些数据来决定吸收这些损失的缓冲基金的规模。

金融学（以及科学与工程学的其他分支）中的一个常见情况是对实际问题的解析解基本上只有在最简单的情况下才会存在。比如说，一个普通欧式期权的价格可以通过分析推导而得，但是对于大多数非标准期权来说，其价格的计算还是需要通过数值的方法。在风险管理中我们也发现了同样的问题，例如，如果我们（错误地）假设投资组合损失的随机变量是服从正态分布的，则我们对于几乎任何风险方法都能推导出表达式，但是如果我们应用略微复杂的风险模型，那么我们就不得不采用数值手段了。这就引出了我们接下来的挑战：

风险量化的数值方法

我们应该如何运用数值方法计算金融投资组合的在险价值?

为解决上述问题我们必须要学习数值模拟背后的数学理念，数值模拟是风险管理中最重要的数值工具。在第22章中我们将会详细讲述这一挑战，其中我们会介绍如何运用仿真技术为金融风险度量，例如为在险价值提供估计结果。特别地，我们将会说明如何设计仿真算法，以便能够为投资组合中每一种资产或衍生工具生成一系列未来可能的价格，然后将以上价格结合起来生成投资组合的模拟价值。然后，随着越来越多模拟值的生成，我们就会对投资组合损失的随机变量的重要统计特性看得越来越清楚，最后，VaR的估计值（以及其他风险度量值）就能较容易地获得。这种方法成功的秘诀主要是在确定算法上，它也许会依赖投资组合过去的历史价格（历史模拟），也可能依赖于某些根据真实市场价格校准的数学模型（蒙特卡洛模拟）。

很显然，从业界工作者的视角来看，人们非常需要VaR的准确解析表达式。事实确实如此，在20世纪90年代后期，有一些另外的VaR方法也被人们提议，每种方法都在试图抓住损失随机变量的真实统计特性的同时来提供解析解。在第23章，我们将会给出两种最常用的方法，然后我们就给VaR计算这一部分画上句号。

在最后，最终选择的用以计算交易投资组合在险价值的模型是非常重要的。VaR计算的结果将会决定机构缓冲基金的规模，以及帮助吸收未预期损失的监管资本的额度。缓冲基金不能用于投资活动，这部分资金是禁用的，并且其规模必须遵守监管规则。如果我们选择的模型总是高估真实VaR，那么我们就会过分占用本应该用于投资产生收益的资金。另一方面，如果我们选择的模型总是低估VaR，则会遭到惩戒，监管者将会修订公式以使得缓冲基金的规模得以增加，即监管者会处罚应用不符合标准的VaR模型。基于以上两方面影响，我们必须选择与我们交易组合的特征相适应的最准确的计算方法，即我们必须要面对以下挑战：

风险模型的确定

我们应该如何科学地测试某一特定VaR模型的表现?

在第24章，即本书的最后一章，我们将会解决这个问题。特别地，我们给出了Christoffersen检验方法（参见Christoffersen于1998年的著作），该方法要追溯到20世纪90年代后期，该方法的理念与我们在第18章中对统计检验的复习相联系，我们应用这个方法提出一个检验统计量，该统计量的值依赖于VaR模型过去的表现情况。检验统计量本身也可以看作是一个随机变量，其遵循某些已知的概率规则，我们可以应用它来建立决策规则以决定是否应该采用该模型。

2 风险管理中的线性代数

由于风险管理的问题会涉及大量的基础变量，因此很多问题都是多维的。例如，包含金融资产组合的问题是多维的，因为一个资产组合是由许多金融资产组成的，且组合价值是由每个资产的货币投资量所决定的。线性代数是为建立和解决这些问题搭建理论框架的一个数学分支，在本章中，我们将展示其中最重要的结果。

2.1 向量与矩阵

线性代数的基本研究对象就是向量和矩阵。向量，根据定义为一列实数，即$\mathbb{R}$中的元素。写作

$$x=\begin{pmatrix}x_1\\x_2\\\vdots\\x_n\end{pmatrix}\in\mathbb{R}^n$$

称为 n 维向量。每列元素的数量被称为向量的维数。

假设现在有 m 个向量，每个向量都具有相同的维数，即

$$a_1=\begin{pmatrix}a_{11}\\a_{21}\\\vdots\\a_{n1}\end{pmatrix},\ a_2=\begin{pmatrix}a_{12}\\a_{22}\\\vdots\\a_{n2}\end{pmatrix},\ \cdots,\ a_m=\begin{pmatrix}a_{1m}\\a_{2m}\\\vdots\\a_{nm}\end{pmatrix}。$$

矩阵是将所有信息集中于单一对象中的一种手段，写作

$$\boldsymbol{A}=\begin{pmatrix}a_{11}&a_{12}&\cdots&a_{1m}\\a_{21}&a_{22}&\cdots&a_{2m}\\\vdots&\vdots&&\vdots\\a_{n1}&a_{n2}&\cdots&a_{nm}\end{pmatrix}\in\mathbb{R}^{n\times m}。$$

我们称 $\boldsymbol{A}$ 是 $n\times m$ 矩阵，其包含 n 行（每一列的维数）与 m 列（每一行排列的向量个数）。

通常来说，任何一个矩阵都是由其元素完全确定的，如果 $\boldsymbol{A} \in \mathbb{R}^{n \times m}$，则用 $\boldsymbol{A}_{kl}$ 表示位于第 k 行第 l 列的元素，一般记作第（k，l）个元素。根据这种记号，以上矩阵就可以写成为一种更简洁的形式：

$$\boldsymbol{A} \in \mathbb{R}^{n \times m}, \text{其中 } \boldsymbol{A}_{kl} = a_{kl} (1 \leqslant k \leqslant n, 1 \leqslant l \leqslant m)。$$

对于一个矩阵我们可以做得最简单的操作是将行转换成列，或者将列转换成行，转换之后的结果称为原矩阵的转置矩阵，记作

$$\begin{pmatrix} a_{11} & a_{12} & \cdots & a_{1m} \\ a_{21} & a_{22} & \cdots & a_{2m} \\ \vdots & \vdots & & \vdots \\ a_{n1} & a_{n2} & \cdots & a_{nm} \end{pmatrix}^{\mathrm{T}} = \underbrace{\begin{pmatrix} a_{11} & a_{21} & \cdots & a_{n1} \\ a_{12} & a_{22} & \cdots & a_{n2} \\ \vdots & \vdots & & \vdots \\ a_{1m} & a_{2m} & \cdots & a_{nm} \end{pmatrix}}_{= \boldsymbol{A}^{\mathrm{T}} \in \mathbb{R}^{m \times n}},$$

或者用简洁的形式，即 $\boldsymbol{A}^{\mathrm{T}} \in \mathbb{R}^{m \times n}$，其中，

$$(\boldsymbol{A}^{\mathrm{T}})_{kl} = \boldsymbol{A}_{lk} = a_{lk} \ (1 \leqslant k \leqslant n, \ 1 \leqslant l \leqslant m)。$$

注意到 n 维列向量可以看作是一个 $n \times 1$ 矩阵。通常将列向量看作是其行向量的转置是非常有用的，即我们会经常看到

$$\boldsymbol{x} = (x_1, x_2, \cdots, x_n)^{\mathrm{T}} \in \mathbb{R}^n (= \mathbb{R}^{n \times 1})。$$

现在我们就要开始整合线性代数中的重要事实、定义和快捷计算结果来组成我们研究的第一个工具箱。

1. 向量生成的基

在几何学中，当需要描述一个点在平面或三维空间中的位置时，我们一般会应用标准的坐标系，即

对于二维空间 $\mathbb{R}^2$，$\begin{pmatrix} x \\ y \end{pmatrix} = x\begin{pmatrix} 1 \\ 0 \end{pmatrix} + y\begin{pmatrix} 0 \\ 1 \end{pmatrix}$。

对于三维空间 $\mathbb{R}^3$，$\begin{pmatrix} x \\ y \\ z \end{pmatrix} = x\begin{pmatrix} 1 \\ 0 \\ 0 \end{pmatrix} + y\begin{pmatrix} 0 \\ 1 \\ 0 \end{pmatrix} + z\begin{pmatrix} 0 \\ 0 \\ 1 \end{pmatrix}$。

将以上概念推广至多维空间，对于一般的 $n > 1$，我们定义

$$u = \left\{ \boldsymbol{e}_1 = \begin{pmatrix} 1 \\ 0 \\ \vdots \\ 0 \end{pmatrix}, \boldsymbol{e}_2 = \begin{pmatrix} 0 \\ 1 \\ \vdots \\ 0 \end{pmatrix}, \cdots, \boldsymbol{e}_n = \begin{pmatrix} 0 \\ 0 \\ \vdots \\ 1 \end{pmatrix} \right\}。 \tag{2.1}$$

集合 u 称为 n 维空间的标准基，原因是任意 n 维向量都可以用 u 中的元素唯一线性组合来表示，即

$$\boldsymbol{x}=\begin{pmatrix}x_1\\x_2\\\vdots\\x_n\end{pmatrix}=x_1\boldsymbol{e}_1+x_2\boldsymbol{e}_2+\cdots+x_n\boldsymbol{e}_n。$$

n 维向量的基也可以由其他向量的组合来表示，但是标准基 u 是其中最简单的表示方式。一般来说，我们称 n 个向量的集合

$$B=\left\{\boldsymbol{a}_1=\begin{pmatrix}a_{11}\\a_{21}\\\vdots\\a_{n1}\end{pmatrix},\ \boldsymbol{a}_2=\begin{pmatrix}a_{12}\\a_{22}\\\vdots\\a_{n2}\end{pmatrix},\ \cdots,\ \boldsymbol{a}_n=\begin{pmatrix}a_{1n}\\a_{2n}\\\vdots\\a_{nn}\end{pmatrix}\right\}$$

组成$\mathbb{R}^n$ 的一组基，如果对于每一个向量 $\boldsymbol{x}=(x_1,x_2,\cdots,x_n)^{\mathrm{T}}\in\mathbb{R}^n$ 都存在唯一的坐标向量 $\boldsymbol{c}=(c_1,c_2,\cdots,c_n)^{\mathrm{T}}\in\mathbb{R}^n$，使得

$$\begin{pmatrix}x_1\\x_2\\\vdots\\x_n\end{pmatrix}=c_1\begin{pmatrix}a_{11}\\a_{21}\\\vdots\\a_{n1}\end{pmatrix}+c_2\begin{pmatrix}a_{12}\\a_{22}\\\vdots\\a_{n2}\end{pmatrix}+\cdots+c_n\begin{pmatrix}a_{1n}\\a_{2n}\\\vdots\\a_{nn}\end{pmatrix},$$

或者，写作更简洁的形式

$$\boldsymbol{x}=\sum_{j=1}^{n}c_j\boldsymbol{a}_j,\text{对于唯一的}\ \boldsymbol{c}=(c_1,c_2,\cdots,c_n)^{\mathrm{T}}\in\mathbb{R}^n\ \text{成立。}$$

为了证明坐标向量是唯一的，我们用反证法先假设该向量的不唯一性，即对于给定的 $\boldsymbol{x}\in\mathbb{R}^n$，存在两个不相同的坐标向量 $\boldsymbol{c}$ 和 $\boldsymbol{c}'$，使得

$$\boldsymbol{x}=\sum_{j=1}^{n}c_j\boldsymbol{a}_j=\sum_{j=1}^{n}c_j'\boldsymbol{a}_j。$$

若上述成立，我们将等号两边的表达式相减即可得到零向量 $\boldsymbol{0}=(0,\cdots,0)^{\mathrm{T}}\in\mathbb{R}^n$，另外也存在多种坐标向量表达式，例如，

$$\boldsymbol{0}=\sum_{j=1}^{n}(c_j-c_j')\boldsymbol{a}_j\ \text{且}\ \boldsymbol{0}=\sum_{j=1}^{n}0\cdot\boldsymbol{a}_j。$$

由于

$$\sum_{j=1}^{n}c_j\cdot\boldsymbol{a}_j=\boldsymbol{0}\ \text{表明}\ c_1=c_2=\cdots=c_n=0 \tag{2.2}$$

因此可知向量 $\boldsymbol{x}\in\mathbb{R}^n$ 有唯一的坐标向量。

满足式（2.2）的向量组被称为**线性无关**的。因此，任何 n 个线性无关的向量（n 维）都可以作为 n 维空间$\mathbb{R}^n$ 的一组基。

2. 向量的长度——模

向量 $\boldsymbol{x}=(x_1,\cdots,x_n)^{\mathrm{T}}\in\mathbb{R}^n$ 的模表示为 $\|\boldsymbol{x}\|$，其表达式为

$$\|\boldsymbol{x}\| = \sqrt{x_1^2 + \cdots + x_n^2}。 \tag{2.3}$$

我们给出如下相关事实：

1）当 $\|\boldsymbol{x}\| = 1$ 时，我们称 $\boldsymbol{x}$ 为单位向量。注意到标准基向量式（2.1）就是单位向量的简单例子。

2）标量 $\mathrm{d}(\boldsymbol{x},\boldsymbol{y})$ 表示任意两个 n 维向量 $\boldsymbol{x}$ 和 $\boldsymbol{y}$ 之间的距离，定义如下：

$$\mathrm{d}(\boldsymbol{x},\boldsymbol{y}) = \|\boldsymbol{x}-\boldsymbol{y}\|。$$

3. 两个向量的内积与外积

两个 n 维向量 x 和 y 的内积定义为

$$\begin{aligned}\langle \boldsymbol{x},\boldsymbol{y}\rangle &= \boldsymbol{x}^{\mathrm{T}}\boldsymbol{y} = (x_1,\cdots,x_n)\begin{pmatrix} y_1 \\ \vdots \\ y_n \end{pmatrix} \\ &= x_1y_1 + \cdots + x_ny_n = \sum_{j=1}^{n} x_jy_j \in \mathbb{R}。\end{aligned} \tag{2.4}$$

下面我们给出内积的有关性质：

1）内积的对称性，即 $\langle \boldsymbol{x},\boldsymbol{y}\rangle = \langle \boldsymbol{y},\boldsymbol{x}\rangle$，对于任意 $\boldsymbol{x}$，$\boldsymbol{y} \in \mathbb{R}^n$ 都成立。

2）内积具有线性性质，即如果 $\boldsymbol{x}$，$\boldsymbol{y}$ 和 $\boldsymbol{z}$ 是 n 维向量，则

$$\langle \alpha\boldsymbol{x} + \beta\boldsymbol{y},\boldsymbol{z}\rangle = \alpha\langle \boldsymbol{x},\boldsymbol{z}\rangle + \beta\langle \boldsymbol{y},\boldsymbol{z}\rangle, \alpha,\beta \in \mathbb{R}。$$

3）向量 $\boldsymbol{x} \in \mathbb{R}^n$ 与其本身的内积是向量模的平方，即

$$\langle \boldsymbol{x},\boldsymbol{x}\rangle = \sum_{j=1}^{n} x_j^2 = \|\boldsymbol{x}\|^2。$$

4）如果向量 $\boldsymbol{x}$ 与标准基向量之一 $\boldsymbol{e}_k \in u$ 作内积，则有

$$\langle \boldsymbol{x},\boldsymbol{e}_k\rangle = x_k (k = 1,\cdots,n), \tag{2.5}$$

即内积结果为向量 $\boldsymbol{x}$ 的第 k 个元素。

5）存在向量夹角 $\theta \in [-\pi, \pi]$ 使得以下等式成立：

$$\langle \boldsymbol{x},\boldsymbol{y}\rangle = \|\boldsymbol{x}\|\|\boldsymbol{y}\|\cos\theta$$

我们称 θ 为向量 $\boldsymbol{x}$ 与 $\boldsymbol{y}$ 之间的向量角。

6）基于上述概念，我们称向量 $\boldsymbol{x}$ 与向量 $\boldsymbol{y}$ 是正交的，如果满足：

$$\theta = \pm\pi/2，即 \langle \boldsymbol{x}, \boldsymbol{y}\rangle = 0$$

更进一步，我们称向量 $\boldsymbol{x}$ 与向量 $\boldsymbol{y}$ 是标准正交的，如果满足：

$$\langle \boldsymbol{x}, \boldsymbol{y}\rangle = 0 且 \|\boldsymbol{x}\| = \|\boldsymbol{y}\| = 1。$$

两个 n 维向量 $\boldsymbol{x}$ 和 $\boldsymbol{y}$ 的外积定义为

$$\boldsymbol{x} \otimes \boldsymbol{y} = \boldsymbol{x}\boldsymbol{y}^{\mathrm{T}} = \begin{pmatrix} x_1 \\ \vdots \\ x_n \end{pmatrix} (y_1, \cdots, y_n)$$

$$=\begin{pmatrix} x_1y_1 & \cdots & x_1y_n \\ \vdots & & \vdots \\ x_ny_1 & \cdots & x_ny_n \end{pmatrix} \in \mathbb{R}^{n\times n}。\qquad (2.6)$$

注意到两个向量的内积是标量，而其外积是一个 $n\times n$ 矩阵，矩阵的元素定义为

$$(\boldsymbol{x}\otimes\boldsymbol{y})_{kl}=x_kx_l,(1\leqslant k,l\leqslant n)。$$

4. 矩阵与向量的乘法

对于变换一个 n 维向量有很多方法，例如我们已经看到将向量 x 与另一个向量作内积可以得到一个实数，而两个向量的外积却是一个矩阵。

如果我们用向量 x 乘以一个 $1\times n$ 矩阵，即一个行向量，其计算过程与内积的计算相同，有

$$(a_1,\cdots,a_n)\begin{pmatrix} x_1 \\ \vdots \\ x_n \end{pmatrix}=(\text{行向量})\cdot(\text{列向量})=\sum_{i=1}^{n}a_ix_i。$$

将向量 x 与 $m\times n$ 矩阵 A 相乘的结果为一个 m 维向量，其元素为将 x 中的元素从上到下依次与 A 每一行的元素相乘。为方便说明，具体计算过程如下：

$$\boldsymbol{Ax}=\begin{pmatrix} a_{11} & a_{12} & \cdots & a_{1n} \\ a_{21} & a_{22} & \cdots & a_{2n} \\ \vdots & \vdots & & \vdots \\ a_{m1} & a_{m2} & \cdots & a_{mn} \end{pmatrix}\begin{pmatrix} x_1 \\ x_2 \\ \vdots \\ x_n \end{pmatrix}$$

$$=\begin{pmatrix} A\text{ 的第 1 行}\cdot\boldsymbol{x} \\ A\text{ 的第 2 行}\cdot\boldsymbol{x} \\ \vdots \\ A\text{ 的第 }m\text{ 行}\cdot\boldsymbol{x} \end{pmatrix}=\begin{pmatrix} \sum_{j=1}^{n}a_{1j}x_j \\ \sum_{j=1}^{n}a_{2j}x_j \\ \vdots \\ \sum_{j=1}^{n}a_{mj}x_j \end{pmatrix}。\qquad (2.7)$$

通常将矩阵写成简洁的形式会更便于计算，特别地，可以写成如下形式：

$$\boldsymbol{A}=(\boldsymbol{a}_1,\boldsymbol{a}_2,\cdots,\boldsymbol{a}_n)$$

这种形式强调了 A 是一个 $m\times n$ 矩阵，其列为 $\boldsymbol{a}_1$，$\boldsymbol{a}_2$，$\cdots$，$\boldsymbol{a}_n\in\mathbb{R}^m$。用这种记法可将式（2.7）写成如下形式：

$$Ax = \begin{pmatrix} \sum_{j=1}^{n} a_{1j}x_j \\ \sum_{j=1}^{n} a_{2j}x_j \\ \vdots \\ \sum_{j=1}^{n} a_{mj}x_j \end{pmatrix} = \sum_{j=1}^{n} x_j \begin{pmatrix} a_{1j} \\ a_{2j} \\ \vdots \\ a_{mj} \end{pmatrix} = \sum_{j=1}^{n} x_j \boldsymbol{a}_j。 \tag{2.8}$$

注意到如果向量 x 为标准基向量 $\boldsymbol{e}_k \in u$（$1 \leqslant k \leqslant n$）其中之一，则有

$$A\boldsymbol{e}_k = \begin{pmatrix} a_{1k} \\ a_{2k} \\ \vdots \\ a_{nk} \end{pmatrix} \quad (1 \leqslant k \leqslant n), \tag{2.9}$$

即第 k 个标准基向量与矩阵相乘所得结果为矩阵的第 k 列。

上述计算过程说明一个具有 n 列的矩阵 A 能够将一个 n 维向量 x 转换成一个新的向量。事实确实如此，如果该矩阵具有 m 行，那么向量 x 就被转换为一个 m 维的向量 $\boldsymbol{Ax}$，如式（2.7）所示。

列向量 x 实际上可以看作为一个 $n \times 1$ 的矩阵，于是矩阵的乘法规则满足：

$$(m \times n)\text{维矩阵 } \boldsymbol{A} \cdot (n \times 1)\text{维矩阵 } \boldsymbol{x} = (m \times 1)\text{维矩阵 } \boldsymbol{Ax},$$

使得

$$\boldsymbol{Ax}\text{ 的第 } j \text{ 个元素} = A \text{ 的第 } j \text{ 行} \cdot x(j = 1, \cdots, m)。$$

基于上面的运算，我们可以很容易将乘法的定义进行扩展，从而来进行两个矩阵的相乘。已知 $\boldsymbol{A}$ 是 $m \times n$ 矩阵，将 $\boldsymbol{B}$ 记为 $n \times p$ 矩阵，则两矩阵的乘积 $\boldsymbol{AB}$ 表示为

$$\begin{pmatrix} a_{11} & a_{12} & \cdots & a_{1n} \\ a_{21} & a_{22} & \cdots & a_{2n} \\ \vdots & \vdots & & \vdots \\ a_{m1} & a_{m2} & \cdots & a_{mn} \end{pmatrix} \begin{pmatrix} b_{11} & b_{12} & \cdots & b_{1p} \\ b_{21} & b_{22} & \cdots & b_{2p} \\ \vdots & \vdots & & \vdots \\ b_{n1} & b_{n2} & \cdots & b_{np} \end{pmatrix}。$$

根据矩阵乘法规则

$$(m \times n)\text{维矩阵 } \boldsymbol{A} \cdot (n \times p)\text{维矩阵 } \boldsymbol{B} = (m \times p)\text{维矩阵 } \boldsymbol{AB}$$

可知计算结果 $\boldsymbol{AB}$ 为一个 $n \times p$ 矩阵。

其中，矩阵 $\boldsymbol{AB}$ 的第（k，l）个元素定义为

$$\begin{aligned} (\boldsymbol{AB})_{kl} &= A \text{ 的第 } k \text{ 行} \cdot B \text{ 的第 } l \text{ 列} \\ &= \sum_{i=1}^{n} \boldsymbol{A}_{ki}\boldsymbol{B}_{il} = \sum_{i=1}^{n} a_{ki}b_{il} \quad (1 \leqslant k \leqslant m, 1 \leqslant l \leqslant p)。 \end{aligned}$$

下面我们来研究一下矩阵乘积 $\boldsymbol{AB}$ 的转置，我们发现

$$(\boldsymbol{AB})_{kl}^{\mathrm{T}} = (\boldsymbol{AB})_{lk} = \sum_{i=1}^{n} \boldsymbol{A}_{li}\boldsymbol{B}_{ik} = \sum_{i=1}^{n} \boldsymbol{B}_{ik}\boldsymbol{A}_{li}$$

$$= \sum_{i=1}^{n} \boldsymbol{B}_{ki}^{\mathrm{T}}\boldsymbol{A}_{il}^{\mathrm{T}} = (\boldsymbol{B}^{\mathrm{T}}\boldsymbol{A}^{\mathrm{T}})_{kl}。$$

因此，我们得到以下非常有用的结果：

$$如果 \boldsymbol{A} \in \mathbb{R}^{m\times n} 且 \boldsymbol{B} \in \mathbb{R}^{n\times p}，则 (\boldsymbol{AB})^{\mathrm{T}} = \boldsymbol{B}^{\mathrm{T}}\boldsymbol{A}^{\mathrm{T}} \in \mathbb{R}^{p\times n}。 \tag{2.10}$$

2.2 矩阵代数的应用

我们研究矩阵性质的原因是在金融中的很多情况下需要解决具有 n 个未知量、m 个线性方程的系统问题，这些问题的形式如下：

$$\begin{gathered} a_{11}x_1 + a_{12}x_2 + \cdots + a_{1n}x_n = y_1, \\ a_{21}x_1 + a_{22}x_2 + \cdots + a_{2n}x_n = y_2, \\ \vdots \\ a_{m1}x_1 + a_{m2}x_2 + \cdots + a_{mn}x_n = y_m。 \end{gathered}$$

将上面的系统问题写成矩阵－向量的形式为

$$\boldsymbol{Ax} = \begin{pmatrix} a_{11} & a_{12} & \cdots & a_{1n} \\ a_{21} & a_{22} & \cdots & a_{2n} \\ \vdots & \vdots & & \vdots \\ a_{m1} & a_{m2} & \cdots & a_{mn} \end{pmatrix} \begin{pmatrix} x_1 \\ x_2 \\ \vdots \\ x_n \end{pmatrix} = \begin{pmatrix} y_1 \\ y_2 \\ \vdots \\ y_m \end{pmatrix} = \boldsymbol{y}。$$

我们面临的问题就是找到一个向量 x 能够满足上面的等式。如果用（a_1，a_2，…，a_n）表示矩阵 $\boldsymbol{A}$ 的 $\boldsymbol{m}$ 维列向量，则可以将上述问题重新写作

$$将 \boldsymbol{y} \in \mathbb{R}^m 看作 \boldsymbol{a}_1，\boldsymbol{a}_2，\cdots，\boldsymbol{a}_n \in \mathbb{R}^m 的线性组合$$

即我们的任务就是找到坐标向量 $\boldsymbol{x} = (x_1, \cdots, x_n)^{\mathrm{T}} \in \mathbb{R}^n$ 满足：

$$\boldsymbol{y} = x_1\boldsymbol{a}_1 + x_2\boldsymbol{a}_2 + \cdots + x_n\boldsymbol{a}_n。$$

一般来说，我们无法保证上述问题一定能够得以解决。事实上，该问题的本质依赖于矩阵 A 的维数和其列向量的性质，我们考虑以下三种情况：

（1）$m = n$

在这种情况下，方程的数量等于变量的数量。方程组有唯一解与矩阵 A 的性质有关；特别地，如果矩阵 $\boldsymbol{A}$ 的列向量 $\boldsymbol{a}_1$，$\boldsymbol{a}_2$，…，$\boldsymbol{a}_n$ 能够组成$\mathbb{R}^n$ 的一组基，即它们是线性无关的，那么方程组就存在唯一解。

另一方面，如果矩阵中有一列或多列能够用其他列向量的线性组合表示出来，那么方程组就不存在唯一解。

（2）$m < n$

在这种情况下，方程数量少于变量的数量，此时我们称该问题为不定方程组。

方程组不存在唯一解但有可能存在多个解，于是问题就变为从这些解中有效地选择出适合的解。

（3）$m>n$

在这种情况下，方程数量多于变量的数量，此时称该问题是超定的。问题可能不存在解，于是我们需要找到最好的估计值。

1. 方阵

如果矩阵 $\boldsymbol{A}$ 的行数与列数相同，就称矩阵 $\boldsymbol{A}$ 为方阵，记为 $\boldsymbol{A}\in\mathbb{R}^{n\times n}$，其中 n 表示矩阵的大小。方阵的一个简单的例子就是对角矩阵，顾名思义该矩阵只有在其主对角线上有非零元素，其他位置均为零。写作

$$\boldsymbol{D}=\mathrm{diag}(\lambda_1, \lambda_2, \cdots, \lambda_n)=\begin{pmatrix}\lambda_1 & 0 & \cdots & 0\\ 0 & \lambda_2 & \cdots & 0\\ \vdots & \vdots & & \vdots\\ 0 & 0 & \cdots & \lambda_n\end{pmatrix}。$$

当矩阵的对角线位置元素均等于 1 时就产生了一种重要的对角矩阵，我们称其为单位矩阵，写作

$$\boldsymbol{I}_n=\begin{pmatrix}1 & 0 & \cdots & 0\\ 0 & 1 & \cdots & 0\\ \vdots & \vdots & & \vdots\\ 0 & 0 & \cdots & 1\end{pmatrix}。$$

三角矩阵是另一种方阵的简单例子。顾名思义，该矩阵是由其对角线之上或是之下的元素而定义的，其他位置的元素均为零。例如以下两种类型：

（1）下三角矩阵

$$\boldsymbol{L}=\begin{pmatrix}l_{11} & 0 & \cdots & 0\\ l_{21} & l_{22} & \cdots & 0\\ \vdots & \vdots & & \vdots\\ l_{n1} & l_{n2} & \cdots & l_{nn}\end{pmatrix}$$

其中 $\boldsymbol{L}_{kl}=0$（$k<l$）。

（2）上三角矩阵

$$\boldsymbol{U}=\begin{pmatrix}u_{11} & u_{12} & \cdots & u_{1n}\\ 0 & u_{22} & \cdots & u_{2n}\\ \vdots & \vdots & & \vdots\\ 0 & 0 & \cdots & u_{nn}\end{pmatrix}$$

其中 $\boldsymbol{U}_{kl}=0$（$k>l$）。

下面我们介绍几个方阵可能具有的性质。

（1）对称性

如果方阵 $\boldsymbol{A}\in\mathbb{R}^{n\times n}$ 的转置等于它本身，则称矩阵 $\boldsymbol{A}$ 是对称的，即满足：

$$\boldsymbol{A}=\boldsymbol{A}^{\mathrm{T}}\Rightarrow \boldsymbol{A}_{kl}=\boldsymbol{A}_{lk}\quad (1\leqslant k,\ l\leqslant n)。$$

（2）可逆性

如果对于方阵 $\boldsymbol{A}\in\mathbb{R}^{n\times n}$，存在一个矩阵 $\boldsymbol{A}^{-1}\in\mathbb{R}^{n\times n}$ 满足

$$\boldsymbol{A}^{-1}\boldsymbol{A}=\boldsymbol{I}_n=\boldsymbol{A}\boldsymbol{A}^{-1},$$

则称矩阵 $\boldsymbol{A}$ 是可逆的（或非奇异的），称矩阵 $\boldsymbol{A}^{-1}$ 是其逆矩阵。

注意到，如果 $\boldsymbol{A}$ 是可逆的，那么线性方程组的解可以更清楚地写出来，即，向量 $\boldsymbol{x}=\boldsymbol{A}^{-1}\boldsymbol{y}$ 可以唯一解出线性方程组 $\boldsymbol{A}\boldsymbol{x}=\boldsymbol{y}$。

因此，基于之前关于线性方程组的讨论，我们可以推导出如下结果：

$$\begin{aligned}\boldsymbol{A}\in\mathbb{R}^{n\times n}\text{是可逆的}\quad &\Leftrightarrow \boldsymbol{A}\boldsymbol{x}=\boldsymbol{0}\text{ 表明 }\boldsymbol{x}=\boldsymbol{0}\\ &\Leftrightarrow\text{矩阵 }\boldsymbol{A}\text{ 的列向量 }\boldsymbol{a}_1,\ \cdots,\ \boldsymbol{a}_n\text{ 是线性无关的。}\end{aligned}\tag{2.11}$$

（3）正交性

我们称可逆矩阵 $\boldsymbol{A}\in\mathbb{R}^{n\times n}$ 是正交矩阵，如果该矩阵的逆矩阵与其转置矩阵相同，即满足

$$\boldsymbol{A}^{-1}=\boldsymbol{A}^{\mathrm{T}},\ \text{即 }\boldsymbol{A}^{\mathrm{T}}\boldsymbol{A}=\boldsymbol{I}_n=\boldsymbol{A}\boldsymbol{A}^{\mathrm{T}}。$$

因此我们注意到正交矩阵的列向量不仅是线性无关的，而且是正交的。

2. 对称双线性形式

假设给定 $n\times n$ 的对称矩阵 $\boldsymbol{A}$，我们可以用此来建立一个非常有用的函数 $B_{\boldsymbol{A}}:\mathbb{R}^n\times\mathbb{R}^n\to\mathbb{R}$，其定义方式为

$$B_{\boldsymbol{A}}(\boldsymbol{x},\boldsymbol{y})=\boldsymbol{y}^{\mathrm{T}}\boldsymbol{A}\boldsymbol{x}=\langle\boldsymbol{y},\boldsymbol{A}\boldsymbol{x}\rangle。\tag{2.12}$$

我们称 $B_{\boldsymbol{A}}$ 是基于矩阵 $\boldsymbol{A}$ 的对称双线性形式。顾名思义，$B_{\boldsymbol{A}}$ 具有以下对称的性质：

$$\langle\boldsymbol{y},\boldsymbol{A}\boldsymbol{x}\rangle=B_{\boldsymbol{A}}(\boldsymbol{x},\boldsymbol{y})=B_{\boldsymbol{A}}(\boldsymbol{y},\boldsymbol{x})=\langle\boldsymbol{A}\boldsymbol{y},\boldsymbol{x}\rangle。\tag{2.13}$$

如果令 $\boldsymbol{x}=\boldsymbol{e}_k$，$\boldsymbol{y}=\boldsymbol{e}_l$ 表示标准基式（2.1）中的任意两个基向量，再应用式（2.5）与式（2.9），我们就会有另外一个有趣的发现，对称双线性形式的计算结果为矩阵 $\boldsymbol{A}$ 的第（k，l）个元素，即

$$B_{\boldsymbol{A}}(\boldsymbol{e}_k,\boldsymbol{e}_l)=\boldsymbol{e}_l^{\mathrm{T}}\boldsymbol{A}\boldsymbol{e}_k=a_{kl}。\tag{2.14}$$

我们可以应用内积的定义式（2.4）和式（2.7）将双线性形式写成双重求和的形式，如下所示：

$$B_A = (\boldsymbol{x},\boldsymbol{y}) = (y_1,\cdots,y_n)\begin{pmatrix}\sum_{j=1}^{n} a_{1j}x_j \\ \sum_{j=1}^{n} a_{2j}x_j \\ \vdots \\ \sum_{j=1}^{n} a_{nj}x_j\end{pmatrix}$$

$$= \sum_{i=1}^{n} y_i \sum_{j=1}^{n} a_{ij}x_j$$

$$= \sum_{i=1}^{n} \sum_{j=1}^{n} a_{ij}y_i x_j。$$

最后，我们也可以定义基于矩阵 $\boldsymbol{A}$ 的二次型，即为一种特殊的双线性形式，$Q_{\boldsymbol{A}}$：$\mathbb{R}^n \to \mathbb{R}$，该函数的定义为

$$Q_{\boldsymbol{A}}(\boldsymbol{x}) = B_{\boldsymbol{A}}(\boldsymbol{x},\boldsymbol{x}) = \boldsymbol{x}^{\mathrm{T}}\boldsymbol{A}\boldsymbol{x} = \langle \boldsymbol{x},\boldsymbol{A}\boldsymbol{x}\rangle, \tag{2.15}$$

或者同样写成双重求和的形式：

$$Q_{\boldsymbol{A}}(x_1,\cdots,x_n) = \sum_{i=1}^{n}\sum_{j=1}^{n} a_{ij}x_i x_j。 \tag{2.16}$$

在金融与工程领域中，双线性形式与二次型应用非常广泛。二次型经常用于较复杂函数的局部估计，它可以看作是我们所熟知的二次函数 $q(x) = ax^2$ 向多维的扩展。

2.3 特征向量与特征值

可以通过将一个 n 维向量 x 与一个方阵 $\boldsymbol{A} \in \mathbb{R}^{n\times n}$ 相乘，将该向量转换成一个新向量。然而，当维数超过 3 时，我们无法用肉眼观察到这种转化。不过幸运的是，在线性代数中一些高级的理论可以帮助我们对多维的世界进行探知。

我们能够进行的最简单的变化之一就是对 n 维向量进行数乘 $\lambda \in \mathbb{R}$，即 $\boldsymbol{v} \mapsto \lambda\boldsymbol{v}$。此处给出一个非常重要的结果，对于给定的对称矩阵 $\boldsymbol{A}$，存在一些特殊的向量使得矩阵变化满足

$\boldsymbol{v} \mapsto \boldsymbol{A}\boldsymbol{v}$ 与 $\boldsymbol{v} \mapsto \lambda\boldsymbol{v}$，对某些 $\lambda \in \mathbb{R}$ 的转化结果相同。

这些向量从某种意义上说是属于矩阵 $\boldsymbol{A}$ 以及它们所数乘的比例值的，它们在数学的很多分支中都有非常重要的作用。下面的定义说明了一些常用记号和术语。

定义 2.1 记 $\boldsymbol{A}$ 为一个 $n\times n$ 的对称矩阵，则称单位向量 $\boldsymbol{v} \in \mathbb{R}^n$ 是矩阵 $\boldsymbol{A}$ 的一个特征向量，如果存在一个标量 λ 使得

$$\boldsymbol{A}\,\boldsymbol{v} = \lambda\,\boldsymbol{v}$$

我们称 λ 为矩阵 $\boldsymbol{A}$ 关于向量$\boldsymbol{v}$ 的特征值。

假设向量$\boldsymbol{v}$ 是矩阵 $\boldsymbol{A}$ 关于特征值 λ 的特征向量，考虑以下向量空间：

$$\varepsilon_v = \{\boldsymbol{x} \in \mathbb{R}^n: \boldsymbol{x} = \alpha\, \boldsymbol{v} \text{ 对某些 } \alpha \in \mathbb{R}\}。$$

对于任何向量 $\boldsymbol{x}(= \alpha \boldsymbol{v}) \in \varepsilon_v$，都有

$$\boldsymbol{A x} = \boldsymbol{A} \alpha \boldsymbol{v} = \alpha \boldsymbol{A v} = \lambda \alpha \boldsymbol{v} = \lambda \boldsymbol{x}。$$

向量空间 ε_v 可以看作是$\mathbb{R}^n$ 空间中的一条直线，按照从$\boldsymbol{v}$ 到 $-\boldsymbol{v}$ 的方向延伸。任何与这条直线共线的向量 $\boldsymbol{x}$（即任意 $\boldsymbol{x} \in \varepsilon_v$）也均满足 $\boldsymbol{Ax} = \lambda \boldsymbol{x}$。我们称 ε_v 为矩阵 $\boldsymbol{A}$ 由其特征向量$\boldsymbol{v}$ 产生的特征空间。

下面的结论更加强调了矩阵特征向量的重要性质。

定理 2.1　记 $\boldsymbol{A}$ 为一个 $n \times n$ 的对称矩阵。如果$\boldsymbol{v}_1$和$\boldsymbol{v}_2$是矩阵 $\boldsymbol{A}$ 的基于两个不同的非零特征值 λ_1 和 λ_2 的两个特征向量，则$\boldsymbol{v}_1$和$\boldsymbol{v}_2$是正交的。

证明：根据定义，特征向量$\boldsymbol{v}_1$和$\boldsymbol{v}_2$均为单位向量，因此需要证明$\langle \boldsymbol{v}_1, \boldsymbol{v}_2 \rangle = 0$。考虑以下计算过程：

$$\begin{aligned}
\lambda_1 \langle \boldsymbol{v}_1, \boldsymbol{v}_2 \rangle &= \langle \lambda_1 \boldsymbol{v}_1, \boldsymbol{v}_2 \rangle = \langle \boldsymbol{A v}_1, \boldsymbol{v}_2 \rangle \\
&= B_{\boldsymbol{A}}(\boldsymbol{v}_1, \boldsymbol{v}_2)(\text{关于矩阵 } \boldsymbol{A} \text{ 的对称双线性形式}) \\
&= B_{\boldsymbol{A}} = (\boldsymbol{v}_2, \boldsymbol{v}_1)(\text{根据式(2.13)，应用对称性}) \\
&= \langle \boldsymbol{v}_1, \boldsymbol{A v}_2 \rangle = \langle \boldsymbol{v}_1, \lambda_2 \boldsymbol{v}_2 \rangle = \lambda_2 \langle \boldsymbol{v}_1, \boldsymbol{v}_2 \rangle。
\end{aligned}$$

由于两个特征值不相等，因此上式表明$\langle \boldsymbol{v}_1, \boldsymbol{v}_2 \rangle = 0$，即可得证。

计算一个对称矩阵特征值的数学方法超出了本书的范围，但是在这里我们会提及一些对读者有帮助的背景知识。

1）对于每一个对称矩阵 $\boldsymbol{A} \in \mathbb{R}^{n \times n}$，可以建立一个 n 次多项式，即

$$p_n(\lambda) = (-1)^n \lambda^n + \alpha_{n-1} \lambda^{n-1} + \cdots + \alpha_1 \lambda + \alpha_0。 \tag{2.17}$$

该多项式的 n 个根 λ_1，…，λ_n 均为实数，且恰好为矩阵 $\boldsymbol{A}$ 的特征值，即有

$$p_n(\lambda) = (-1)^n (\lambda - \lambda_1)(\lambda - \lambda_2) \cdots (\lambda - \lambda_n)。 \tag{2.18}$$

我们称 p_n 为矩阵 $\boldsymbol{A}$ 的特征多项式。

2）多项式 $p_n(\lambda)$的系数表达式比较复杂，其中 α_{n-1}是一个特例，其表达式为

$$\begin{aligned}
\alpha_{n-1} &= (-n)^{n-1}(a_{11} + \cdots + a_{nn}) \\
&= (-1)^{n-1} \cdot (\text{矩阵 } \boldsymbol{A} \text{ 的对角线元素之和})。
\end{aligned} \tag{2.19}$$

我们将一个方阵的对角线元素之和通常称为该方阵的迹（Trace），写作

$$\mathrm{tr}(\boldsymbol{A}) = a_{11} + \cdots + a_{nn}。 \tag{2.20}$$

则式（2.19）可以写作

$$\alpha_{n-1} = (-1)^{n-1} \mathrm{tr}(\boldsymbol{A})。 \tag{2.21}$$

观察可知，如果将式（2.18）的因式分解形式进行展开，那么 λ^{n-1}这一项的系数为

$$(-1)^{n-1}(\lambda_1 + \cdots + \lambda_n)。$$

因此，通过式（2.21）我们发现，根据系数的对比，则有

$$\operatorname{tr}(\boldsymbol{A}) = \sum_{i=1}^{n} a_{ii} = \sum_{i=1}^{n} \lambda_i。 \tag{2.22}$$

在统计理论中，矩阵的迹的概念会频繁出现，在本书后面的章节中还会再次遇到它。本着这样的想法，我们提及以下会对读者有帮助的结果，这些结论通过直接计算便可获得。

引理 令矩阵 $\boldsymbol{A} \in \mathbb{R}^{n\times m}$，矩阵 $\boldsymbol{B} \in \mathbb{R}^{m\times n}$，则有

$$\operatorname{tr}(\boldsymbol{AB}) = \operatorname{tr}(\boldsymbol{BA}) \tag{2.23}$$

证明：通过直接计算，可以看到

$$\begin{aligned}\operatorname{tr}(\boldsymbol{AB}) &= \sum_{i=1}^{n}\sum_{j=1}^{m} a_{ij}b_{ji} \\ &= \sum_{j=1}^{m}\sum_{i=1}^{n} b_{ji}a_{ij} = \operatorname{tr}(\boldsymbol{BA})。\end{aligned}$$

1）一个矩阵 $\boldsymbol{A} \in \mathbb{R}^{n\times n}$ 的行列式是由其特征值的乘积定义的，写作

$$\det(\boldsymbol{A}) = \lambda_1 \cdots \lambda_n。$$

需要注意的是，关于一个矩阵的行列式有若干种定义方法。行列式的名称也很具有说明性，如果一个矩阵的行列式为0，即特征值中至少有一个值为零，那么该矩阵就不存在逆矩阵，否则，该矩阵就是可逆的。

2）二维矩阵的行列式很容易计算，对于一个一般的 2×2 矩阵，不一定必须为对称矩阵，但都有

$$\det\begin{pmatrix} a & b \\ c & d \end{pmatrix} = ad - bc,$$

且当 $\det(\boldsymbol{A}) \neq 0$ 时，该矩阵的逆矩阵为

$$\boldsymbol{A}^{-1} = \frac{1}{\det(\boldsymbol{A})}\begin{pmatrix} d & -b \\ -c & a \end{pmatrix}。 \tag{2.24}$$

通过上面已经掌握的知识，我们就可以推导出对于每个对称矩阵 $\boldsymbol{A} \in \mathbb{R}^{n\times n}$ 都有 n 个特征向量 $\{\boldsymbol{v}_1, \cdots, \boldsymbol{v}_n\}$，它们与实数值的特征值 $\{\lambda_1, \cdots, \lambda_n\}$ 相关联。通常来说，我们不能够保证这些特征值都是互不相同且是非零的，但是当它们非零且互不相同时，可以从定理2.1中推导出以下矩阵

$$\boldsymbol{\Gamma} = (\boldsymbol{v}_1, \boldsymbol{v}_2, \cdots, \boldsymbol{v}_n) \in \mathbb{R}^{n\times n}$$

是正交的，即

$$\boldsymbol{\Gamma}^{\mathrm{T}}\boldsymbol{\Gamma} = \boldsymbol{\Gamma}^{\mathrm{T}}(\boldsymbol{v}_1, \boldsymbol{v}_2, \cdots, \boldsymbol{v}_n) = (\boldsymbol{\Gamma}^{\mathrm{T}}\boldsymbol{v}_1, \boldsymbol{\Gamma}^{\mathrm{T}}\boldsymbol{v}_2, \cdots, \boldsymbol{\Gamma}^{\mathrm{T}}\boldsymbol{v}_n) = \boldsymbol{I}_n$$

或同样的，

$$\boldsymbol{\Gamma}^{\mathrm{T}}\boldsymbol{v}_k = \boldsymbol{e}_k \quad (k = 1, \cdots, n)。 \tag{2.25}$$

根据以上结果，即可证明最著名的矩阵分解结果之一了。

定理 2.2 令 $\boldsymbol{A}$ 为一个 $n\times n$ 的对称矩阵，令 $\{\boldsymbol{v}_1, \cdots, \boldsymbol{v}_n\}$ 为该矩阵基于特征值 $\{\lambda_1, \cdots, \lambda_n\}$ 的特征向量。令 $\boldsymbol{\Gamma} = (\boldsymbol{v}_1, \boldsymbol{v}_2, \cdots, \boldsymbol{v}_n)$，$\boldsymbol{D} = \operatorname{diag}(\lambda_1, \lambda_2, \cdots, \lambda_n)$。如

果矩阵 $\boldsymbol{A}$ 的特征值均为非零且互不相同，则有

$$\boldsymbol{\Gamma}^{\mathrm{T}}\boldsymbol{A}\boldsymbol{\Gamma}=\boldsymbol{D} \text{ 或 } \boldsymbol{A}=\boldsymbol{\Gamma}\boldsymbol{D}\boldsymbol{\Gamma}^{\mathrm{T}}。$$

证明：

$$\begin{aligned}\boldsymbol{\Gamma}^{\mathrm{T}}\boldsymbol{A}\boldsymbol{\Gamma}&=\boldsymbol{\Gamma}^{\mathrm{T}}\boldsymbol{A}(\boldsymbol{v}_1,\boldsymbol{v}_2,\cdots,\boldsymbol{v}_n)\\&=\boldsymbol{\Gamma}^{\mathrm{T}}(\boldsymbol{A}\boldsymbol{v}_1,\boldsymbol{A}\boldsymbol{v}_2,\cdots,\boldsymbol{A}\boldsymbol{v}_n)\\&=\boldsymbol{\Gamma}^{\mathrm{T}}(\lambda_1\boldsymbol{v}_1,\lambda_2\boldsymbol{v}_2,\cdots,\lambda_n\boldsymbol{v}_n)\\&=(\lambda_1\boldsymbol{\Gamma}^{\mathrm{T}}\boldsymbol{v}_1,\lambda_2\boldsymbol{\Gamma}^{\mathrm{T}}\boldsymbol{v}_2,\cdots,\lambda_n\boldsymbol{\Gamma}^{\mathrm{T}}\boldsymbol{v}_n)\\&=(\lambda_1\boldsymbol{e}_1,\lambda_2\boldsymbol{e}_2,\cdots,\lambda_n\boldsymbol{e}_n)\text{（根据式(2.25)）}\\&=\mathrm{diag}(\lambda_1,\lambda_2,\cdots,\lambda_n)=\boldsymbol{D}。\end{aligned}$$

2.4　正定矩阵

正定矩阵在金融和风险管理领域应用十分广泛，它们是非常有趣的理论研究对象，同时它们也具有非常重要的计算性质，尤其表现在优化和数据拟合算法中。在后面我们将会经常遇到这些矩阵。本章通过简单介绍，为读者提供一些基本概念和有趣的性质。

定义 2.2　称一个对称矩阵 $\boldsymbol{A}\in\mathbb{R}^{n\times n}$ 为非负定的，如果其二次型 $Q_{\boldsymbol{A}}$ 满足：

$$Q_{\boldsymbol{A}}(\boldsymbol{x})=\boldsymbol{x}^{\mathrm{T}}\boldsymbol{A}\boldsymbol{x}\geqslant 0 \text{ 对于所有向量 } \boldsymbol{x}\in\mathbb{R}^n。$$

如果其二次型满足更强的条件

$$Q_{\boldsymbol{A}}(\boldsymbol{x})=\boldsymbol{x}^{\mathrm{T}}\boldsymbol{A}\boldsymbol{x}>0 \text{ 对于所有非零向量 } \boldsymbol{x}\in\mathbb{R}^n,$$

那么就称矩阵 $\boldsymbol{A}$ 是一个正定矩阵。

1）如果 $\boldsymbol{A}$ 是正定矩阵，则其所有的特征值均大于零，因此该矩阵是可逆矩阵。

2）一个正定矩阵的逆矩阵也是一个正定矩阵。

3）如果 $\boldsymbol{A}$ 是正定矩阵，则其对角线元素也均大于零，这个结果根据式（2.14）推出，因为

$$\boldsymbol{e}_k^{\mathrm{T}}\boldsymbol{A}\boldsymbol{e}_k=a_{kk}>0\ (k=1,\ \cdots,\ n)。$$

下面给出一个结果能够说明正定矩阵最为有用的性质，然后我们就结束这一章。

定理 2.3　如果一个矩阵 $\boldsymbol{A}\in\mathbb{R}^{n\times n}$ 是正定的，则存在唯一的一个下三角矩阵 $\boldsymbol{R}$，其对角线元素均为正值，使得

$$\boldsymbol{A}=\boldsymbol{R}\boldsymbol{R}^{\mathrm{T}}。\tag{2.26}$$

一个正定矩阵如式（2.26）的分解形式通常被称为平方根或者楚列斯基分解（Choleski decomposition），其中的下三角矩阵 $\boldsymbol{R}$ 被称为楚列斯基因子，根据式（2.26）也可将 $\boldsymbol{R}$ 看作矩阵 $\boldsymbol{A}$ 的正平方根。在本书中还会在其他场合遇到楚列斯基分解，该分解是一种很重要的理论工具，我们将会在第 22 章发现，这种方法在计算在险价值时也有非常重要的作用。

3 风险管理中的概率论

大多数金融投资的未来是不确定的，因此我们无法作出以下论断：

……在第 T 天时我们的投资价值为……

实际上，在这个不确定的世界中充满了开放性的问题，如

……在第 T 天我们的投资价值为……的概率是多少?

概率论是数学中研究随机事件发生可能性的学科分支，因此它能够为我们提供描述和分析金融投资本质的科学方法。在本章中我们建立起初步概率论的工具箱为以后的内容作铺垫。当关于风险管理的知识逐渐深入时，这个工具箱也会逐渐丰富起来。

3.1 单变量理论

在确定性的世界中，我们将函数 f 看作是基于基础变量集合 A 的对象，函数本身就表明了如何将每一个 $x \in A$ 转变为一个新值 $f(x)$。写作

$$f: A \rightarrow \mathbb{R} \text{或} f: x \mapsto f(x)。$$

3.1.1 随机变量

在不确定的世界中没有像上述的函数规则能够将一个变量的计算结果确定下来，我们处理的是在一个区间中任意取可能值的随机变量，其中一些结果将会比其他结果更有可能出现。我们接下来考虑两种不同的情形。

（1）离散型随机变量

在此，随机变量 X 能够取一列特定有限值 $x_1 < x_2 < \cdots < x_n$ 中的任意一个。我们将这 n 个可能性事件表示为 $\{X = x_j\}$（$1 \leqslant j \leqslant n$），假设每个事件的发生都有个概率，表示为

$$p_j = P(X = x_j) \in [0,1] (j = 1, \cdots, n)。 \tag{3.1}$$

这些概率值相加总和为 1，且每个概率值可以看作是在我们能够无限次观察事件发生的前提下观察得到的事件发生的频率。于是可以引出以下定义：

定义 3.1 如果 X 是能够取一列特定有限值 $x_1 < x_2 < \cdots < x_n$ 中的任意一个值的随机变量，且根据式（3.1）定义的 p_1，p_2，…，p_n 能够满足：

$$\sum_{j=1}^{n} p_j = 1。$$

则称 X 为离散型随机变量。

考察一个离散型随机变量 X 具有的性质的有效方法就是应用以下函数：

$$F: \mathbb{R} \to [0,1] \text{或} F: x \mapsto P\{X \leqslant x\}。$$

根据上述内容，注意到在 x 达到 x_1 时，概率值才开始进行累积（即对于 $x < x_1$，$F(x)=0$），随着 x 从 x_1 增加到 x_n，分布函数 $F(x)$ 在其增长过程中逐渐积累概率值。最终，当 x 的值超过 x_n 时，所有的概率值均得以累加（即对于 $x > x_n, F(x)=1$）。据此，称 F 为 X 的分布函数。

也可以通过定义离散型随机变量 X 的分布律来了解其性质，即

$$p(x) = \begin{cases} 0, x \in \mathbb{R} \setminus \{x_1, \cdots, x_n\}, \\ P\{X = x\}, x \in \{x_1, \cdots, x_n\}。\end{cases} \tag{3.2}$$

这两个函数之间有着非常重要的数学联系，通过以下等式给出：

$$F(x) = \sum_{x_i \leqslant x} P\{X = x_i\} = \sum_{x_i \leqslant x} p(x_i)。$$

关于以上结果的图示可以参见图 3.1。

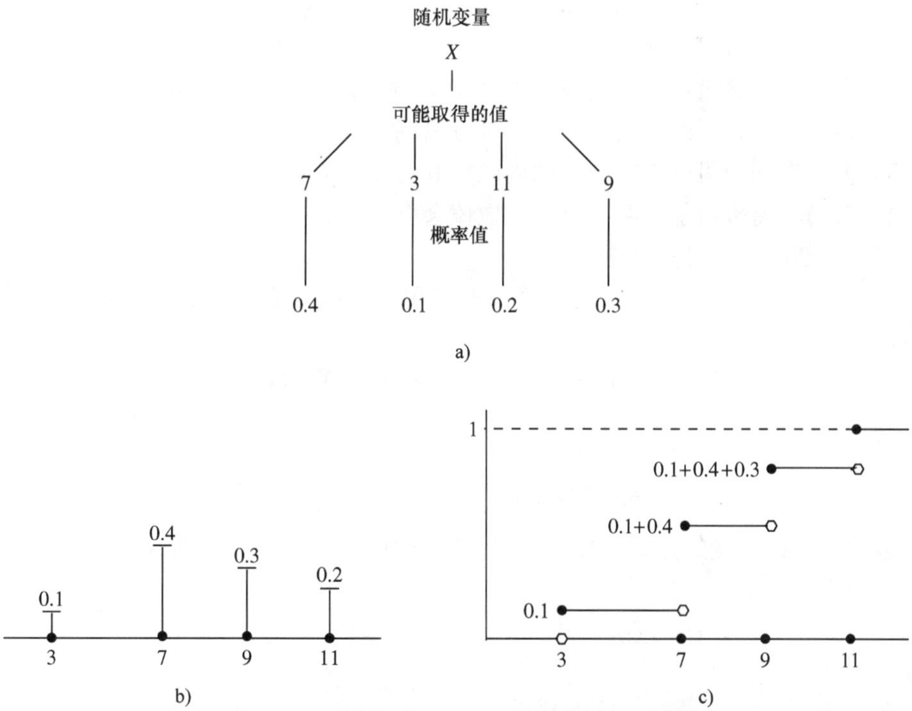

图 3.1　离散型随机变量的分布律与分布函数

a）上图从上到下为（随机变量可能取得的值，概率值）　b）X 的分布律　c）X 的分布函数

（2）连续型随机变量

现在我们将注意力转移到从连续统一体中取值的随机变量，其中所谓的连续统一体如区间（a，b）或是整个实数轴$\mathbb{R}$。与离散的情形相比，我们无法对整个实数域的元素个数进行计数，因此也无法对于每个事件进行形如 $\{X=x\}$ 的概率分配。然而，在这种情况下，概率分配的形式通常为 $\{X\leqslant x\}$，即对于具有上界的随机变量取值结果进行概率评估。这些概率的值均通过 X 的分布函数 $F(x)=P[X\leqslant x](x\in\mathbb{R})$来确定。任何随机变量的分布函数，无论是离散的还是连续的，都具有三个典型的性质，在以下定义中得以总结。

定义 3.2 函数 F: $\mathbb{R}\rightarrow[0,1]$ 为某个随机变量的分布函数，当且仅当该函数具有以下性质：

1）F 为非减函数，即只要 $x<y$，即有

$$F(x)\leqslant F(y)$$

2）F 为右连续的，即

$$\lim_{\varepsilon\to 0^-}F(x+\varepsilon)=F(x)。$$

3）F 是标准化的，即

$$\lim_{x\to-\infty}F(x)=0,\lim_{x\to\infty}F(x)=1。$$

以上定义使得一个随机变量的分布函数有可能呈现以下形态：

1）其分布函数可能在 x 从 $-\infty$ 到 $+\infty$ 上为连续增函数。

2）其分布函数可能不是定义在整个实数域$\mathbb{R}$而是在某个区间［a，b］上的，因此概率在 $x=a$ 时开始累积，在 $x=b$ 时概率完成累积。

3）其分布函数可能在一定区间内取相等的概率值。

4）其分布函数可能在某些点的函数值会有跳跃。

以上可能的形态可参见图 3.2。

分布函数很重要的应用就是计算很多有用事件的概率。例如，如果 $a<b$，则可以写作

$$\begin{aligned}F(b)=P\{X\leqslant b\}&=P\{X\leqslant a\}+P\{X\in(a,b]\}\\&=F(a)+P\{X\in(a,b]\}。\end{aligned}$$

因此，

$$P\{X\in(a,b]\}=F(b)-F(a)。$$

连续型随机变量的分布函数经常用另外一种函数，即概率密度来描述。现在给出以下定义：

定义 3.3 令 X 为一连续型随机变量，其分布函数 F 为连续函数。如果存在函数 p: $\mathbb{R}\rightarrow\mathbb{R}$满足：

$$p(x)\geqslant 0 \text{ 且 } F(x)=\int_{-\infty}^{x}p(u)\mathrm{d}u(x\in\mathbb{R})。$$

则称 p 为 x 的概率密度。

如果 F 是连续可微的，那么就可以通过求导计算出其概率密度，即

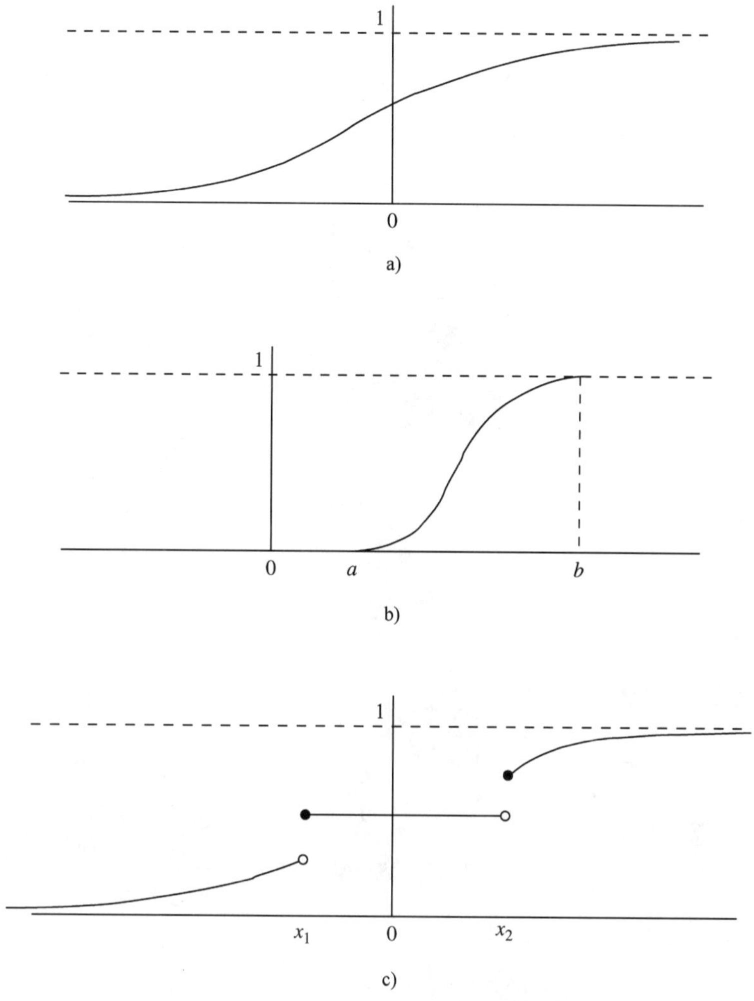

图 3.2　连续型随机变量的分布函数举例

a）分布函数连续且定义在整个实数域上

b）分布函数连续且定义在区间［a，b］上　c）分布函数定义在整个实数域上且具有不连续点

$$p(x)=F'(x)。$$

以上内容告诉我们可以通过一个随机变量的概率密度来刻画该变量。为了强化这个观点，现在给出以下定义：

定义 3.4　函数 p: $\mathbb{R}\to\mathbb{R}$为某个随机变量 X 的概率密度，当且仅当 $p(x)\geqslant 0$ 对于所有 $x\in\mathbb{R}$都成立，且

$$\int_{-\infty}^{+\infty} p(u)\,\mathrm{d}u=1。$$

需要注意的是，p 是在 $x\in\mathbb{R}$中某一点的取值并不是概率。特别地，

$$p(x) \neq P\{X = x\}$$

如果要通过函数 p 来计算概率，那么需要进行积分，例如，

$$P\{X \in [a,b]\} = F(b) - F(a) = \int_a^b p(x)\,\mathrm{d}x。$$

概率密度的举例可参见图 3.3。

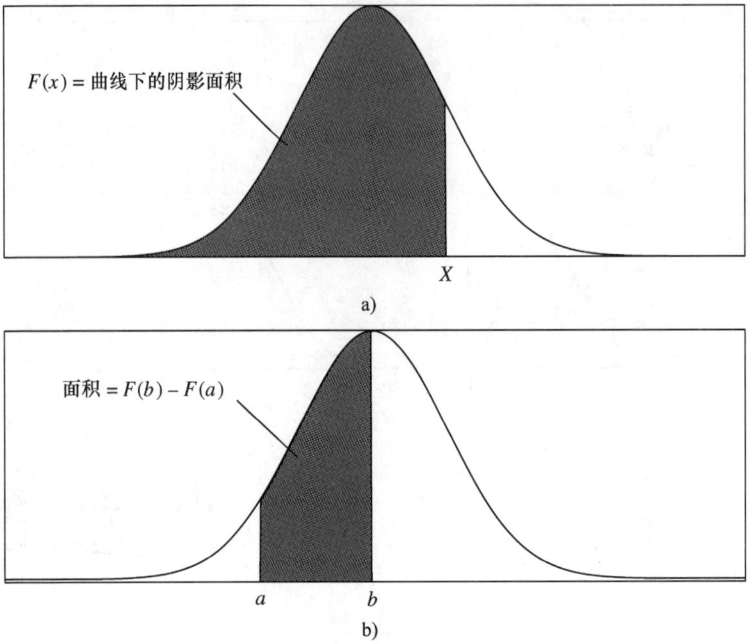

图 3.3　概率密度 $p(x)$

a) $P\{X \leqslant x\} = \int_{-\infty}^{x} p(u)\,\mathrm{d}u$　b) $P\{X \in [a,b]\} = \int_a^b p(u)\,\mathrm{d}u$

3.1.2　数学期望

如果 X 是离散型随机变量，其取值集合为 $\{x_1, \cdots, x_n\}$，则其数学期望或均值 $E(x)$ 为概率加权平均值，即

$$E(X) = \sum_{i=1}^{n} p_i x_i = \mu_X。\tag{3.3}$$

如果 X 是连续型随机变量，其数学期望的定义是相对应的，分布律被 X 的概率密度所取代，求和被积分所取代，即有

$$E(X) = \int_{-\infty}^{+\infty} p(x)\,x\,\mathrm{d}x = \mu_X。\tag{3.4}$$

如果上述函数不可积，则其数学期望也不存在。在实际操作过程中，这是很少见的。

一般来说，可以将数学期望看作是随机变量的一种运算。下面列举一些数学期望的性质。

1）如果 X 与 Y 是随机变量，且 α，$\beta\in\mathbb{R}$，则有

$$E(\alpha X+\beta Y)=\alpha E(X)+\beta E(Y)$$

称数学期望具有线性性质。

2）数学期望只作用于随机变量，如果 X 是已知量，则取数学期望后仍为 X，即

$$E(X)=X$$

3）如果 $X\geqslant 0$，则 $E(X)\geqslant 0$，称数学期望具有保号性。

4）如果 X 是随机变量，且 f: $\mathbb{R}\rightarrow\mathbb{R}$是连续函数，则新随机变量 $f(X)$ 的数学期望定义为

$$E[f(X)]=\begin{cases}\sum_{i=1}^{n}p_i f(x_i), X\text{ 是离散的，}\\ \int_{-\infty}^{+\infty}p(x)f(x)\mathrm{d}x, X\text{ 是连续的。}\end{cases}$$

5）如果 X 与 Y 都是随机变量，则下面的不等式成立：

$$E(XY)^2\leqslant E(X^2)E(Y^2)\text{。} \tag{3.5}$$

3.1.3 方差

给定一个随机变量 X，其数学期望 μ_X 告诉我们 X 在平均意义上的值。除了这个信息之外，我们也想度量 X 偏离 μ_X 的程度。本着这样的想法，考虑（$X-\mu_X)^2$，这也是随机变量，且特别地，如果其值较大，则说明 X 严重偏离 μ_X，当 X 较接近 μ_X 时，其值就会较小。因此，该随机变量的数学期望就是度量 X 偏离其数学期望值的有效方式。该度量变量称为 X 的方差。

定义 3.5 随机变量 X 的数学期望是 μ_X，则其方差定义为

$$\mathrm{var}(X)=\sigma_X^2=E[(X-\mu_X)^2],$$

其中 σ_X 即为方差的平方根，称为标准差或 X 的波动性。

注意到，根据数学期望运算的性质，可以推导出方差的另一个非常有用的表达式如下：

$$\begin{aligned}\mathrm{var}(X)&=E(X^2-2\mu_X X+\mu_X^2)\\&=E(X^2)-2\mu_X^2+\mu_X^2\\&=E(X^2)-\mu_X^2\text{。}\end{aligned} \tag{3.6}$$

3.2 多变量理论

假设有一个包含 n 个随机变量的集合 $\{X_1, \cdots, X_n\}$，则运用之前章节给出的

工具，我们可以通过以下形式获取随机变量的信息：

$$\boldsymbol{X}=\begin{pmatrix}X_1\\X_2\\\vdots\\X_n\end{pmatrix}。$$

如果令 $\boldsymbol{x}=(x_1,x_2,\cdots,x_n)^{\mathrm{T}}\in\mathbb{R}^n$，则

$\{\boldsymbol{X}\leqslant\boldsymbol{x}\}$ 表示事件 $\{X_1\leqslant x_1,X_2\leqslant x_2,\cdots,X_n\leqslant x_n\}$。

运用上述术语，现在就可以形成我们所需的数学语言来讨论若干随机变量的概率特性。

3.2.1 联合分布函数

定义随机向量 $X=(X_1,\cdots,X_n)^{\mathrm{T}}\in\mathbb{R}^n$ 的 n 维联合分布函数为

$$\begin{aligned}F(x_1,\cdots,x_n)=F(\boldsymbol{x})&=P\{\boldsymbol{X}\leqslant\boldsymbol{x}\}\\&=P\{X_1\leqslant x_1,\cdots,X_n\leqslant x_n\}。\end{aligned}$$

3.2.2 联合概率密度与边缘概率密度

当随机变量均为连续的，且其联合分布函数对于每个随机变量都是可微的，则可以定义其 n 维联合概率密度为

$$p(\boldsymbol{x})=p(x_1,\cdots,x_n)=\frac{\partial^n F(x_1,\cdots,x_n)}{\partial x_1\cdots\partial x_n}。$$

注意：关于多变量函数的微分将在下一章节进行回顾。

在这种情况下，可以将随机向量 $\boldsymbol{x}$ 的 n 维联合分布函数与联合概率密度联系起来，则有

$$F(\boldsymbol{x})=F(x_1,\cdots,x_n)=\int_{-\infty}^{x_1}\cdots\int_{-\infty}^{x_n}p(x_1,\cdots,x_n)\mathrm{d}x_n\cdots\mathrm{d}x_1。$$

假设我们已经给定，或是可以计算一个随机向量 $\boldsymbol{X}=(X_1,\cdots,X_n)^{\mathrm{T}}\in\mathbb{R}^n$ 的 n 维联合分布函数 F_{joint}，将其写作

$$F_{\mathrm{joint}}(x_1,\cdots,x_n)=P\{X_1\in(-\infty,x_1),\cdots,X_n\in(-\infty,x_n)\}。$$

每个随机变量都是实值的，因此可知

$$P\{X_i\in\mathbb{R}\}=1(1\leqslant i\leqslant n)。$$

基于上述内容，便可以写出任何单一随机变量的分布函数，对于 x_i 来说，

$$\begin{aligned}F_i(x)&=P\{X_1,\cdots,X_{i-1}\in\mathbb{R},X_i\leqslant x,X_{i+1},\cdots,X_n\in\mathbb{R}\}\\&=\lim_{\substack{x_1\to\infty\\\vdots\\x_{i-1}\to\infty\\x_{i+1}\to\infty\\\vdots\\x_n\to\infty}}F_{\mathrm{joint}}(x_1,\cdots,x_n)。\end{aligned}$$

如果联合概率密度 p_{joint} 存在，则某个随机变量 X_i 的单个以及边际概率密度就可以通过对其他随机变量进行积分得到，即

$$\underbrace{\underbrace{\int_{\mathbb{R}}\cdots\int_{\mathbb{R}}}_{(n-1)\text{次}} p_{\text{joint}}(x_1,\cdots,x_{i-1},x,x_{i+1},\cdots,x_n)\,\mathrm{d}x_n\cdots\mathrm{d}x_{i+1}\mathrm{d}x_{i-1}\cdots\mathrm{d}x_1}_{=p_i(x)\text{（随机变量}X_i\text{的边缘概率密度）。}}$$

3.2.3 独立性

假设有两个随机变量 X_1 与 X_2，其概率密度分别为 p_1 与 p_2，如果现在我们要将这两个变量放在一起，就可以计算二维向量（X_1，X_2）^{T} 的联合概率密度 p_{joint}。联合概率密度能够反映其中一个随机变量的变化对另外一个随机变量的概率密度的形状变化所能产生的潜在影响。如果它们之间没有任何影响，则称随机变量 X_1 与 X_2 是相互独立的。在数学上，独立性使得联合概率密度等于两个边缘概率密度的乘积，即

$$p_{\text{joint}}(x_1,x_2)=p_1(x_1)p_2(x_2)。\tag{3.7}$$

或者等价地，当它们的联合分布函数 F_{joint} 等于各自分布函数的乘积时，即

$$\begin{aligned}F_{\text{joint}}(x_1,x_2)&=P\{X_1\leqslant x_1,X_2\leqslant x_2\}\\&=P\{X_1\leqslant x_1\}P\{X_2\leqslant x_2\}=F_1(x_1)F_2(x_2),\end{aligned}$$

则两个随机变量是独立的。

以上概念可以推广到多个随机变量的情形，即称随机变量 X_1，…，X_n 是相互独立的，如果它们的联合概率密度满足：

$$p_{\text{joint}}(x_1,x_2,\cdots,x_n)=p_1(x_1)p_2(x_2)\cdots p_n(x_n)。\tag{3.8}$$

3.2.4 条件概率

现在来考察一下只有一个随机变量，如 X_2 改变随机变量 X_1 的概率结构的一般情形。在这种情况下，称 X_1 是条件地依赖于 X_2 的取值结果的，我们通过所谓的条件概率密度来考察，该函数定义如下：

$$p_1^{(\text{cond})}(x_1|X_2=x_2)=\frac{p_{\text{joint}}(x_1,x_2)}{p_2(x_2)}。$$

因此，在没有其他概率信息的条件下，X_1 的概率密度为 p_1。然而，X_1 的取值结果却依赖于很多外部影响。特别地，如果随机变量 X_2 对 X_1 施加影响，则其概率密度 p_1 就会改变为 $p_1^{(\text{cond})}$，即条件概率密度，反映的是基于 X_2 取值结果的随机变量 X_1 的概率结构。

注意到如果随机变量是相互独立的，那么条件修饰就不会有任何作用，因为根据式（3.7）有

$$p_1^{(\text{cond})}(x_1|X_2=x_2)=\frac{p_{\text{joint}}(x_1,x_2)}{p_2(x_2)}=\frac{p_1(x_1)p_2(x_2)}{p_2(x_2)}=p_1(x_1)。$$

3.2.5 协方差与相关性

令 X_1 与 X_2 表示两个连续型随机变量，其联合概率密度为 p_{joint}。我们可以根据定义算出 X_1 与 X_2 的边缘概率密度：

$$p_1(x_1) = \int_{\mathbb{R}} p_{\text{joint}}(x_1, u)\,\mathrm{d}u, p_2(x_2) = \int_{\mathbb{R}} p_{\text{joint}}(u, x_2)\,\mathrm{d}u。$$

还可以应用式（3.4）计算出这两个随机变量的数学期望分别为

$$\mu_1 = \int_{\mathbb{R}}\int_{\mathbb{R}} x_1 p_{\text{joint}}(x_1, u)\,\mathrm{d}u\mathrm{d}x_1, \mu_2 = \int_{\mathbb{R}}\int_{\mathbb{R}} x_2 p_{\text{joint}}(u, x_2)\,\mathrm{d}u\mathrm{d}x_2。$$

类似地，也可以计算出 X_1 与 X_2 的方差分别为

$$\sigma_1^2 = \int_{\mathbb{R}}\int_{\mathbb{R}} (x_1 - u_1)^2 p_{\text{joint}}(x_1, u)\,\mathrm{d}u\mathrm{d}x_1, \sigma_2^2 = \int_{\mathbb{R}}\int_{\mathbb{R}} (x_2 - \mu_2)^2 p_{\text{joint}}(u, x_2)\,\mathrm{d}u\mathrm{d}x_2。$$

上述计算展现了如何运用联合概率密度来计算我们所熟悉的随机变量的均值与方差。我们对于两个随机变量之间的联系也非常感兴趣，为了考察这一点，对于变量 $(X_1-\mu_1)(X_2-\mu_2)$ 进行如下观察：

1）$(X_1-\mu_1)(X_2-\mu_2)>0$ 表明 X_1 与 X_2 倾向于同方向运动，即两者同时高于或者低于其各自的均值。

2）$(X_1-\mu_1)(X_2-\mu_2)<0$ 表明 X_1 与 X_2 倾向于反方向运动，即两者相对其各自均值的运动方向相反。

将 X_1 与 X_2 的协方差定义为变量 $(X_1-\mu_1)(X_2-\mu_2)$ 的数学期望，即

$$\begin{aligned}\sigma_{12} &= \operatorname{cov}(X_1, X_2)\\ &= E[(X_1 - \mu_1)(X_2 - \mu_2)]\\ &= \int_{\mathbb{R}}\int_{\mathbb{R}} (x_1 - \mu_1)(x_2 - \mu_2) p_{\text{joint}}(x_1, x_2)\,\mathrm{d}x_1\mathrm{d}x_2。\end{aligned} \tag{3.9}$$

协方差在实际应用中用途非常广泛，下面给出协方差的一些性质。

1）根据数学期望运算的性质，可以得到另外一个表达式：

$$\begin{aligned}\sigma_{12} = \operatorname{cov}(X_1, X_2) &= E(X_1X_2 - X_1\mu_2 - X_2\mu_1 + \mu_1\mu_2)\\ &= E(X_1X_2) - \mu_2E(X_1) - \mu_1E(X_2) + \mu_1\mu_2\\ &= E(X_1X_2) - \mu_1\mu_2。\end{aligned} \tag{3.10}$$

2）协方差具有对称性，即

$$\sigma_{12} = \operatorname{cov}(X_1, X_2) = \operatorname{cov}(X_2, X_1) = \sigma_{21}。$$

3）随机变量与它本身的协方差即为该随机变量的方差，即

$$\operatorname{cov}(X, X) = E[(X - \mu^2)]。$$

4）如果 X_1 与 X_2 是相互独立的，则它们的协方差为 0。为了说明这一点，考虑如下：

$$\operatorname{cov}(X_1, X_2) = \int_{\mathbb{R}}\int_{\mathbb{R}} (x_1 - \mu_1)(x_2 - \mu_2) p_{\text{joint}}(x_1, x_2)\,\mathrm{d}x_1\mathrm{d}x_2$$

$$= \int_{\mathbb{R}}\int_{\mathbb{R}}(x_1 - \mu_1)(x_2 - \mu_2)\underbrace{p_1(x_1)p_2(x_2)}_{\text{根据独立性}}\mathrm{d}x_1\mathrm{d}x_2$$

$$= \int_{\mathbb{R}}\int_{\mathbb{R}}x_1x_2p_1(x_1)p_2(x_2)\mathrm{d}x_1\mathrm{d}x_2 - \mu_1\mu_2(\text{根据式}(3.10))$$

$$= \underbrace{\int_{\mathbb{R}}x_1p_1(x_1)\mathrm{d}x_1}_{=\mu_1}\underbrace{\int_{\mathbb{R}}x_2p_2(x_2)\mathrm{d}x_2}_{=\mu_2} - \mu_1\mu_2 = 0。$$

5）上述计算过程表明如果 X_1 与 X_2 是相互独立的，则有

$$E(X_1X_2) = E(X_1)E(X_2)$$

实际上，可以同理得到更一般的结果，如果 X_1 与 X_2 是相互独立的，则

$$E(f_1(X_1)f_2(X_2)) = E(f_1(X_1))E(f_2(X_2))。\tag{3.11}$$

其中 $f_1 = f_1(x_1)$，$f_2 = f_2(x_2)$ 是满足 $E(f_2(X_2))$ 与 $E(f_1(X_1))$ 都有定义的两个函数。

6）随机变量 X_1 与 X_2 之间的协方差值上界受限于两个随机变量标准差的乘积，即

$$|\sigma_{12}| \leqslant \sigma_1\sigma_2。\tag{3.12}$$

将式（3.5）中 X 与 Y 分别改为 $X = X_1 - \mu_1$ 与 $Y = X_2 - \mu_2$ 便可直接得到该结果。

7）考虑到式（3.12）中协方差的上界，将协方差除以 $\sigma_1\sigma_2$ 后所得到的结果也非常有用，即

$$\rho_{12} = \frac{\sigma_{12}}{\sigma_1\sigma_2},\tag{3.13}$$

该结果被称为 X_1 与 X_2 之间的相关系数，它的一个有用的性质为取值区间在 $[-1, 1]$ 上。

8）如果两个随机变量的相关系数（即它们的协方差）为0，则我们称这两个随机变量是不相关的。由此可知相互独立的随机变量是不相关的，但是反过来却不一定是正确的，一对不相关的随机变量并不一定是相互独立的。

3.2.6 均值向量与协方差矩阵

假设现在有 n 维随机向量 $\boldsymbol{X} = (X_1, \cdots, X_n) \in \mathbb{R}^n$，定义其均值向量如下：

$$\boldsymbol{e} = E\left[\begin{pmatrix} X_1 \\ X_2 \\ \vdots \\ X_n \end{pmatrix}\right] = \begin{pmatrix} E(X_1) \\ E(X_2) \\ \vdots \\ E(X_n) \end{pmatrix} = \begin{bmatrix} \mu_1 \\ \mu_2 \\ \vdots \\ \mu_n \end{bmatrix} \in \mathbb{R}^n。$$

我们可以将这些随机变量的协方差信息都反映在如下的 $n \times n$ 协方差矩阵中：

$$V=\begin{pmatrix}\sigma_{11} & \sigma_{12} & \cdots & \sigma_{1n}\\ \sigma_{21} & \sigma_{22} & \cdots & \sigma_{2n}\\ \vdots & \vdots & & \vdots\\ \sigma_{n1} & \sigma_{n2} & \cdots & \sigma_{nn}\end{pmatrix}, \tag{3.14}$$

或者同样地，由 $\boldsymbol{V}\in\mathbb{R}^{n\times n}$得到

$$(\boldsymbol{V})_{kl}=\sigma_{kl}=E[(X_k-\mu_k)(X_l-\mu_l)](1\leqslant k,l\leqslant n)。\tag{3.15}$$

通过之前建立的线性代数工具箱，我们发现用均值调整后的随机向量 $\boldsymbol{X}-\boldsymbol{e}$ 与其本身的外积为$(\boldsymbol{X}-\boldsymbol{e})(\boldsymbol{X}-\boldsymbol{e})^{\mathrm{T}}\in\mathbb{R}^{n\times n}$，且满足：

$$[(\boldsymbol{X}-\boldsymbol{e})(\boldsymbol{X}-\boldsymbol{e})^{\mathrm{T}}]_{kl}=(X_k-\mu_k)(X_l-\mu_l)\quad(1\leqslant k,l\leqslant n)。$$

将上式与式（3.15）进行比较，我们发现协方差矩阵 $\boldsymbol{V}$ 可写成如下由数学期望表示的简洁形式，即

$$\boldsymbol{V}=E[(\boldsymbol{X}-\boldsymbol{e})(\boldsymbol{X}-\boldsymbol{e})^{\mathrm{T}}]。\tag{3.16}$$

3.2.7 随机变量的线性组合

假设有随机向量 $\boldsymbol{X}=(X_1,\cdots,X_n)^{\mathrm{T}}\in\mathbb{R}^n$，则可以运用组成 $\boldsymbol{X}$ 的元素进行线性组合从而组成一个新的随机向量。特别地，令 $\boldsymbol{w}=(w_1,\cdots,w_n)^{\mathrm{T}}\in\mathbb{R}^n$，定义如下随机变量

$$X=\sum_{j=1}^{n}w_jX_j=\boldsymbol{w}^{\mathrm{T}}\boldsymbol{X}。$$

新随机变量 X 的数学期望为

$$\mu=E(X)=E(\boldsymbol{w}^{\mathrm{T}}\boldsymbol{X})=\boldsymbol{w}^{\mathrm{T}}E(\boldsymbol{X})=\boldsymbol{w}^{\mathrm{T}}\boldsymbol{e}=\sum_{j=1}^{n}w_j\mu_j。\tag{3.17}$$

另外，该随机变量的方差为

$$\begin{aligned}0\leqslant\sigma^2=E[(X-\mu^2)]&=E[(\boldsymbol{w}^{\mathrm{T}}(\boldsymbol{X}-\boldsymbol{e}))(\boldsymbol{w}^{\mathrm{T}}(\boldsymbol{X}-\boldsymbol{e}))^{\mathrm{T}}]\\&=E[\boldsymbol{w}^{\mathrm{T}}(\boldsymbol{X}-\boldsymbol{e})(\boldsymbol{X}-\boldsymbol{e})^{\mathrm{T}}\boldsymbol{w}]\\&=\boldsymbol{w}^{\mathrm{T}}E[(\boldsymbol{X}-\boldsymbol{e})(\boldsymbol{X}-\boldsymbol{e})^{\mathrm{T}}]\boldsymbol{w}\\&=\boldsymbol{w}^{\mathrm{T}}\boldsymbol{V}\boldsymbol{w}。\end{aligned}\tag{3.18}$$

上述分析表明随机变量线性组合的方差是基于非负定协方差矩阵 $\boldsymbol{V}$ 的二次型的，即

$$\sigma^2=\mathrm{var}(\sum_{j=1}^{n}w_jX_j)=\mathrm{var}(\boldsymbol{w}^{\mathrm{T}}\boldsymbol{X})=\boldsymbol{w}^{\mathrm{T}}\boldsymbol{V}\boldsymbol{w}=\sum_{i=1}^{n}\sum_{j=1}^{n}w_jw_j\sigma_{ij}。$$

当有两个相互独立的随机变量 X 与 Y，且需要考察它们之和 $Z=X+Y$ 时，这就是最简单的线性组合的例子。如果令 F_X 与 F_Y 分别表示 X 与 Y 的分布函数，则可得它们之和的分布函数 F_Z，具体推导过程可参见 Cramér（1966）的章节 15.12：

$$F_Z(z)=\int_{\mathbb{R}}F_X(z-u)\mathrm{d}F_Y(u)=\int_{\mathbb{R}}F_Y(z-u)\mathrm{d}F_X(u)。\tag{3.19}$$

3.3 正态分布

为更进一步了解概率论，我们熟知一些著名的分布/密度函数族是非常有用的。无论是对于离散情形下的分布律，还是连续情形下的概率密度，这些函数族都具有固定的表达式。贯穿整本书我们会遇到很多不同的函数族，这之中最重要的恐怕要数连续型随机变量的正态分布了。

定义 3.6 连续型随机变量 X 的均值为 μ，方差为 σ^2，我们称该变量服从正态分布（写作 $X \sim N(\mu,\sigma^2)$），如果其概率密度满足：

$$p(x) = \frac{1}{\sqrt{2\pi\sigma^2}}\exp\left(-\frac{1}{2}\left(\frac{x-\mu}{\sigma}\right)^2\right), \tag{3.20}$$

其中 exp（·）表示指数函数，定义为

$$\exp(x) = \sum_{n=0}^{\infty}\frac{x^n}{n!} = 1 + x + \frac{x^2}{2!} + \frac{x^3}{3!}\cdots, \tag{3.21}$$

对于任何 $x \in \mathbb{R}$均成立。

注意到正态随机变量 X 的分布函数完全由其均值与方差所确定，即

$$F(x) = P\{X \leqslant x\} = \frac{1}{\sqrt{2\pi\sigma^2}}\int_{-\infty}^{x}\exp\left(-\frac{1}{2}\left(\frac{u-\mu}{\sigma}\right)^2\right)\mathrm{d}u。$$

不幸的是，上式中的积分并没有闭合解，故其估计需要用到数值方法。为了避免这个问题，我们可以对变量进行简单的变形，设

$$Z = \frac{X-\mu}{\sigma}。$$

该变换可使变量具有均值为0、方差为1的性质，称该变量服从标准正态分布，写作 $Z \sim N(0,1)$。在标准化的情况下，我们有特殊的记法，标准正态分布的概率密度为

$$\varphi(z) = \frac{1}{\sqrt{2\pi}}\exp\left(\frac{-z^2}{2}\right),$$

标准正态分布函数为

$$\Phi(z) = P\{Z \leqslant z\} = \int_{-\infty}^{z}\varphi(u)\mathrm{d}u。$$

幸运的是，读者可以通过查表来估计给定 z 值的 $\Phi(z) \in [0,1]$的函数值，也可以估计其反函数 $\Phi^{-1}(\alpha)$在给定 $\alpha \in [0,1]$时的值。

标准正态分布以及列表中的函数值可以用来计算任何服从正态分布的随机变量的分布函数，这是因为

$$F(x) = P\{X \leqslant x\} = P\{Z\sigma + \mu \leqslant x\}\left(\text{其中 } Z = \frac{X-\mu}{\sigma} \sim N(0.1)\right)$$

$$=P\left\{Z\leqslant\frac{x-\mu}{\sigma}\right\}=\Phi\left(\frac{x-\mu}{\sigma}\right)。$$

多维正态分布

目前已经说明了服从正态分布的随机变量如何由式（3.20）中的概率密度所确定。其概率密度也可等价地写作

$$p(x)=(2\pi)^{-\frac{1}{2}}(\sigma^2)^{-\frac{1}{2}}\exp\left(-\frac{1}{2}(x-\mu)(\sigma^2)^{-1}(x-\mu)\right)。\qquad(3.22)$$

可以将上式扩展到多维的情况，称一个随机向量服从多维的正态分布。定义如下：

定义 3.7 称 n 维向量 $\boldsymbol{X}=(X_1,\cdots,X_n)\in\mathbb{R}^n$ 服从多维分布，如果对于任意给定的非零系数向量 $\boldsymbol{w}=(w_1,\cdots,w_n)^{\mathrm{T}}\in\mathbb{R}^n\setminus\{0\}$ 所产生的线性组合

$$X=\boldsymbol{w}^{\mathrm{T}}\boldsymbol{X}=w_1X_1+\cdots+w_nX_n$$

是服从正态分布的。

令 $\boldsymbol{X}$ 为 n 维随机向量，其均值向量与协方差矩阵如下：

$$\boldsymbol{e}=E(\boldsymbol{X}),\boldsymbol{V}=E[(\boldsymbol{X}-\boldsymbol{e})(\boldsymbol{X}-\boldsymbol{e})^{\mathrm{T}}]。$$

如果 $\boldsymbol{X}$ 服从多维正态分布，则根据式（3.17）和式（3.18），有

$$X=\boldsymbol{w}^{\mathrm{T}}\boldsymbol{X}\sim N(\boldsymbol{w}^{\mathrm{T}}\boldsymbol{e},\boldsymbol{w}^{\mathrm{T}}\boldsymbol{V}\boldsymbol{w})。$$

为了简化表达，我们以后将以 $\boldsymbol{X}\sim N(\boldsymbol{e},\boldsymbol{V})$ 表示随机向量 $\boldsymbol{X}$ 服从多维正态分布。

如果 $\boldsymbol{X}\sim N(\boldsymbol{e},\boldsymbol{V})$ 且其协方差矩阵 $\boldsymbol{V}$ 是正定的，则 $\boldsymbol{X}$ 的概率密度定义为

$$p(\boldsymbol{x})=(2\pi)^{-\frac{n}{2}}(\det(\boldsymbol{V}))^{-\frac{1}{2}}\exp\left(-\frac{1}{2}(\boldsymbol{x}-\boldsymbol{e})^{\mathrm{T}}\boldsymbol{V}^{-1}(\boldsymbol{x}-\boldsymbol{e})\right)。\qquad(3.23)$$

我们能够注意到上述表达式从一维向多维转化的相互对应，一维表达式的指数函数中基于 σ^2 倒数的二次表达式转化为基于协方差矩阵的逆矩阵 $\boldsymbol{V}^{-1}$ 的二次型。

4 最优化工具

最优化理论是为给一些特定的数学问题提供最好的解决方案而发展出的一个数学理论分支。一个金融风险管理者在日常生活中经常遇到这样的问题，如计算金融资产组合的最小风险，或者是确定解释金融数据的最好方式等。在本章中，将会介绍这一理论的基本背景知识和方法，让从业者能够成功地解决这些问题。

4.1 微积分背景知识

微积分是对函数变化的研究，是解决问题的一个重要工具，在自然科学、工程和金融方面都有着广泛的应用。我们相信读者可能对微积分有所了解，但是为了以后叙述的方便，在这部分我们会简要回顾一些关于它的基本原理。下面的内容主要感谢 B. J. C. Baxter 先生优秀的数值分析课程讲稿（2010）带来的启发和影响。

4.1.1 一元函数

我们从大家都熟悉的一元函数开始，函数 $f: U \rightarrow \mathbb{R}$ 表示的是一种对应关系，对任意实数 $x \in U$ 都对应了一个唯一的实数，表示为 $f(x)$。U 被称为函数的定义域，在绝大多数情况下，可以把 U 当作整个实数轴或者是一个简单的区间。如果一个函数没有跳跃值，那么它就是连续的，也就是说，它的图像是不间断的。更数学化的定义是称 f 在 $a \in U$ 处是连续的，若满足：

$$\lim_{h \to 0} f(a+h) = f(a),$$

即，当变量 $x = a + h$ 从左右两边接近 a 时，函数值也就接近 $f(a)$。如果 f 在区间 U 内的每一点都连续，则说 f 在 U 上连续。

从高中数学课程中就已经知道，函数 f 在定义域 U 上的点 a 处的导数即为 f 在 a 点处的切线的斜率。其正式的定义为 $\frac{f(a+h)-f(a)}{h}$ 的极限值。假设这个极限值存在，则有

$$\frac{\mathrm{d}f}{\mathrm{d}x}(a) = f'(a) = \lim_{h \to 0} \frac{f(a+h)-f(a)}{h}。 \tag{4.1}$$

如果定义域 U 中每个点都有导数，则称函数 f 在 U 上是可微的。有些函数是可以多次求导的，所以可考虑可微的次数。特别地，若 f 是可微的，我们通常说 f 为 m 阶可微的，并存在 $f^{(2)}$，…，$f^{(m)}$，使得

$$f^{(k)}(a)=\lim_{h\to 0}\frac{f^{(k-1)}(a+h)-f^{(k-1)}(a)}{h},(2\leqslant k\leqslant m \text{ 及所有 } a\in U)。$$

在低阶导数中通常用“′”来表示，即常用 f' 表示 $f^{(1)}$，f'' 表示 $f^{(2)}$，等等。如果函数 f: $\mathbb{R}\to\mathbb{R}$ 无限次可微，那么就说它是光滑的。数学分析中有个著名的结论为，在实践中遇到的几乎所有光滑的函数都可以扩展为泰勒级数的形式：

$$f(a+h)=\sum_{m=0}^{\infty}\frac{h^m}{m!}f^{(m)}(a)(h\in\mathbb{R}), \tag{4.2}$$

或者，更常用的表达为

$$f(a+h)=f(a)+f'(a)h+\frac{1}{2}f''(a)h^2+O(h^3)。 \tag{4.3}$$

其中，$O(h^3)$ 是指 h^3 的无穷小量。对函数 $f(x)$，当 x 接近 a（即 $h=x-a$ 很小）时，就可以忽略掉高阶项，采用二次近似值。即

$$p(x)=f(a)+f'(a)(x-a)+\frac{1}{2}f''(a)(x-a)^2。 \tag{4.4}$$

如果 x 非常接近于 a 时，就只需要线性近似值。即

$$\boldsymbol{l}(x)=f(a)+f'(a)(x-a)。 \tag{4.5}$$

4.1.2 多元函数

假设 f 是一个函数，其定义域为 $\mathbb{R}^n(n>1)$。例如，f 可能表示的是一个投资组合的价值，该组合受到一组金融变量组成的 n 维向量 $\boldsymbol{x}=(x_1,\cdots,x_n)^{\mathrm{T}}$ 的影响。类比单变量函数的情况，若

$$\lim_{\boldsymbol{h}\to\boldsymbol{0}}f(\boldsymbol{a}+\boldsymbol{h})=f(\boldsymbol{a}),$$

那么 f 在 $\boldsymbol{a}\in\mathbb{R}^n$ 处是连续的。也就是说，随着变量 $\boldsymbol{x}=\boldsymbol{a}+\boldsymbol{h}$ 不断接近 $\boldsymbol{a}$（从任意方向），函数值也不断接近 $f(\boldsymbol{a})$。

如果 $f(x_1, \cdots, x_n)$ 在整个定义域 $\mathbb{R}^n$ 范围内都是连续的，选择其中一个变量，并保持其他变量不变，然后就得到了一个（潜在）可微的一元函数。特别地，如果令 $k\in\{1,2,\cdots,n\}$，那么 f 的第 k 个偏导数即为 f 仅关于 x_k 的单变量导数，其他 $n-1$ 个变量保持不变。数学上，称

$$\frac{\partial f}{\partial x_k}(\boldsymbol{a})$$

为 f 在 $\boldsymbol{a}=(a_1,\cdots,a_n)^{\mathrm{T}}\in\mathbb{R}^n$ 处的第 k 个偏导数，它的值为

$$\frac{\partial f}{\partial x_k}(\boldsymbol{a})=\lim_{h\to 0}\frac{f(a_1,\cdots,a_{k-1},a_k+h,a_{k+1},\cdots,a_n)-f(a_1,\cdots,a_n)}{h}。$$

如果上式对每一个 k 和所有 $\boldsymbol{a}\in\mathbb{R}^n$ 都存在，那么称 f 在$\mathbb{R}^n$ 上是连续可微的。我们将这 n 个偏导数（其中 $\boldsymbol{a}$ 为$\mathbb{R}^n$ 中的某个值）以一个梯度向量的形式来表示，具体如下：

$$\nabla f(\boldsymbol{a}) = \begin{pmatrix} \frac{\partial f}{\partial x_1}(\boldsymbol{a}) \\ \vdots \\ \frac{\partial f}{\partial x_n}(\boldsymbol{a}) \end{pmatrix} \in \mathbb{R}^n。 \tag{4.6}$$

因为每个 f 的偏导数都是一个 n 元的函数，同一元函数一样，我们可以继续求微分，从而获得 f 的高阶混合偏导数。为此，我们只需要观察一下二阶导数，定义为

$$\frac{\partial^2 f}{\partial x_l \partial x_k} = \frac{\partial}{\partial x_l}\left(\frac{\partial f}{\partial x_k}\right)(1\leqslant k,l\leqslant n)。$$

注意到，f 有 n^2 个二阶导数，为方便起见，将这些在 $\boldsymbol{a}$（$\boldsymbol{a}\in\mathbb{R}^n$）处的二阶导数记为一个 $n\times n$ 的二阶导数矩阵 D^2f（$\boldsymbol{a}$） $\in\mathbb{R}^{n\times n}$，定义为

$$(D^2 f(\boldsymbol{a}))_{kl} = \frac{\partial^2 f}{\partial x_l \partial x_k}(\boldsymbol{a})(1\leqslant k,l\leqslant n)。 \tag{4.7}$$

可以假定，所有的混合二阶偏导数在$\mathbb{R}^n$ 上都是连续的，在这种情况下有

$$\frac{\partial^2 f(\boldsymbol{x})}{\partial x_l \partial x_k} = \frac{\partial^2 f(\boldsymbol{x})}{\partial x_k \partial x_l}(1\leqslant k,l\leqslant n)。$$

因此，这个二阶导数矩阵 $D^2 f$ 是对称矩阵。

在多元函数情形下，我们发现了一个与泰勒展开式（4.3）类似的变形方式，即

$$f(\boldsymbol{a}+\boldsymbol{h}) = f(\boldsymbol{a}) + \nabla f(\boldsymbol{a})^{\mathrm{T}}\boldsymbol{h} + \frac{1}{2}\boldsymbol{h}^{\mathrm{T}} D^2 f(\boldsymbol{a})\boldsymbol{h} + O(\|\boldsymbol{h}\|^3)。 \tag{4.8}$$

高阶泰勒公式（4.8）的严格证明超出了本书的范围，但是下面的简要说明应当可以比较好地说明其正确性。首先，回想一下一元函数的情况，令 $D\equiv\frac{\mathrm{d}}{\mathrm{d}x}$，那么 $D^m f(x) = f^{(m)}(x)$，就可以将式（4.2）写成如下形式：

$$f(a+h) = \sum_{m=0}^{\infty}\frac{(hD)^m}{m!}f(a)。$$

这令我们想起了指数函数关于零的泰勒展开式（3.21），并引导我们将泰勒展开式写成 $f(a+h) = \exp(hD)f(a)$ 的形式。如果将这个表达方式推广到 n 元的函数 $f(x)$，我们会发现

$$\begin{aligned} f(\boldsymbol{a}+\boldsymbol{h}) &= \exp(h_1\partial_1)\cdots\exp(h_n\partial_n)f(\boldsymbol{a}) \\ &= \exp(h_1\partial_1+\cdots+h_n\partial_n)f(\boldsymbol{a}), \end{aligned}$$

其中 $\partial_k = \dfrac{\partial}{\partial x_k}$（$k=1, \cdots, n$）。应用式（3.21），我们发现

$$\begin{aligned} f(\boldsymbol{a}+\boldsymbol{h}) &= \exp(h_1\partial_1 + \cdots + h_n\partial_n)f(\boldsymbol{a}) \\ &= \sum_{m=0}^{\infty}\frac{(h_1\partial_1+\cdots+h_n\partial_n)^m}{m!}f(\boldsymbol{a}) \\ &= f(\boldsymbol{a}) + \underbrace{\left(h_1\frac{\partial f}{\partial x_1}(\boldsymbol{a}) + \cdots + h_n\frac{\partial f}{\partial x_n}(\boldsymbol{a})\right)}_{\nabla f(\boldsymbol{a})^{\mathrm{T}}\boldsymbol{h}} + \\ &\quad \frac{1}{2}(h_1\partial_1+\cdots+h_n\partial_n)^2 f(\boldsymbol{a}) + \cdots。\end{aligned}$$

现在，上式中的二次项可以写成如下形式：

$$\begin{aligned} (h_1\partial_1+\cdots+h_n\partial_n)^2 f(\boldsymbol{a}) &= \sum_{j=1}^{n} h_j\partial_j \sum_{k=1}^{n} h_k\partial_k f(\boldsymbol{a}) \\ &= \sum_{j=1}^{n}\sum_{k=1}^{n} h_j h_k \partial_j\partial_k f(\boldsymbol{a}) \\ &= \sum_{j=1}^{n}\sum_{k=1}^{n} h_j h_k \frac{\partial^2 f}{\partial_j\partial_k}(\boldsymbol{a}) \\ &= \boldsymbol{h}^{\mathrm{T}} D^2 f(\boldsymbol{a})\boldsymbol{h}。\end{aligned}$$

4.2 函数优化

多元函数微积分的一个重要应用是使 n 元函数最小化。当 $h>0$ 足够小时，若对每个单位向量 $\boldsymbol{u}$ 都有

$$f(\boldsymbol{a}+h\boldsymbol{u}) \geqslant f(\boldsymbol{a}), \tag{4.9}$$

则称 f 在 $\boldsymbol{x}=\boldsymbol{a}$ 处有局部极小值。

在继续深入研究之前，有以下几点要注意：

1）如果式（4.9）对所有 h 值（$h>0$）都适用，那么 $\boldsymbol{x}=\boldsymbol{a}$ 是 f 的全局最小值。

2）如果将式（4.9）里的≤改成≥，那么我们就得到了局部极大值的定义。

3）如果将式（4.9）中的不等号≤（≥）改成<（>），那么 $\boldsymbol{x}=\boldsymbol{a}$ 是 f 的严格极小值（极大值）。

回想高中数学中探讨过的单变量的情况，若 $f'(a)=0$ 且 $f''(a)>0$，那么 $f(x)$ 在 $x=a$ 处有局部极小值。现在，我们就多变量的情况进行讨论。

命题 4.1 如果 $\nabla f(\boldsymbol{a}) \neq \boldsymbol{0}$，那么 $f(\boldsymbol{x})$ 在 $\boldsymbol{x}=\boldsymbol{a}$ 处没有局部极小值（或极大值）。

证明：考虑 $f(\boldsymbol{x})$ 的多元线性近似

$$l(\boldsymbol{x}) = f(\boldsymbol{a}) + \boldsymbol{g}^{\mathrm{T}}(\boldsymbol{x}-\boldsymbol{a}),$$

其中，$\boldsymbol{g}=\nabla f(\boldsymbol{a})$。对任意 $h>0$ 以及任意单位向量 $\boldsymbol{u}$，都有

$$l(\boldsymbol{a}+h\boldsymbol{u})=f(\boldsymbol{a})+h\boldsymbol{g}^{\mathrm{T}}\boldsymbol{u}。$$

特别地，可以设

$$\boldsymbol{u}=\frac{-\boldsymbol{g}}{\|\boldsymbol{g}\|},$$

由此得到

$$l(\boldsymbol{a}+h\boldsymbol{u})=f(\boldsymbol{a})-\|\boldsymbol{g}\|h<f(\boldsymbol{a})。$$

由于

$$f(\boldsymbol{a}+h\boldsymbol{u})=l(\boldsymbol{a}+h\boldsymbol{u})+O(h^2)$$

可以推断，对所有足够小的 $h>0$，都有

$$f(\boldsymbol{a}+h\boldsymbol{u})<f(\boldsymbol{a})。$$

因此 f 在 $\boldsymbol{x}=\boldsymbol{a}$ 处没有局部极小值。如果令 $\boldsymbol{u}=\boldsymbol{g}/\|\boldsymbol{g}\|$，那么同理可证，$f$ 在 $\boldsymbol{x}=\boldsymbol{a}$ 处没有局部极大值。

从以上结果中可以得出结论，$\nabla f(\boldsymbol{a})=\boldsymbol{0}$ 是 $f(\boldsymbol{x})$ 在 $\boldsymbol{x}=\boldsymbol{a}$ 处有局部极小值（或极大值）的必要条件。事实证明，与一元函数情况相同，多元问题局部极小值的必要条件也涉及二阶导数。

命题 4.2　如果 $\nabla f(\boldsymbol{a})=\boldsymbol{0}$，且二阶导数矩阵 $D^2f(\boldsymbol{a})$ 是正定矩阵，那么 $f(\boldsymbol{x})$ 在 $\boldsymbol{x}=\boldsymbol{a}$ 处有严格局部极小值（或极大值）。

证明：根据 $f(\boldsymbol{x})$ 的多元二次近似

$$p(\boldsymbol{x})=f(\boldsymbol{a})+\frac{1}{2}(\boldsymbol{x}-\boldsymbol{a})^{\mathrm{T}}D^2f(\boldsymbol{a})(\boldsymbol{x}-\boldsymbol{a}),$$

则对任意 $h>0$ 和任意单位向量 $\boldsymbol{u}$，都有

$$p(\boldsymbol{a}+h\boldsymbol{u})=f(\boldsymbol{a})+\frac{h^2}{2}\underbrace{\boldsymbol{u}^{\mathrm{T}}D^2f(\boldsymbol{a})\boldsymbol{u}}_{>0}>f(\boldsymbol{a})。$$

由命题 4.1 的证明过程可得，对于所有足够小的 $h>0$，有

$$f(\boldsymbol{a}+h\boldsymbol{u})>f(\boldsymbol{a})。$$

4.2.1　无约束二次函数

为了阐明我们的理论，需把注意力转向二次型的最小化问题上来。大家应该比较熟悉简单二元函数的情况，它的函数形式为

$$q(x)=\frac{1}{2}ax^2+bx+c\quad（其中\ a,b,c\in\mathbb{R},且\ a\neq 0）。$$

它的另外一个形式更常用，即通过对上式进行简单的配平方得

$$q(x)=\frac{1}{2}a\left(x+\frac{b}{a}\right)^2+c-\frac{b^2}{2a}。$$

q 的拐点可以很容易通过解方程求得，即

$$q'(x^*)=a\left(x^*+\frac{b}{a}\right)=0\Rightarrow x^*=-\frac{b}{a}。\tag{4.10}$$

此外，通过观察函数图像的弯曲方式，就能判断这个点是极大值点还是极小值点。即

如果 $q''(x^*)=a>0$，那么 x^* 就是极小值点，

如果 $q''(x^*)=a<0$，那么 x^* 就是极大值点。

类似地，多元函数的二次型可表示为

$$q(\boldsymbol{x})=\frac{1}{2}\boldsymbol{x}^{\mathrm{T}}\boldsymbol{A}\boldsymbol{x}+\boldsymbol{b}^{\mathrm{T}}\boldsymbol{x}+c, \tag{4.11}$$

其中，$\boldsymbol{A}\in\mathbb{R}^{n\times n}$是可逆矩阵，$\boldsymbol{b}\in\mathbb{R}^n$，$c\in\mathbb{R}$。注意到，对于任意方阵 $\boldsymbol{A}$ 都有

$$\boldsymbol{x}^{\mathrm{T}}\boldsymbol{A}\boldsymbol{x}=\boldsymbol{x}^{\mathrm{T}}\underbrace{\left(\frac{\boldsymbol{A}+\boldsymbol{A}^{\mathrm{T}}}{2}\right)}_{\text{对称矩阵}}\boldsymbol{x},$$

因此，我们将 $\boldsymbol{A}$ 看作是一个对称矩阵。

将配平方的方法扩展到更高维度的数学设定中，我们的目标是找到一个向量 $\boldsymbol{\alpha}\in\mathbb{R}^n$ 和一个常数 $\beta\in\mathbb{R}$，使其满足：

$$q(\boldsymbol{x})=\frac{1}{2}(\boldsymbol{x}+\boldsymbol{\alpha})^{\mathrm{T}}\boldsymbol{A}(\boldsymbol{x}+\boldsymbol{\alpha})+\beta,$$

展开之后可得

$$q(\boldsymbol{x})=\frac{1}{2}\boldsymbol{x}^{\mathrm{T}}\boldsymbol{A}\boldsymbol{x}+\boldsymbol{\alpha}^{\mathrm{T}}\boldsymbol{A}\boldsymbol{x}+\frac{1}{2}\boldsymbol{\alpha}^{\mathrm{T}}\boldsymbol{A}\boldsymbol{\alpha}+\beta。$$

将这一形式同式（4.11）对应起来，我们发现

$$\boldsymbol{A}\boldsymbol{\alpha}=\boldsymbol{b}\Rightarrow\boldsymbol{\alpha}=\boldsymbol{A}^{-1}\boldsymbol{b}\ \text{（当}\boldsymbol{A}\text{是可逆矩阵时）。} \tag{4.12}$$

同理，对应常数部分，得到

$$\begin{aligned}\beta&=c-\frac{1}{2}\boldsymbol{\alpha}^{\mathrm{T}}\boldsymbol{A}\boldsymbol{\alpha}\\&=c-(\boldsymbol{A}^{-1}\boldsymbol{b})^{\mathrm{T}}\boldsymbol{A}\boldsymbol{A}^{-1}\boldsymbol{b}\\&=c-\boldsymbol{b}^{\mathrm{T}}\boldsymbol{A}^{-1}\boldsymbol{b},\end{aligned}$$

因此，式（4.11）可以写成如下形式：

$$q(\boldsymbol{x})=\frac{1}{2}(\boldsymbol{x}+\boldsymbol{A}^{-1}\boldsymbol{b})^{\mathrm{T}}\boldsymbol{A}(\boldsymbol{x}+\boldsymbol{A}^{-1}\boldsymbol{b})+c-\boldsymbol{b}^{\mathrm{T}}\boldsymbol{A}^{-1}\boldsymbol{b}。 \tag{4.13}$$

同理，式（4.10）也可以写成

$$q(x)=\frac{1}{2}(x+a^{-1}b)a(x+a^{-1}b)+c-\frac{1}{2}ba^{-1}b。$$

n 维二次函数的微分也同单变量的情况相类似，特别地，有

$$\nabla q(\boldsymbol{x})=\boldsymbol{A}(\boldsymbol{x}+\boldsymbol{A}^{-1}\boldsymbol{b})=\boldsymbol{A}\boldsymbol{x}+\boldsymbol{b},\text{对应 }q'(x)=ax+b,$$

$$\nabla^2 q(\boldsymbol{x})=\boldsymbol{A},\text{对应 }q''(x)=a。$$

确定二次型最小值（或最大值）的过程与单变量的情形类似；应用命题 4.1 与命题 4.2，令梯度为 $\mathbf{0}$，并考察二阶导数来确定拐点的性质。特别地，有

$$\nabla q(\boldsymbol{x}^*) = \boldsymbol{A}(\boldsymbol{x}^* + \boldsymbol{A}^{-1}\boldsymbol{b}) = \boldsymbol{0} \Rightarrow \boldsymbol{x}^* = -\boldsymbol{A}^{-1}\boldsymbol{b}。$$

此外，$\boldsymbol{x}^*$ 在满足以下条件情况下称为最小值点或最大值点：

$$\text{如果} \nabla^2 q(\boldsymbol{x}^*) = \boldsymbol{A} \text{ 是正定的，则 } \boldsymbol{x}^* \text{ 是最小值点；}$$
$$\text{如果} -\nabla^2 q(\boldsymbol{x}^*) = -\boldsymbol{A} \text{ 是正定的，则 } \boldsymbol{x}^* \text{ 是最大值点。} \tag{4.14}$$

4.2.2 有约束二次函数

前面已经展示了如何通过在整个$\mathbb{R}^n$ 范围内寻找解向量，从而实现对一个 n 维二次型的最优化。现在，要解决类似这样的问题，不同的是，我们会通过设定一些线性限制条件以控制定义域的范围。特别地，目标函数是

$$\min q(\boldsymbol{x}) = \frac{1}{2}\boldsymbol{x}^{\mathrm{T}}\boldsymbol{A}\boldsymbol{x} + \boldsymbol{b}^{\mathrm{T}}\boldsymbol{x} + c,$$

其受限于 m 个（$m<n$）线性约束

$$\boldsymbol{P}\boldsymbol{x} = \begin{pmatrix} p_{11} & \cdots & p_{1n} \\ \vdots & & \vdots \\ p_{m1} & \cdots & p_{mn} \end{pmatrix} \begin{pmatrix} x_1 \\ \vdots \\ x_n \end{pmatrix} = \begin{pmatrix} d_1 \\ \vdots \\ d_m \end{pmatrix} = \boldsymbol{d}。 \tag{4.15}$$

假设这些约束是线性无关的。如果用其 m 个列向量来表达约束矩阵的转置矩阵，就能更简洁地表达这个条件，即

$$\boldsymbol{P}^{\mathrm{T}} = (\boldsymbol{p}_1, \cdots, \boldsymbol{p}_m)。$$

其中

$$\boldsymbol{p}_k = \begin{pmatrix} p_{k1} \\ \vdots \\ p_{kn} \end{pmatrix} \in \mathbb{R}^n \ (1 \leqslant k \leqslant m),$$

约束条件是线性无关的这个假设等价于列向量 $\{\boldsymbol{p}_1, \cdots, \boldsymbol{p}_n\}$ 是线性无关的，这一条件成立当且仅当

$$\text{唯一满足 } \boldsymbol{P}^{\mathrm{T}}\lambda = \boldsymbol{0} \text{ 的向量 } \lambda = \begin{pmatrix} \lambda_1 \\ \vdots \\ \lambda_m \end{pmatrix} \in \mathbb{R}^m \text{ 是 } \lambda = \boldsymbol{0}。 \tag{4.16}$$

为了解决这个问题，现在引入 m 维向量 $\boldsymbol{\lambda} = (\lambda_1, \cdots, \lambda_m)^{\mathrm{T}}$，并构建一个拉格朗日函数

$$\mathcal{L}(\boldsymbol{x}, \boldsymbol{\lambda}) = \frac{1}{2}\boldsymbol{x}^{\mathrm{T}}\boldsymbol{A}\boldsymbol{x} + \boldsymbol{b}^{\mathrm{T}}\boldsymbol{x} + c - \boldsymbol{\lambda}^{\mathrm{T}}(\boldsymbol{d} - \boldsymbol{P}\boldsymbol{x})。$$

拉格朗日函数涉及从原二次型中减去约束条件的倍数，注意到，当 $\boldsymbol{x}$ 满足限制条件的时候，都有$\mathcal{L}(\boldsymbol{x}, \boldsymbol{\lambda}) = q(\boldsymbol{x})$。

为了求出潜在的不动点值，需先求出拉格朗日函数关于 $\boldsymbol{x}$ 和 $\boldsymbol{y}$ 的梯度，并令它们等于零，可得

$$\nabla_x \mathcal{L}(\boldsymbol{x}^*,\boldsymbol{\lambda}^*)=\boldsymbol{A}\boldsymbol{x}^*+\boldsymbol{b}+\boldsymbol{P}^{\mathrm{T}}\boldsymbol{\lambda}^*=\boldsymbol{0},$$
$$\nabla_\lambda \mathcal{L}(\boldsymbol{x}^*,\boldsymbol{\lambda}^*)=\boldsymbol{d}-\boldsymbol{P}\boldsymbol{x}^*=\boldsymbol{0}。$$

整理可得

$$\boldsymbol{A}\boldsymbol{x}^*+\boldsymbol{P}^{\mathrm{T}}\boldsymbol{\lambda}^*=-\boldsymbol{b},$$
$$\boldsymbol{P}\boldsymbol{x}^*=\boldsymbol{d}。$$

或者，以矩阵向量的形式表达为

$$\begin{pmatrix}\boldsymbol{A} & \boldsymbol{P}^{\mathrm{T}}\\ \boldsymbol{P} & \boldsymbol{0}\end{pmatrix}\begin{pmatrix}\boldsymbol{x}^*\\ \boldsymbol{\lambda}^*\end{pmatrix}=\begin{pmatrix}-\boldsymbol{b}\\ \boldsymbol{d}\end{pmatrix}。\tag{4.17}$$

如果上式有唯一解，那么与 $\boldsymbol{x}$ 对应的函数值即为这个约束问题的极大值或极小值，详见 Nash 和 Sofer 于 1996 年出版的书籍。由此可得以下结果：

引理 4.1 如果 $\boldsymbol{A}$ 或者 $-\boldsymbol{A}$ 是 $\mathbb{R}^n$ 的一个（$n-m$）维子空间中的正定矩阵，该空间受限于 $z=\{\boldsymbol{x}\in\mathbb{R}^n: \boldsymbol{P}\boldsymbol{x}=\boldsymbol{0}\}$，那么矩阵 $\begin{pmatrix}\boldsymbol{A} & \boldsymbol{P}^{\mathrm{T}}\\ \boldsymbol{P} & \boldsymbol{0}\end{pmatrix}$ 是可逆的。

证明：鉴于式（2.11），可以证明在引理 4.1 中所给的条件下，矩阵 $\begin{pmatrix}\boldsymbol{A} & \boldsymbol{P}^{\mathrm{T}}\\ \boldsymbol{P} & \boldsymbol{0}\end{pmatrix}$ 是可逆的。因为引理条件表明

$$\begin{pmatrix}\boldsymbol{A} & \boldsymbol{P}^{\mathrm{T}}\\ \boldsymbol{P} & \boldsymbol{0}\end{pmatrix}\begin{pmatrix}\boldsymbol{x}\\ \boldsymbol{\lambda}\end{pmatrix}=\begin{pmatrix}\boldsymbol{0}\\ \boldsymbol{0}\end{pmatrix}\Rightarrow\begin{pmatrix}\boldsymbol{x}\\ \boldsymbol{\lambda}\end{pmatrix}=\begin{pmatrix}\boldsymbol{0}\\ \boldsymbol{0}\end{pmatrix}。$$

由矩阵运算可以得到

$$\boldsymbol{A}\boldsymbol{x}+\boldsymbol{P}^{\mathrm{T}}\boldsymbol{\lambda}=\boldsymbol{0},$$
$$\boldsymbol{P}\boldsymbol{x}=\boldsymbol{0}。$$

注意到，$\boldsymbol{P}\boldsymbol{x}=0$ 隐含着条件 $\boldsymbol{x}\in z$，因此

$$\begin{aligned}0&=\boldsymbol{x}^{\mathrm{T}}\boldsymbol{A}\boldsymbol{x}+\boldsymbol{x}^{\mathrm{T}}\boldsymbol{p}^{\mathrm{T}}\boldsymbol{\lambda}\\&=\boldsymbol{x}^{\mathrm{T}}\boldsymbol{A}\boldsymbol{x}+\begin{pmatrix}\boldsymbol{\lambda}^{\mathrm{T}} & \underbrace{\boldsymbol{P}\boldsymbol{x}}_{=\boldsymbol{0}}\end{pmatrix}^{\mathrm{T}}=\boldsymbol{x}^{\mathrm{T}}\boldsymbol{A}\boldsymbol{x}。\end{aligned}$$

由于假定 $\boldsymbol{A}$ 或 $-\boldsymbol{A}$ 是 z 中的正定矩阵，只能得出结论 $\boldsymbol{x}=\boldsymbol{0}$。

根据上述结论，第一个等式可以写成 $\boldsymbol{P}^{\mathrm{T}}\boldsymbol{\lambda}=\boldsymbol{0}$。由于我们假定 $\boldsymbol{P}^{\mathrm{T}}$ 的各列向量是线性无关的，从而可推出 $\boldsymbol{\lambda}=\boldsymbol{0}$，参见式（4.16）。即可得证。

如果上述引理的条件成立，则得出以下结论：

1）线性方程组（4.17）有唯一解 $(\boldsymbol{x}^*,\ \boldsymbol{\lambda}^*)^{\mathrm{T}}\in\mathbb{R}^{n+m}$。

2）方程组的解 $\boldsymbol{x}^*$ 正好是约束问题式（4.15）中的不动点。

此外，我们也可以发现：

$$\begin{cases}\text{如果 } \boldsymbol{A} \text{ 是 } z \text{ 上的正定矩阵，那么 } \boldsymbol{x}^* \text{ 是极小值；}\\ \text{如果 } -\boldsymbol{A} \text{ 是 } z \text{ 上的正定矩阵，那么 } \boldsymbol{x}^* \text{ 是极大值。}\end{cases}\tag{4.18}$$

在本节中所得出的结论会直接运用到下一章中，下一章的重点是选择风险最小

同时保持一定的预期回报的金融投资组合。

4.3 超定线性方程组

在本节中，我们重新审视一般线性方程组的求解，用矩阵向量形式可将线性方程组写作

$$\boldsymbol{Ax}=\begin{pmatrix} a_{11} & a_{12} & \cdots & a_{1l} \\ a_{21} & a_{22} & \cdots & a_{2l} \\ \vdots & \vdots & & \vdots \\ a_{m1} & a_{m2} & \cdots & a_{ml} \end{pmatrix}\begin{pmatrix} x_1 \\ x_2 \\ \vdots \\ x_l \end{pmatrix}=\begin{pmatrix} y_1 \\ y_2 \\ \vdots \\ y_m \end{pmatrix}=\boldsymbol{y}。$$

当方程数量同未知量的数量相同，即 $m=l$ 时，从第 2 章的结论中可以知道，当 $\boldsymbol{A}$ 是非奇异矩阵时，存在一个唯一的解向量 $\boldsymbol{x}\in\mathbb{R}^l$。但不幸的是，在许多现实问题中，我们经常会发现方程数量比未知量要多，即 $m>l$，此时我们面对的就是一个超定的方程组。

我们不能指望在超定方程组中找到唯一解，因此，需要寻找一个好的近似解。特别地，我们考虑向量 $\boldsymbol{x}$ 近似地满足这个线性方程组，即使得 $\boldsymbol{Ax}\approx\boldsymbol{y}$。通过度量 $\boldsymbol{Ax}$ 到 $\boldsymbol{y}$ 的距离 $\|\boldsymbol{Ax}-\boldsymbol{y}\|$ 来量化近似解。我们的目标是找到最好的可能近似解，因此这个问题转化为解下述的最小化问题：

$$\min\{\|\boldsymbol{Ax}-\boldsymbol{y}\|:\boldsymbol{x}\in\mathbb{R}^l\}。$$

如果求距离的平方的最小值，则极小值点也不会发生变化。因此，可以考虑这个问题的等价形式：

$$\begin{aligned}\min\{\|\boldsymbol{Ax}-\boldsymbol{y}\|^2&=(\boldsymbol{Ax}-\boldsymbol{y})^{\mathrm{T}}(\boldsymbol{Ax}-\boldsymbol{y})\\&=\boldsymbol{x}^{\mathrm{T}}\boldsymbol{A}^{\mathrm{T}}\boldsymbol{Ax}-2\boldsymbol{x}^{\mathrm{T}}\boldsymbol{A}^{\mathrm{T}}\boldsymbol{y}+\boldsymbol{y}^{\mathrm{T}}\boldsymbol{y}:\boldsymbol{x}\in\mathbb{R}^l\}。\end{aligned}$$

令

$$\boldsymbol{\Gamma}=\boldsymbol{A}^{\mathrm{T}}\boldsymbol{A}\in\mathbb{R}^{l\times l},\ \boldsymbol{b}=\boldsymbol{A}^{\mathrm{T}}\boldsymbol{y}\in\mathbb{R}^l,$$

那么这个问题可以改写成

$$\min q(\boldsymbol{x})=\boldsymbol{x}^{\mathrm{T}}\boldsymbol{\Gamma x}-2\boldsymbol{b}^{\mathrm{T}}\boldsymbol{x}+\|\boldsymbol{y}\|^2(\boldsymbol{x}\in\mathbb{R}^l)。\tag{4.19}$$

这个解依赖于求二次型 $q(\boldsymbol{x})$ 的最小化问题，因此需要寻找一个向量 $\boldsymbol{x}^*$，使得 q 的梯度为 $\mathbf{0}$，即解

$$\nabla_x q(\boldsymbol{x}^*)=2(\boldsymbol{\Gamma x}^*-\boldsymbol{b})=\mathbf{0}。$$

因此，向量 $\boldsymbol{x}^*$ 满足

$$\boldsymbol{\Gamma x}^*=\boldsymbol{b}。$$

注意到 $\boldsymbol{\Gamma}$ 是一个非负定矩阵，因此，对任意 $\boldsymbol{x}=(x_1,\cdots,x_l)^{\mathrm{T}}\in\mathbb{R}^l$,有

$$\boldsymbol{x}^{\mathrm{T}}\boldsymbol{\Gamma x}=(\boldsymbol{Ax})^{\mathrm{T}}(\boldsymbol{Ax})=\|\boldsymbol{Ax}\|^2\geqslant0。$$

进一步地，用 $\{\boldsymbol{a}_1,\cdots,\boldsymbol{a}_l\}$ 来表示 $\boldsymbol{A}$ 的 m 维列向量，上述二次型可以改

写为

$$x^{\mathrm{T}}\boldsymbol{\Gamma}x = \|Ax\|^2\left\|\sum_{i=1}^{l}x_i a_i\right\|^2 \geqslant 0。$$

特别地，可以得出结论，如果 A 的列向量是线性无关的，则 $\boldsymbol{\Gamma}$ 是正定的。上述结论成立的原因是

$$\left\|\sum_{i=1}^{l}x_i a_i\right\|^2 = 0 \Leftrightarrow \sum_{i=1}^{l}x_i a_i = \mathbf{0}$$
$$\Leftrightarrow x_1 = \cdots = x_l = 0,即 x = \mathbf{0}。$$

以下结果能够印证我们之前所有的观察结果。

定理 用 A 表示一个 $m \times l$ 矩阵，且其行数多于列数，即 $m > l$。如果 A 的列向量是线性无关的，那么向量 x^* 的定义式为

$$A^{\mathrm{T}}Ax^* = A^{\mathrm{T}}y, \tag{4.20}$$

并且是二次型。

$$q(x) = \|Ax - y\|^2 \tag{4.21}$$

的唯一极小变量。

在这个问题讨论的最后，让我们了解一些额外的背景知识。

1）由式（4.17）给出的解 x^* 通常被称为线性最小二乘解。

2）矩阵 $\boldsymbol{\Gamma} = A^{\mathrm{T}}A$ 通常被称作正定矩阵，方程（4.20）被称作正定方程。实践中，很少通过直接计算正定方程来求解 x^*，因为这个方法非常不稳定。幸运的是，存在更稳定的算法，能够比较稳定地计算最小二乘解。

4.4 线性回归

科学家与工程师们的一个共同目标是深入了解某些随机变量的性质，随机变量用 Y 表示。我们通常用 Y 来表示实验的结果。实验者需要确定一组影响实验结果的随机因子 X_1，…，X_l，这些因子是可以直接观察到的，即很容易获得其观察值。用一个简单的例子为读者说明情况，我们来研究随机变量

$$Y \mapsto y = 一个人每年看医生的次数。$$

为了方便区分，用大写 Y 表示这个实验，用 y 表示实验的可能结果，因此在这个例子中 y 在理论上从集合 $\{0, 1, 2, \cdots\}$ 中取值。

有很多能够影响 Y 结果的可测量因素，例如，我们考虑

$$X_1 \mapsto x_1 = 一个人的年龄$$
$$X_2 \mapsto x_2 = 一个人的体重$$
$$X_3 \mapsto x_3 = 一个人每周的饮酒量$$
$$X_4 \mapsto x_4 = 一个人每周的锻炼时间$$
$$\vdots$$

当我们拥有了一组影响因素，实验者通常会提出一种近似的线性关系

$$y \approx \beta_0 + \beta_1 x_1 + \cdots + \beta_l x_l,$$

或等价地表示为

$$y = \beta_0 + \beta_1 x_1 + \cdots + \beta_l x_l + \varepsilon。 \tag{4.22}$$

其中，ε 是一个随机的且不可观测的误差项。

目前：暂时假定研究人员认为式（4.22）是正确的，现在的任务是确定系数 β_0，β_1，…，β_l。为此，我们需要采集数据。现在考虑下列两种情况：

1）如果 Y 是可重复事件，每次实验都能得到结果 y 和潜在的因子值。

2）如果 Y 是一个随时间变化的随机过程，那么数据收集就要通过记录 Y 的历史结果以及相应的因子值来获得。

在上述两种情况下，我们均能获得相关数据，即第 k 次的结果/实现值 $=y_k$ 与因素的对应值（$x_1^{(k)}$，$x_2^{(k)}$，…，$x_l^{(k)}$）（$k=1$，2，…，m；$m \gg l$）。

我们将结果记为向量 $\boldsymbol{y}$ 和一个因子矩阵 $\boldsymbol{X}$，则有

$$\boldsymbol{y} = \begin{pmatrix} y_1 \\ \vdots \\ y_m \end{pmatrix}, \boldsymbol{X} = \begin{pmatrix} 1 & x_1^{(1)} & \cdots & x_l^{(1)} \\ 1 & x_1^{(2)} & \cdots & x_l^{(2)} \\ \vdots & \vdots & & \vdots \\ 1 & x_1^{(m)} & \cdots & x_l^{(m)} \end{pmatrix} \in \mathbb{R}^{m \times (l+1)}。$$

根据式（4.22）的线性关系，可以得到以下的超定线性系统方程

$$\boldsymbol{y} = \boldsymbol{X\beta} + \boldsymbol{\varepsilon}, \tag{4.23}$$

其中

$$\boldsymbol{\beta} = \begin{pmatrix} \beta_0 \\ \vdots \\ \beta_l \end{pmatrix} \in \mathbb{R}^{l+1}, \ \boldsymbol{\varepsilon} = \begin{pmatrix} \varepsilon_1 \\ \vdots \\ \varepsilon_m \end{pmatrix} \in \mathbb{R}^{m}$$

分别表示未知系数 β 组成的向量和不可观测的误差向量。要找到精确的系数向量 $\boldsymbol{\beta}$ 是非常困难的，因此我们的目标是找到一个有用的近似向量 $\hat{\boldsymbol{\beta}}$。为此，先作出如下基本假设：

1）$\boldsymbol{X}$ 的 $l+1$ 个列向量是线性独立的。

2）残差向量 $\boldsymbol{\varepsilon}$ 满足条件

$$\begin{cases} E(\boldsymbol{\varepsilon}) = \boldsymbol{0}, \text{即均值为} \boldsymbol{0} \\ E(\boldsymbol{\varepsilon\varepsilon}^{\mathrm{T}}) = \sigma^2 \boldsymbol{I}_m, \text{即方差为定值但不相关} \end{cases} \tag{4.24}$$

在该框架下，可以应用之前的结论来找到使得误差项的平方和最小的向量 $\hat{\boldsymbol{\beta}}$，特别地，我们知道

$$\hat{\boldsymbol{\beta}} \text{ 最小化} \sum_{i=1}^{m} \varepsilon_i^2$$

与

$$\hat{\boldsymbol{\beta}}\text{ 最小化 }\|\boldsymbol{\varepsilon}\|^2=\|\boldsymbol{X\beta}-\boldsymbol{y}\|^2$$

是等价的。

利用式（4.16），可得

$$\hat{\boldsymbol{\beta}}=(\boldsymbol{X}^{\mathrm{T}}\boldsymbol{X})^{-1}\boldsymbol{X}^{\mathrm{T}}\boldsymbol{y} \tag{4.25}$$

是上述问题的唯一解。

上述整个过程可总结如下：

1）从实验或历史记录中获得数据。

2）用数据构成一个超定线性系统方程（4.23）。

3）应用式（4.24）的第一个假设可以计算真实 $\boldsymbol{\beta}$ 的最小二乘估计值 $\hat{\boldsymbol{\beta}}$（式（4.25））。

这个过程在统计中被称为线性回归。让我们继续深入研究以上运行结果。特别地，我们将会提出以下问题：

1）这个回归模型的拟合效果如何？

2）若残差向量满足 $E(\boldsymbol{\varepsilon}\boldsymbol{\varepsilon}^{\mathrm{T}})=\sigma^2\boldsymbol{I}_m$，那么应如何估计方差 σ^2？

3）$\boldsymbol{\beta}$ 的最小二乘估计值效果如何？

1. 拟合优度

为了回答第一个问题，我们需要给出一些数学理论。通过观察估计参数向量 $\hat{\boldsymbol{\beta}}$（式（4.25）），拟合值 $\hat{\boldsymbol{y}}$ 对应的向量为

$$\hat{\boldsymbol{y}}=\boldsymbol{X}\hat{\boldsymbol{\beta}}=\boldsymbol{X}(\boldsymbol{X}^{\mathrm{T}}\boldsymbol{X})^{-1}\boldsymbol{X}^{\mathrm{T}}\boldsymbol{y}。\tag{4.26}$$

为了使过程更简洁，令

$$\boldsymbol{H}=\boldsymbol{X}(\boldsymbol{X}^{\mathrm{T}}\boldsymbol{X})^{-1}\boldsymbol{X}^{\mathrm{T}}\text{，因为 }\hat{\boldsymbol{y}}=\boldsymbol{H}\boldsymbol{y}。\tag{4.27}$$

由观察可知，$\boldsymbol{H}$ 是一个 $m\times m$ 的对称矩阵，我们现在将为读者说明该矩阵具有非常好的数学性质。

（1）$\boldsymbol{H}^2=\boldsymbol{H}$。

直接计算可得

$$\begin{aligned}\boldsymbol{H}^2&=\boldsymbol{X}(\underbrace{\boldsymbol{X}^{\mathrm{T}}\boldsymbol{X})^{-1}\boldsymbol{X}^{\mathrm{T}}\boldsymbol{X}}_{\boldsymbol{I}_{l+1}}(\boldsymbol{X}^{\mathrm{T}}\boldsymbol{X})^{-1}\boldsymbol{X}^{\mathrm{T}}\\&=\boldsymbol{X}(\boldsymbol{X}^{\mathrm{T}}\boldsymbol{X})^{-1}\boldsymbol{X}^{\mathrm{T}}=\boldsymbol{H}。\end{aligned}\tag{4.28}$$

（2）$(\boldsymbol{I}_m-\boldsymbol{H})^2=\boldsymbol{I}_m-\boldsymbol{H}$。

通过直接计算可得

$$(\boldsymbol{I}_m-\boldsymbol{H})^2=\boldsymbol{I}_m^2-2\boldsymbol{H}+\boldsymbol{H}^2=\boldsymbol{I}_m-\boldsymbol{H}。\tag{4.29}$$

（3）$\boldsymbol{H}(\boldsymbol{I}_m-\boldsymbol{H})=\boldsymbol{0}_m$（这个 $m\times m$ 矩阵全部由 0 组成）。

通过计算可得

$$\boldsymbol{H}(\boldsymbol{I}_m - \boldsymbol{H}) = \boldsymbol{H} - \boldsymbol{H}^2 = 0_m。\tag{4.30}$$

（4）矩阵 $\boldsymbol{H}$ 只有 $l+1$ 列是线性无关的。

为了证明这一事实，令 $\{\lambda_1, \cdots, \lambda_m\}$ 表示 $\boldsymbol{H}$ 的特征值，令 $\boldsymbol{\Gamma}$ 表示一个矩阵，该矩阵的每一列表示 $\boldsymbol{H}$ 的对应特征值。现在应用定理 2.2 可以推出，矩阵 $\boldsymbol{H}$ 的谱分解为

$$\boldsymbol{H} = \boldsymbol{\Gamma}\boldsymbol{D}\boldsymbol{\Gamma}^{\mathrm{T}}$$

其中，

$$\boldsymbol{D} = \mathrm{diag}(\lambda_1, \cdots, \lambda_m)。$$

现在，运用式（4.28）可以得到

$$\boldsymbol{H} = \boldsymbol{H}^2 = \boldsymbol{\Gamma}\boldsymbol{D}\boldsymbol{\Gamma}^{\mathrm{T}}\boldsymbol{\Gamma}\boldsymbol{D}\boldsymbol{\Gamma}^{\mathrm{T}} = \boldsymbol{\Gamma}\boldsymbol{D}^2\boldsymbol{\Gamma}^{\mathrm{T}}。$$

综上所述，可以得到

$$\boldsymbol{D} = \boldsymbol{D}^2 \Rightarrow \lambda_i^2 = \lambda_i (i = 1, \cdots, m)。$$

这意味着，$\boldsymbol{H}$ 的特征值是 1 或者 0。由此可以推断，$\boldsymbol{H}$ 线性无关列的数量和它的单元特征值的数量相同，根据式（2.22）可知，这是由矩阵 $\boldsymbol{H}$ 的迹所决定的。下面的推导过程能够说明 $\boldsymbol{H}$ 由 $l+1$ 个线性无关的列组成：

$$\begin{aligned}
\sum_{i=0}^{m} \lambda_i &= \mathrm{tr}(\boldsymbol{H}) \\
&= \mathrm{tr}(\boldsymbol{X}(\boldsymbol{X}^{\mathrm{T}}\boldsymbol{X})^{-1}\boldsymbol{X}^{\mathrm{T}}) \\
&= \mathrm{tr}((\boldsymbol{X}^{\mathrm{T}}\boldsymbol{X})^{-1}\boldsymbol{X}^{\mathrm{T}}\boldsymbol{X}) \quad （运用式(2.23)） \\
&= \mathrm{tr}(\boldsymbol{I}_{l+1}) = l + 1。
\end{aligned}$$

同样也可以说，$\boldsymbol{I}_m - H$ 中只有 $m-(l+1)$ 列是线性无关的。

上述的数学性质能够让我们对矩阵 $\boldsymbol{H}$ 作出几何解释。特别地，对于任何 $\boldsymbol{y} \in \mathbb{R}^m$，有

$$\boldsymbol{y} = \underbrace{\boldsymbol{H}\boldsymbol{y}}_{=\hat{\boldsymbol{y}}} + \underbrace{(\boldsymbol{I}_m - \boldsymbol{H})\boldsymbol{y}}_{=\boldsymbol{\varepsilon}}。$$

进一步地，运用 $\boldsymbol{H}$ 的性质可以得到

$$\begin{aligned}
\hat{\boldsymbol{y}}^{\mathrm{T}}\boldsymbol{\varepsilon} &= \boldsymbol{y}^{\mathrm{T}}\boldsymbol{H}(\boldsymbol{I}_m - \boldsymbol{H})\boldsymbol{y} \\
&= \boldsymbol{y}^{\mathrm{T}}\boldsymbol{H}\boldsymbol{y} - \boldsymbol{y}^{\mathrm{T}} - \underbrace{\boldsymbol{H}^2}_{=\boldsymbol{H}}\boldsymbol{y} = 0,
\end{aligned}$$

即，拟合向量 $\hat{\boldsymbol{y}}$ 与残差向量 $\boldsymbol{\varepsilon}$ 正交。更详细地，$\hat{\boldsymbol{y}}$ 是真实向量 $\boldsymbol{y}$ 在（$l+1$）维空间 $\boldsymbol{R}_{\boldsymbol{H}}$ 中的正交投影，该空间是由 $\boldsymbol{H}$ 的 $l+1$ 个线性独立的列向量扩展而得。残差向量 $\boldsymbol{\varepsilon}$ 属于 $\boldsymbol{R}_{\boldsymbol{H}}$ 的正交补集。

对于这一结果，可以用 $\boldsymbol{y} = \hat{\boldsymbol{y}} + \boldsymbol{\varepsilon}$ 的欧几里得范数得到，即

$$\begin{aligned}
\|\boldsymbol{y}\|^2 = \boldsymbol{y}^{\mathrm{T}}\boldsymbol{y} &= (\hat{\boldsymbol{y}} + \boldsymbol{\varepsilon})^{\mathrm{T}}(\hat{\boldsymbol{y}} + \boldsymbol{\varepsilon}) \\
&= \hat{\boldsymbol{y}}^{\mathrm{T}}\hat{\boldsymbol{y}} + \underbrace{\hat{\boldsymbol{y}}^{\mathrm{T}}\boldsymbol{\varepsilon}}_{=0} + \underbrace{\boldsymbol{\varepsilon}^{\mathrm{T}}\hat{\boldsymbol{y}}}_{=0} + \boldsymbol{\varepsilon}^{\mathrm{T}}\boldsymbol{\varepsilon}
\end{aligned}$$

$$= \| \hat{\boldsymbol{y}} \|^2 + \| \boldsymbol{\varepsilon} \|^2。$$

回顾一下，残差 $\boldsymbol{\varepsilon}$ 的均值为零，因此，如果令 $\hat{\boldsymbol{e}}_y$ 来表示 $\boldsymbol{y}$ 均值的估计值，也可以得到

$$\| \boldsymbol{y} - \hat{\boldsymbol{e}}_y \|^2 = \| \hat{\boldsymbol{y}} - \hat{\boldsymbol{e}}_y \|^2 + \| \boldsymbol{\varepsilon} \|^2。\tag{4.31}$$

我们发现，上述两个表达式都是毕达哥拉斯定理的变形。第二个公式（4.31）非常具有启发性，因为它指出，由 $\| \boldsymbol{y} - \hat{\boldsymbol{e}}_y \|^2$ 来衡量 $\boldsymbol{y}$ 的波动性包括两个部分：

1）可以由现有因素解释的部分，由 $\| \hat{\boldsymbol{y}} - \hat{\boldsymbol{e}}_y \|^2$ 衡量。

2）无法解释的部分，由 $\| \boldsymbol{\varepsilon} \|^2$ 衡量。

我们自然地认为，如果现有的因素能够解释 $\boldsymbol{y}$ 大部分的波动性，则可以认为拟合线性模型

$$y = \hat{\beta}_0 + \hat{\beta}_1 x_1 + \cdots + \hat{\beta}_l x_l + \varepsilon$$

具有较好的效果。鉴于此，我们考虑

$$R^2 = \frac{波动性的解释部分}{总体波动性} = \frac{\| \hat{\boldsymbol{y}} - \hat{\boldsymbol{e}}_y \|^2}{\| \boldsymbol{y} - \hat{\boldsymbol{e}}_y \|^2} = 1 - \frac{\| \boldsymbol{\varepsilon} \|^2}{\| \boldsymbol{y} - \hat{\boldsymbol{e}}_y \|^2}。\tag{4.32}$$

在统计术语中，将上述度量称作关于回归及其价值的确定系数，根据定义，该系数取值于区间［0，1］。这里我们给出它的一些性质：

1）如果 $R^2 = 1$，则所有的观察数据点（$x_1^{(k)}$，…，$x_l^{(k)} \mid y_k$）都满足：

$$y_k = \hat{\beta}_0 + \hat{\beta}_1 x_1^{(k)} + \cdots + \hat{\beta}_l x_l^{(k)} \quad (k = 1, \cdots, m),$$

即它们都位于回归预测的直线上。

2）如果 $R^2 = 0$，则随机变量 Y 和提出的解释随机变量 X_1，…，X_l 事实上是不相关的。

3）显然，R^2 的值取决于用来运行回归的数据集合。一个不同的数据集合可能会产生不同的 R^2 值。由此，系数本身就可以看作是一个随机变量。

总之，R^2 的值为我们提供了一个衡量特定回归的拟合优度的工具，该值越接近于1，说明拟合效果越好。

2. 残差方差的估计

为了解决这一问题，我们考虑下列几个结果：

引理 4.2 令 $\boldsymbol{y} \in \mathbb{R}^n$ 为一个随机向量，其均值和协方差矩阵分别为

$$E(\boldsymbol{y}) = \boldsymbol{e}_y, E[(\boldsymbol{y} - \boldsymbol{e}_y)(\boldsymbol{y} - \boldsymbol{e}_y)^{\mathrm{T}}] = \boldsymbol{V}。$$

令 $\boldsymbol{A} \in \mathbb{R}^{n \times n}$ 为一固定的对称矩阵，则

$$E(\boldsymbol{y}^{\mathrm{T}} \boldsymbol{A} \boldsymbol{y}) = \mathrm{tr}(\boldsymbol{A}\boldsymbol{V}) + \boldsymbol{e}_y^{\mathrm{T}} \boldsymbol{A} \boldsymbol{e}_y。\tag{4.33}$$

证明：观察得

$$\boldsymbol{y}^{\mathrm{T}} \boldsymbol{A} \boldsymbol{y} = (\boldsymbol{y} - \boldsymbol{e}_y)^{\mathrm{T}} \boldsymbol{A} (\boldsymbol{y} - \boldsymbol{e}_y) + 2\boldsymbol{e}_y^{\mathrm{T}} \boldsymbol{A} \boldsymbol{y} - \boldsymbol{e}_y^{\mathrm{T}} \boldsymbol{A} \boldsymbol{e}_y。$$

应用上式，我们发现

$$E(\boldsymbol{y}^{\mathrm{T}}\boldsymbol{A}\boldsymbol{y}) = E[(\boldsymbol{y}-\boldsymbol{e}_y)^{\mathrm{T}}\boldsymbol{A}(\boldsymbol{y}-\boldsymbol{e}_y) + 2\boldsymbol{e}_y^{\mathrm{T}}\boldsymbol{A}\boldsymbol{y} - \boldsymbol{e}_y^{\mathrm{T}}\boldsymbol{A}\boldsymbol{e}_y]$$
$$= E[(\boldsymbol{y}-\boldsymbol{e}_y)^{\mathrm{T}}\boldsymbol{A}(\boldsymbol{y}-\boldsymbol{e}_y)] + 2\boldsymbol{e}_y^{\mathrm{T}}\boldsymbol{A}\boldsymbol{e}_y - \boldsymbol{e}_y^{\mathrm{T}}\boldsymbol{A}\boldsymbol{e}_y$$
$$= E[(\boldsymbol{y}-\boldsymbol{e}_y)^{\mathrm{T}}\boldsymbol{A}(\boldsymbol{y}-\boldsymbol{e}_y)] + \boldsymbol{e}_y^{\mathrm{T}}\boldsymbol{A}\boldsymbol{e}_y。 \quad (4.34)$$

因为一个标量的迹是它本身，可得

$$E[(\boldsymbol{y}-\boldsymbol{e}_y)^{\mathrm{T}}\boldsymbol{A}(\boldsymbol{y}-\boldsymbol{e}_y)] = E[\mathrm{tr}((\boldsymbol{y}-\boldsymbol{e}_y)^{\mathrm{T}}\boldsymbol{A}(\boldsymbol{y}-\boldsymbol{e}_y))]$$
$$= E[\mathrm{tr}(\boldsymbol{A}(\boldsymbol{y}-\boldsymbol{e}_y)(\boldsymbol{y}-\boldsymbol{e}_y)^{\mathrm{T}})]$$
$$= \mathrm{tr}(\boldsymbol{A}E[(\boldsymbol{y}-\boldsymbol{e}_y)(\boldsymbol{y}-\boldsymbol{e}_y)^{\mathrm{T}}])$$
$$= \mathrm{tr}(\boldsymbol{A}\boldsymbol{V})。$$

其中，根据式（2.23），上述推导的第二行能够成立。现在，将这个结果代入式（4.34），引理得证。

我们回想一下，残差向量 $\boldsymbol{\varepsilon}$ 可以表示为

$$\boldsymbol{\varepsilon} = (\boldsymbol{I}_m - \boldsymbol{H})\boldsymbol{y}。$$

运用矩阵 $\boldsymbol{H}$ 的性质可得

$$\boldsymbol{\varepsilon}^{\mathrm{T}}\boldsymbol{\varepsilon} = \boldsymbol{y}^{\mathrm{T}}(\boldsymbol{I}_m - \boldsymbol{H})\boldsymbol{y}。$$

$\boldsymbol{y}$ 的均值向量为

$$E(\boldsymbol{y}) = \boldsymbol{e}_y = \boldsymbol{X}\hat{\boldsymbol{\beta}},$$

其协方差矩阵为

$$\boldsymbol{E}[(\boldsymbol{y}-\boldsymbol{e}_y)(\boldsymbol{y}-\boldsymbol{e}_y)^{\mathrm{T}}] = E(\boldsymbol{\varepsilon}\boldsymbol{\varepsilon}^{\mathrm{T}}) = \sigma^2\boldsymbol{I}_m。$$

将引理 4.2 的结论运用到 $\boldsymbol{A} = \boldsymbol{I}_m - \boldsymbol{H}$，我们可以发现

$$E(\boldsymbol{\varepsilon}^{\mathrm{T}}\boldsymbol{\varepsilon}) = \sigma^2\mathrm{tr}(\boldsymbol{I}_m - \boldsymbol{H}) + \hat{\boldsymbol{\beta}}^{\mathrm{T}}\boldsymbol{X}^{\mathrm{T}}(\boldsymbol{I}_m - \boldsymbol{H})\boldsymbol{X}\hat{\boldsymbol{\beta}}。 \quad (4.35)$$

我们观察可得下列结果：

1）前面已有的结论：　$\mathrm{tr}(\boldsymbol{I}_m - \boldsymbol{H}) = m - l - 1$。

2）运用式（4.26）和式（4.27），我们发现

$$\boldsymbol{X}\hat{\boldsymbol{\beta}} = \boldsymbol{H}\boldsymbol{y}。$$

因此，应用 $\boldsymbol{H}$ 的性质可得式（4.35）的第二项为 0。

从而，式（4.35）可改写为

$$E[\boldsymbol{\varepsilon}^{\mathrm{T}}\boldsymbol{\varepsilon}] = (m - l - 1)\sigma^2,$$

由此我们提出，残差的方差可由下面的公式进行估计：

$$\hat{\sigma}^2 = \frac{1}{m - l - 1}(\boldsymbol{y} - \boldsymbol{X}\hat{\boldsymbol{\beta}})^{\mathrm{T}}(\boldsymbol{y} - \boldsymbol{X}\hat{\boldsymbol{\beta}})。 \quad (4.36)$$

3. $\boldsymbol{\beta}$ 的最小二乘估计

一般来说，不同的回归模型，其运行结果会得到不同的 $\boldsymbol{\beta}$ 估计值。为了研究式（4.25）中的最小二乘估计值 $\hat{\boldsymbol{\beta}}$，我们给出下列有用的关系：

$$\hat{\boldsymbol{\beta}} = (\boldsymbol{X}^{\mathrm{T}}\boldsymbol{X})^{-1}\boldsymbol{X}^{\mathrm{T}}\boldsymbol{y} \text{（根据式(4.25)）}$$

$$
\begin{aligned}
&= (\boldsymbol{X}^{\mathrm{T}}\boldsymbol{X})^{-1}\boldsymbol{X}^{\mathrm{T}}(\boldsymbol{X}\boldsymbol{\beta}+\boldsymbol{\varepsilon})\text{(根据式(4.23))}\\
&= \underbrace{(\boldsymbol{X}^{\mathrm{T}}\boldsymbol{X})^{-1}\boldsymbol{X}^{\mathrm{T}}\boldsymbol{X}}_{=\boldsymbol{I}_n}\boldsymbol{\beta}+(\boldsymbol{X}^{\mathrm{T}}\boldsymbol{X})^{-1}\boldsymbol{X}^{\mathrm{T}}\boldsymbol{\varepsilon}\\
&= \boldsymbol{\beta}+(\boldsymbol{X}^{\mathrm{T}}\boldsymbol{X})^{-1}\boldsymbol{X}^{\mathrm{T}}\boldsymbol{\varepsilon}。
\end{aligned}
$$

因此有

$$\hat{\boldsymbol{\beta}}=\boldsymbol{\beta}+(\boldsymbol{X}^{\mathrm{T}}\boldsymbol{X})^{-1}\boldsymbol{X}^{\mathrm{T}}\boldsymbol{\varepsilon}。\tag{4.37}$$

根据式（4.24）中关于均值的假设，可以马上推出

$$E[\hat{\boldsymbol{\beta}}]=\boldsymbol{\beta}。\tag{4.38}$$

在统计术语中，称$\hat{\boldsymbol{\beta}}$为真实值$\boldsymbol{\beta}$的无偏估计量，这是所有统计估计量的理想性质，关于这一概念我们将在第16章进行详细讨论。

5 投资组合理论（Ⅰ）

我们将用一个简单的投资问题来开启本章的内容。某投资者预留了一笔确定数额的财富（记为 W），并且决定将其投资于股票市场上的一组风险资产，也就是说，他要建立一个投资组合。这里的问题是要决定如何将这笔财富在各个资产之间分配，见图 5.1。

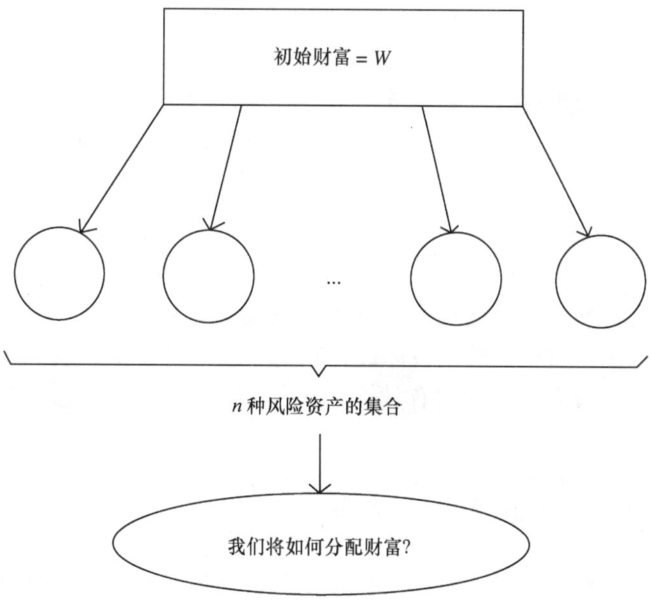

图 5.1 建立一项投资的任务

5.1 收益率的度量

为了数学化地表达金融投资问题，我们必须确定并描述其基本特征。首先，我们将考虑单个资产的简单情形。我们知道这一资产在 t 时刻的当前价格，但是在将来的某一时刻，例如 $t+\tau$ 时，其价格是未知的。在本质上有两种常见的方法可以用于测量一个给定资产在 τ 天内的随机回报率：

$$r(t:\tau)=\begin{cases} r_{\mathrm{std}}(t:\tau)=\dfrac{S(t+\tau)-S(t)}{S(t)}, \text{标准回报率}, \\ r_{\log}(t:\tau)=\log\left(\dfrac{S(t+\tau)}{S(t)}\right), \text{对数回报率。} \end{cases} \tag{5.1}$$

标准回报率与对数回报率的比较

在实际运用中，对于标准回报率和对数回报率的选择是主观的，并且取决于问题的具体情境。

（1）简单的关系与观察结果

在进行比较的开始，我们观察到可以将式（5.1）变形，以表示出资产的价格比，即

$$\frac{S(t+\tau)}{S(t)}=1+r_{\mathrm{std}}(t:\tau)\text{。} \tag{5.2}$$

两边同时取对数，可以得到这两种度量方法之间的关系为

$$\begin{cases} r_{\log}(t:\tau)=\log(1+r_{\mathrm{std}}(t:\tau)), \\ r_{\mathrm{std}}(t:\tau)=\exp(r_{\log}(t:\tau))-1\text{。} \end{cases} \tag{5.3}$$

我们选择标准回报率或对数回报率作为利息的主要随机变量。应用下面的公式，可以很容易地将利率（即百分比）转化为价格（即货币单位）：

$$S(t+\tau)=\begin{cases} S(t)(1+r_{\mathrm{std}}(t:\tau)), \text{标准回报率}, \\ S(t)\exp(r_{\log}(t:\tau)), \text{对数回报率。} \end{cases} \tag{5.4}$$

注意到标准利率的下限为 -1，这就对相关分布函数的形式造成了约束。特别是，我们无法将标准回报率的数据与许多常见的分布相拟合，如正态分布。相反，对数回报率的范围是整个实数轴，因此，它更加适合进行参数拟合。

另一种考察二者之间差别的有效方法是运用收益指数函数式（3.21）的级数展开式，得

$$r_{\mathrm{std}}(t:\tau)=r_{\log}(t:\tau)+\underbrace{\frac{(r_{\log}(t:\tau))^2}{2!}+\frac{(r_{\log}(t:\tau))^3}{3!}+\cdots}_{\text{高阶项}}\text{。}$$

注意到，如果对数回报率较小，那么就可以忽略上面展开式中的高阶项，并得出两种测量方法的结果大致相等的结论，因而无论采用哪一种方法应该差别都不大。如果价格保持不变，则对数回报率为零；在较短的时间间隔内，计算结果趋向于较小的数值，例如在一天内，价格（通常）具有很小的变动。鉴于此，往往可以取其近似值，即

$$r_{\mathrm{std}}(t:\tau)\approx r_{\log}(t:\tau)(\tau\leqslant 1\text{ 天})\text{。}$$

（2）线性性质的探究

投资收益率的变化比较灵活，它或许是分析和比较不同投资的最佳途径。例如，假设一位投资者决定将他的一部分财富\$$W$ 投资于一只股票，该股票在今天的价值设定为 $S(t)$。从理论上讲，这位投资者将购买 α 股证券，其中数值 α 满足

$W=\alpha S(t)$。接下来，我们可以运用随机收益率来描述这项投资在未来的情形，即

现在 $t\rightarrow$未来 $t+\tau$

$$\$W\rightarrow\begin{cases}\$W\cdot(1+r_{\text{std}}(t:\tau)),\text{标准收益率},\\ \$W\exp(r_{\log}(t:\tau)),\text{对数收益率}。\end{cases}$$

标准收益率的一个重要的属性是其具有线性性质。为了阐明它的意义，我们假设投资者将他的财富分成几个部分，构建一个含有 n 项资产 $\{S_1,\cdots,S_n\}$ 的投资组合，使得

$$\text{对于 } i=1,\cdots,n,\text{有 } W_i \text{ 被投资于 } S_i。$$

τ 天的标准投资组合收益率定义为

$$\begin{aligned}r_{\text{std}}^{(p)}(t:\tau)&=\frac{\text{在 } t+\tau \text{ 天的未来价值}-\text{初始价值}}{\text{初始价值}}\\&=\frac{\sum_{i=1}^{n}W_i(1+r_{\text{std}}^{(i)}(t:\tau))-\sum_{i=1}^{n}W_i}{\sum_{i=1}^{n}W_i}\\&=\frac{\sum_{i=1}^{n}W_ir_{\text{std}}^{(i)}(t:\tau)}{W}\\&=\sum_{i=1}^{n}w_ir_{\text{std}}^{(i)}(t:\tau)。\end{aligned}\tag{5.5}$$

其中，

$$\text{对于 } i=1,\cdots,n,\ \omega_i=\frac{w_i}{w}\text{是投资组合的权重，满足 }\sum_{i=1}^{n}\omega_i=1。$$

这为我们提供了一个有用的结果，即关于投资组合价值变动的简洁表达式：

$$\begin{aligned}\Delta V&=\text{在 } t+\tau \text{ 天的未来价值}-\text{初始价值}\\&=W\cdot\sum_{i=1}^{n}w_ir_{\text{std}}^{(i)}(t:\tau)\\&=W\cdot r_{\text{std}}^{(p)}(t:\tau)。\end{aligned}\tag{5.6}$$

如果使用对数收益率，运用式（5.3），我们可以将式（5.5）改写为

$$\begin{aligned}\exp(r_{\log}^{(p)}(t:\tau))&=\sum_{i=1}^{n}w_i\exp(r_{\log}^{(i)}(t:\tau))\\\Rightarrow r_{\log}^{(p)}(t:\tau)&=\log\left[\sum_{i=1}^{n}w_i\exp(r_{\log}^{(i)}(t:\tau))\right]。\end{aligned}\tag{5.7}$$

在这种情况下，投资组合的收益率无法表示为对数收益率的加权线性组合。不过这不会给我们带来很大麻烦，因为我们可以将式（5.6）与式（5.3）联合，从而可得

$$
\begin{aligned}
\Delta V &= \text{在 } t+\tau \text{ 天的未来价值} - \text{初始价值} \\
&= W \cdot \left(\sum_{i=1}^{n} w_i(\exp(r_{\log}^{(i)}(t:\tau)) - 1) \right) \\
&= W\left(\sum_{i=1}^{n} w_i \exp(r_{\log}^{(i)}(t:\tau)) - 1 \right)。
\end{aligned}
$$

进而，与之前的讨论相同，我们认为在很小的时间间隔内，资产价格只有微小的偏差，由此我们得到近似的线性关系

$$
\begin{aligned}
\Delta V &= \text{在 } t+\tau \text{ 天的未来价值} - \text{初始价值} \\
&\approx W\left(\sum_{i=1}^{n} w_i r_{\log}^{(i)}(t:\tau) \right)。
\end{aligned}
$$

将上式与式（5.6）进行对照，我们可以得到：在较小的时间间隔内，有

$$
r_{\text{std}}^{(p)}(t:\tau) \approx \sum_{i=1}^{n} w_i r_{\log}^{(i)}(t:\tau)(\tau \leqslant 1 \text{ 天})。
$$

（3）较长时期的收益率

对于 $\tau>1$ 天的情形，一种有效的方法是，将资产的价格比率表示为每天价格之比的乘积，具体如下：

$$
\frac{S(t+\tau)}{S(t)} = \underbrace{\frac{S(t+1)}{S(t)} \frac{S(t+2)}{S(t+1)} \cdots \frac{S(t+\tau-1)}{S(t+\tau-2)} \frac{S(t+\tau)}{S(t+\tau-1)}}_{\text{未来每天价格比率的连乘积}}。\tag{5.8}
$$

运用这一等式，连同式（5.2），可以将 τ 天标准收益率表示为

$$
r_{\text{std}}(t:\tau) = \prod_{\Delta=0}^{\tau-1}(1 + r_{\text{std}}(t+\Delta:1)) - 1。\tag{5.9}
$$

同时，将 τ 天的对数收益率表示为

$$
\begin{aligned}
r_{\log}(t:\tau) &= \log\left(\frac{S(t+1)}{S(t)} \frac{S(t+2)}{S(t+1)} \cdots \frac{S(t+\tau-1)}{S(t+\tau-2)} \frac{S(t+\tau)}{S(t+\tau-1)} \right) \\
&= \underbrace{\sum_{\Delta=0}^{\tau-1} \log\left(\frac{S(t+\Delta+1)}{S(t+\Delta)} \right)}_{\text{未来每天对数收益率的总和}} \\
&= \sum_{\Delta=0}^{\tau-1} r_{\log}(t+\Delta:1)。
\end{aligned}\tag{5.10}
$$

式（5.10）中的多期对数公式非常实用，如果能够对每天对数收益率的演变进行模拟，那么就不难建立多期收益率模型。我们将在本书后面章节中再次提到这一特性。

（4）小结

对于应当使用哪一种方法来计算收益率，并没有普遍一致的结论，二者各有其优点与不足。下面我们将对主要的内容进行归纳总结。

1）标准收益率。标准收益率具有式（5.5）所示的线性属性，这使它成为投

资组合分析的一个很好的备选方案。标准收益率的显著缺点是，我们在对它的分布函数作出假设时必须谨慎，它的下限是 -1，这就排除了许多常用的建模选择，例如正态分布。

2）对数收益率。对数收益率不具有线性属性，但是在一个较短的持有期内，存在近似的线性关系。对数收益率一个最有趣的特性是，长期收益率可以用未来每天收益率的总和表示。在合适的条件下可以运用这一特性，在掌握了每天收益率的变动之后，进而就可以解决涉及多期收益率的问题。

与标准收益率不同，对数收益率在理论上可以取到实数域$\mathbb{R}$内的任意值，因此可以很容易地与大量常见的概率分布进行拟合。这一事实被大量学者和从业者所应用，其目的是对股票价格随时间变动的规律进行建模。

5.2 构造最优投资组合

金融投资组合是一项基本的投资，它是从一个金融基础资产集合中产生出来的，其构成取决于投资者的偏好和要求。以数学语言来描述就是从含有 n 种资产的集合 $\{S_1, \cdots, S_n\}$ 中构建一个投资组合。假设我们计划持有该投资组合 τ 天，则这期间相应的标准收益率表示为

$$\{r_1,\cdots,r_n\}\text{，其中 } r_i = \frac{S_i(t+\tau) - S_i(t)}{S_i(t)}(i = 1,\cdots,n)\text{。}$$

因此，对于投资组合权重的集合 $\{\omega_1, \cdots, \omega_n\}$，满足：

$$\sum_{i=1}^{n} w_i = 1\text{。} \tag{5.11}$$

相应地，τ 天的组合收益率为

$$r_p = \sum_{i=1}^{n} w_i r_i\text{。} \tag{5.12}$$

可以采用向量的形式来表示，将其写作

$$\boldsymbol{r} = \begin{pmatrix} r_1 \\ \vdots \\ r_n \end{pmatrix},\quad \boldsymbol{w} = \begin{pmatrix} w_1 \\ \vdots \\ w_n \end{pmatrix},\quad 1 = \begin{pmatrix} 1 \\ \vdots \\ 1 \end{pmatrix}\text{。} \tag{5.13}$$

则等式（5.11）和式（5.12）可以分别表示为

$$\boldsymbol{w}^{\mathrm{T}}\mathbf{1} = 1，\ r_p = \boldsymbol{w}^{\mathrm{T}}\boldsymbol{r}\text{。}$$

注意到权重向量 $\boldsymbol{w}$ 的一些组成元素可能是负的，这在实际问题中相当于一个卖空资产的策略。

投资组合完全取决于组合的权重分配：给定的投资组合的潜在收益和（不可避免的）风险可以通过修改投资组合的权重来改变。我们的目标是找到一种组合权重，以某种方式提供风险和期望收益之间的最佳平衡。

(1) 收益

为了衡量潜在的收益，我们使用投资组合的期望收益率，由下式给出

$$\mu_p = E(r_p) = \sum_{i=1}^{n} w_i E(r_i) = \sum_{i=1}^{n} w_i \mu_i。$$

用矩阵与向量的形式，将其写作

$$\mu_p = \boldsymbol{w}^{\mathrm{T}}\boldsymbol{e}，其中\ \boldsymbol{e} = E(\boldsymbol{r}) = \begin{pmatrix} \mu_1 \\ \vdots \\ \mu_n \end{pmatrix}。\tag{5.14}$$

(2) 风险

投资组合收益率的方差可以用来度量投资组合的风险。要计算该方差，我们需要了解所有收益率之间的协方差信息。从式（3.16）可知，协方差矩阵可以表示为

$$\boldsymbol{V} = \begin{pmatrix} \sigma_{11} & \sigma_{12} & \cdots & \sigma_{1n} \\ \sigma_{21} & \sigma_{22} & \cdots & \sigma_{2n} \\ \vdots & \vdots & & \vdots \\ \sigma_{n1} & \sigma_{n2} & \cdots & \sigma_{nn} \end{pmatrix} = E[(\boldsymbol{r}-\boldsymbol{e})(\boldsymbol{r}-\boldsymbol{e})^{\mathrm{T}}]。$$

进而，以向量 $\boldsymbol{w}$ 为权重的投资组合的方差表示如下：

$$\sigma_p^2 = \boldsymbol{w}^{\mathrm{T}}\boldsymbol{V}\boldsymbol{w} = \sum_{i=1}^{n}\sum_{j=1}^{n} w_i w_j \sigma_{ij}。\tag{5.15}$$

每个投资组合的权重向量（其包含的各权重项之和为 1）定义了一个可行的投资组合，对每一个可行的投资组合，我们可以计算其期望收益率 μ_p 与体现波动性的方差 σ_p。为了探究这些数值如何依赖于投资组合的权重，我们可以将这些信息通过（σ, μ）空间表示，即在这一空间内，对于一个给定的可行投资组合 p，可以绘制出坐标为（σ_p, μ_p）的一点。首先，我们通过以下步骤进行一个简单的试验：

1）生成一个可行的权重向量 $\boldsymbol{w}_p \in \mathbb{R}^n$。

2）将 $\boldsymbol{w}_p$ 代入等式（5.14）和式（5.15），得到该可行投资组合 p 的期望收益率 μ_p 和波动率 σ_p。

3）对大量不同的权重向量重复步骤 2）多次后将所得的所有点（σ_p, μ_p）绘制在（σ, μ）空间内。

随着上述试验的进行，我们可以逐渐看到（σ, μ）坐标系内被可行投资组合占据的一个独特的区域，该区域呈子弹形，并且似乎有一个非常明确的边界（见图 5.2）。如果我们更仔细地观察图 5.2，可以看到已经随机产生了四个投资组合，它们每一个都有不同的组合权重，期望收益率都是 7%。如果作为投资者，我们很乐意将 7% 作为潜在的收益率，因此我们将总是选择风险最小的投资组合。简而言

之，我们愿意选择该图像的边界。我们想要用最低的风险实现7%的收益率！

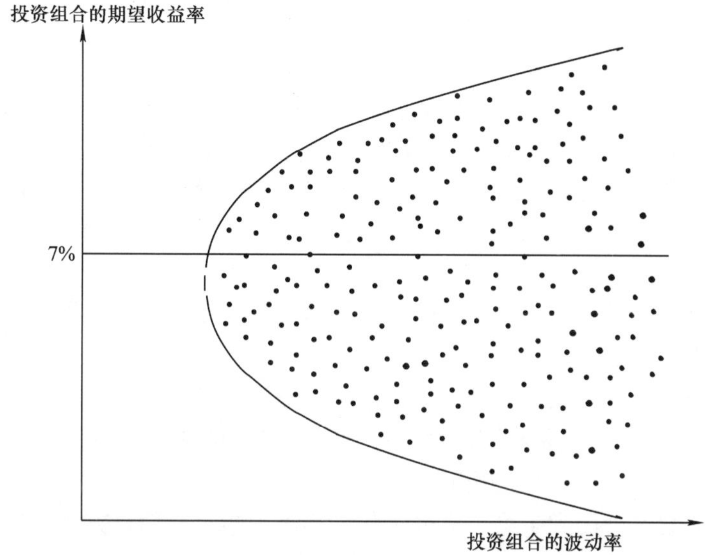

图5.2 可行投资组合占据（σ，μ）二维空间的区域

现在我们的任务就明确了。假设投资者的目标是，通过他的投资组合实现$100\times\mu\%$的回报，那么为了使其可行（即组合的权重之和为1）并且具有最低的风险，我们必须找到投资组合的权重向量，且该向量可以解决下面的最优化问题：

$$\begin{cases}\min\dfrac{1}{2}\boldsymbol{w}^{\mathrm{T}}\boldsymbol{V}\boldsymbol{w}\\ \text{s. t. } \boldsymbol{w}^{\mathrm{T}}\boldsymbol{e}=\mu_p\text{（期望回报率为渴望得到的回报率）}\\ \qquad \boldsymbol{w}^{\mathrm{T}}\mathbf{1}=1\text{（投资组合是可行的）}\end{cases} \tag{5.16}$$

注意到，用1/2的系数对方差进行缩放并不影响最优解的位置，它仅仅是为了确保得到一个更加简洁的数学表达式。

可以将两个约束条件用矩阵形式写作

$$\boldsymbol{P}\boldsymbol{w}=\begin{pmatrix}\mu_1 & \mu_2 & \cdots & \mu_n\\ 1 & 1 & \cdots & 1\end{pmatrix}\begin{pmatrix}w_1\\ w_2\\ \vdots\\ w_n\end{pmatrix}=\begin{pmatrix}\mu\\ 1\end{pmatrix}=\boldsymbol{d}。$$

所以最优投资组合问题可以简洁地表述为

$$\begin{cases}\min\dfrac{1}{2}\boldsymbol{w}^{\mathrm{T}}\boldsymbol{V}\boldsymbol{w},\\ \text{s. t. } \boldsymbol{P}\boldsymbol{w}=\boldsymbol{d}。\end{cases} \tag{5.17}$$

5.3 求解最优投资组合问题

最优投资组合问题的数学公式（5.17）可以追溯到 20 世纪 50 年代，出自哈里·马科维茨之手，他是芝加哥大学的博士研究生，在他攻读博士期间探索并最终解决了这一问题。马科维茨的解决方案有很明显（并且很具有吸引力）的优势，就是其可以可视化的特点，这使得任何一个对金融投资有兴趣的人，都可以一目了然地看出实现给定预期收益率所需要的最小风险值。总之，马科维茨推导出了图 5.2 中表示边界的精确公式，他的研究成果对现代金融学产生了很大的影响。他是第一个运用科学工具来解决复杂问题的先驱之一，并在之后启发了更多的研究者在金融领域应用数学手段。

马科维茨的理论框架依赖于以下两个基本假设：

1）期望收益率不全是相同的值，这确保了 $\boldsymbol{P}$ 中的两行线性无关。

2）协方差矩阵 $\boldsymbol{V}$ 是正定矩阵。

该解决方案本身用到了第 4 章最优化工具箱中的拉格朗日方法，具体而言，我们要寻找一个解 $(w_p,\boldsymbol{\lambda}^*)^{\mathrm{T}}\in\mathbb{R}^{n+2}$，以满足线性方程组

$$\begin{pmatrix}\boldsymbol{V} & \boldsymbol{P}^{\mathrm{T}}\\ \boldsymbol{P} & \boldsymbol{0}\end{pmatrix}\begin{pmatrix}\boldsymbol{w}_p\\ \boldsymbol{\lambda}^*\end{pmatrix}=\begin{pmatrix}\boldsymbol{0}\\ \boldsymbol{d}\end{pmatrix},$$

即

$$\boldsymbol{V}\boldsymbol{w}_p+\boldsymbol{P}^{\mathrm{T}}\boldsymbol{\lambda}^*=\boldsymbol{0}\Rightarrow\boldsymbol{V}\boldsymbol{w}_p=-\lambda_1^*\boldsymbol{e}-\lambda_2^*\boldsymbol{1}。\tag{5.18}$$

其中，$\boldsymbol{\lambda}^*=(\lambda_1^*,\lambda_2^*)$ 是拉格朗日乘子向量，且 $\boldsymbol{w}_p$ 是最优权重向量，它满足：

$$\boldsymbol{P}\boldsymbol{w}_p=\boldsymbol{d}\Rightarrow\begin{cases}\boldsymbol{e}^{\mathrm{T}}\boldsymbol{w}_p=\mu_p,\\ \boldsymbol{1}^{\mathrm{T}}\boldsymbol{w}_p=1。\end{cases}\tag{5.19}$$

由于 $\boldsymbol{V}$ 是正定矩阵，则它是可逆的，因此，我们就可以解出方程（5.18），从而得到

$$\boldsymbol{w}_p=-\lambda_1^*\boldsymbol{V}^{-1}\boldsymbol{e}-\lambda_2^*\boldsymbol{V}^{-1}\boldsymbol{1}。\tag{5.20}$$

然后，用该表达式替换约束方程（5.19），可得

$$\begin{cases}-(\boldsymbol{e}^{\mathrm{T}}\boldsymbol{V}^{-1}\boldsymbol{e})\lambda_1^*-(\boldsymbol{e}^{\mathrm{T}}\boldsymbol{V}^{-1}\boldsymbol{1})\lambda_2^*=\mu_p,\\ -(\boldsymbol{1}^{\mathrm{T}}\boldsymbol{V}^{-1}\boldsymbol{e})\lambda_1^*-(\boldsymbol{1}^{\mathrm{T}}\boldsymbol{V}^{-1}\boldsymbol{1})\lambda_2^*=1。\end{cases}\tag{5.21}$$

为了得到更简洁的表述，我们借鉴 Huand 和 Litzenberger 在 1988 年提出的方法，令

$$\begin{pmatrix}B & A\\ A & C\end{pmatrix}=\begin{pmatrix}\boldsymbol{e}^{\mathrm{T}}\boldsymbol{V}^{-1}\boldsymbol{e} & \boldsymbol{e}^{\mathrm{T}}\boldsymbol{V}^{-1}\boldsymbol{1}\\ \boldsymbol{1}^{\mathrm{T}}\boldsymbol{V}^{-1}\boldsymbol{e} & \boldsymbol{1}^{\mathrm{T}}\boldsymbol{V}^{-1}\boldsymbol{1}\end{pmatrix},\tag{5.22}$$

则约束方程可以写成矩阵形式，即

$$-\begin{pmatrix} B & A \\ A & C \end{pmatrix}\begin{pmatrix} \lambda_1^* \\ \lambda_2^* \end{pmatrix} = \begin{pmatrix} \mu_p \\ 1 \end{pmatrix}。 \tag{5.23}$$

由第2章可知，当且仅当矩阵的行列式不等于零时，存在 λ_1^* 和 λ_2^* 的唯一解。下面的公理证实了事实的确如此。

公理行列式

$$D = \det\begin{pmatrix} B & A \\ A & C \end{pmatrix} = BC - A^2 \tag{5.24}$$

是正的，并因此不等于零。

证明：因为 $\boldsymbol{V}^{-1}$是正定矩阵，则它具有一个楚列斯基分解（参见定理2.3）

$$\boldsymbol{V}^{-1} = \boldsymbol{R}\boldsymbol{R}^{\mathrm{T}},$$

其中 $\boldsymbol{R} \in \mathbb{R}^{n\times n}$是下三角矩阵。运用这一点，我们可以考虑向量

$$\boldsymbol{u} = \boldsymbol{R}^{\mathrm{T}}\boldsymbol{e} \text{ 和} \boldsymbol{v} = \boldsymbol{R}^{\mathrm{T}}\boldsymbol{1}。$$

注意到，从以上两项中，可以推得

$$\boldsymbol{u}^{\mathrm{T}}\boldsymbol{v} = \boldsymbol{e}^{\mathrm{T}}\boldsymbol{R}\boldsymbol{R}^{\mathrm{T}}\boldsymbol{1} = \boldsymbol{e}^{\mathrm{T}}\boldsymbol{V}^{-1}\boldsymbol{1} = A,$$
$$\boldsymbol{u}^{\mathrm{T}}\boldsymbol{u} = \boldsymbol{e}^{\mathrm{T}}\boldsymbol{R}\boldsymbol{R}^{\mathrm{T}}\boldsymbol{e} = \boldsymbol{e}^{\mathrm{T}}\boldsymbol{V}^{-1}\boldsymbol{e} = B,$$
$$\boldsymbol{v}^{\mathrm{T}}\boldsymbol{v} = \boldsymbol{1}^{\mathrm{T}}\boldsymbol{R}\boldsymbol{R}^{\mathrm{T}}\boldsymbol{1} = \boldsymbol{1}^{\mathrm{T}}\boldsymbol{V}^{-1}\boldsymbol{1} = C。$$

现在引入柯西－施瓦茨不等式，这一几何结论告诉我们，对任意两个向量 $\boldsymbol{u}$，$\boldsymbol{v} \in \mathbb{R}^n$，有

$$(\boldsymbol{u}^{\mathrm{T}}\boldsymbol{v})^2 \leqslant (\boldsymbol{u}^{\mathrm{T}}\boldsymbol{u})(\boldsymbol{v}^{\mathrm{T}}\boldsymbol{v}),$$

当且仅当 $\boldsymbol{u}$ 和$\boldsymbol{v}$ 线性无关时取等号。将推得的结论运用到上述不等式中，则有

$$\boldsymbol{A}^2 \leqslant \boldsymbol{BC}。$$

曾经我们假设资产的期望收益率不全相等，这意味着 $\boldsymbol{e}$ 和 $\boldsymbol{1}$ 是线性无关的，因此，$\boldsymbol{u}$ 和$\boldsymbol{v}$ 也是线性无关的。进而，就可以得出结论，上述不等式为严格不等式，即

$$D = BC - A^2 > 0。$$

现在，可以证明拉格朗日乘子 λ_1^* 和 λ_2^* 可由下式得到

$$\begin{pmatrix} \lambda_1^* \\ \lambda_2^* \end{pmatrix} = -\frac{1}{D}\begin{pmatrix} C & -A \\ -A & B \end{pmatrix}\begin{pmatrix} \mu_p \\ 1 \end{pmatrix}。$$

所以

$$\lambda_1^* = \frac{A - C\mu_p}{D}, \lambda_2^* = \frac{A\mu_p - B}{D}。 \tag{5.25}$$

现在就可以得到这一特定的权重向量 $\boldsymbol{w}_p$，它所对应的可行投资组合 p 以最低的风险提供了 $100 \times \mu_p\%$ 的预期收益。简单地将上面的拉格朗日乘子替换到方程（5.20）中，可得

$$\boldsymbol{w}_p = \left(\frac{C\mu_p - A}{D}\right)\boldsymbol{V}^{-1}\boldsymbol{e} + \left(\frac{B - A\mu_p}{D}\right)\boldsymbol{V}^{-1}\boldsymbol{1}$$

$$= \frac{1}{D}(BV^{-1}\mathbf{1} - AV^{-1}\boldsymbol{e}) + \frac{1}{D}(CV^{-1}\boldsymbol{e} - AV^{-1}\mathbf{1})\mu_p。\quad (5.26)$$

为了简化表达式，令

$$\boldsymbol{g} = \frac{1}{D}(BV^{-1}\mathbf{1} - AV^{-1}\boldsymbol{e}),\boldsymbol{h} = \frac{1}{D}(CV^{-1}\boldsymbol{e} - AV^{-1}\mathbf{1})。\quad (5.27)$$

由此，可以写出最优投资组合的权重向量为

$$\boldsymbol{w}_p = \boldsymbol{g} + \boldsymbol{h}\mu_p。\quad (5.28)$$

注意到，向量式（5.27）中的向量 $\boldsymbol{g}$ 和向量 $\boldsymbol{h}$ 只取决于矩阵 $\boldsymbol{V}$ 和期望收益率向量 $\boldsymbol{e}$ 所包含的协方差信息。关键是，这些向量在所需要的期望收益率水平 μ_p 上是不相关的，因此，式（5.28）给出了在期望收益率整个范围内的最优权重的向量。这意味着，由式（5.28）给出权重向量的投资组合一定是以最低风险提供了 $100\times\mu\%$ 期望收益的可行组合。这显然是非常有用的发现，然而它仅仅是其中的一部分，我们缺少的是这些最优投资组合相对应的风险实际值。对一个潜在的投资者而言，最小化风险这一事实是不够的，还需要对风险进行量化。与 $100\times\mu\%$ 的期望收益率相对应的最优投资组合的方差由下式给出：

$$\begin{aligned}
\sigma^2 &= \boldsymbol{w}^{\mathrm{T}}\boldsymbol{V}\boldsymbol{w}\\
&= \boldsymbol{w}^{\mathrm{T}}\boldsymbol{V}(\boldsymbol{g}+\boldsymbol{h})\\
&= \boldsymbol{w}^{\mathrm{T}}\boldsymbol{V}\left[\frac{1}{D}(BV^{-1}\mathbf{1} - AV^{-1}\boldsymbol{e}) + \mu(CV^{-1}\boldsymbol{e} - AV^{-1}\mathbf{1})\right]\\
&= \frac{1}{D}\boldsymbol{w}^{\mathrm{T}}[(B\mathbf{1} - A\boldsymbol{e}) + \mu(C\boldsymbol{e} - A\mathbf{1})]（由于\ \boldsymbol{V}^{-1}\boldsymbol{V} = \boldsymbol{I}_n）\\
&= \frac{1}{D}(C\mu^2 - 2A\mu + B)（由于\ \boldsymbol{w}^{\mathrm{T}}\boldsymbol{e} = \mu\ 和\ \boldsymbol{w}^{\mathrm{T}}\mathbf{1} = 1）\\
&= \frac{C}{D}\left(\mu^2 - \frac{2A}{C}\mu + \frac{B}{C}\right)\\
&= \frac{C}{D}\left[\left(\mu - \frac{A}{C}\right)^2 + \frac{BC - A^2}{C^2}\right]\\
&= \frac{C}{D}\left(\mu - \frac{A}{C}\right)^2 + \frac{1}{C}（由于\ BC - A^2 = D）。
\end{aligned}\quad (5.29)$$

上式的优点在于它是完全通用的。一个以构建期望收益率为 μ_p 的投资组合为目标的投资者可以使用这一公式进行推导，给出达到其目标所需要的风险最小值

$$\sigma_p^2 = \frac{C}{D}\left(\mu_p - \frac{A}{C}\right)^2 + \frac{1}{C}。\quad (5.30)$$

如果投资者对这个风险水平感到满意，那么他所需的投资组合权重由式（5.28）给出。

我们可以在$(\sigma,\ \mu)$－坐标空间内表示出风险和期望收益率的关系。将等式（5.29）进行简单变形，可以发现，任何一个最佳投资组合的风险－收益坐标均满足以下关系

$$\frac{\sigma^2}{1/C}-\frac{(\mu-A/C)^2}{D/C^2}=1。\tag{5.31}$$

我们认识到，这个公式描述了高中几何中学到的一个熟悉的曲线，它代表了一个中心为（0，A/C）的双曲线，其渐近线为

$$\mu=\pm\sqrt{\frac{D}{C}}\sigma+\frac{A}{C},\tag{5.32}$$

顶点为

$$V=\left(\sqrt{\frac{1}{C}},\frac{A}{C}\right)。\tag{5.33}$$

注意到，这个简单的曲线恰恰是可行的投资组合区域的边界，它通常被称为最优边界（见图5.3）。

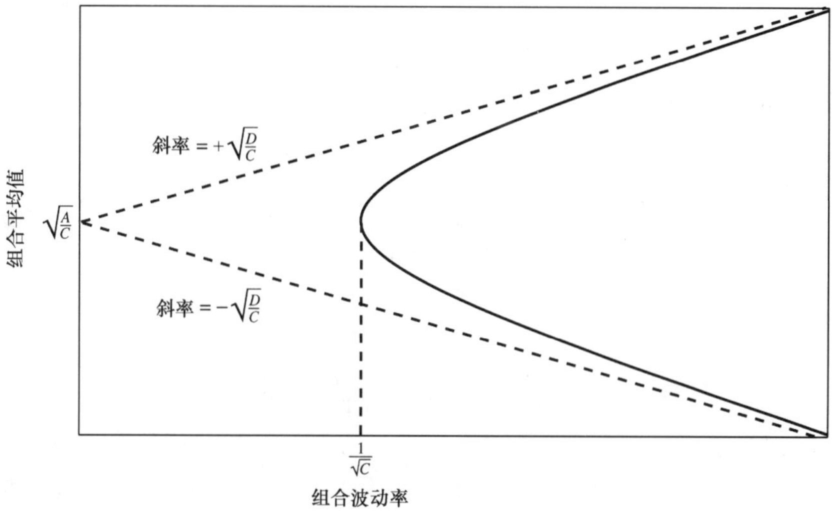

图5.3　一般最优边界

令人惊叹的是，一个看似复杂的问题竟然有这样一个简洁优雅的解答。投资组合管理者只需要计算常量 A，B，C 和 D，仅仅运用这些信息，就可以将整个最优边界绘制成可视化的图像。一个潜在的投资者可以参考最优边界，一目了然地找到适合自己风险偏好的期望收益率水平，然后，他就可以运用公式（5.28）来确定他想要的投资组合所要求的构成。

注意到，我们已经解决的问题假设资产卖空是允许的，并且不受限制。我们在第1章已经观察到，卖空是一个高风险策略，因此它通常会受到限制，事实上，在2008年9月，为了应对全球信贷危机，英国和美国强制实施了一个临时性的卖空禁令，试图稳定其市场。在对卖空强制管制的情形下，相应的投资组合最优化问题的形式为

$$\begin{cases} \min \dfrac{1}{2}\boldsymbol{w}^{\mathrm{T}}\boldsymbol{V}\boldsymbol{w} \\ \text{s. t. } \boldsymbol{P}\boldsymbol{w}=\boldsymbol{d}，且\ w_i \geqslant l_i\ (i=1，\cdots，n)。 \end{cases} \tag{5.34}$$

通过使用扩展的拉格朗日函数方法，可以解决这个新的问题。然而，其答案在通常情况下，将不会为简洁的闭合解形式。相反，采用适当的数值优化算法可以找到问题的解决方法。建议对探索如何构建这样一个算法感兴趣的读者参考纳什（Nash）和索弗（Sofer）1996 年的研究，以及（或者）吉尔（Gill）、默里（Murray）和莱特（Wright）1982 年的研究。

6 投资组合理论（Ⅱ）

在本章，我们将集中展示一些卓越的发现，它们是对最优化投资组合问题进行数学解答的直接成果。例如，我们将证明：

1）只需要两个最优投资组合，就可以为均值 - 方差最优化的投资者提供投资服务。

2）对一个给定的最优投资组合 p，只有一个其他最优投资组合 $z(p)$，满足

$$\text{correl}(r_p, r_{z(p)}) = 0。$$

此外，通过简单的几何推导，我们就可以在有效边界上简单地从 p 定位到$z(p)$。

3）当均值 - 方差的优化过程允许以无风险利率借入和贷出时，最优投资组合边界就从熟悉的弹头形变换为箭头形。

6.1 两基金的投资理论

在求解最优化投资组合问题时我们已经推导出，实现期望收益率 μ 的最低风险投资组合的组合权重向量由式（5.28）给出。先暂时假设我们所在的世界只有两个位于边界的组合是可用的，p_1 提供期望收益率 μ_1，p_2 提供期望收益率 μ_2。通过我们的分析表明，由于这两个组合位于边界上，它们各自的权重向量由下式给出

$$\boldsymbol{w}_1 = \boldsymbol{g} + \boldsymbol{h}\mu_1,\ \boldsymbol{w}_2 = \boldsymbol{g} + \boldsymbol{h}\mu_2。$$

从表面判断，只能投资于两个边界上的投资组合似乎是一个很苛刻的约束。但是，如果一位投资者要求边界投资组合提供期望收益率 μ（$\neq\mu_1$ 或 μ_2），那么他可以运用以下策略：

1）找到唯一的 $\alpha \in \mathbb{R}$，使得

$$\mu = \alpha\mu_1 + (1-\alpha)\mu_2。$$

2）使用权重 $\omega_1 = \alpha$ 和 $\omega_2 = 1-\alpha$ 将 p_1 和 p_2 结合，形成一个新的投资组合，例如，将其称为 p。

3）确定投资组合 p 的权重向量由下式给出

$$\boldsymbol{w}_p = \alpha\boldsymbol{w}_1 + (1-\alpha)\boldsymbol{w}_2 = \alpha(\boldsymbol{g} + \boldsymbol{h}\mu_1) + (1-\alpha)(\boldsymbol{g} + \boldsymbol{h}\mu_2)$$

$$= \boldsymbol{g} + \boldsymbol{h}(\alpha\mu_1 + (1-\alpha)\mu_2)$$
$$= \boldsymbol{g} + \boldsymbol{h}\mu。$$

我们将上式看作为提供期望收益率 μ 的边界投资组合的最优权重向量。

我们似乎已经发现了激动人心的结果，为了生成所有的边界组合，我们所需要的就是一对不同的边界组合。不幸的是，在现实世界中，我们对于这个结果成立不能抱有太大希望。真实的金融市场是非常复杂的，我们应该意识到，所有的科学方法都涉及一定的简化假设。在我们的分析中，我们做出了以下假设：

1）所有投资者都用投资组合的方差和期望收益率来评估其风险和潜在收益。

2）所有投资者在单项资产的期望收益率水平和它们两两之间的相关性的值上达成一致，即他们都以相同的期望收益率向量 $\boldsymbol{e}$ 和协方差矩阵 $\boldsymbol{V}$ 来进行投资操作。

3）假设每项投资的持有时间均为 τ 天。

显然，这些假设偏离了真实的经济现实，让我们意识到把理论结果应用到现实世界的问题时必须要小心谨慎。尽管如此，两基金定理已经影响到了金融投资市场。特别是，许多个人更愿意将他们的财富投资于共同基金（提供专业投资管理计划的公司），而不是毫无头绪地开始建立他们自己的投资组合。

6.2 最优边界的数学探究

6.2.1 最小方差投资组合

如果考虑图 5.3 的最优边界，我们可以看到，波动最小的投资组合对应于双曲线的拐点。将其称为最小方差投资组合，并记为 p^*。它提供的期望收益率为

$$\mu_{p^*} = \frac{A}{C}, \tag{6.1}$$

且最小波动率是

$$\sigma_{p^*} = \frac{1}{\sqrt{C}}。 \tag{6.2}$$

注意到，对应于每一个波动率水平 $\sigma > \sigma_{p^*}$，都恰好有两个边界投资组合，一个位于双曲线的下支，另一个位于双曲线的上支。投资者将会忽略下支的边界投资组合，这是因为它们的预期收益率是较低的。

定义 考虑一个期望收益率为 μ_p 的最优投资组合。我们使用下列术语表达：

（1）如果 $\mu_p > A/C$，则说 p 是有效的。

（2）如果 $\mu_p < A/C$，则说 p 是无效的。

6.2.2 边界投资组合的协方差

设 p 和 q 表示任意两个期望收益率分别为 μ_p 和 μ_q 的边界投资组合。运用式

（5.28），对应于这些投资组合的权重向量是

$$\boldsymbol{w}_p = \boldsymbol{g} + \boldsymbol{h}\mu_p, \quad \boldsymbol{w}_q = \boldsymbol{g} + \boldsymbol{h}\mu_q。$$

p 和 q 的随机收益率之间的协方差可以被证明是

$$\sigma_{pq} = \boldsymbol{w}_p^{\mathrm{T}} \boldsymbol{V} \boldsymbol{w}_q = \frac{C}{D}\left(\mu_p - \frac{A}{C}\right)\left(\mu_q - \frac{A}{C}\right) + \frac{1}{C}。 \tag{6.3}$$

上述表达式的推导与投资组合方差式（5.30）的计算遵循相同的步骤。事实上，在式（6.3）中令 $p=q$，就可以再次得到方差的表达式。

6.2.3　最小方差投资组合的相关系数

在式（5.28）中令 $\mu = A/C$，可以给出最小方差投资组合的权重向量，即有

$$\boldsymbol{w}_{p^*} = \boldsymbol{g} + \boldsymbol{h}\mu_{p^*} = \boldsymbol{g} + \frac{A}{C}\boldsymbol{h}。$$

这个投资组合的一个有趣的特性是，它的随机收益率与任何其他边界投资组合的随机收益率之间的协方差是恒定的。事实上，它与 p^* 的方差 $\sigma_{p^*}^2$ 相等。要证明这一点，只需在式（6.3）中令 $q=p^*$，得到

$$\operatorname{cov}(r_p, r_{p^*}) = \frac{C}{D}\underbrace{\left(\mu_p - \frac{A}{C}\right)\left(\mu_{p^*} - \frac{A}{C}\right)}_{=0(\text{由于}\mu_{p^*}=A/C)} + \frac{1}{C} = \frac{1}{C} = \sigma_{p^*}^2。 \tag{6.4}$$

此外，可以推断出边界投资组合与 p^* 之间的相关系数为正，实际上，它只是它们波动率的比值，即

$$\operatorname{correl}(r_p, r_{p^*}) = \frac{\operatorname{cov}(r_p, r_{p^*})}{\sigma_p \sigma_{p^*}} = \frac{\sigma_{p^*}}{\sigma_p} \in (0,1)。 \tag{6.5}$$

6.2.4　零协方差的投资组合

我们观察到，式（6.5）表明，不可能存在与 p^* 不相关的边界投资组合。对于任意一个边界投资组合 p，这是不成立的。事实上，我们将证明存在唯一的边界组合 $z(p)$ 与 p 不相关，即

$$\operatorname{cov}(r_p, r_{z(p)}) = 0。 \tag{6.6}$$

称 $z(p)$ 为 p 的零协方差投资组合。

运用式（6.3），可以解出上面的方程，即

$$\operatorname{cov}(r_p, r_{z(p)}) = \frac{C}{D}\left(\mu_p - \frac{A}{C}\right)\left(\mu_{z(p)} - \frac{A}{C}\right) + \frac{1}{C} = 0。$$

这意味着

$$\mu_{z(p)} = \frac{A}{C} - \frac{D/C^2}{(\mu_p - A/C)}。 \tag{6.7}$$

本式依据 μ_p 唯一定义了 $\mu_{z(p)}$，因此边界投资组合 $z(p)$ 本身也是唯一的。注意到，如果 p 是一个有效投资组合，即 $\mu_p - A/C > 0$，那么与其对应的零协方差投资

组合 $z(p)$ 是无效的，这是因为

$$\mu_{z(p)} - \frac{A}{C} = -\frac{D/C^2}{(\mu_p - A/C)} < 0。$$

6.3 最优边界的几何探究

对最优边界双曲线的方程（5.31）进行简单变形，则可以得到下面的方差表达式，这里方差是期望收益率的函数：

$$\sigma^2 = \frac{C}{D}\left(\mu - \frac{A}{C}\right)^2 + \frac{1}{C}。 \tag{6.8}$$

6.3.1 有效投资组合切线的方程

对于任何一个有效投资组合 p，我们想要确定与资产组合边界相切的直线方程（见图 6.1）。从数学上看，在任意的组合边界点（σ_p，μ_p）上的切线方程由下式给出

$$\mu = \left.\frac{\mathrm{d}\mu}{\mathrm{d}\sigma}\right|_{(\sigma_p,\mu_p)} \sigma + 截距。 \tag{6.9}$$

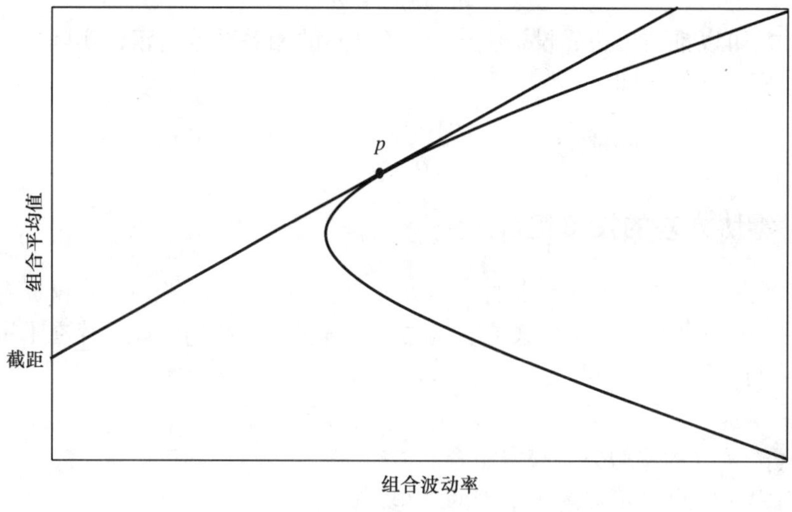

图 6.1 有效投资组合的切线

为了确定直线的斜率，可以将式（6.8）的两边分别对 σ 求微分，具体如下：

$$\frac{\mathrm{d}}{\mathrm{d}\sigma}\sigma^2 = \frac{\mathrm{d}\mu}{\mathrm{d}\sigma} \cdot \frac{\mathrm{d}}{\mathrm{d}\mu}\left(\frac{C}{D}\left(\mu - \frac{A}{C}\right)^2 + \frac{1}{C}\right),$$

$$2\sigma = \frac{\mathrm{d}\mu}{\mathrm{d}\sigma}\left[\frac{2C}{D}(\mu - \frac{A}{C})\right],$$

因此

$$\left.\frac{\mathrm{d}\mu}{\mathrm{d}\sigma}\right|_{(\sigma_p,\mu_p)}=\frac{\sigma_p D}{C(\mu_p-A/C)}。\tag{6.10}$$

现在，将式（6.10）和式（6.8）代入等式（6.9），就可以确定切线在μ轴上的截距，得到

$$\begin{aligned}
截距&=\mu_p-\left.\frac{\mathrm{d}\mu}{\mathrm{d}\sigma}\right|_{(\sigma_p,\mu_p)}\sigma_p\\
&=\mu_p-\frac{D\sigma_p^2}{C(\mu_p-A/C)}\\
&=\mu_p-\frac{D}{C(\mu_p-A/C)}\left[\frac{C}{D}\left(\mu_p-\frac{A}{C}\right)^2+\frac{1}{C}\right]\\
&=\mu_p-\left[\mu_p-\frac{A}{C}+\frac{D/C^2}{(\mu_p-A/C)}\right]\\
&=\frac{A}{C}-\frac{D/C^2}{(\mu_p-A/C)}。
\end{aligned}\tag{6.11}$$

再看斜率

我们已经通过微分方法计算出了一个有效投资组合式（6.10）的切线斜率。另一种方法是利用双曲线的几何形状，见图6.2，可以简单地观察到

$$斜率=\left.\frac{\mathrm{d}\mu}{\mathrm{d}\sigma}\right|_{(\sigma_p,\mu_p)}=\frac{\mu_p-截距}{\sigma_p}\tag{6.12}$$

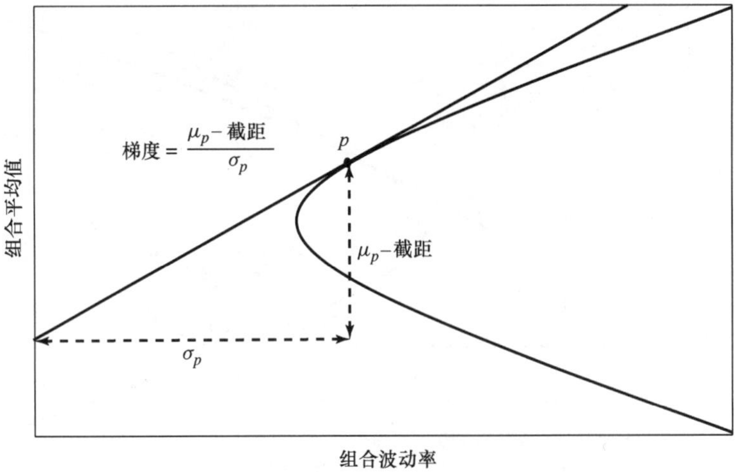

图6.2 切线的斜率

通过把表达式（6.11）代入截距，可以进一步推导上述等式：

$$斜率=\frac{\mu_p-截距}{\sigma_p}$$

$$= \frac{\mu_p - \frac{A}{C} + \frac{D/C^2}{(\mu_p - A/C)}}{\sigma_p}$$

$$= \frac{(\mu_p - A/C)^2 + \frac{D}{C^2}}{(\mu_p - A/C)\sigma_p} \quad \left(根据式(3.10)分子 = \frac{D\sigma_p^2}{C}\right)$$

$$= \frac{\sigma_p D}{C(\mu_p - A/C)} \quad （我们再次得到了式(6.10)）。$$

6.3.2 定位零协方差投资组合

在上一节中已经阐明对应于每一个有效投资组合 p，均存在唯一的无效组合 $z(p)$，它是 p 的零协方差投资组合，满足 $\mathrm{cov}(r_p, r_{z(p)}) = 0$。注意到，由式（6.7）给出的 $z(p)$ 的期望收益率，恰恰是 p 的切线的截距。这个发现将数学与几何研究联系在一起，为我们提供了以下简单方法，来定位与任意一个边界投资组合 p 相对应的零协方差投资组合 $z(p)$（见图 6.3）：

1）经过均值 - 方差双曲线上 p 组合所对应的点，画出其切线。

2）切线在 μ 轴上的截距代表 $\mu_{z(p)}$。

3）画一条水平线穿过该截距。

4）这条线与均值 - 方差双曲线的交点确定了 $\sigma_{z(p)}$。

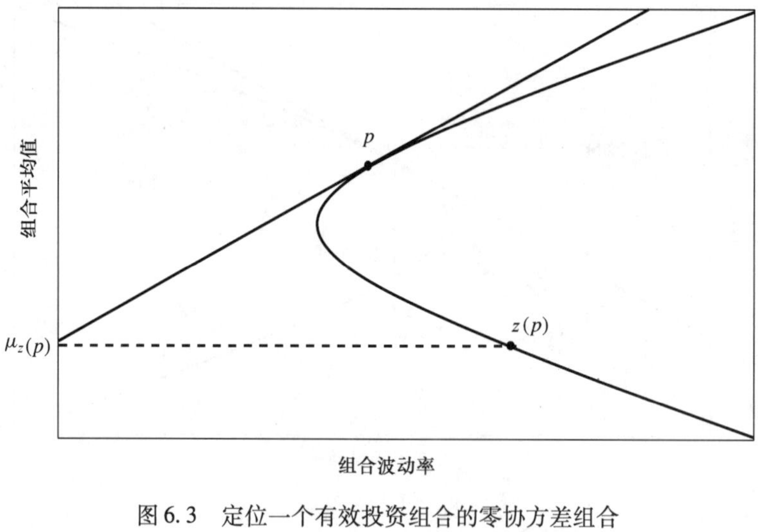

图 6.3 定位一个有效投资组合的零协方差组合

由于上述解答具有吸引人的几何性质，因此能够在（σ，μ）- 坐标系空间内说明我们的理论发现。这一过程可参见图 6.4。

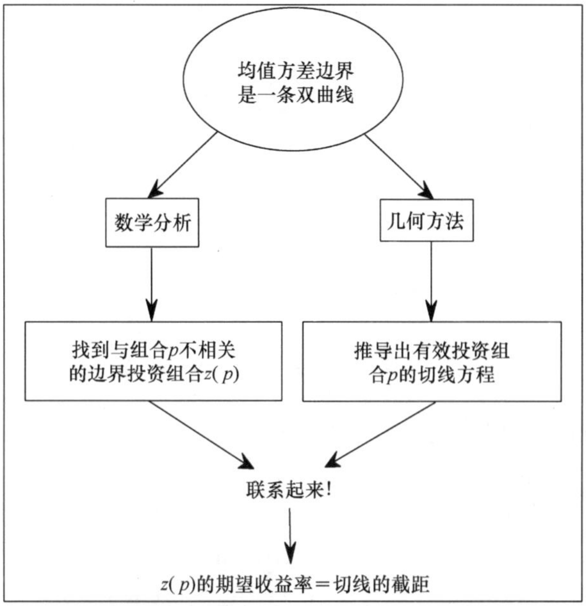

图 6.4　分析结果如何以几何形式展示

6.4　对协方差的进一步探索

在本章，到目前为止我们已经表明，两个边界投资组合之间的协方差可以通过式（6.3）确切地表达出来。现在，需要探究一个给定的有效投资组合，例如 p，与任意可行投资组合 q 之间的协方差。为以后的推导过程做好准备，令 $\boldsymbol{w}_q$ 表示一个可行投资组合的权重向量，并注意到

$$\boldsymbol{w}_q^{\mathrm{T}}\mathbf{1}=1,\ \boldsymbol{w}_q^{\mathrm{T}}\boldsymbol{e}=\mu_q\ （\mu_q \text{ 为 } q \text{ 的期望收益率}）。$$

此外，令 $\boldsymbol{w}_p$ 表示一个固定的边界投资组合的权重向量。在本例中，由均值-方差分析式（5.26）可知

$$\boldsymbol{w}_p=\left(\frac{C\mu_p-A}{D}\right)\boldsymbol{V}^{-1}\boldsymbol{e}+\left(\frac{B-A\mu_p}{D}\right)\boldsymbol{V}^{-1}\mathbf{1}。$$

因此，可以推导出两个投资组合之间的协方差的表达式，具体如下：

$$\begin{aligned}\sigma_{pq}&=\boldsymbol{w}_q^{\mathrm{T}}\boldsymbol{V}\boldsymbol{w}_p\\&=\boldsymbol{w}_q^{\mathrm{T}}\boldsymbol{V}\left[\left(\frac{C\mu_p-A}{D}\right)\boldsymbol{V}^{-1}\boldsymbol{e}+\left(\frac{B-A\mu_p}{D}\right)\boldsymbol{V}^{-1}\mathbf{1}\right]\\&=\frac{C\mu_p-A}{D}\mu_q+\frac{B-A\mu_p}{D}\left(\text{由于}\begin{cases}\boldsymbol{w}_q^{\mathrm{T}}\boldsymbol{V}\boldsymbol{V}^{-1}\mathbf{1}=1\\\boldsymbol{w}_q^{\mathrm{T}}\boldsymbol{V}\boldsymbol{V}^{-1}\boldsymbol{e}=\mu_q\end{cases}\right)。\end{aligned}$$

重新整理本式，可以得到

$$\mu_q = \frac{A}{C}\frac{\mu_p - B/A}{\mu_p - A/C} + \sigma_{pq}\frac{D/C}{\mu_p - A/C}。\tag{6.13}$$

事实证明，正如下面的结果，上述表达式掩饰了一个更令人满意的关系。

引理 设 p 表示一个有效投资组合，$z(p)$ 表示与其配对的零协方差投资组合。以下等式恒成立：

$$\frac{A}{C}\frac{\mu_p - B/A}{\mu_p - A/C} = \mu_{z(p)}$$

以及

$$\frac{D/C}{\mu_p - A/C} = \frac{\mu_p - \mu_{z(p)}}{\sigma_p^2}。$$

证明：以下推导过程建立了第一个等式：

$$\begin{aligned}\frac{A}{C}\frac{\mu_p - B/A}{\mu_p - A/C} &= \frac{A}{C}\,\frac{(\mu_p - A/C) - (B/A - A/C)}{\mu_p - A/C}\\ &= \frac{A}{C} - \frac{A}{C}\,\frac{\frac{BC - A^2}{AC}}{\mu_p - A/C}\text{（回代 } D = BC - A^2\text{）}\\ &= \frac{A}{C} - \frac{D/C^2}{\mu_p - \frac{A}{C}} = \mu_{z(p)}\text{（根据式（6.7））},\end{aligned}$$

为了建立第二个等式，我们重新整理式（6.8），给出简单（却有效）的等式

$$1 = \frac{1}{\sigma_p^2}\left[\frac{1}{C} + \frac{\left(\mu_p - \frac{A}{C}\right)^2}{D/C}\right]。$$

我们可以用它来得到最终的结果，具体来说，可以写出

$$\begin{aligned}1\cdot\frac{D/C}{\mu_p - A/C} &= \frac{1}{\sigma_p^2}\cdot\left[\frac{1}{C} + \frac{(\mu_p - \frac{A}{C})^2}{D/C}\right]\cdot\frac{D/C}{\mu_p - A/C}\\ &= \frac{1}{\sigma_p^2}\left(\frac{D/C^2}{\mu_p - \frac{A}{C}} + \mu_p - \frac{A}{C}\right)\\ &= \frac{1}{\sigma_p^2}\left(\mu_p - \underbrace{\left[\frac{A}{C} - \frac{D/C^2}{\mu_p - \frac{A}{C}}\right]}_{=\mu_{z(p)}}\right)\\ &= \frac{1}{\sigma_p^2}(\mu_p - \mu_{z(p)})。\end{aligned}$$

令人惊讶的线性关系

作为引理的直接结论，可以证明，任意可行投资组合的期望收益率可以被写作一个固定的边界投资组合 p 和它对应的零协方差投资组合 $z(p)$ 的期望收益率的线

性组合。具体来说，有

$$\mu_q = \mu_{z(p)} + \frac{\sigma_{pq}}{\sigma_p^2}(\mu_p - \mu_{z(p)})。\tag{6.14}$$

特别地，如果令

$$\beta_{pq} = \frac{\sigma_{pq}}{\sigma_p^2},\tag{6.15}$$

则可以将式（6.14）改写为

$$\mu_q = (1 - \beta_{pq})\mu_{z(p)} + \beta_{pq}\mu_p。\tag{6.16}$$

由此可以发现，给定任意一个固定的有效投资组合 p，我们就可以将一个更一般的可行投资组合 q 的期望收益率表示为 μ_p 与 $\mu_{z(p)}$ 的凸组合，即系数（本例中为 $1-\beta_{pq}$ 和 β_{pq}）之和为 1 的线性组合。

这一关系是非常重要的。实际上，为了得到著名的资产定价模型 CAPM，只需要证明，存在一个实际的有效投资组合 p，可以将其用在式（6.16）中。一旦这个特殊的投资组合被找到，真实的 CAPM 将自然而然地被推导出来。实现这一目标的关键步骤是重新考虑我们最初的最优投资组合问题，只有在此时，我们要把无风险资产包括在内，并且允许在此利率下进行无限制的资金贷出和借入。

6.5 再审视最优投资组合问题

到目前为止，我们一直隐含地假设金融投资组合包含的全部是风险资产。在现实中，我们也将有机会以无风险利率借入和贷出现金。为了符合现实，把无风险资产列入所有可能资产的清单上是有必要的。我们的目标是研究当考虑无风险借贷时，子弹形的资产组合边界将会如何变化。为了将无风险资产添加到框架中，使用序号 $i=0$，令 r_0 表示已知的可以提供给我们的无风险收益率。假设可以在这个利率上无限量地借入和贷出，这个假设引发了相对于之前的最优投资组合问题的一个重要区别。具体而言，我们现在可以放弃投资组合的权重 ω_1，ω_2，…，ω_n 相加必须为 1 的条件。事实上，我们现在采用以下策略：

1）选择权重 ω_1，ω_2，…，ω_n 的任意组合，投资于 n 种风险资产。

2）如果 $\sum_{i=1}^{n} w_i < 1$，则投资**低于预算**，故我们可以设定

$$w_0 = 1 - \sum_{i=1}^{n} w_i > 0,$$

并以无风险利率 r_0 贷出我们这一比重的财富。

3）如果 $\sum_{i=1}^{n} w_i > 1$，则投资**超过预算**，故我们可以设

$$w_0 = 1 - \sum_{i=1}^{n} w_i < 0,$$

并以无风险利率 r_0 借入这一比重的财富。

我们仍然面临着同样的问题，就是如何为这样一个投资组合选择最优权重。令 p_+ 表示任意一个含有无风险部分的投资组合。现在的随机收益率由下式给出：

$$\begin{aligned} r_{p+} &= \underbrace{w_0 r_0}_{\text{非随机项}} + \underbrace{w_1 r_1 + w_2 r_2 + \cdots + w_n r_n}_{\text{随机项}} \\ &= \left(1 - \sum_{i=1}^{n} w_i\right) r_0 + \sum_{i=1}^{n} w_i r_i \\ &= r_0 + \sum_{i=1}^{n} w_i (r_i - r_0)。\end{aligned}$$

期望收益率由下式给出：

$$\mu_{p+} = E[r_0] + \sum_{i=1}^{n} w_i E(r_i - r_0) = r_0 + \sum_{i=1}^{n} w_i (\mu_i - r_0),$$

或者，使用向量表示为

$$\mu_{p+} = r_0 + \boldsymbol{w}^{\mathrm{T}} (\boldsymbol{e} - r_0 \boldsymbol{1})。$$

投资组合方差的计算公式保持不变，即有

$$\sigma_{p+}^2 = \boldsymbol{w}^{\mathrm{T}} \boldsymbol{V} \boldsymbol{w}。$$

则对于一个渴望得到的期望收益率 μ_{p+}，最小方差的投资组合是以下问题的解：

$$\begin{aligned} &\min \frac{1}{2} \boldsymbol{w}^{\mathrm{T}} \boldsymbol{V} \boldsymbol{w}, \\ &\text{s. t.} \quad (\boldsymbol{e} - r_0 \boldsymbol{1})^{\mathrm{T}} \boldsymbol{w} = \mu_{p+} - r_0。\end{aligned} \tag{6.17}$$

这个问题比 n 种风险资产的情况更容易解决，因为在这里我们只有一个线性约束。解答的技巧是完全相同的，采用拉格朗日方法，寻找如下线性方程的解 $((\boldsymbol{w}_{p+}, \lambda^*)^{\mathrm{T}} \in \mathbb{R}^{n+1})$：

$$\begin{pmatrix} \boldsymbol{V} & (\boldsymbol{e} - r_0 \boldsymbol{1}) \\ (\boldsymbol{e} - r_0 \boldsymbol{1})^{\mathrm{T}} & 0 \end{pmatrix} \begin{pmatrix} \boldsymbol{w}_{p+} \\ \lambda^* \end{pmatrix} = \begin{pmatrix} \boldsymbol{0} \\ \mu_{p+} - r_0 \end{pmatrix},$$

即

$$\boldsymbol{V} \boldsymbol{w}_{p+} + \lambda^* (\boldsymbol{e} - r_0 \boldsymbol{1}) = \boldsymbol{0} \Rightarrow \boldsymbol{V} \boldsymbol{w}_{p+} = -\lambda^* (\boldsymbol{e} - r_0 \boldsymbol{1}), \tag{6.18}$$

并且

$$(\boldsymbol{e} - r_0 \boldsymbol{1})^{\mathrm{T}} \boldsymbol{w}_{p+} = \mu_{p+} - r_0。\tag{6.19}$$

通过解式（6.18），得出

$$\boldsymbol{w}_{p+} = -\lambda^* \boldsymbol{V}^{-1} (\boldsymbol{e} - r_0 \boldsymbol{1})。\tag{6.20}$$

将该表达式代入约束方程（6.19），可得

$$\lambda^* = -\frac{\mu_{p+} - r_0}{(\boldsymbol{e} - r_0\mathbf{1})^{\mathrm{T}}\boldsymbol{V}^{-1}(\boldsymbol{e} - r_0\mathbf{1})}。\tag{6.21}$$

设

$$H = (\boldsymbol{e} - r_0\mathbf{1})^{\mathrm{T}}\boldsymbol{V}^{-1}(\boldsymbol{e} - r_0\mathbf{1}),\tag{6.22}$$

则最优投资组合权重向量可以被简洁地写作

$$\boldsymbol{w}_{p+} = \left(\frac{\mu_{p+} - r_0}{H}\right)\boldsymbol{V}^{-1}(\boldsymbol{e} - r_0\mathbf{1})。\tag{6.23}$$

因为 $\boldsymbol{V}^{-1}$ 是正定的，且 $H>0$，又因为我们还假设期望收益率不全相等，则向量 $\boldsymbol{e} - r_0\mathbf{1}$ 是非零的。

现在可以对定义的 H 的二次型进行如下展开：

$$\begin{aligned}
H &= (\boldsymbol{e} - r_0\mathbf{1})^{\mathrm{T}}\boldsymbol{V}^{-1}(\boldsymbol{e} - r_0\mathbf{1}) \\
&= (\mathbf{1}^{\mathrm{T}}\boldsymbol{V}^{-1}\mathbf{1})r_0^2 - 2(\mathbf{1}^{\mathrm{T}}\boldsymbol{V}^{-1}\boldsymbol{e})r_0 + \boldsymbol{e}^{\mathrm{T}}\boldsymbol{V}^{-1}\boldsymbol{e} \\
&= Cr_0^2 - 2Ar_0 + B \\
&= C\left(r_0^2 - 2\frac{A}{C}r_0 + \frac{B}{C}\right) \\
&= C\left[\left(r_0 - \frac{A}{C}\right)^2 + \frac{BC}{C^2} - \frac{A^2}{C^2}\right] \\
&= C\left[\left(r_0 - \frac{A}{C}\right)^2 + \frac{D}{C^2}\right] \\
&= C\left(r_0 - \frac{A}{C}\right)^2 + \frac{D}{C}。
\end{aligned}\tag{6.24}$$

注意到，H 的值仅取决于常数 A，B，C，D 以及现行的无风险利率 r_0。特别地，它的值与想要获得的期望收益率水平无关。因此，如风险资产的问题一样，我们可以得出结论，由下式给出的权重向量

$$\boldsymbol{w} = \left(\frac{\mu - r_0}{H}\right)\boldsymbol{V}^{-1}(\boldsymbol{e} - r_0\mathbf{1})$$

保证定义了一个投资组合，它将以最小的风险提供 $100\times\mu\%$ 的预期收益。为了计算这一风险的规模，计算该投资组合的方差如下：

$$\begin{aligned}
\sigma^2 &= \boldsymbol{w}^{\mathrm{T}}\boldsymbol{V}\boldsymbol{w} \\
&= \left[\left(\frac{\mu - r_0}{H}\right)\boldsymbol{V}^{-1}(\boldsymbol{e} - r_0\mathbf{1})\right]^{\mathrm{T}}\boldsymbol{V}\left(\frac{\mu - r_0}{H}\right)\boldsymbol{V}^{-1}(\boldsymbol{e} - r_0\mathbf{1}) \\
&= \left(\frac{\mu - r_0}{H}\right)^2(\boldsymbol{e} - r_0\mathbf{1})^{\mathrm{T}}\boldsymbol{V}^{-1}\underbrace{\boldsymbol{V}\boldsymbol{V}^{-1}}_{=\boldsymbol{I}}(\boldsymbol{e} - r_0\mathbf{1}) \\
&= \left(\frac{\mu - r_0}{H}\right)^2\underbrace{(\boldsymbol{e} - r_0\mathbf{1})^{\mathrm{T}}\boldsymbol{V}^{-1}(\boldsymbol{e} - r_0\mathbf{1})}_{=H} \\
&= \frac{(\mu - r_0)^2}{H}。
\end{aligned}$$

求平方根并整理可得

$$\begin{aligned}\mu &= r_0 \pm \sqrt{H}\sigma \\ &= r_0 \pm \left(\sqrt{C\left(r_0 - \frac{A}{C}\right)^2 + \frac{D}{C}}\right)\sigma \text{（运用式（6.24））。} \end{aligned} \tag{6.25}$$

因此，这时的资产组合边界比之前的双曲线要简单得多。它简单地由（σ，μ）-坐标系空间内的两条射线组成，它们从点（0，r_0）出发，分别具有斜率$\sqrt{H}$和$-\sqrt{H}$，见图6.5。

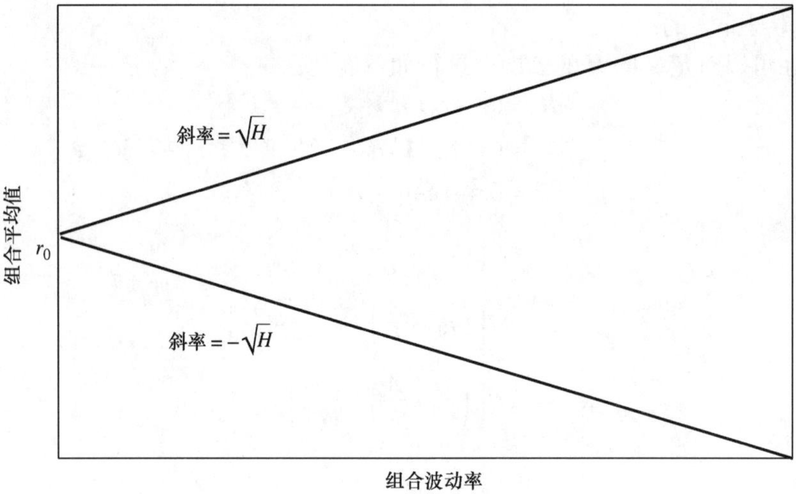

图6.5　无风险资产可用时的最优边界

7 资本资产定价模型（CAPM）

马科维茨在20世纪50年代中期发表了他解决最优投资组合问题的均值－方差方法。回想起来，人们现在广泛地接受，这项工作曾经像火花一样点燃了一套全新的风险管理的科学方法。在这一章，我们将继续在均值－方差框架内进行探索，具体地说，我们将推导出现代金融学中最著名的资产定价模型之一，即所谓的资本资产定价模型（CAPM）。

7.1 连接投资组合边界

在推导CAPM前，我们还记得已经（在前两章）证明，最优投资组合边界的形状取决于投资组合是否包含无风险借贷。具体而言，有如下两种形式：

$$\text{边界}\Rightarrow\begin{cases}\dfrac{\sigma^2}{1/C}-\dfrac{(\mu-A/C)^2}{D/C^2}=1, & \text{排除无风险利率,}\\ \mu=r_0\pm\left(\sqrt{C\left(r_0-\dfrac{A}{C}\right)^2+\dfrac{D}{C}}\right)\sigma, & \text{含有无风险利息。}\end{cases}\tag{7.1}$$

注意到，两个边界都含有常数A，B，C（由式（5.22）定义）和D（$=BC-A^2$）。

在本节中，我们将假设

$$\text{无风险利率 } r_0<\frac{A}{C}\text{最小方差投资组合的期望收益率。}$$

我们知道这样假设是合理的，因为我们研究所依据的原则是，投资者只会因为他们被潜在的高收益吸引而去承担风险，而对于一项本身完全无风险的投资我们只能期望其提供最小收益。

现在转向下一个主要目标，就是探究两个边界式（7.1）是否相连接。具体来说，我们想要确定无风险边界的较高一条射线是否与双曲线的上支相连接，以及如果是相连的，它们在哪一个或哪一些点上连接。即我们想要构成一幅图像，它是把图6.5叠加到图5.3上得到的结果。这里有三种可能性：

1）较高的射线偏离双曲线上支，即不与任何有效投资组合重合。

2）较高的射线在某一独特的点上与双曲线上支相切，即它形成了某个有效投资组合的唯一切线。

3）较高的射线经过两点与双曲线上支相交，即它恰好穿过两个有效投资组合。

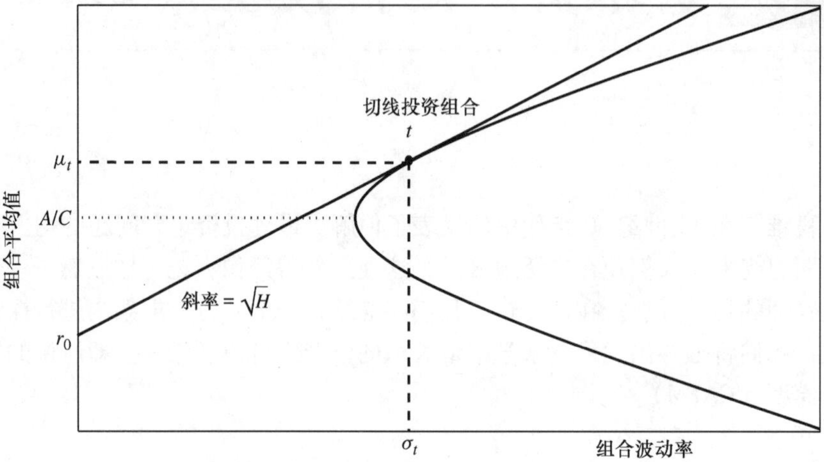

图 7.1 最优边界之间的联系

事实证明第二种可能性是正确的，较高的射线形成了某个有效投资组合 t 的唯一切线。此结果见图 7.1。我们可以通过完成两项任务，用代数方法进行证明：

1）首先，证明存在一个有效投资组合，其切线在 μ 轴上的截距为 r_0。我们称之为切线投资组合，而我们的任务就是找到它的坐标（σ_t，μ_t）。

2）其次，我们证明这一切线恰恰是最优边界的较高的那条射线。具体而言，我们使用切线投资组合的坐标来证明

$$\text{切线的斜率} = \frac{\mu_t - r_0}{\sigma_t} = \sqrt{H} = \text{较高的射线的斜率}。$$

归纳起来，有：

引理 令 $r_0 < A/C$，且令 t 表示风险资产的有效投资组合，其切线截 μ 轴于 r_0。t 在最优边界上的位置被它的坐标所给定，即

$$\mu_t = \frac{A}{C} - \frac{D/C^2}{r_0 - A/C}, \tag{7.2}$$

并且

$$\sigma_t = \frac{\sqrt{H}}{C\left|r_0 - \frac{A}{C}\right|} = \frac{-\sqrt{H}}{C\left(r_0 - \frac{A}{C}\right)}。 \tag{7.3}$$

另外，经过 t 处的切线的斜率为 $\sqrt{H}$。

证明：这一结果的证明借鉴了我们对双曲线的几何探究。回顾前面的内容可知，任意有效投资组合的切线的截距由式（6.11）给出。

在本例中截距是无风险利率，因此

$$r_0 = \frac{A}{C} - \frac{D/C^2}{(\mu_t - A/C)}。$$

重新整理这一等式，对于 μ_t 有

$$\mu_t = \frac{A}{C} - \frac{D/C^2}{r_0 - A/C}。 \tag{7.4}$$

为了确定 σ_t，我们将 μ_t 的表达式代入式（5.30），可得

$$\begin{aligned}
\sigma_t^2 &= \frac{D}{C^3}\left[\frac{1}{(r_0 - A/C)^2}\right] + \frac{1}{C} \quad （使用式(7.4)）\\
&= \frac{1}{C}\left[\frac{D/C}{C(r_0 - A/C)^2} + 1\right]\\
&= \frac{1}{C}\left[\frac{D/C + C(r_0 - A/C)^2}{C(r_0 - A/C)^2}\right] \quad （根据式(6.24),分子等于 H）\\
&= \frac{H}{C^2(r_0 - \frac{A}{C})^2}。
\end{aligned}$$

取平方根，并考虑到 $r_0 - \frac{A}{C} < 0$ 的事实，从而推导出

$$\sigma_t = \frac{\sqrt{H}}{C\left|r_0 - \frac{A}{C}\right|} = \frac{-\sqrt{H}}{C\left(r_0 - \frac{A}{C}\right)}。$$

为计算斜率，需要求（$\mu_t - r_0$）/σ_t 的值。我们把注意力集中于分子，发现

$$\begin{aligned}
\mu_t - r_0 &= \frac{A}{C} - \frac{D/C^2}{r_0 - A/C} - r_0\\
&= -\left(\frac{D/C}{C\,(r_0 - A/C)} + r_0 - \frac{A}{C}\right)\\
&= -\left(\frac{D/C + C\,(r_0 - A/C)^2}{C\,(r_0 - A/C)}\right) \quad （根据式（6.24），分子等于 H）\\
&= \frac{-H}{C\,(r_0 - A/C)}。
\end{aligned}$$

我们可以使用这一结果，连同 σ_t 的表达式，推导出

$$\left.\frac{d\mu}{d\sigma}\right|_{(\sigma_t,\mu_t)} = \frac{\mu_t - r_0}{\sigma_t} = \frac{\dfrac{-H}{C(r_0 - A/C)}}{\dfrac{-\sqrt{H}}{C(r_0 - A/C)}} = \sqrt{H}。$$

单一基金的投资服务

让我们考虑两种类型的投资者构建投资组合的方法，并对其进行区分。具体地，我们将定义：

1）A 类投资者是那些希望建立一个将风险资产与无风险借贷相结合的投资组合的投资者。

2）B 类投资者是那些决定建立一个只有风险资产的投资组合的投资者。

用我们的分析可以推断出，A 类投资者能构建出的最有效的（即风险最低的）投资组合，在（σ，μ）－空间内表示为一条从无风险收益率处发出的向上倾斜的直线（见图 6.5）。所有 A 类投资者将在这条线上寻找投资组合。相比之下，我们从第 5 章知道，所有 B 类投资者将寻找位于最优双曲线的有效分支上的投资组合。

我们已经表明，A 类和 B 类投资者的有效边界在确定的一点相切，我们称它为切线投资组合，并将其表示为 t。这一发现对 A 类投资者尤其重要，其边界是一条直线，又因为确定一条直线只需要两点，由此可以推断，每一个有效的 A 类投资组合都简单地是切线投资组合与无风险资产的混合体：

$$\text{有效的 A 类投资组合} = \alpha r_0 + (1-\alpha)t\text{，对某一 }\alpha \in \mathbb{R}\text{。}$$

这一发现揭示了一个显著的事实，即只需要一个投资组合，即切线投资组合，就可以为所有 A 类投资者提供全部的投资服务。记得在第 5 章里，对于 B 类投资者，我们发现了一个等价的结果，即任意两个最优的风险资产的投资组合可以生成整个 B 类投资组合边界。基于这一发现，接下来的一个问题就是精确地确定切线投资组合的性质。

7.2 切线投资组合

假设我们生活在只经营单一基金投资服务的世界里。在这种情形下，按照我们上述的论点，每个 A 类投资者将会需要一个投资组合，它满足无风险利率 r_0 与切线投资组合 t 的一个正确平衡。特别地，切线投资组合将会是唯一的风险投资组合需求。正是这一事实，使得我们能够精确地确定切线投资组合所代表的意义。我们的研究基于金融市场处于均衡状态的原则，即供给等于需求。因此，为了找到所需要的切线投资组合，我们需要观察风险市场的供给方。

风险资产的市场供给

假设整个市场由 n 种不同的风险资产组成，并且：

1）资产 i 具有价值 S_i。

2）对于（$i=1$，…，n），资产 i 总共有 α_i 个可获得的份额（可购买）。

基于此种假设，用 $\alpha_i S_i$ 表示资产 i 的总价值，因此

$$\text{市场总价值} = \sum_{i=1}^{n} \alpha_i S_i\text{。}$$

各资产的市值刚好是其贡献于风险市场整体的比例，即

$$w_i^{(m)} = \frac{\alpha_i S_i}{\sum_{i=1}^{n} \alpha_i S_i} (i = 1,2,\cdots,n)。$$

显然，市值权重 $\{w_i^{(m)}\ (i=1,\ \cdots,\ n)\}$ 的总和为1，因而随机收益率满足下式的投资组合

$$r_m = \sum_{i=1}^{n} w_i^{(m)} r_i$$

是可行的。我们称之为市场组合，因为它代表了整个风险市场的供给方。现在，在均衡状态下，有

供给 = 需求。

因此，可得出这样的结论：

切线投资组合 t = 市场组合 m。

固定了这一点，我们引入一个新名词，将组合边界中较高的那条射线称为资本市场线（CML），以表示它穿过市场组合（见图7.2）。

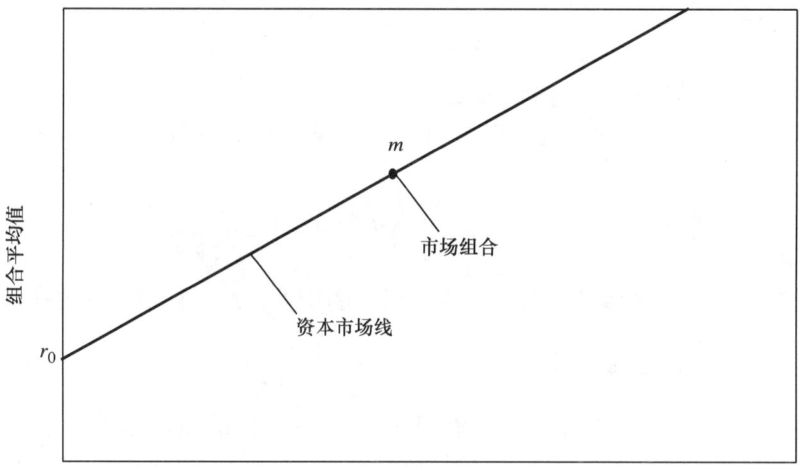

图7.2 （有效）资本市场线

7.3 资本资产定价模型（CAPM）

我们现在已经准备充分，可以开始推导著名的资本资产定价模型。这一推导过程非常快，其关键的出发点是在式（6.16）中所揭示的，通过固定一个有效投资组合 p，可以表达出任意可行投资组合 q 的期望收益，具体如下：

$$\mu_q = (1-\beta_{pq})\ \mu_{z(p)} + \beta_{pq}\mu_p,$$

其中
$$\beta_{pq}=\frac{\sigma_{pq}}{\sigma_p^2}。$$

此外，我们回忆起$\mu_{z(p)}$（p 的零协方差投资组合的期望收益率）正是p 点的切线在μ 轴上截距的位置（见图6.4）。

上一节中已经表明，切线投资组合具有特殊的性质，它可以提供一个完整的投资服务，因而是唯一的风险投资组合需求。我们也已经证明，在市场均衡状态下，切线投资组合与市场组合相一致。鉴于此，我们决定将上述线性关系特殊化，设$p=m$，即市场组合，由此给出
$$\begin{aligned}\mu_q &= (1-\beta_q)\mu_{z(m)}+\beta_m\mu_m\\ &= (1-\beta_q)r_0+\beta_q\mu_m(\text{由于 } r_0=\mu_{z(m)}=\text{CML 的截距}),\end{aligned}$$
其中
$$\beta_q=\frac{\sigma_{mq}}{\sigma_m^2}(\text{是 } q \text{ 的 } \beta \text{ 值})。$$

这是投资组合版本的资本资产定价模型，在经过简单的整理之后，它表明当市场处于均衡状态时，q 的期望超额收益率（超出无风险利率的部分）与市场组合的期望超额收益率成正比，即
$$\mu_q-r_0=\beta_q\ (\mu_m-r_0)。$$
其中，比例常数是投资组合 q 的β 值。

我们说，每个独立的风险资产可以被看作是可行的投资组合，可行向量 $\boldsymbol{w}=(\omega_1,\ \cdots,\ \omega_n)^{\mathrm{T}}$，其分量
$$w_j=\begin{cases}0,\ j\neq i,\\1,\ j=i\end{cases}$$
代表第 i 项风险资产。因此也有一个资产版本的资本资产定价模型，表述为
$$\mu_i=r_0+\beta_i(\mu_m-r_0),\beta_i=\frac{\operatorname{cov}(r_i,r_p)}{\sigma_m^2}。\tag{7.5}$$

数量β_i 表示资产 i 的 β 值。它被证明是一项有用的风险措施（我们将会看到），因为它使我们在各单项资产对投资组合整体风险的贡献问题上，能够收获一些感知。

7.4　资本资产定价模型的应用

为资产收益率的演变过程建立精确的数学模型是现代金融学中最具挑战性的难题之一。资本资产定价模型提供了一个简单的框架，使我们可以开始应对这一挑战。如果我们令 r_m 代表市场组合的 τ 日随机收益率，那么资本资产定价模型告诉我们，第 i 项资产的期望收益率由下式给出：
$$E(r_i)=\mu_i=r_0+\beta_i(\mu_m-r_0)$$

$$= E[r_0 + \beta_i(r_m - r_0)]。$$

我们看到，资产的β值决定了其收益率受到市场预期影响的程度。从而可以得出结论，资产收益率的实际随机性可以部分地被市场波动所解释，因此假定一个模型，其形式为

$$r_i = r_0 + \beta_i(r_m - r_0) + \varepsilon_i, (i = 1, \cdots, n)。$$

其中，ε_i 是每项资产的随机误差项。注意到，资本资产定价模型意味着，每项 ε_i 的均值为零。通过考虑误差项与市场投资组合的协方差，我们可以对误差项有更进一步的了解，有

$$\begin{aligned}\operatorname{cov}(\varepsilon_i, r_m) &= \operatorname{cov}(r_i - r_0 - \beta_i(r_m - r_0), r_m)\\ &= \operatorname{cov}(r_i, r_m) - \beta_i \operatorname{cov}(r_m, r_m)\\ &= \operatorname{cov}(r_i, r_m) - \beta_i \sigma_m^2 = 0(\text{由 } \beta_i \text{ 的定义})。\end{aligned}$$

因此，市场与误差项是不相关的，所以我们可以将 ε_i 看作资产收益率中不能被市场解释的部分。我们现在作出追加假设，设随机分量 $\{\varepsilon_1, \cdots, \varepsilon_n\}$ 是不相关的，从而构建我们的首个资产回报框架。

基于 CAPM 的模型：$r_i = r_0 + \beta_i(r_m - r_0) + \varepsilon_i (1 \leqslant i \leqslant n)$。

推论 1　　$E(\varepsilon_i) = 0(1 \leqslant i \leqslant n)$。

推论 2　　$\operatorname{cov}(\varepsilon_i, r_m) = E(\varepsilon_i r_m) = 0(1 \leqslant i \leqslant n)$。

追加假设：　　$\operatorname{cov}(\varepsilon_i, \varepsilon_j) = E(\varepsilon_i \varepsilon_j) = 0(i \neq j)$。　　(7.6)

分解风险

我们在式（7.6）中提出的基于 CAPM 的模型具有一些非常吸引人的性质。特别地，它可以用来将一项资产或任意可行投资组合的风险分解为两个部分。为了揭示这一点，我们考虑下面的一般协方差计算：

$$\begin{aligned}\operatorname{cov}(r_i, r_j) &= \operatorname{cov}(r_i, r_0 + \beta_j(r_m - r_0) + \varepsilon_j)\\ &= \operatorname{cov}(r_i, \beta_j r_m + \varepsilon_j)(\text{由 cov(随机,固定)} = 0)\\ &= \beta_j \operatorname{cov}(r_i, r_m) + \operatorname{cov}(r_i, \varepsilon_j)\\ &= \beta_j \operatorname{cov}(r_i, r_m) + \operatorname{cov}(r_0 + \beta_i(r_m - r_0) + \varepsilon_i, \varepsilon_j)\\ &= \beta_j \operatorname{cov}(r_i, r_m) + \operatorname{cov}(\beta_i r_m + \varepsilon_i, \varepsilon_j)\\ &= \beta_j \underbrace{\operatorname{cov}(r_i, r_m)}_{=\beta_i\sigma_m^2} + \beta_i \underbrace{\operatorname{cov}(r_m, \varepsilon_j)}_{=0} + \underbrace{\operatorname{cov}(\varepsilon_i, \varepsilon_j)}_{=0(i\neq j)}。\end{aligned}$$

因此可以写出

$$\operatorname{cov}(r_i, r_j) = \begin{cases}\beta_i^2 \sigma_m^2 + \operatorname{var}(\varepsilon_i), & i = j,\\ \beta_i \beta_j \sigma_m^2, & i \neq j。\end{cases} \tag{7.7}$$

我们从式（7.7）中首先注意到的就是各单项资产的风险可以被分解为两个相互独立的部分：

1）一个系统性的部分，它被市场锁定：

$$资产 i 的系统风险 =\beta_i^2\sigma_m^2。$$

2）一个特定的部分，它与单项资产本身相联系：

$$资产 i 的特定风险 = \mathrm{var}（\varepsilon_i）。$$

若假设我们选取任意可行的投资组合 q，其随机收益率由下式给出：

$$r_q = \sum_{i=1}^{n} w_i r_i。$$

根据投资组合的资本资产定价模型，q 的期望收益率为

$$\mu_q = r_0 + \beta_q （\mu_m - r_0）。$$

其中，q 的 β 值由下式给出：

$$\begin{aligned}
\beta_q &= \frac{\mathrm{cov}(r_q, r_m)}{\sigma_m^2} = \frac{\mathrm{cov}\left(\sum_{i=1}^{n} w_i r_i, r_m\right)}{\sigma_m^2} \\
&= \sum_{i=1}^{n} w_i \frac{\mathrm{cov}(r_i, r_m)}{\sigma_m^2} \\
&= \sum_{i=1}^{n} w_i \beta_i。
\end{aligned}$$

我们可以运用这一模型来探究 q 的方差，具体如下：

$$\begin{aligned}
\sigma_q^2 &= \sum_{i=1}^{n}\sum_{j=1}^{n} w_i w_j \mathrm{cov}(r_i, r_j) \\
&= \sigma_m^2 \sum_{i=1}^{n}\sum_{j=1}^{n} w_i w_j \beta_i \beta_j + \sum_{i=1}^{n} w_i^2 \mathrm{var}(\varepsilon_i) \\
&= \sigma_m^2 \left(\sum_{i=1}^{n} w_i \beta_i\right)\left(\sum_{j=1}^{n} w_j \beta_j\right) + \sum_{i=1}^{n} w_i^2 \mathrm{var}(\varepsilon_i) \\
&= \beta_q^2 \sigma_m^2 + \sum_{i=1}^{n} w_i^2 \mathrm{var}(\varepsilon_i)。
\end{aligned}$$

因此，资产的风险分解方法可以推广至投资组合，即任意可行投资组合的方差也可以被分解为两部分：

1）一个系统性的部分，它被市场锁定：

$$组合 q 的系统风险 =\beta_i^2\sigma_m^2。$$

2）一个特定的部分，它是单项资产的特定风险的加权平方和：

$$组合 q 的特定风险 = \sum_{i=1}^{n} \omega_i^2 \mathrm{var}(\varepsilon_i)。$$

系统风险显然是不可避免的，它永远存在于所有的可行投资组合中，其大小取决于投资组合的 β 值。不过，特定风险依赖于组合权重，因此，两个不同的投资组

合可以具有不同数量的特定风险。这带来了如下问题：

多少特定风险可以被减少

我们可以想象，一个特定风险较小的投资组合最佳的候选项将是一个边界投资组合。我们将探究真实情况是否如此。我们知道，任何有效的投资组合 p，根据定义都位于资本市场线上，它们的风险－收益坐标满足：

$$\sigma_p^2=\frac{(\mu_p-r_0)^2}{H}。\tag{7.8}$$

p 的投资组合版本的资本资产定价模型告诉我们

$$\mu_p-r_0=\beta_p(\mu_m-r_0)。\tag{7.9}$$

将式（7.9）代入式（7.8）可得

$$\sigma_p^2=\beta_p^2\left[\frac{(\mu_m-r_0)^2}{H}\right]。\tag{7.10}$$

市场组合 m 也是有效的，所以根据式（7.8）可知，式（7.10）方括号中的项恰好是 σ_m^2。因此，有

$$\sigma_p^2=\beta_p^2\sigma_m^2(\text{对于所有的有效组合 } p)。\tag{7.11}$$

这就告诉我们，位于资本市场线上的有效投资组合（无风险组合与市场组合的结合）没有特定风险。这一发现警示我们：因为所有的特定风险总是可以被分散掉，所以我们不应该期望因承担它而获得任何额外收益。

8 风险因子建模

在任何一段通向新发现的旅程中，有时我们回望已经走过的历程，瞻仰一下过往的成就还是非常有意义的，很多情况下这个过程会决定我们对于未来路线的规划。对于我们的数学之旅也是同样的道理，目前，我们已经发现对马科维茨理论框架（与金融直觉）的仔细研读分析促成了著名的 CAPM 模型的诞生，进而我们提出了资产回报的第一个模型，参见式（7.6）。在本章中，我们将会采用更加大胆的方法对资产回报进行建模。我们将会运用 CAPM 作为灵感，但是并不将市场组合作为资产回报的主要驱动力，正如式（7.6）所示。我们将会探索另外更加相关的因素会产生更合适结果的可能性。简而言之，我们考察对于资产回报的更加一般的线性因子模型。我们之所以称这个方法是大胆的，是因为这些模型不像 CAPM，它们不能从马科维茨理论框架的基本原则中推导出来。尽管如此，这些模型在实际操作中还是非常受欢迎的，并且在对冲基金行业也有广泛的应用范围。

8.1 一般因子建模

通过下面的问题我们来引出新的探究话题：

我们是不是真心希望市场组合是所有资产的驱动力？

很明显研究这个问题是有原因的，例如，我们来考虑以下情形：

1）如果我们的投资组合中包含有从市场的大宗商品部门获得的随机资产，那么能够反映这个部门价格的交换 - 交易指数就更有可能是投资组合的驱动力。

2）类似地，如果我们的投资组合中包含有从市场其他若干部门获得的随机资产，那么可能就有多个驱动因子来影响随机回报率的发展。

考虑到以上直觉，我们提出建模的另一种方法。基本思路是我们通过更自由地选择驱动因子来将基于 CAPM 的模型更加一般化。我们考虑两种可能性。

1. 单因子情形

$$r_i = a_i + b_i f + \varepsilon_i \quad (1 \leqslant i \leqslant n)。$$

此时所有的资产都受一个随机因子 f 的驱动，该因子通常是一个可观察的指数（或是某个精心组建的资产组合），它可以代表某些宏观经济变量。注意到，如果

令 $f=r_m$，就可以得到 CAPM 模型。

2. 多因子情形

$$r_i=a_i+b_{i1}f_1+b_{i2}f_2+\cdots+b_{il}f_l+\varepsilon_i\ (i=1,\ \cdots,\ n)。$$

在此所有的资产受 l 个不同因子的影响，其中 l 相比 n 较小，n 为随机回报率的数量。模型中的未知参数通过线性回归来确定，可参见第 3.3 节。

不论是哪种情形，对于每一种资产都存在有随机噪声的部分 ε_i。为了呈现完整的形式，我们给出如下类似 CAPM 的假设：

零均值：　　　　　　$E(\varepsilon_i)=0(1\leqslant i\leqslant n)$。

与因子之间无相关性：　$E(\varepsilon_i f_j)=0(1\leqslant i\leqslant n;1\leqslant j\leqslant l)$。

不存在内部相关性：　　$E(\varepsilon_i\varepsilon_j)=0(i\neq j)$。　　(8.1)

8.2 因子模型的理论性质

我们所有投资问题的核心都是 n 个风险资产 $\{r_1,\ \cdots,\ r_n\}$。一个一般的对于这些回报率的 l - 因子模型表达式为

$$r_i=a_i+\sum_{j=1}^{l}b_{ij}f_j+\varepsilon_i(i=1,\cdots,n)。$$

其中，残差项 ε_i（$1\leqslant i\leqslant n$）和驱动因子 f_j（$1\leqslant j\leqslant l$）满足式（8.1）。用矩阵向量的形式将其写作

$$\begin{pmatrix}r_1\\r_2\\\vdots\\r_n\end{pmatrix}=\begin{pmatrix}a_1\\a_2\\\vdots\\a_n\end{pmatrix}+\begin{pmatrix}b_{11}&b_{12}&\cdots&b_{1l}\\b_{21}&b_{22}&\cdots&b_{2l}\\\vdots&\vdots&&\vdots\\b_{n1}&b_{n2}&\cdots&b_{nl}\end{pmatrix}\begin{pmatrix}f_1\\f_2\\\vdots\\f_l\end{pmatrix}+\begin{pmatrix}\varepsilon_1\\\varepsilon_2\\\vdots\\\varepsilon_n\end{pmatrix},\qquad(8.2)$$

即

$$\boldsymbol{r}=\boldsymbol{a}+\boldsymbol{Bf}+\boldsymbol{\varepsilon}。$$

在这个模型下可以写出期望回报率向量，即

$$\begin{aligned}\boldsymbol{e}=E(\boldsymbol{r})&=E(\boldsymbol{a}+\boldsymbol{Bf}+\boldsymbol{\varepsilon})\\&=\boldsymbol{a}+\boldsymbol{Be}_f。\end{aligned}$$

其中，

$$\boldsymbol{e}_f=E(\boldsymbol{f})=\begin{pmatrix}\mu_{f1}\\\mu_{f2}\\\vdots\\\mu_{fl}\end{pmatrix}\in\mathbb{R}^l。$$

进一步地，可以运用式(3.16)写出回报率的协方差矩阵，为

$\boldsymbol{V}=E[(\boldsymbol{r}-\boldsymbol{e})(\boldsymbol{r}-\boldsymbol{e})^{\mathrm{T}}]$

$$=E[(\boldsymbol{B}(\boldsymbol{f}-\boldsymbol{e}_f)+\boldsymbol{\varepsilon})(\boldsymbol{B}(\boldsymbol{f}-\boldsymbol{e}_f)+\boldsymbol{\varepsilon})^{\mathrm{T}}]$$
$$=E[\boldsymbol{B}(\boldsymbol{f}-\boldsymbol{e}_f)(\boldsymbol{f}-\boldsymbol{e}_f)^{\mathrm{T}}\boldsymbol{B}^{\mathrm{T}}]+E[\boldsymbol{B}(\boldsymbol{f}-\boldsymbol{e}_f)\boldsymbol{\varepsilon}^{\mathrm{T}}]+E[\boldsymbol{\varepsilon}^{\mathrm{T}}(\boldsymbol{f}-\boldsymbol{e}_f)^{\mathrm{T}}\boldsymbol{B}^{\mathrm{T}}]+E(\boldsymbol{\varepsilon}\boldsymbol{\varepsilon}^{\mathrm{T}})$$
$$=\boldsymbol{B}E[(\boldsymbol{f}-\boldsymbol{e}_f)(\boldsymbol{f}-\boldsymbol{e}_f)^{\mathrm{T}}]\boldsymbol{B}^{\mathrm{T}}+\boldsymbol{B}E[(\boldsymbol{f}-\boldsymbol{e}_f)\boldsymbol{\varepsilon}^{\mathrm{T}}]+E[\boldsymbol{\varepsilon}(\boldsymbol{f}-\boldsymbol{e}_f)^{\mathrm{T}}]\boldsymbol{B}^{\mathrm{T}}+E[\boldsymbol{\varepsilon}\boldsymbol{\varepsilon}^{\mathrm{T}}]。$$

关于等号右侧的元素做一下说明：

1）根据定义，注意到

$$E[(\boldsymbol{f}-\boldsymbol{e}_f)(\boldsymbol{f}-\boldsymbol{e}_f)^{\mathrm{T}}] \tag{8.3}$$

是 l 个驱动因子 $\{f_1, \cdots, f_l\}$ 的协方差矩阵 $\boldsymbol{\Omega}_f\in\mathbb{R}^{l\times l}$。

2）外积 $(\boldsymbol{f}-\boldsymbol{e}_f)\ \boldsymbol{\varepsilon}^{\mathrm{T}}$ 是下面的 $l\times n$ 矩阵：

$$\begin{pmatrix} (f_1-\mu_{f_1})\varepsilon_1 & (f_1-\mu_{f_1})\varepsilon_2 & \cdots & (f_1-\mu_{f_1})\varepsilon_n \\ (f_2-\mu_{f_2})\varepsilon_1 & (f_2-\mu_{f_2})\varepsilon_2 & \cdots & (f_2-\mu_{f_2})\varepsilon_n \\ \vdots & \vdots & & \vdots \\ (f_l-\mu_{f_l})\varepsilon_1 & (f_l-\mu_{f_l})\varepsilon_2 & \cdots & (f_l-\mu_{f_l})\varepsilon_n \end{pmatrix}$$

进行期望的运算之后上述矩阵就变为零矩阵，这是由于式（8.1）中我们对于噪声项 ε_l（$1\leqslant i\leqslant n$）所做出的假设。外积 $(\boldsymbol{f}-\boldsymbol{e}_f)^{\mathrm{T}}\boldsymbol{\varepsilon}$ 是上述矩阵的转置。

3）外积 $\boldsymbol{\varepsilon}\boldsymbol{\varepsilon}^{\mathrm{T}}$ 是以下 $n\times n$ 矩阵

$$\begin{pmatrix} \varepsilon_1^2 & \varepsilon_1\varepsilon_2 & \cdots & \varepsilon_1\varepsilon_n \\ \varepsilon_2\varepsilon_1 & \varepsilon_2^2 & \cdots & \varepsilon_2\varepsilon_n \\ \vdots & \vdots & & \vdots \\ \varepsilon_n\varepsilon_1 & \varepsilon_n\varepsilon_2 & \cdots & \varepsilon_n^2 \end{pmatrix}。$$

我们已经假设随机噪声扰动项是互不相关的，因此取数学期望之后可得到以下对角矩阵

$$\boldsymbol{\Lambda}=\begin{pmatrix} \mathrm{var}\ (\varepsilon_1) & 0 & \cdots & 0 \\ 0 & \mathrm{var}\ (\varepsilon_2) & \cdots & 0 \\ \vdots & \vdots & & \vdots \\ 0 & 0 & \cdots & \mathrm{var}\ (\varepsilon_n) \end{pmatrix}。$$

通过上式我们可得协方差矩阵有以下很好的表达式：

$$\boldsymbol{V}=\boldsymbol{B}\boldsymbol{\Omega}_f\boldsymbol{B}^{\mathrm{T}}+\boldsymbol{\Lambda}。$$

假设我们运用权重向量 $\boldsymbol{w}\in\mathbb{R}^n$ 建立一个资产投资组合，则其相关的均值与方差分别为

$$\mu_p=\boldsymbol{w}^{\mathrm{T}}\boldsymbol{e}=\boldsymbol{w}^{\mathrm{T}}\boldsymbol{a}+\boldsymbol{w}^{\mathrm{T}}\boldsymbol{B}\boldsymbol{e}_f, \tag{8.4}$$

$$\sigma_p^2=\boldsymbol{w}^{\mathrm{T}}\boldsymbol{V}\boldsymbol{w}=\boldsymbol{w}^{\mathrm{T}}\boldsymbol{B}\boldsymbol{\Omega}_f\boldsymbol{B}^{\mathrm{T}}\boldsymbol{w}+\boldsymbol{w}^{\mathrm{T}}\boldsymbol{\Lambda}\boldsymbol{w}$$
$$=\boldsymbol{w}^{\mathrm{T}}\boldsymbol{B}\boldsymbol{\Omega}_f\boldsymbol{B}^{\mathrm{T}}\boldsymbol{w}+\sum_{i=1}^{n}w_i^2\mathrm{var}(\varepsilon_i)。 \tag{8.5}$$

我们发现现在的情况与 CAPM 非常相似。在因子模型下，我们可以将投资组

合的风险分解成两个部分：

1）受困于市场的系统风险：

$$投资组合的系统风险 = \boldsymbol{w}^{\mathrm{T}}\boldsymbol{B}\boldsymbol{\Omega}_f\boldsymbol{B}^{\mathrm{T}}\boldsymbol{w}。$$

2）单个资产特定风险的权重平方求和所得的特定风险：

$$投资组合的特定风险 = \sum_{i=1}^{n} w_i^2 \mathrm{var}(\varepsilon_i) = \boldsymbol{w}^{\mathrm{T}}\boldsymbol{A}\boldsymbol{w}。$$

我们发现在单因素的情形下，投资组合风险表达式（8.5）可以分解成如下形式：

$$\sigma_p^2 = \left(\sum_{i=1}^{n} w_i b_i\right)\sigma_f^2 + \sum_{i=1}^{n} w_i^2 \mathrm{var}(\varepsilon_i)。 \quad (8.6)$$

因子模型与 CAPM 模型有很多相似之处。下面我们来比较一下这两种方法。

1. CAPM 模型

根据均值 - 方差最优，可以推出 CAPM 的表达式为

$$\mu_i = r_0 + \beta_i(\mu_m - r_0)(1 \leqslant i \leqslant n)。$$

基于 CAPM 的等式，关于资产回报率我们有以下模型：

$$r_i = r_0 + \beta_i(r_m - r_0) + \varepsilon_i(1 \leqslant i \leqslant n)。$$

在这个模型下，投资组合的风险可以被分解为：

1）系统风险，投资者无论如何都要承担这类风险；

2）特定风险，这类风险可以通过选择前沿投资组合得以消除。

2. 多因子模型

为了将资产回报率的 CAPM 模型更加一般化，我们提出以下模型：

$$r_i = a_i + \sum_{j=1}^{l} b_{ij} f_j + \varepsilon_i(i = 1,\cdots,n)。$$

在该模型下，投资组合风险可以分解为：

1）系统风险，投资者无论如何都要承担这类风险；

2）特定风险，通过资产分散化可以减弱这部分风险。例如，如果假设

$$\sigma_{\max}^2 = \max\{\mathrm{var}(\varepsilon_i)(i = 1,\cdots,n)\} < \infty,$$

则对于等权重的投资组合，我们有

$$特定风险 = \frac{1}{n^2}\sum_{i=1}^{n}\mathrm{var}(\varepsilon_i) \leqslant \frac{\sigma_{\max}^2}{n} \to 0，当 n \to \infty 时。$$

因此，如果在理论上假设存在无限多的风险资产，则特定风险就能被消除。实际上，市场中存在足够多的资产，我们可以将减弱看作是消除。

负责监管大型风险投资组合的践行风险管理者有可能会使用多因子模型来降低问题的维数并分解投资组合风险。如果要求模型准确地抓住投资组合的重要性质，那么仔细选择相关驱动因子就非常关键。从实际的角度来看，人们会认为驱动因子应该代表能够对资产未来价格产生合理影响的经济指标（如工业产出、市场指数、

石油价格、通货膨胀与利率预期等）。这种方法称为基本面分析法，该方法的成功关键在于其实际操作者。人们常说通过基本面分析法选取驱动因子，与其说它是科学，不如说它是一门艺术。这个过程要求操作者对于给定的市场部门非常熟悉，例如，当对某一股票价格的回报率进行建模时，建模者应该拥有（或有能力建立）对该公司基本面的全面了解。更高的要求就是要具备分析评估大范围连续经济因子的能力，这些经济因子能够潜在驱动资产回报。如果实际如上述所说，则操作人员的任务如下：

1）从一系列可观察的经济因子中进行选择，并将其按照相关度进行排序。

2）决定资产回报模型最终要包含的因子数量。

3）搜集资产回报和驱动因子的时间序列数据，对于每一个资产进行一次回归以估计模型的参数。

8.3 基于主成分分析（PCA）的模型

在有些情况下，我们并不清楚应该如何建立连续因子模型。这使得我们可能无法了解关于特定资产的知识，或者由于手上没有足够的数据从而使得参数估计结果不可靠。实际上，我们也可以认为资产回报中最有影响力的驱动因子根本就无法观测到。在这种情况下，我们就需要一个更科学的研究方法，在这里我们给出应用主成分分析的一种非常流行的方法，主成分分析是在应用统计学中常用到的数据旋转与降维的工具。

8.3.1 二维的主成分分析法

我们用简单的二维例子来引入主成分分析法，这样可以看一看步骤。让我们来考虑两个随机资产，其回报率分别是 r_1 与 r_2，其期望回报率分别为 μ_1 与 μ_2。我们找到两个资产的历史价格时间序列，并对其过去值进行作图（$r_1-\mu_1$，$r_2-\mu_2$）（参见图 8.1）。该图很清晰地反映出数据的变化，并且标明资产 2 的变化范围要远大于资产 1。

注意到二维图像的生成法是我们非常熟悉的。每一点表示偏离横轴的距离与偏离纵轴的距离，即

$$\begin{pmatrix} r_1-\mu_1 \\ r_2-\mu_2 \end{pmatrix} = (r_1-\mu_1)\begin{pmatrix}1\\0\end{pmatrix} + (r_2-\mu_2)\begin{pmatrix}0\\1\end{pmatrix}$$
$$= (r_1-\mu_1)\,\boldsymbol{e}_1 + (r_2-\mu_2)\,\boldsymbol{e}_2。$$

数学上，将以上向量表达为两个标准单位向量 $\boldsymbol{e}_1$（水平方向）与 $\boldsymbol{e}_2$（竖直方向）的线性组合。

当然，我们可以将二维数据表示为任意一对正交单位向量的线性组合。一个典型的二维单位向量表示为

$$\boldsymbol{u}=\begin{pmatrix}\cos\theta\\ \sin\theta\end{pmatrix}，其中\ \theta\in[0,\ 2\pi)。$$

如果将角 θ 固定，则有两个可能的单位向量与 $\boldsymbol{u}$ 正交：

$$\begin{pmatrix}\cos(\theta+\pi/2)\\ \sin(\theta+\pi/2)\end{pmatrix}=\begin{pmatrix}-\sin\theta\\ \cos\theta\end{pmatrix}或者\begin{pmatrix}\cos(\theta-\pi/2)\\ \sin(\theta-\pi/2)\end{pmatrix}=\begin{pmatrix}\sin\theta\\ -\cos\theta\end{pmatrix}。$$

这个方法就是选择一对向量使得其中一个方向能够抓住数据的重要部分。例如，如果我们用两个替代的单位向量 $\boldsymbol{u}$ 与 $\boldsymbol{v}$ 来表示图 8.1 中所示的数据，我们就可以得到图 8.2。从图中可见，大多数数据都比较靠近 $\boldsymbol{u}$ 轴。这使得我们要面对接下来的数学挑战。

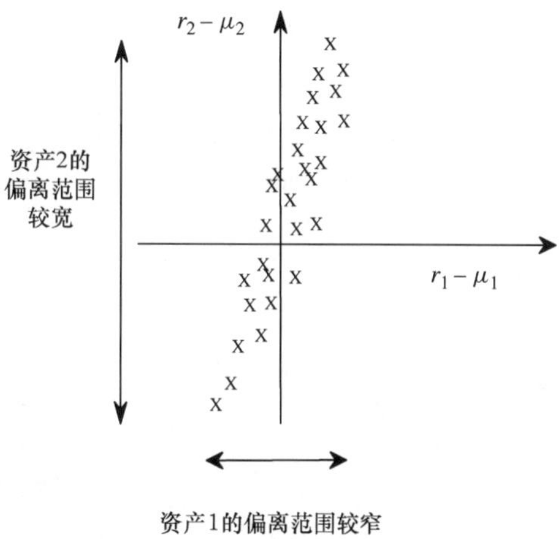

图 8.1 关于随机回报率 r_1 与 r_2 相对于各自期望值偏离的图示

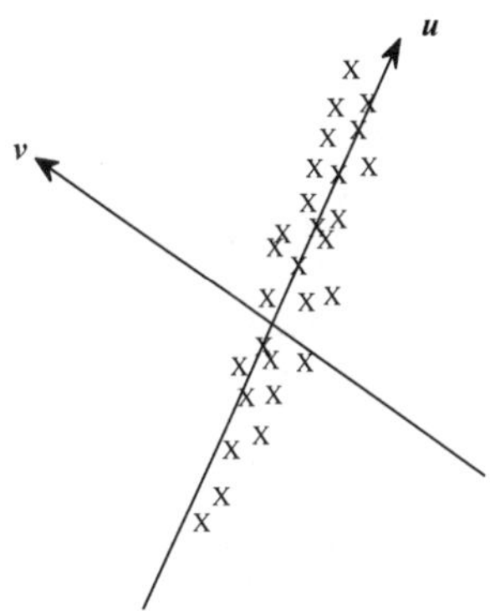

图 8.2 相对替代坐标轴的两个随机回报率（r_1，r_2）的观察值

1. 如何寻找基向量 $\boldsymbol{u}$ 与 $\boldsymbol{v}$

为回答上述问题，我们就需要两个回报率的协方差矩阵

$$\boldsymbol{V}=\begin{pmatrix}\sigma_1^2 & \sigma_{12}\\ \sigma_{12} & \sigma_2^2\end{pmatrix}。$$

任意投资组合 $w_1r_1+w_2r_2$ 的方差表达式如下：

$$\boldsymbol{w}^{\mathrm{T}}\boldsymbol{V}\boldsymbol{w}=w_1^2\sigma_1^2+w_2^2\sigma_2^2+2w_1w_2\sigma_{12}。\tag{8.7}$$

不过，这里我们将方差的计算限制为单位向量，即

$$\boldsymbol{w}=\begin{pmatrix}w_1\\ w_2\end{pmatrix}=\begin{pmatrix}\cos\theta\\ \sin\theta\end{pmatrix}，对于某些\ \theta\in[0,\ 2\pi)。$$

这样我们就能写出作为 θ 的函数的方差表达式，具体如下：

$$\begin{aligned} g(\theta) &= \cos^2\theta\sigma_1^2 + \sin^2\theta\sigma_2^2 + 2\cos\theta\sin\theta\sigma_{12} \\ &= \cos^2\theta\sigma_1^2 + \sin^2\theta\sigma_2^2 + \sin2\theta\sigma_{12} \\ &= \frac{\sigma_1^2 + \sigma_2^2}{2} + \cos 2\theta\left(\frac{\sigma_1^2 - \sigma_2^2}{2}\right) + \sin2\theta\sigma_{12}。\end{aligned}$$

当 θ 从 0 变为 2π，函数 $g(\theta)$ 能够反映出所有以单位向量为权重的投资组合的方差。我们现在想要知道该函数何时达到最大值与最小值。对该函数求导有

$$g'(\theta) = -\sin2\theta(\sigma_1^2 - \sigma_2^2) + 2\cos2\theta\sigma_{12}。$$

令求导结果为 0，则有

$$\tan2\theta = \frac{2\sigma_{12}}{\sigma_1^2 - \sigma_2^2}。\tag{8.8}$$

如果 θ^* 是该方程的解，则 $\theta^* + \pi/2$ 也是其解，因为正切函数的周期为 π。因此如果我们能够确定方差在 θ^* 处达到最大值，则可知方差在 $\theta^* + \pi/2$ 处达到最小值。进而，能够反映资产回报率变动的最优基向量为

$$\boldsymbol{u} = \begin{pmatrix} \cos\theta^* \\ \sin\theta^* \end{pmatrix} 与 \boldsymbol{v} = \begin{pmatrix} \cos(\theta^* + \pi/2) \\ \sin(\theta^* + \pi/2) \end{pmatrix} = \begin{pmatrix} -\sin\theta^* \\ \cos\theta^* \end{pmatrix}。$$

2. 具体数值说明

为进一步说明理论，下面给出一个数值距离。假设两个资产回报率的协方差矩阵如下：

$$\boldsymbol{V} = \frac{1}{100}\begin{pmatrix} 9/4 & 5\sqrt{3}/8 \\ 5\sqrt{3}/8 & 1 \end{pmatrix}。\tag{8.9}$$

则式（8.8）中的分母为

$$\sigma_1^2 - \sigma_2^2 = \frac{1}{80},$$

因此，式（8.8）变为

$$\tan2\theta = \frac{\sqrt{3}/80}{1/80} = \sqrt{3} \to \theta = \frac{\pi}{6} 或 \theta = \frac{2\pi}{3}。$$

为考察不动点的性质，计算二阶导数：

$$g''(\theta) = -2\cos2\theta(\sigma_1^2 - \sigma_2^2) - 4\sin2\theta\sigma_{12}。$$

当 $\theta = \pi/6$ 时，

$$\begin{aligned} g''\left(\frac{\pi}{6}\right) &= -2 \times \frac{1}{2} \times \frac{1}{80} - 4 \times \frac{\sqrt{3}}{2} \times \frac{5\sqrt{3}}{800} \\ &= \frac{-1-3}{80} = -\frac{4}{80} < 0, \end{aligned}$$

当 $\theta = 2\pi/3$ 时，

$$g''\left(\frac{2\pi}{3}\right) = -2 \times \left(-\frac{1}{2}\right) \times \frac{1}{80} - 4 \times \left(-\frac{\sqrt{3}}{2}\right) \times \frac{5\sqrt{3}}{800}$$

$$= \frac{1+3}{80} = \frac{4}{80} > 0。$$

我们可以知道二维数据的大多数波动的方向为

$$\boldsymbol{u} = \begin{pmatrix} \cos(\pi/6) \\ \sin(\pi/6) \end{pmatrix} = \begin{pmatrix} \sqrt{3}/2 \\ 1/2 \end{pmatrix},$$

与上述向量正交的少数部分为

$$\boldsymbol{v} = \begin{pmatrix} \cos(2\pi/3) \\ \sin(2\pi/3) \end{pmatrix} = \begin{pmatrix} -1/2 \\ \sqrt{3}/2 \end{pmatrix}。$$

位于单位圆上的所有点的最大方差为

$$\begin{aligned} g(\pi/6) &= \frac{3}{4} \times \frac{9/4}{100} + \frac{1}{4} \times \frac{1}{100} + 2 \times \frac{\sqrt{3}}{2} \times \frac{5\sqrt{3}}{800} \\ &= \frac{1}{100}\left(\frac{27}{16} + \frac{4}{16} + \frac{15}{16}\right) = \frac{23}{800} = 0.02875。\end{aligned}$$

位于单位圆上的所有点的最小方差为

$$\begin{aligned} g(2\pi/3) &= \frac{1}{4} \times \frac{9/4}{100} + \frac{3}{4} \times \frac{1}{100} + 2 \times \left(-\frac{\sqrt{3}}{2}\right) \times \frac{5\sqrt{3}}{800} \\ &= \frac{1}{100}\left(\frac{9}{16} + \frac{12}{16} - \frac{15}{16}\right) = \frac{3}{800} = 0.00375。\end{aligned}$$

3. 有趣的联系

通过上面带有具体数值的例子，我们发现

当 $\boldsymbol{u} = \begin{pmatrix} \sqrt{3}/2 \\ 1/2 \end{pmatrix}$ 时，可得最大方差为 $\frac{23}{800}$，

当 $\boldsymbol{v} = \begin{pmatrix} -1/2 \\ \sqrt{3}/2 \end{pmatrix}$ 时，可得最小方差为 $\frac{3}{800}$。

我们已经知道 $\boldsymbol{u}$ 与 $\boldsymbol{v}$ 是正交的，但是更有趣的是这两个向量是协方差矩阵 $\boldsymbol{V}$（式（8.9））的特征向量。此外，方差的极值也是相应的特征值，即有

$$\frac{1}{100}\begin{pmatrix} 9/4 & 5\sqrt{3}/8 \\ 5\sqrt{3}/8 & 1 \end{pmatrix}\begin{pmatrix} \sqrt{3}/2 \\ 1/2 \end{pmatrix} = \frac{23}{800}\begin{pmatrix} \sqrt{3}/2 \\ 1/2 \end{pmatrix},$$

$$\frac{1}{100}\begin{pmatrix} 9/4 & 5\sqrt{3}/8 \\ 5\sqrt{3}/8 & 1 \end{pmatrix}\begin{pmatrix} -1/2 \\ \sqrt{3}/2 \end{pmatrix} = \frac{3}{800}\begin{pmatrix} -1/2 \\ \sqrt{3}/2 \end{pmatrix}。$$

从第 2 章可知任意对称矩阵的特征向量与特征值正是我们构建特殊分解所需要的，特别地，如果令

$$\boldsymbol{\Gamma} = \begin{pmatrix} \sqrt{3}/2 & -1/2 \\ 1/2 & \sqrt{3}/2 \end{pmatrix} = \begin{pmatrix} \cos(\pi/6) & -\sin(\pi/6) \\ \sin(\pi/6) & \cos(\pi/6) \end{pmatrix}$$

来表示 $\boldsymbol{V}$ 的特征向量矩阵，且

$$\boldsymbol{D}=\begin{pmatrix}23/800 & 0\\ 0 & 3/800\end{pmatrix}$$

表示其特征值的对角矩阵，则有

$$\boldsymbol{V}=E[(\boldsymbol{X}-\boldsymbol{e})(\boldsymbol{X}-\boldsymbol{e})^{\mathrm{T}}]=\boldsymbol{\Gamma}\boldsymbol{D}\boldsymbol{\Gamma}^{\mathrm{T}}。$$

注意到将特征值矩阵 $\boldsymbol{\Gamma}$ 与二维向量相乘可以使得该向量沿逆时针方向旋转 $\pi/6$；类似地，转置矩阵 $\boldsymbol{\Gamma}^{\mathrm{T}}$ 表示能使向量沿顺时针方向旋转 $\pi/6$。有了这个结果就可以进行如下变换：

1）将回报率向量的均值作为中心，然后以顺时针方向旋转 $\pi/6$。

2）在数学上表达为

$$\boldsymbol{r}=\begin{pmatrix}r_1\\ r_2\end{pmatrix}\mapsto \boldsymbol{f}=\begin{pmatrix}f_1\\ f_2\end{pmatrix}=\boldsymbol{\Gamma}^{\mathrm{T}}\ (\boldsymbol{r}-\boldsymbol{e})。$$

其中，组成部分 f_1 和 f_2 被称作数据的主成分，它们的均值为 0 且互不相关。事实上，$\{f_1, f_2\}$ 的协方差矩阵与 $\boldsymbol{D}$ 相同，即为矩阵 $\boldsymbol{V}$（原始回报率的协方差矩阵）的对角特征值矩阵。为了说明这一点我们给出以下计算过程：

$$\begin{aligned}E(\boldsymbol{f}\boldsymbol{f}^{\mathrm{T}}) &= E[\boldsymbol{\Gamma}^{\mathrm{T}}(\boldsymbol{r}-\boldsymbol{e})(\boldsymbol{r}-\boldsymbol{e})^{\mathrm{T}}\boldsymbol{\Gamma}]\\ &= \boldsymbol{\Gamma}^{\mathrm{T}}E[(\boldsymbol{r}-\boldsymbol{e})(\boldsymbol{r}-\boldsymbol{e})^{\mathrm{T}}]\boldsymbol{\Gamma}\\ &= \boldsymbol{\Gamma}^{\mathrm{T}}\boldsymbol{V}\boldsymbol{\Gamma} = \boldsymbol{\Gamma}^{\mathrm{T}}(\boldsymbol{\Gamma}\boldsymbol{D}\boldsymbol{\Gamma}^{\mathrm{T}})\boldsymbol{\Gamma} = \boldsymbol{D}。\end{aligned}\tag{8.10}$$

我们可以用主成分将原始的回报率向量表示如下：

$$\begin{aligned}\begin{pmatrix}r_1\\ r_2\end{pmatrix}&=\boldsymbol{r}=\boldsymbol{e}+\boldsymbol{\Gamma}\boldsymbol{f}\\ &=\begin{pmatrix}\mu_1\\ \mu_2\end{pmatrix}+\frac{1}{2}\begin{pmatrix}\sqrt{3}\\ 1\end{pmatrix}f_1+\frac{1}{2}\begin{pmatrix}-1\\ \sqrt{3}\end{pmatrix}f_2,\end{aligned}$$

或者等价地表示为

$$r_1=\mu_1+\frac{\sqrt{3}}{2}f_1-\frac{1}{2}f_2,$$

$$r_2=\mu_2+\frac{1}{2}f_1+\frac{\sqrt{3}}{2}f_2。$$

主成分的一个重要性质是它们能够捕捉到原始数据的所有波动性，即以下等式成立：

$$\begin{aligned}\mathrm{var}(r_1)+\mathrm{var}(r_2)&=\frac{1}{100}\left(\frac{9}{4}+1\right)\\ &=\frac{1}{100}\left(\frac{23}{8}+\frac{3}{8}\right)=\mathrm{var}(f_1)+\mathrm{var}(f_2)。\end{aligned}$$

我们发现第一个成分 f_1 包含了波动性的大部分，准确地说是包含了波动性的 $100\times$（23/26）≈88.5%。我们称 f_1 是主要主成分，称 f_2 是次要主成分，f_2 只包含了波动性的 11.5%。考虑到主要主成分的主导性，我们对资产回报率提出以下单因素模型：

$$r_i = a_i + b_i f + \varepsilon_i (i=1,2)。\tag{8.11}$$

其中$f=f_1$（即主要主成分为驱动因子），且

$$\begin{pmatrix} a_1 \\ a_2 \end{pmatrix} = \begin{pmatrix} \mu_1 \\ \mu_2 \end{pmatrix},\ \begin{pmatrix} b_1 \\ b_2 \end{pmatrix} = \frac{1}{2}\begin{pmatrix} \sqrt{3} \\ 1 \end{pmatrix},\ \begin{pmatrix} \varepsilon_1 \\ \varepsilon_2 \end{pmatrix} = \frac{f_2}{2}\begin{pmatrix} -1 \\ \sqrt{3} \end{pmatrix}。$$

注意到式（8.11）几乎遵循因子模型的所有性质，残差项的均值为0且与驱动因子f不相关。该模型与因子模型唯一的偏差就是ε_1与ε_2是具有相关关系的，事实上它们是完全负相关的，相关系数$\rho=-1$。运用这个模型，可以推出

$$\sigma_i^2 = b_i^2\sigma_f^2 + \text{var}(\varepsilon_i)\ (i=1,2)$$

$$\sigma_{12} = b_1 b_2 \sigma_f^2 - \sqrt{\text{var}(\varepsilon_1)\text{var}(\varepsilon_2)}。$$

因此权重向量为$\boldsymbol{w}=(w_1, w_2)^{\mathrm{T}} \in \mathbb{R}^2$的投资组合$p$的风险可以分解为

$$\sigma_p^2 = \underbrace{(w_1 b_1 + w_2 b_2)^2\sigma_f^2}_{\text{系统风险}} + \underbrace{w_1^2\text{var}(\varepsilon_1) + w_2^2\text{var}(\varepsilon_2) - 2w_1 w_2\sqrt{\text{var}(\varepsilon_1)\text{var}(\varepsilon_2)}}_{\text{特定风险}}。$$

我们发现，与真实的单因素模型式（8.6）相比，由于随机残差向量ε_1与ε_2具有相关关系，特定风险有额外的部分。

总而言之，我们目前已经展示了二维的情况，PCA引发了两资产回报率模型的自然产生。PCA包含了原始单因素模型的大多数性质，唯一不同的就是表达式中的特定风险部分。该方法具有科学基础，并且计算过程能够使我们准确确定数据波动性在多大程度上能够被驱动变量所包含。我们现在将会给读者展示多维的情况。

8.3.2 多维的主成分分析法

在二维情形下，我们发现正交向量$\boldsymbol{u}$与$\boldsymbol{v}$位于单位圆上，此时方差能够分别达到最大值与最小值。在维数更多的情况下，我们有随机回报率的n维向量$\boldsymbol{r}=(r_1, \cdots, r_n)^{\mathrm{T}}$，其协方差矩阵为

$$\boldsymbol{V} = E[(\boldsymbol{r}-\boldsymbol{e})(\boldsymbol{r}-\boldsymbol{e})^{\mathrm{T}}]。$$

在多维空间中与单位圆相对应的是单位球，数学上，我们称向量$\boldsymbol{w}\in\mathbb{R}^n$位于$n-1$维的球内，如果满足$\boldsymbol{w}^{\mathrm{T}}\boldsymbol{w} = \sum_{i=1}^{n} w_i^2 = 1$。我们从球体上使得方差达到最大值的点开始，即解

$$\max \boldsymbol{w}^{\mathrm{T}}\boldsymbol{V}\boldsymbol{w}$$

$$\text{s.t. } \boldsymbol{w}^{\mathrm{T}}\boldsymbol{w}=1。$$

我们可以应用拉格朗日乘子法来解决这一问题，即定义该问题的拉格朗日函数为

$$\mathcal{L}(\boldsymbol{w},\lambda) = \boldsymbol{w}^{\mathrm{T}}\boldsymbol{V}\boldsymbol{w} - \lambda(\boldsymbol{w}^{\mathrm{T}}\boldsymbol{w}-1)。$$

对上述函数求梯度有

$$\nabla_w \mathcal{L}(\boldsymbol{w},\lambda)=2\boldsymbol{V}\boldsymbol{w}-2\lambda\boldsymbol{w},$$

$$\frac{\partial}{\partial\lambda}\mathcal{L}(\boldsymbol{w},\lambda)=1-\boldsymbol{w}^{\mathrm{T}}\boldsymbol{w}。$$

令 $\boldsymbol{w}=\boldsymbol{u}_1$，$\lambda=\lambda_1$ 表示当梯度等于 **0** 时的坐标值，则一阶条件为

$$\boldsymbol{V}\boldsymbol{u}_1=\lambda_1\boldsymbol{u}_1，\ \boldsymbol{u}_1^{\mathrm{T}}\boldsymbol{u}_1=1。$$

我们可以发现 $\boldsymbol{u}_1$ 恰好是正定矩阵 $\boldsymbol{V}$ 的特征向量。另外，由于

$$\boldsymbol{u}_1^{\mathrm{T}}\boldsymbol{V}\boldsymbol{u}_1=\lambda_1\boldsymbol{u}_1^{\mathrm{T}}\boldsymbol{u}_1=\lambda_1,$$

我们也发现相应的特征值 λ_1 是在球上达到的最大方差值。

我们已经发现在 $n-1$ 维球体上的最大方差是在 $\boldsymbol{u}_1$ 处达到。下一步就是考虑与 $\boldsymbol{u}_1$ 正交的 $n-2$ 维球体，我们在这个维数较低的球上确定达到方差最大值的点。用数学语言来表达，即需要解决

$$\max \boldsymbol{w}^{\mathrm{T}}\boldsymbol{V}\boldsymbol{w},$$

$$\text{s. t.}\begin{cases}\boldsymbol{w}^{\mathrm{T}}\boldsymbol{w}=1,\\ \boldsymbol{w}^{\mathrm{T}}\boldsymbol{u}_1=0。\end{cases}$$

该情形下的拉格朗日函数为

$$\mathcal{L}(\boldsymbol{w},\lambda,\nu)=\boldsymbol{w}^{\mathrm{T}}\boldsymbol{V}\boldsymbol{w}-\lambda(\boldsymbol{w}^{\mathrm{T}}\boldsymbol{w}-1)-\nu(\boldsymbol{w}^{\mathrm{T}}\boldsymbol{u}_1-0),$$

其梯度为

$$\nabla_w \mathcal{L}(\boldsymbol{w},\lambda,\nu)=2\boldsymbol{V}\boldsymbol{w}-2\lambda\boldsymbol{w}-\nu\boldsymbol{u}_1,$$

$$\frac{\partial}{\partial\lambda}\mathcal{L}(\boldsymbol{w},\lambda,\nu)=1-\boldsymbol{w}^{\mathrm{T}}\boldsymbol{w},$$

$$\frac{\partial}{\partial\nu}\mathcal{L}(\boldsymbol{w},\lambda,\nu)=-\boldsymbol{w}^{\mathrm{T}}\boldsymbol{u}_1。$$

令 $\boldsymbol{w}=\boldsymbol{u}_2$，$\lambda=\lambda_2$ 及 $\nu=\nu_2$ 表示令梯度为 **0** 时的坐标值，则一阶条件为

$$\boldsymbol{V}\boldsymbol{u}_2=\lambda_2\boldsymbol{u}_2+\frac{1}{2}\nu_2\boldsymbol{u}_1, \tag{8.12}$$

$$\boldsymbol{u}_2^{\mathrm{T}}\boldsymbol{u}_2=1 \text{ 且 } \boldsymbol{u}_2^{\mathrm{T}}\boldsymbol{u}_1=0。 \tag{8.13}$$

将式（8.12）左乘以 $\boldsymbol{u}_1$，并应用限制条件，可得

$$\boldsymbol{u}_1^{\mathrm{T}}\boldsymbol{V}\boldsymbol{u}_2=\lambda_2\boldsymbol{u}_1^{\mathrm{T}}\boldsymbol{u}_2+\frac{1}{2}\nu_2\boldsymbol{u}_1^{\mathrm{T}}\boldsymbol{u}_1=\frac{\nu_2}{2}。$$

同样的，因为协方差矩阵 $\boldsymbol{V}$ 为对称矩阵，有

$$\boldsymbol{u}_1^{\mathrm{T}}\boldsymbol{V}\boldsymbol{u}_2=\boldsymbol{u}_2^{\mathrm{T}}\boldsymbol{V}\boldsymbol{u}_1=\lambda_1\boldsymbol{u}_2^{\mathrm{T}}\boldsymbol{u}_1=0,$$

因此可以推出 $\nu_2=0$，则式（8.12）变为

$$\boldsymbol{V}\boldsymbol{u}_2=\lambda_2\boldsymbol{u}_2。$$

我们观察到，与之前的情况相同，在 $n-2$ 维球体上（与 $\boldsymbol{u}_1$ 正交）使得方差达到最大值的是与 λ_2 相对应的特征向量 $\boldsymbol{u}_2$，其中 λ_2 是矩阵 $\boldsymbol{V}$ 第二大的特征值。特征

值的大小与最大方差相对应，这是因为

$$\boldsymbol{u}_2^{\mathrm{T}}\boldsymbol{V}\boldsymbol{u}_2=\lambda_2\boldsymbol{u}_2^{\mathrm{T}}\boldsymbol{u}_2+\nu_2\boldsymbol{u}_2^{\mathrm{T}}\boldsymbol{u}_1=\lambda_2\text{。}$$

这个过程可以持续进行，为对结果进行总结，令

$$f(\boldsymbol{w})=\boldsymbol{w}^{\mathrm{T}}\boldsymbol{V}\boldsymbol{w}(\boldsymbol{w}\in\mathbb{R}^n)$$

表示一个投资组合的方差函数，且该投资组合具有任意权重向量 $\boldsymbol{w}$，令 $\{\boldsymbol{u}_1, \boldsymbol{u}_2, \cdots, \boldsymbol{u}_n\}$ 表示矩阵 $\boldsymbol{V}$ 的特征向量，且与下列有序特征值相对应：

$$\lambda_1>\lambda_2>\cdots>\lambda_n>0\text{。}$$

我们目前已经说明：

1）在 $n-1$ 维球体中 $f(\boldsymbol{w})$ 的最大值在 $\boldsymbol{w}=\boldsymbol{u}_1$ 处达到，且 $f(\boldsymbol{u}_1)=\lambda_1$。

2）在正交于 $\{\boldsymbol{u}_1\}$ 的 $n-2$ 维球体中 $f(\boldsymbol{w})$ 的最大值在 $\boldsymbol{w}=\boldsymbol{u}_2$ 处达到，且 $f(\boldsymbol{u}_2)=\lambda_2$。

更一般地，我们可以说明：

1）在正交于 $\{\boldsymbol{u}_1, \cdots, \boldsymbol{u}_{k-1}\}$ 的 $n-k$ 维球体中 $f(\boldsymbol{w})$ 的最大值在 $\boldsymbol{w}=\boldsymbol{u}_k$ 处达到，且 $f(\boldsymbol{u}_k)=\lambda_k$，其中 $k=3, \cdots, n-1$。

2）在 $n-1$ 维球体中 $f(\boldsymbol{w})$ 的最小值是在 $\boldsymbol{w}=\boldsymbol{u}_n$ 处达到且 $f(\boldsymbol{u}_n)=\lambda_n$。

与二维的情形相类似，我们已经发现协方差矩阵 $\boldsymbol{V}$ 的特征向量是比通常使用的标准基向量更具有启发性的坐标基向量，其中 $\boldsymbol{u}_1$ 表示大多数波动性的方向，按照重要性进行排序，还有 $\boldsymbol{u}_2$，$\boldsymbol{u}_3$，…，直到 $\boldsymbol{u}_n$，$\boldsymbol{u}_n$ 捕捉了最小的波动性。

如此类推，令

$$\boldsymbol{\Gamma}=(\boldsymbol{u}_1,\boldsymbol{u}_2,\cdots,\boldsymbol{u}_n)=\begin{pmatrix} u_1^{(1)} & u_1^{(2)} & \cdots & u_1^{(n)} \\ u_2^{(1)} & u_2^{(2)} & \cdots & u_2^{(n)} \\ \vdots & \vdots & & \vdots \\ u_n^{(1)} & u_n^{(2)} & \cdots & u_n^{(n)} \end{pmatrix}$$

表示协方差矩阵 $\boldsymbol{V}$ 的特征向量矩阵，我们回顾前面的内容可知其谱分解为

$$\boldsymbol{V}=E[(\boldsymbol{r}-\boldsymbol{e})(\boldsymbol{r}-\boldsymbol{e})^{\mathrm{T}}]=\boldsymbol{\Gamma}\boldsymbol{D}\boldsymbol{\Gamma}^{\mathrm{T}},\text{其中 }\boldsymbol{D}=\operatorname{diag}(\lambda_1,\cdots,\lambda_n)\text{。}$$

当我们将该分解按照各项顺序表示出来，有

$$\sigma_{ij}=\sum_{k=1}^{n}u_i^{(k)}u_j^{(k)}\lambda_k\text{。}\tag{8.14}$$

令上式中的 $i=j$，则可推出

$$\operatorname{var}(r_i)=\sigma_{ii}=\sum_{k=1}^{n}(u_i^{(k)})^2\lambda_k(i=1,\cdots,n)\text{。}\tag{8.15}$$

对回报率向量进行如下变形，以其均值为中心且应用 $\boldsymbol{\Gamma}^{\mathrm{T}}$，则有

$$\boldsymbol{r}=\begin{pmatrix} r_1 \\ \vdots \\ r_n \end{pmatrix}\mapsto\boldsymbol{f}=\boldsymbol{\Gamma}^{\mathrm{T}}(\boldsymbol{r}-\boldsymbol{e})=\begin{pmatrix} \boldsymbol{u}_1^{\mathrm{T}}(\boldsymbol{r}-\boldsymbol{e}) \\ \vdots \\ \boldsymbol{u}_n^{\mathrm{T}}(\boldsymbol{r}-\boldsymbol{e}) \end{pmatrix}=\begin{pmatrix} f_1 \\ \vdots \\ f_n \end{pmatrix}\text{。}$$

原来的回报率可以通过变形的回报率 $\{f_1, \cdots, f_n\}$，即主成分通过如下表达式进行表达

$$\boldsymbol{r} = \boldsymbol{e} + \boldsymbol{\Gamma} \boldsymbol{f}。$$

主成分中的随机向量 $\boldsymbol{f}$ 的均值为0，且与二维情形时的式（8.10）具有相同的计算过程，其协方差矩阵是特征值的对角矩阵，即

$$E(\boldsymbol{f}\boldsymbol{f}^{\mathrm{T}}) = \boldsymbol{D} = \mathrm{diag}(\lambda_1, \cdots, \lambda_n)。$$

因此，各成分之间是不相关的。进一步地，原始数据中的总体波动性都可以被主成分捕捉到，这是因为

$$\begin{aligned}
\mathrm{var}(r_1) + \cdots + \mathrm{var}(r_n) &= \sum_{i=1}^{n} \sigma_{ii}（\text{矩阵 } \boldsymbol{V} \text{ 的对角元素之和}） \\
&= \sum_{i=1}^{n} \left(\sum_{k=1}^{n} (u_i^{(k)})^2 \lambda_k \right)（\text{应用等式}(8.15)） \\
&= \sum_{k=1}^{n} \underbrace{\left(\sum_{i=1}^{n} (u_i^{(k)})^2 \right)}_{= \boldsymbol{u}_k^{\mathrm{T}} \boldsymbol{u}_k = 1} \lambda_k = \sum_{k=1}^{n} \lambda_k \\
&= \mathrm{var}(f_1) + \cdots + \mathrm{var}(f_n)。
\end{aligned}$$

特征值按照降序进行排列，因此可以计算前 l 项的主成分

$$\frac{\sum_{i=1}^{l} \lambda_i}{\sum_{i=1}^{n} \lambda_i} \times 100\%。 \tag{8.16}$$

如果所有的主成分都被应用，则可以得到一个确定的关系：

$$\begin{pmatrix} r_1 \\ \vdots \\ r_i \\ \vdots \\ r_n \end{pmatrix} = \begin{pmatrix} \mu_1 \\ \vdots \\ \mu_i \\ \vdots \\ \mu_n \end{pmatrix} + \begin{pmatrix} u_1^{(1)} & \cdots & u_1^{(l)} & \cdots & u_1^{(n)} \\ \vdots & & \vdots & & \vdots \\ u_i^{(1)} & \cdots & u_i^{(l)} & \cdots & u_i^{(n)} \\ \vdots & & \vdots & & \vdots \\ u_n^{(1)} & \cdots & u_n^{(l)} & \cdots & u_n^{(n)} \end{pmatrix} \begin{pmatrix} f_1 \\ \vdots \\ f_i \\ \vdots \\ f_n \end{pmatrix}。$$

在实际操作中，我们能普遍发现波动性的大部分能够用相对较少的成分捕捉到。因此，当掌握了矩阵 $\boldsymbol{V}$ 的特征值，风险管理者就可以运用式（8.16）来确定因子模型中所用成分的合适数量 l。我们可以运用上述关系来表达出这个模型，具体如下：

$$\begin{pmatrix} r_1 \\ \vdots \\ r_i \\ \vdots \\ r_n \end{pmatrix} = \begin{pmatrix} \mu_1 \\ \vdots \\ \mu_i \\ \vdots \\ \mu_n \end{pmatrix} + \begin{pmatrix} u_1^{(1)} & \cdots & u_1^{(l)} \\ \vdots & & \vdots \\ u_i^{(1)} & \cdots & u_i^{(l)} \\ \vdots & & \vdots \\ u_n^{(1)} & \cdots & u_n^{(l)} \end{pmatrix} \begin{pmatrix} f_1 \\ \vdots \\ f_l \end{pmatrix} + \begin{pmatrix} \varepsilon_1 \\ \vdots \\ \varepsilon_i \\ \vdots \\ \varepsilon_n \end{pmatrix}。 \tag{8.17}$$

其中

$$\begin{pmatrix}\varepsilon_1\\ \vdots\\ \varepsilon_i\\ \vdots\\ \varepsilon_n\end{pmatrix}=\begin{pmatrix}u_1^{(l+1)} & \cdots & u_1^{(n)}\\ \vdots & & \vdots\\ u_i^{(l+1)} & \cdots & u_i^{(n)}\\ \vdots & & \vdots\\ u_n^{(l+1)} & \cdots & u_n^{(n)}\end{pmatrix}\begin{pmatrix}f_{l+1}\\ \vdots\\ f_n\end{pmatrix}。\tag{8.18}$$

我们可以得出结论，主成分能够定义一个资产回报的模型（PCA 模型），该模型基本上具有所有多因子模型所具备的性质，此外，其残差项（由式（8.18）给出）的均值为0，且与驱动成分 $\{f_1, \cdots, f_l\}$ 不相关。我们并没有将 PCA 模型看作为一个真正的因子模型，这是因为其残差项 $\{\varepsilon_1, \cdots, \varepsilon_n\}$ 是彼此具有相关性的。然而对于真正的因子模型来说，我们假设残差项是彼此不相关的。尽管如此，PCA 模型仍然具备一些吸引人的特征，使其在实际应用中还是非常受欢迎的。该模型可以有效地降低问题的维数，使用者可以利用特征值来为成分的重要性进行排序，在有些情况下，这些成分是具有经济学意义的。

9 在险价值的概念

目前本书已经给读者展示了著名的均值－方差理论框架，在这个框架下我们来考察潜在的回报（通过投资组合回报率的均值来衡量）与内置风险（通过投资组合回报率的方差来衡量）之间的权衡。这两个统计量在本质上能够反映出我们在平均水平上对于投资组合的期望。用概率论的术语来表达，如果我们能够呈现投资组合回报率的概率密度，那么均值与方差就可以涵盖中间的区域，该区域包括了概率分布的大部分（见图 9.1）。

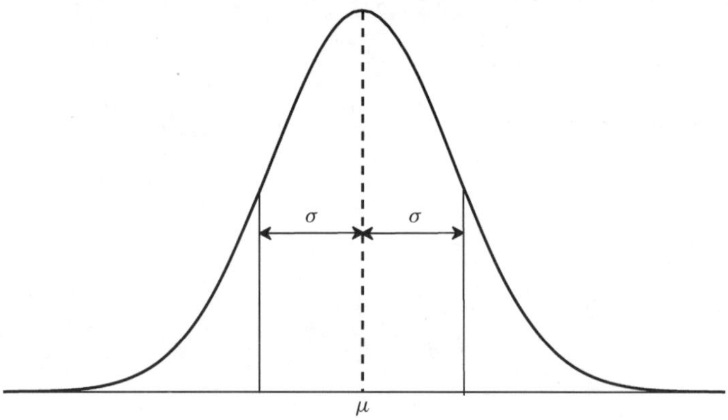

图 9.1　利用波动性的度量来衡量均值附近的概率权重

如今的金融市场比 20 世纪 50 年代晚期马科维茨刚刚建立均值－方差模型框架的时候要复杂得多。很多主要市场都存在监管不足的问题，以及出现了新的投资机会，例如亚洲以及南美洲的新兴经济。现在投资银行持有大额头寸的交易投资组合，并且这些组合包含非常广泛的投资产品。金融衍生工具在投机和套期保值上的应用日渐增加。所有这些发展都使得投资者、交易员尤其是风险管理者面临新的挑战。

在 20 世纪 90 年代中期，一系列金融灾难登上了新闻头条，这给金融行业敲响了警钟。从那时起，新的监管措施开始出现，也许最重要的创新就是关于投资银行必须设立的最小资本额度以缓冲由于不利市场风险暴露所产生的损失的规定。现在所有的金融机构都配备有数量分析专家团队，他们将与交易员并肩工作，监测风险并研究用于预测及减少风险暴露的复杂模型。所有风险管理者都必须要面对的问题是：

在险价值挑战。

如果金融投资组合面临罕见的不利事件，其潜在损失将会是多少？

本章接下来会对在险价值（VaR）方法进行展开，该方法能够直接回答上面的问题。很明显，我们的关注点将不再是投资组合分布的中心部分，而是要转移到可能产生大额损失的分布尾部（见图9.2）。

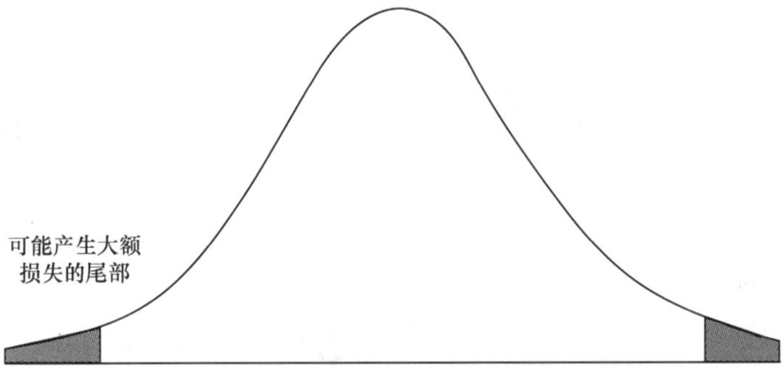

图9.2 投资组合回报概率密度的损失尾部

9.1 在险价值的基本框架

我们通过设立如下的情景来开始本章的讨论。回顾第5章，我们有两种方法来度量一项简单金融资产的回报率（式（5.1）），即标准形式和对数形式：

$$r(t:\tau)=\begin{cases}r_{\text{std}}(t:\tau)=\dfrac{S(t+\tau)-S(t)}{S(t)}, & \text{标准回报率，}\\[2ex] r_{\log}(t:\tau)=\log\left(\dfrac{S(t+\tau)}{S(t)}\right), & \text{对数回报率。}\end{cases}$$

因为我们现在的关注点在于投资组合可能遭遇的损失，于是我们作一下简单的调整，定义τ天的损失率如下：

$$l(t:\tau)=\begin{cases}l_{\text{std}}(t:\tau)=-\dfrac{S(t+\tau)-S(t)}{S(t)} & \text{标准损失率}\\[2ex] l_{\log}(t:\tau)=-\log\left(\dfrac{S(t+\tau)}{S(t)}\right) & \text{对数损失率}\end{cases}\tag{9.1}$$

在讲述均值－方差框架的时候，我们选择用标准回报率进行计算。然而，在研究投资组合潜在大额损失的过程中我们将会使用对数损失率，这是风险管理者实际操作过程中所偏好的选择。此外，因为τ天的对数损失可以表示为未来每天的对数损失之和，即由于

$$l(t:\tau) = \sum_{\Delta=0}^{\tau-1} l(t+\Delta:1), \tag{9.2}$$

我们需要注意每日的对数损失，并且为了方便起见，将会应用下面简化的记法：

$$l(t) = l(t:1)(i=1,2,\cdots,n)。$$

假设有 n 个风险资产，其每日对数损失率是随机变量 $\{l_1(t), \cdots, l_n(t)\}$。假设我们用权重向量 $\{w_1, \cdots, w_n\}$ 和这些资产构建一个投资组合。我们选择监测的每日损失随机变量就是如下的加权求和：

$$l_p(t) = \sum_{i=1}^{n} w_i l_i(t)。 \tag{9.3}$$

注意到 $l_p(t)$ 不能表示投资组合的每日对数损失率，因为应用式（5.7），我们有

$$\begin{aligned}每日投资组合对数损失 &= -\log\left(\frac{在 t+1 时的投资组合价值}{在 t 时的投资组合价值}\right)\\ &= -\log\left[\sum_{i=1}^{n} w_i \exp(-l_i(t))\right]。\end{aligned}$$

将上述表达式与式（9.3）进行比较，很明显对数损失 $l_p(t)$ 的线性组合具有更强的可操作性。事实上，假设我们只考虑日度间隔也可以按照第 5.1 节的内容说明：

$$\begin{aligned}l_p(t) &\approx 投资组合标准日度损失率\\ &= -\frac{在 t+1 时的投资组合价值 - 在 t 时的投资组合价值}{在 t 时的投资组合价值}。\end{aligned}$$

此外，我们能够很容易地将投资组合损失率 $l_p(t)$ 转化为近似货币损失，这是因为

$$\begin{aligned}日度货币损失 &= -(在 t+1 时的投资组合价值 - 在 t 时的投资组合价值)\\ &\approx V(t) \times l_p(t)。\end{aligned} \tag{9.4}$$

其中，$V(t)$ 表示在 t 时的投资组合价值。基于这一点，设

$$\mathcal{L}_t = V(t) \sum_{i=1}^{n} w_i l_i(t), \tag{9.5}$$

并且利用这个随机变量来代表一个投资组合在 24 小时之内可能经历的大概损失值。现在，关于 $\mathcal{L}_t$ 的所有可能信息都包含在分布函数 $F: \mathbb{R} \to [0, 1]$ 中，该分布函数定义为

$$F(x) = P\{\mathcal{L}_t \leqslant x\}。$$

我们可以用下面的方法来考察这个等式。如果我们考虑投资组合的日度损失为 \$$x$，则上述分布告诉我们值 $F(x) \in [0,1]$ 是 $\mathcal{L}_t$ 低于 x 的精确概率值。我们想要将这个方程解出来。特别地，我们想给出一个概率水平并希望能够获得相应的日度投资组合损失的上界 x。我们需要的是 F 的反函数。

到目前为止，我们对于 F 的了解仅限于随着 x 从极端收益向极端损失移动，即从 $-\infty$ 到 $+\infty$，它的函数值是 [0, 1] 上递增的。这个性质是所有概率分布函数普遍都具备的（参见定义 3.2）。然而，从第 3 章中已经知道，分布函数的形式多种多样。最简单的情形就是 F 在整个实数域$\mathbb{R}$上是单调递增的，在这种情况下，F 存在唯一的反函数，即对于任意的 $\alpha\in[0,1]$，我们都可以找到唯一的 $x\in\mathbb{R}$，使得 $F(x)=\alpha$，写作 $x=F^{-1}(\alpha)$。如果分布函数存在跳跃或者为常数，则该函数不存在唯一反函数，在此定义一个一般化的反函数，具体如下：

$$F^{-1}(\alpha)=\inf\{x\in\mathbb{R}: F(x)\geqslant\alpha\}。\tag{9.6}$$

大概的意思是说，$F^{-1}(\alpha)$是使得 $F(x)=P\{\mathcal{L}_t\leqslant x\}\geqslant\alpha$ 的 x 最小值。

9.1.1 抛砖引玉的举例

让我们来考虑最理想的情况，其中分布函数在$\mathbb{R}$上是严格递增的。另外，假设 F 是可微的，因此从第 3 章可知，F 的导数恰好是$\mathcal{L}_t$ 的概率密度 $p(x)$，写作

$$F(x)=\int_{-\infty}^{x}p(u)\,\mathrm{d}u\Rightarrow F'(x)=p(x)。$$

为了启发以后的推导，我们假设一个交易者在一个风险资产组合上投资 100 万美元，且该组合的日度损失随机变量$\mathcal{L}$由式（9.5）给出。假设 90% 置信水平下损失 150000 美元，即数学上的表达为

$$150000=F^{-1}(0.9)\ 或\ P\{\mathcal{L}_t\leqslant 150000\}=0.9。$$

我们可以参见图 9.3。风险分析者有很多种（相同的）方式可以解释上述信息：

1）在 90% 的可能性下，未知的日度损失会低于 150000 美元。

2）有 10% 的可能性一天之内的损失会高于 150000 美元。

3）在接下来 100 天内，我们预计有 10 次的损失会高于 150000 美元。

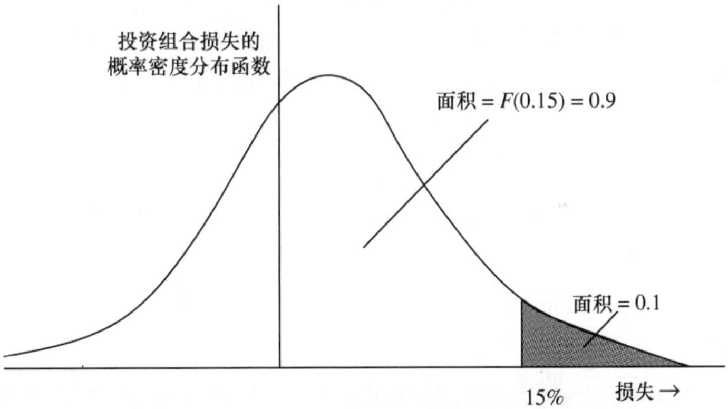

图 9.3　应用尾部统计量的图示

如果监测风险的管理者对于风险资本的充足率非常有信心，即风险资本（存

在于缓冲资金中）能够处理每100次会出现10次的高于150000美元的损失，那么就不需要采取任何措施。如果他并没有信心，那么风险管理者就应该重新权衡投资组合，决定是否增加风险资本中的缓冲资金。

9.1.2 定义在险价值

之前所举的例子对于我们的讨论起到了抛砖引玉的作用，但却与风险管理者的实际操作不相符。在现实生活中，更可能的情况是会给出置信水平 α，通常为0.99或0.95，而风险管理者的任务就是找到在该置信水平下的（一般化的）反函数 $F^{-1}(\alpha)$ 的值。换句话说，即在损失分布为连续且严格递增的情况下，找到满足下式的唯一的值 x：

$$F(x) = \int_{-\infty}^{x} p(u)\,\mathrm{d}u = \alpha。$$

我们将这一特殊的值称为日度在险价值，记为 VaR_α。因此投资组合在险价值的计算可以看作是考察在给定置信水平下 $\mathcal{L}_t$ 的（一般化）反分布函数的情况。基于式(9.6)，下面给出其正式的概念：

定义9.1 令 F 表示投资组合日度损失随机变量式（9.5）的分布函数，已知该投资组合包含 n 个风险资产。对于给定的置信水平 $\alpha \in [0, 1]$，投资组合的在险价值即为可能发生次数超过总时间的 $(1-\alpha)100\%$ 的损失值。从数学上来说，表达式为

$$\mathrm{VaR}_\alpha = F^{-1}(\alpha) = \inf_{r \in [0, +\infty]} \{F(r) \geqslant \alpha\}。\tag{9.7}$$

若 F 在 $\mathbb{R}$ 上是严格递增的，则 VaR_α 为下述方程的唯一解：

$$F(\mathrm{VaR}_\alpha) = \alpha。$$

在20世纪90年代，领先的投资银行掀起了一股潮流，即应用VaR作为大额交易投资组合市场风险暴露的一种量化手段。这种内部VaR系统的创立并不是一项平凡简单的工作，它需要IT方面的专业技术（建立实时金融数据的需要）以及金融工程（定价模型的推导与实施操作以及VaR的计算）。于是，当时只有顶尖的投资银行能够分配资源来建立这一系统便不足为奇了。在1994年，JP摩根迈出了勇敢的一步，将自己建立的VaR方法公之于世，且将自己的风险因子数据集（即VaR计算的输入量）免费对其他金融机构开放，此时这个领域才出现了巨大的发展。JP摩根程序包被称为VaR的风险度量工具箱，其开放之后大大激起了从业者与学者的兴趣。风险度量工具箱使得其他小型金融机构也能够对其面对市场风险的暴露进行度量。

在一定程度上讲，风险度量工具箱的开放在VaR从仅仅一个概念转化为实际操作工具的过程中起到了非常重要的作用，这个工具现在在全球范围内广泛被金融机构所使用。这激起了学者们对风险管理的兴趣，且人们也进一步地开发更高级的方法。本章下面的内容将会为读者讲解VaR的性质，这是现代风险管理发展的

起点。

9.2　在险价值的探究

我们开始先给出非常简单的观察结果，任何投资组合的 VaR 都可以看作是投资组合权重的函数，即可以写作

$$\mathrm{VaR}_\alpha = \mathrm{VaR}_\alpha\ (w_1,\ \cdots,\ w_n)。$$

现在我们可以回顾之前的内容，如果给定任意 n 元的连续可微的函数 $f(x_1,\ \cdots,\ x_n)$，我们可以对其中一个变量进行微小的改变，然后研究对于函数的影响，这可以通过一阶泰勒近似来完成，即有

$$\underbrace{f(x_1,\cdots,x_i+h,\cdots,x_n)-f(x_1,\cdots,x_i,\cdots,x_n)}_{\text{由}x_i\text{的微小变化引起的}f\text{的变化值}}$$

$$\approx h\frac{\partial}{\partial x_i}f(x_1,\cdots,x_i,\cdots,x_n)。$$

对于 $\mathrm{VaR}_\alpha(w_1,\ \cdots,\ w_n)$ 应用上式，可以得到

$$\underbrace{\mathrm{VaR}_\alpha(w_1,\cdots,w_i+h,\cdots,w_n)-\mathrm{VaR}_\alpha(w_1,\cdots,w_i,\cdots,w_n)}_{\text{由第}i\text{项风险暴露的微小变化引起的}\mathrm{VaR}_\alpha\text{的变化值}}$$

$$\approx h\frac{\partial}{\partial w_i}\mathrm{VaR}_\alpha(w_1,\ \cdots,\ w_i,\ \cdots,\ w_n)\ =h\frac{\partial \mathrm{VaR}_\alpha}{\partial w_i}。$$

VaR 函数的偏导数具有特殊的意义，于是给出以下定义：

定义 9.2　令 $\mathrm{VaR}_\alpha\ (w_1,\ \cdots,\ w_n)$ 表示包含 n 个风险资产的投资组合的 VaR 函数，且该组合的投资权重为 $w_1,\ \cdots,\ w_n$。相对于投资组合第 i 项风险暴露的边际在险价值 MVaR 定义为 $\mathrm{VaR}_\alpha\ (w_1,\ \cdots,\ w_n)$ 的第 i 项偏导数，写作

$$\mathrm{MVaR}_\alpha^{(i)}=\frac{\partial}{\partial w_i}\mathrm{VaR}_\alpha(w_1,\cdots,w_i,\cdots,w_n)=\frac{\partial \mathrm{VaR}_\alpha}{\partial w_i}。$$

利用另外一个简单的观察结果来继续我们的探究。我们回顾定义 9.1 有，如果损失的分布函数是连续且严格递增的，那么投资组合的在险价值就是下式的唯一解：

$$\begin{aligned}F(\mathrm{VaR}_\alpha)\ &=P\{\mathcal{L}_t\leqslant \mathrm{VaR}_\alpha\}\\ &=P\{V(t)\sum_{i=1}^{n}w_i l_i(t)\leqslant \mathrm{VaR}_\alpha\}\ =\alpha。\end{aligned}\qquad(9.8)$$

如果令 $\lambda>0$，按比例增加（或缩小）我们的头寸，使得 $w_i\mapsto\lambda w_i$，对于 $i=1,\ \cdots,\ n$，则相应地有 $\mathrm{VaR}_\alpha\mapsto\lambda\mathrm{VaR}_\alpha$，因为式（9.8）表明

$$P\{V(t)\sum_{i=1}^{n}\lambda w_i l_i(t)\leqslant\lambda\mathrm{VaR}_\alpha\}\ =\alpha。$$

用数学的语言表达，可以简单地说明 VaR 度量方法具有（正向）线性齐次性：

$$\mathrm{VaR}_{\alpha}(\lambda w_1,\cdots,\lambda w_n)=\lambda\,\mathrm{VaR}_{\alpha}(w_1,\cdots,w_n)\text{，其中 }\lambda>0\text{。}$$

下面给出的结果为欧拉定理，该定理能够揭示上述函数的一个有趣的性质。

定理 9.1 如果 $f(x_1,\cdots,x_n)$ 具有线性齐次性，则有

$$f(x_1,\cdots,x_n)=\sum_{i=1}^{n}x_i\frac{\partial}{\partial x_i}(x_1,\cdots,x_n)\text{。}$$

我们将该定理的结果应用到 VaR 中，就能够得到如下有用的表达式：

$$\mathrm{VaR}_{\alpha}=\sum_{i=1}^{n}w_i\mathrm{MVaR}_{\alpha}^{(i)}\text{。}\tag{9.9}$$

上述可加性对于解释说明 VaR_{α} 如何进行分解具有非常重要的意义。

VaR 从一个无需精心计算的简单概念到重要研究工具的迅速转变引起了众多学者与从业人员的仔细研究。在险价值是目前广泛被金融机构与监管机构应用的风险度量方式，就其本身而言，该方法具有两个主要目的：

1）确定分配到缓冲资金中的风险资本额度，以吸收未预期的损失。

2）量化机构大额交易投资组合的日度市场风险暴露。

以上两点都是非常重要的，于是我们从这两个方面来仔细探究 VaR 的适用性是非常有必要的。

在险价值在资本分配中的适用性

在险价值只是众多度量未预期的组合损失风险的方法之一。我们可以将任何一种风险度量描述成一个函数 ρ，使得

如果 $\mathcal{L}$ 表示投资组合 p 的日度货币损失的随机变量，

则 $\rho(\mathcal{L})$ 量化了 p 要遭遇的未预期损失风险。

任何一种可以决定风险资本额度的风险度量方法必须具有一些基本性质。在 20 世纪 90 年代后期，Artzner 等（1999）引入了一致风险度量的概念。特别地，我们称风险度量 ρ 是一致的，如果它具有以下四条性质：

（1）平移不变性

这个性质告诉我们，如果我们通过对投资组合增加固定数额的现金来减弱风险，那么组合的风险就会得到相应的减少。数学上，我们写作

$$\rho(\mathcal{L}-\text{现金量})=\rho(\mathcal{L})-\text{现金量。}$$

我们要特别注意具有这一性质的 VaR_{α}，因为

$$P\{\mathcal{L}\leqslant x\}\leqslant\alpha\Rightarrow P\{\mathcal{L}-\text{现金量}\leqslant x-\text{现金量}\}\leqslant\alpha\text{。}$$

（2）正线性齐次性

我们在之前已经提到过这个性质，即如果投资组合中所有资产的风险暴露都乘以因子 $\lambda>0$，那么组合的风险也会进行同比例的变化。用数学语言来表达为

$$\rho(\lambda\mathcal{L})=\lambda\rho(\mathcal{L})\text{，对于 }\lambda>0\text{。}$$

我们在之前已经说明 VaR 是满足这条性质的。

（3）单调性

这条性质的意思是，如果已知一个投资组合的风险比另一个组合要高，那么风险度量就总是能够正确地对两者进行区分。特别地，如果一个投资组合的损失随机变量，记为$\mathcal{L}_1$，以$\mathcal{L}_2$（一个不同的且风险更高的投资组合的日度损失）为上界，那么函数ρ对于$\mathcal{L}_2$的函数值就应该高于对$\mathcal{L}_1$的函数值。数学上写作

$$\text{若}\mathcal{L}_1 \leqslant \mathcal{L}_2\text{，则}\rho(\mathcal{L}_1) \leqslant \rho(\mathcal{L}_2)\text{。}$$

我们可以通过下面的推导来说明 VaR 满足这个性质。令$\mathcal{L}_1$与$\mathcal{L}_2$分别表示投资组合p_1与p_2的损失随机变量，令F_1与F_2分别表示它们的分布函数。如果已知$\mathcal{L}_1 \leqslant \mathcal{L}_2$，则有

$$F_2(x) \leqslant F_1(x)\text{，对所有 } x \in \mathbb{R}. \tag{9.10}$$

在置信水平$\alpha \in [0,1]$下，投资组合p_2的 VaR 定义为最小的$\mathrm{VaR}_\alpha^{(2)}$使得

$$\alpha \leqslant F_2(\mathrm{VaR}_\alpha^{(2)})\text{。}$$

基于式（9.10），得到

$$\alpha \leqslant F_2(\mathrm{VaR}_\alpha^{(2)}) \leqslant F_1(\mathrm{VaR}_\alpha^{(2)})\text{。} \tag{9.11}$$

现在，由于p_1的 VaR 是最小的$\mathrm{VaR}_\alpha^{(1)}$满足：

$$\alpha \leqslant F_1(\mathrm{VaR}_\alpha^{(1)})\text{。}$$

根据式（9.11）可得

$$\mathrm{VaR}_\alpha^{(1)} \leqslant \mathrm{VaR}_\alpha^{(2)},$$

因此，VaR 具有单调性。

（4）次可加性

这条性质说明，如果两个不同的投资组合p_1与p_2结合起来形成一个新的组合，那么这个新组合的风险不会超过原来两个组合的风险之和。这条性质其实是在鼓励投资者进行分散投资，即交易投资组合总体风险的最大值为其各个组成部分的风险之和。用数学语言来描述为，若$\mathcal{L}_1$与$\mathcal{L}_2$分别表示两个投资组合p_1与p_2的损失随机变量，则

$$\rho(\mathcal{L}_1 + \mathcal{L}_2) \leqslant \rho(\mathcal{L}_1) + \rho(\mathcal{L}_2)\text{。}$$

目前关于 VaR 应用的一个最大的弊端就是，一般来说 VaR 可能不具有次可加性。我们可以通过考察下面的情况来说明这一点。令$\mathcal{L}_1$与$\mathcal{L}_2$分别表示两个不同金融投资组合的日度损失随机变量。我们假设$\mathcal{L}_1$与$\mathcal{L}_2$是相互独立的，且具有相同的分布函数与概率密度：

$$F(x) = 1 - \frac{1}{\sqrt{x}}, p(x) = \frac{\mathrm{d}F(x)}{\mathrm{d}x} = \frac{1}{2x^{3/2}}(x \geqslant 1)\text{。}$$

在该假设下，我们知道对于任何置信水平α，两个投资组合相应的 VaR 都是相同的，因此，我们令VaR_α表示满足下式的一般值：

$$P\{\mathcal{L}_1 \leqslant \mathrm{VaR}_\alpha\} = P\{\mathcal{L}_2 \leqslant \mathrm{VaR}_\alpha\} = \alpha\text{。}$$

另外，因为损失是相互独立的，我们应用式（3.19）可以得到两者之和的分

布函数：

$$\begin{aligned}F_{\mathcal{L}_1+\mathcal{L}_2}(z) &= P[\mathcal{L}_1+\mathcal{L}_2\leqslant z]\\&=\int_1^{z-1}F(z-u)\mathrm{d}F(u)=\int_1^{z-1}F(z-u)p(u)\mathrm{d}u\\&=\int_1^{z-1}\left(1-\frac{1}{\sqrt{z-u}}\right)\frac{1}{2u^{3/2}}\mathrm{d}u。\end{aligned}$$

可以很容易地证明

$$u\mapsto-\frac{1}{\sqrt{u}}+\frac{1}{z}\sqrt{\frac{z-u}{u}}$$

的导函数恰好是被积函数本身。因此可得

$$F_{\mathcal{L}_1+\mathcal{L}_2}(z)=1-2\frac{\sqrt{z-1}}{z}。$$

现在应用不等式$\sqrt{2z}<2\sqrt{z-1}$，对于$z>2$成立，可以得到

$$F_{\mathcal{L}_1+\mathcal{L}_2}(z)<1-\frac{2}{\sqrt{z}}=F_{2\mathcal{L}_1}(z)(=F_{2\mathcal{L}_2}(z)),z>2。$$

现在，与证明 VaR 单调性的思路相同，可以推出

$$F_{\mathcal{L}_1+\mathcal{L}_2}(z)<F_{2\mathcal{L}_1}(z)\Rightarrow\mathrm{VaR}_\alpha(2\mathcal{L}_1)<\mathrm{VaR}_\alpha(\mathcal{L}_1+\mathcal{L}_2)。$$

此外，已知 VaR 具有线性齐次性，于是有

$$\mathrm{VaR}_\alpha(2\mathcal{L}_1)=2\mathrm{VaR}_\alpha(\mathcal{L}_1)=\mathrm{VaR}_\alpha(\mathcal{L}_1)+\mathrm{VaR}_\alpha(\mathcal{L}_2),$$

这就说明 VaR 并不满足次可加性，因为

$$\mathrm{VaR}_\alpha(\mathcal{L}_1)+\mathrm{VaR}_\alpha(\mathcal{L}_2)<\mathrm{VaR}_\alpha(\mathcal{L}_1+\mathcal{L}_2)。$$

9.3 尾部在险价值

VaR 的另一缺陷在于，尽管 VaR 告诉了我们 $100\times\alpha\%$ 的情况下我们可能遭遇的最大损失，但是它却没能反映出剩余 100 $(1-\alpha)\%$ 的情况下的损失额度。为探究这一点，我们需要用到尾部在险价值。特别地，我们需要对于置信水平大于 α 的所有 VaR 图像的谱，即

$$\mathrm{VaR}_u(\mathcal{L}_t)(\alpha\leqslant u\leqslant 1)。$$

如果我们能够掌握这些信息，那么就可以提出另一种风险度量，我们称之为尾部在险价值（TVaR）。

定义 9.3 投资组合的损失随机变量由式（9.5）给出，令 VaR_α（$\mathcal{L}_t$）表示该投资组合的在险价值，则该组合的尾部在险价值（TVaR）为 $100(1-\alpha)\%$ 的最大损失的平均值，即

$$\mathrm{TVaR}_\alpha(\mathcal{L}_t)=\frac{1}{1-\alpha}\int_\alpha^1\mathrm{VaR}_u(\mathcal{L}_t)\mathrm{d}u。\tag{9.12}$$

TVaR（有时被称作预期损失，Expected Shortfall）来源于 VaR 的框架，因此从业者对其基本概念可能会比较容易接受。这一种度量方法提供的信息比普通的 VaR 要更加丰富，另外，根据 Acerbi 与 Tasche 于 2002 所著的书可知 TVaR 是一致风险度量。因此，关于 VaR 的两点不足之处在 TVaR 中都可以得到解决，使得 TVaR 成为风险度量的首选，甚至可能超越 VaR 的地位。

注意到，基于式（9.7），表达式（9.12）可以等价地改写为

$$\mathrm{TVaR}_{\alpha}(\mathcal{L}_t) = \frac{1}{1-\alpha}\int_{\alpha}^{1} F^{-1}(u)\,\mathrm{d}u。$$

当分布函数是连续且严格递增时，我们知道，对于每一个 $u \in [0,\ 1]$，都有唯一的 x 使得 $x = F^{-1}(u)$。鉴于此，我们对变量进行如下改变：

$$设\ x = F^{-1}(u) \Rightarrow F(x) = u \Rightarrow \mathrm{d}F(x) = \mathrm{d}u,$$

且有

$$\begin{aligned}\mathrm{TVaR}_{\alpha}(\mathcal{L}_t) &= \frac{1}{1-\alpha}\int_{F^{-1}(\alpha)}^{+\infty} x\mathrm{d}F(x) \\ &= \frac{\int_{\mathrm{VaR}_{\alpha}}^{+\infty} x\mathrm{d}F(x)}{P\{\mathcal{L}_t > \mathrm{VaR}_{\alpha}\}} \\ &= E\{\mathcal{L}_t \mid \mathcal{L}_t > \mathrm{VaR}_{\alpha}\}。\end{aligned} \tag{9.13}$$

因此，在这种情况下，我们可以发现 TVaR 与损失随机变量的条件期望是相同的，条件期望中的条件为 $\{\mathcal{L}_t > \mathrm{VaR}_{\alpha}\}$。我们可以证明式（9.13）并不是在所有情况下都是成立的，例如，在 Acerbi 与 Tasche 于 2002 年所著的书中构造了一个不连续的分布函数，使得 TVaR_{α} 不等于条件期望。

9.4 谱风险度量

在本章的最后，我们给出一些有趣的观察结果，它们可以引出一系列新的风险度量方法。为后面的内容作铺垫，我们给出以下定义：

定义 9.4 称函数 ϕ: $[0,\ 1] \to \mathbb{R}$为谱函数，如果它是非负的且曲线之下的面积为 1，即

$$\phi\ 为谱函数 \Leftrightarrow \phi(u) \geqslant 0, 且\int_{-\infty}^{+\infty} \phi(u)\,\mathrm{d}u = 1。$$

谱函数的形式有很多种，特别地，我们在图 9.4 给大家举出一些例子，这些谱函数是关于中心对称的，且图像的肩部逐渐变高变窄。如果按照这个顺序取到极限，就可以得到一个古怪的函数，称之为狄拉克 δ 函数，该函数以 1/2 为中心，在这种情况下表示为 $\delta(u-1/2)$。更一般地说，可以定义以任意 $a \in [0,\ 1]$ 为中心的狄拉克 δ 函数为 $\delta(u-a)$。该函数具有以下性质：

$$\int_0^1 \delta(u-a)\,\mathrm{d}u = 1, \int_{-\infty}^{+\infty} \delta(u-a) f(u)\,\mathrm{d}u = f(a), \text{其中 } a \in [0,1]。$$

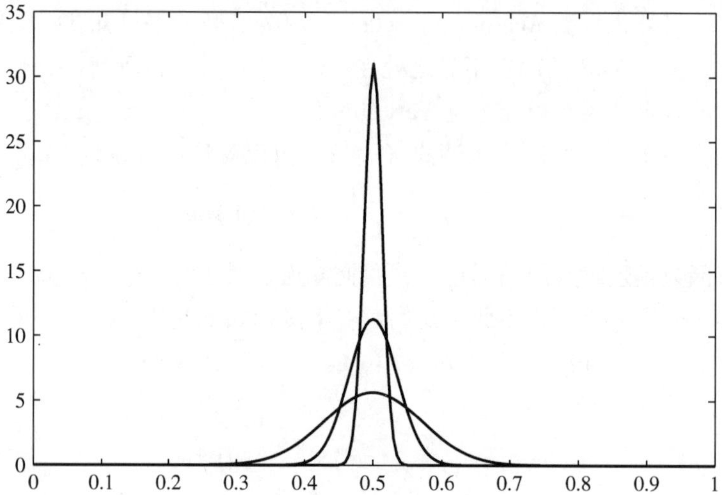

图 9.4　一列肩部逐渐变窄的谱函数

注意到 $\delta(u-a)$ 并不是我们所熟知意义上的函数，在数学中这种函数是一种分布函数或是一般化的函数，不过我们可以将 δ 函数想象为一列函数的极限，这列函数在 a 点的峰值逐渐增大。

（1）VaR_α 的表示

引入 δ 函数的原因是要说明，如果对于给定 $\alpha \in (0, 1)$，设

$$\phi_{\mathrm{VaR}_\alpha}(u)((\mathcal{L}_t)) = \delta(u-\alpha),$$

则可以将 VaR 表示为

$$\begin{aligned} \mathrm{VaR}_\alpha(\mathcal{L}_t) &= \int_0^1 \phi_{\mathrm{VaR}_\alpha}(u)\,\mathrm{VaR}_u(\mathcal{L}_t)\,\mathrm{d}u \\ &= \int_0^1 \delta(u-\alpha)\,\mathrm{VaR}_u(\mathcal{L}_t)\,\mathrm{d}u。 \end{aligned} \tag{9.14}$$

称 $\phi_{\mathrm{VaR}_\alpha}$ 为 VaR_α 的谱风险函数。

（2）TVaR_α 的表示

假设 $\alpha \in (0, 1)$，考虑一下函数

$$\phi_{\mathrm{TVaR}_\alpha}(u) = \begin{cases} \dfrac{1}{1-\alpha}, & u \geqslant \alpha, \\ 0, & u < \alpha。 \end{cases}$$

因为函数 $\phi_{\mathrm{TVaR}_\alpha}$ 是非负的，且满足：

$$\int_0^1 \phi_{\mathrm{TVaR}_\alpha}(u)\,\mathrm{d}u = \frac{1}{1-\alpha}\int_\alpha^1 \mathrm{d}u = 1,$$

于是 $\phi_{\mathrm{TVaR}_\alpha}$ 为谱函数。

进一步地，应用式（9.12），我们可以看到

$$\mathrm{TVaR}_\alpha(\mathcal{L}_t) = \int_0^1 \phi_{\mathrm{TVaR}_\alpha}(u)\mathrm{VaR}_\alpha(\mathcal{L}_t)\mathrm{d}u。\tag{9.15}$$

称 $\phi_{\mathrm{TVaR}_\alpha}$为 TVaR_α 的谱风险函数。

（3）一系列的一致风险度量

在式（9.14）与式（9.15）两表达式的启发下，一些学者开始研究定义更加一般的风险度量，它们由谱函数生成，即它们具有如下的形式：

$$\rho(\mathcal{L}_t) = \int_0^1 \phi(u)\mathrm{VaR}_\alpha(\mathcal{L}_t)\mathrm{d}u,\ 对于某个谱函数\ \phi。\tag{9.16}$$

为了让这种形式的风险度量具有应用价值，我们需要解答下面的难题：

在什么条件下，式（9.16）中度量形式才是一致的风险度量?

在 Acerbi 与 Tasche（2002）的研究中对上述问题提供了很杰出的解答，其中，有下面的定理成立：

定理 9.2　式（9.6）中形式的度量是一致的风险度量，只要谱函数 ϕ 是非递减函数，即

$$如果\ 0\leqslant u_1\leqslant u_2\leqslant 1\Rightarrow\phi(u_1)\leqslant\phi(u_2)。$$

上述定理为一系列新的一致风险度量方法开启了一扇大门，总的来说，这些度量被称为谱风险度量族。目前投资银行正在对谱度量方法进行实验探究，大多数银行都有 VaR 的计算体系，所以谱方法的应用并不会特别困难。然而，在谱度量真正普及之前，风险管理者需要理解，在某种程度上，如何去选择一个合适的（非递减的）谱函数对于解决问题来说是很重要的。这个话题到目前为止仍旧吸引着学术界的关注，与此同时，VaR 方法在银行业界依旧保持着主导地位。

10 正态分布下的在险价值

到目前为止的推导大部分都是理论性的。在实际操作中，必须对我们的投资组合计算日度 VaR 值，且该投资组合的损失随机变量为

$$\mathcal{L}_t = V(t)\sum_{i=1}^{n} w_i l_i(t)。 \tag{10.1}$$

风险管理者的任务是研究$\mathcal{L}_t$ 的变化形式或者更加科学地说，需要准确地对该变量的分布函数进行建模。观察上式可知，这项任务包括两个（相互关联的）部分：

1）单个日度对数损失随机向量 $\boldsymbol{l}_t = (l_1(t), \cdots, l_n(t))^{\mathrm{T}}$ 的分布是如何的？这样的信息如何能够应用到例如$\mathcal{L}_t$ 的线性组合的分布确定上？

2）$\mathcal{L}_t$ 的分布如何随着时间的推移而变化？

现代风险管理的论述在此刻正式开始，我们将运用数学推导来贯穿整个论述过程。由于主题是逐渐推进的，数学模型的建立是基于经济的简化假设，接下来，随着我们拥有更深的数学洞察力，我们将会放松假设并改善模型。为开始在险价值的计算，我们作出如下简单的假设：随机损失向量列服从相同的多元正态分布，即我们假设

$$\boldsymbol{l}_{t+\tau} \sim N(\boldsymbol{e}, \boldsymbol{V}),$$

或者等同地，

$$\begin{pmatrix} l_1(t+\tau) \\ \vdots \\ l_n(t+\tau) \end{pmatrix} \sim N\left(\begin{pmatrix} \mu_1 \\ \vdots \\ \mu_n \end{pmatrix}, \begin{pmatrix} \sigma_1^2 & \cdots & \sigma_{1n} \\ \vdots & & \vdots \\ \sigma_{n1} & \cdots & \sigma_n^2 \end{pmatrix}\right),$$

其中 $\tau = 0, 1, 2, \cdots$。

10.1 在险价值的计算

根据定义 3.7，我们假设正态分布的结果就是式（10.1）中的损失随机变量（即 $\boldsymbol{l}_t$ 的线性组合）是服从正态分布的，写作$\mathcal{L}_t \sim N(\mu, \sigma^2)$，其中

$$\mu = V(t)\boldsymbol{w}^{\mathrm{T}}\boldsymbol{e}, \quad \sigma^2 = V^2(t)\boldsymbol{w}^{\mathrm{T}}\boldsymbol{V}\boldsymbol{w}。$$

其分布函数为

$$F(x)=P\{\mathcal{L}_t\leqslant x\}=\frac{1}{\sqrt{2\pi\sigma^2}}\int_{-\infty}^{x}\exp\left(-\frac{1}{2}\left(\frac{u-\mu}{\sigma}\right)^2\right)\mathrm{d}u。$$

此外，由于 F 是连续的且单调递增，在这个框架下，可以推出在置信水平 α 下的投资组合 VaR 值是满足以下条件的 VaR_α：

$$F(\mathrm{VaR}_\alpha)=P\{\mathcal{L}_t\leqslant \mathrm{VaR}_\alpha\}=\frac{1}{\sqrt{2\pi\sigma^2}}\int_{-\infty}^{\mathrm{VaR}\alpha}\exp\left(-\frac{1}{2}\left(\frac{u-\mu}{\sigma}\right)^2\right)\mathrm{d}u。$$

或者等价地，如果设 $z_t=(\mathcal{L}_t-\mu)/\sigma$，则投资组合的 VaR 值满足下式的 VaR_α：

$$\Phi\left(\frac{\mathrm{VaR}_\alpha-\mu}{\sigma}\right)=P\left\{z_t\leqslant\frac{\mathrm{VaR}_\alpha-\mu}{\sigma}\right\}=\alpha。$$

函数 $\Phi(\cdot)$ 是标准正态分布函数，该函数与其反函数的值都已经被制成表。基于此，可以对上式两边同时取反函数，可得

$$\mathrm{VaR}_\alpha=\mu+\sigma\Phi^{-1}(\alpha)。\tag{10.2}$$

我们可以通过查正态分布反函数的统计表来确定函数值 $\Phi^{-1}(\alpha)$。在风险管理的领域中，我们基本上只关心置信水平 95% 与 99% 下的情况，相应地有

$$\phi^{-1}(0.95)=1.65,\ \phi^{-1}(0.95)=2.33。$$

我们可以得出结论，在多元正态分布的假设下，投资组合的 VaR 值计算是非常简单的，该值可以用间接的闭合解形式（10.2）来表示。

10.2 边际在险价值的计算

可以将式（10.2）中的 VaR 写成投资组合权重的函数，具体如下：

$$\mathrm{VaR}_\alpha(w_1,\cdots,w_n)=\sum_{i=1}^{n}w_i\mu_i+\sqrt{\sum_{i=1}^{n}\sum_{j=1}^{n}w_iw_j\sigma_{ij}}\Phi^{-1}(\alpha)。\tag{10.3}$$

我们回顾之前的内容可知，投资组合中第 k 个暴露部分的 MVaR 值等于式（10.3）对 w_k 的偏导数，特别地，写作

$$\begin{aligned}\mathrm{MVaR}_\alpha^{(k)}&=\frac{\partial}{\partial w_k}\mathrm{VaR}_\alpha(w_1,\cdots,w_n)\\&=\frac{\partial}{\partial w_k}\left[\sum_{i=1}^{n}w_i\mu_i+\sqrt{\sum_{i=1}^{n}\sum_{j=1}^{n}w_iw_j\sigma_{ij}}\Phi^{-1}(\alpha)\right]。\end{aligned}$$

现在计算这些偏导数，第一项非常直接：

$$\frac{\partial}{\partial w_k}\sum_{i=1}^{n}w_i\mu_i=\mu_k。$$

对于第二项，我们考虑平方根函数

$$f(x)=\sqrt{x}\,(x>0),$$

则投资组合的波动率可以写作

$$f\left(\sum_{i=1}^{n}\sum_{j=1}^{n}w_iw_j\sigma_{ij}\right)。$$

第 k 个偏导数为

$$f'\left(\sum_{i=1}^{n}\sum_{j=1}^{n}w_iw_j\sigma_{ij}\right)\frac{\partial}{\partial w_k}\sum_{i=1}^{n}\sum_{j=1}^{n}w_iw_j\sigma_{ij}$$

$$=\frac{\sum_{i=1}^{n}w_i\sigma_{ik}}{\sqrt{\sum_{i=1}^{n}\sum_{j=1}^{n}w_iw_j\sigma_{ij}}}=\frac{1}{\sigma}\sum_{i=1}^{n}w_i\sigma_{ik},$$

因此

$$\mathrm{MVaR}_{\alpha}^{(k)}=\mu_k+\left(\frac{1}{\sigma}\sum_{i=1}^{n}w_i\sigma_{ik}\right)\Phi^{-1}(\alpha)。$$

我们现在就可以明确地说明其加法的性质：

$$\begin{aligned}\sum_{k=1}^{n}w_k\mathrm{MVaR}_{\alpha}^{(k)}&=\sum_{k=1}^{n}w_k\left(\mu_k+\left(\frac{1}{\sigma}\sum_{i=1}^{n}w_i\sigma_{ik}\right)\Phi^{-1}(\alpha)\right)\\&=\sum_{k=1}^{n}w_k\mu_k+\left(\frac{1}{\sigma}\underbrace{\sum_{k=1}^{n}w_k\sum_{i=1}^{n}w_i\sigma_{ik}}_{=\sigma^2}\right)\Phi^{-1}(\alpha)\\&=\mu+\sigma\Phi^{-1}(\alpha)=\mathrm{VaR}_{\alpha}。\end{aligned}$$

10.3 尾部在险价值的计算

回顾上一章的内容，在置信水平 α 下的 TVaR 由式（9.12）给出。在正态分布的假设下，可以很明确地计算这一风险度量，具体如下：

$$\begin{aligned}\mathrm{TVaR}_{\alpha}(\mathcal{L}_t)&=\frac{1}{1-\alpha}\int_{\alpha}^{1}\mathrm{VaR}_u(\mathcal{L}_t)\,\mathrm{d}u\\&=\frac{1}{1-\alpha}\int_{\alpha}^{1}(\mu+\sigma\Phi^{-1}(u))\,\mathrm{d}u\\&=\mu+\frac{\sigma}{1-\alpha}\int_{\alpha}^{1}\Phi^{-1}(u)\,\mathrm{d}u。\end{aligned}$$

可以对上述积分进行变形，设

$$x=\Phi^{-1}(u)\Rightarrow\Phi(x)=u,$$

将其代入上式，可得

$$\mathrm{d}u=\mathrm{d}\Phi(x)=\varphi(x)\,\mathrm{d}x。$$

其中，φ 表示一个服从标准正态分布的随机变量的概率密度，从第 2 章我们可知，该函数的具体形式为

$$\varphi(x)=\frac{1}{\sqrt{2\pi}}\exp\left(-\frac{x^2}{2}\right)。$$

上述积分变形的极限为

$$\alpha\mapsto\Phi^{-1}(\alpha),1\mapsto\infty。$$

因此，TVaR 的表达式变为

$$\mathrm{TVaR}_{\alpha}(\mathcal{L}_t)=\mu+\frac{\sigma}{1-\alpha}\frac{1}{\sqrt{2\pi}}\int_{\Phi^{-1}(\alpha)}^{+\infty}x\exp\left(-\frac{x^2}{2}\right)\mathrm{d}x。$$

上述积分的计算很容易，事实上，一般情况下，由积分表可得

$$\int_a^{\infty}x\mathrm{e}^{-cx^2}\mathrm{d}x=\frac{1}{2c}\mathrm{e}^{-ca^2}。$$

令 $c=1/2$，应用这一结果，我们可以发现

$$\begin{aligned}\mathrm{TVaR}_{\alpha}(\mathcal{L}_t)&=\mu+\frac{\sigma}{1-\alpha}\frac{1}{\sqrt{2\pi}}\exp\left(-\frac{\Phi^{-1}(\alpha)^2}{2}\right)\\&=\mu+\frac{\sigma}{1-\alpha}\varphi(\Phi^{-1}(\alpha))\end{aligned}\qquad(10.4)$$

因此，我们发现在正态分布的假设下，投资组合的 TVaR 值具有式（10.4）所示的简洁闭合解形式。

10.4 正态在险价值的次可加性

我们知道 VaR 的主要不足之一就是它不满足次可加性。这一不足在正态分布的假设之下就可以被消除，在下面的推导中我们将会说明这一点。

定理 令$\mathcal{L}_t^{(1)}$与$\mathcal{L}_t^{(2)}$分别表示两个投资组合的日度损失随机变量。假设$\mathcal{L}_t^{(1)}\sim N(\mu_1,\sigma_1^2)$且$\mathcal{L}_t^{(2)}\sim N(\mu_2,\sigma_2^2)$，则

$$\mathrm{VaR}_{\alpha}(\mathcal{L}_t^{(1)}+\mathcal{L}_t^{(2)})\leqslant\mathrm{VaR}_{\alpha}(\mathcal{L}_t^{(1)})+\mathrm{VaR}_{\alpha}(\mathcal{L}_t^{(2)})。$$

证明：两个投资组合结合起来的 VaR 为

$$\mathrm{VaR}_{\alpha}(\mathcal{L}_t^{(1)}+\mathcal{L}_t^{(2)})=(\mu_1+\mu_2)+\Phi^{-1}(\alpha)\sqrt{\sigma_1^2+2\rho\sigma_1\sigma_2+\sigma_2^2}。$$

其中，$\rho\in[-1,1]$ 表示$\mathcal{L}_t^{(1)}$与$\mathcal{L}_t^{(2)}$之间的相关系数。当 $\rho=1$ 时，上式达到最大值，这一观察结果使我们推得

$$\begin{aligned}\mathrm{VaR}_{\alpha}(\mathcal{L}_t^{(1)}+\mathcal{L}_t^{(2)})&\leqslant\mu_1+\mu_2+\Phi^{-1}(\alpha)\sqrt{\sigma_1^2+2\sigma_1\sigma_2+\sigma_2^2}\\&=\mu_1+\mu_2+\Phi^{-1}(\alpha)\sqrt{(\sigma_1+\sigma_2)^2}\\&=\mu_1+\mu_2+\Phi^{-1}(\alpha)(\sigma_1+\sigma_2)\\&=\underbrace{\mu_1+\Phi^{-1}(\alpha)\sigma_1}_{=\mathrm{VaR}_{\alpha}(\mathcal{L}_t(1))}+\underbrace{\mu_2+\Phi^{-1}(\alpha)\sigma_2}_{\mathrm{VaR}_{\alpha}(\mathcal{L}_t(2))},\end{aligned}$$

证毕。

投资组合风险管理的正态分布框架显然是非常具有吸引力的，在这个框架下，我们能够得到 VaR_{α} 与 TVaR_{α} 的闭合解表达式，边际分布也可以很容易地被推出，我们可知在该框架下，VaR_{α} 是一致的风险度量方法。

11 风险管理中的高级概率论

在第3章中，我们开发了一个基础概率论的工具包，其中包括关键的概念和结论，如我们所见，它们使我们能够建立和求解许多实际的、常规的风险管理任务。然而，除了这些日常任务之外，现代的金融风险管理者也将参与长期研究项目，其中许多将涉及大规模金融数据的统计调查。此外极有可能的是，处于监管下的投资组合将包含相当数量的金融衍生产品，在这种情况下，我们就需要对已经开发的工具进行加强。考虑到这些要求更高的任务，我们在这里补充一系列追加的、更为高级的概率论工具。

11.1 随机变量的矩

回顾之前的内容，我们称随机变量 X 是连续的，如果其分布函数可以写作

$$F(x) = P\{X \leqslant x\} = \int_{-\infty}^{x} p(u)\,\mathrm{d}u。$$

其中，$p: \mathbb{R} \to [0, +\infty]$ 是 X 的概率密度。随机变量 X 的第 k 阶矩被定义为以下积分：

$$\mu_k = E(X^k) = \int_{-\infty}^{+\infty} x^k p(x)\,\mathrm{d}x,\ k = 0,1,2,\cdots。 \tag{11.1}$$

注意到这些积分可以是有界的，如果将 x 的幂更换为其绝对值 $|x|$ 的幂，即可以写作

$$\mu_k \leqslant \int_{-\infty}^{+\infty} |x|^k p(x)\,\mathrm{d}x。$$

矩的上界简单地说就是 $p(x)$ 乘以递增的权函数 $|x|$，$|x|^2$，…的积分。只有当权函数 $|x|^k$ 的增长被快速减小的密度函数 $p(x)$ 充分地抑制，这些有界积分中任意一个的值才会是有限的。鉴于此，我们说

$$\text{矩 } \mu_k \text{ 是存在的当且仅当} \int_{-\infty}^{+\infty} |x|^k p(x)\,\mathrm{d}x < \infty。$$

注意到，X 的一阶矩恰好是 X 的均值或期望，我们将其简单地表示为 μ。我们知道，该值可以作为 X 分布中心位置的一种度量方式。事实上，使用 μ 作为一个中心参数，可以定义 X 的 k 阶中心矩为以下积分

$$m_k(X) = E[(X-\mu)^k] = \int_{-\infty}^{+\infty}(x-\mu)^k p(x)\,\mathrm{d}x,\ k=0,1,2,\cdots。\quad(11.2)$$

应用上述定义，我们很容易建立以下简单却非常有用的关系：

$$\begin{aligned} m_k(\alpha X+\beta) &= \int_{-\infty}^{+\infty}(\alpha x+\beta-\alpha\mu-\beta)^k p(x)\,\mathrm{d}x \\ &= \int_{-\infty}^{+\infty}\alpha^k(x-\mu)^k p(x)\,\mathrm{d}x \\ &= \alpha^k m_k(X),\text{对于 }\alpha\neq 0,\beta\in\mathbb{R},\text{且 }k=0,1,2,\cdots。\end{aligned}\quad(11.3)$$

一个分布的中心矩对表征随机变量 X 发挥了重要的作用。随机变量的零阶中心矩是1，因为它相当于概率密度的积分。其一阶中心矩是0，这是根据以下期望算子的线性性质得到的：

$$m_1(X)=E(X-\mu)=E(X)-\mu=0。$$

二阶中心矩恰恰是 X 的方差，我们将其表示为 σ^2。为了说明一个分布的一般性的矩的显式计算，对于正态分布的随机变量，我们有如下结果：

引理 11.1 如果 $X\sim N(\mu,\sigma^2)$，那么它的矩由以下公式给出

$$m_n(X)=\begin{cases}0,n=2k+1(k=0,1,2,\cdots),\\ \dfrac{(2k)!}{2^k k!}\sigma^{2k},n=2k(k=0,1,2,\cdots)。\end{cases}\quad(11.4)$$

证明：令 $Z=(X-\mu)/\sigma$，表示将 X 进行标准化，则运用式（11.3）可以写出

$$m_n(X) = \sigma^n m_n(Z) = \frac{\sigma^n}{\sqrt{2\pi}}\int_{-\infty}^{+\infty}x^n \mathrm{e}^{-x^2/2}\mathrm{d}x。\quad(11.5)$$

现在，如果 $n=2k+1$，那么函数 $x\mapsto x^{2k+1}\mathrm{e}^{-x^2/2}$ 是奇函数。也就是说，它在 x 和 $-x$ 上取到相反的数值，因此它在实数域 $\mathbb{R}$ 上的积分为0。另一方面，如果 $n=2k$，我们可以重点关注

$$m_{2k}(Z) = \frac{1}{\sqrt{2\pi}}\int_{-\infty}^{+\infty}x^{2k}\mathrm{e}^{-x^2/2}\mathrm{d}x。$$

为了计算这一积分，我们令 $u(x)=x^{2k-1}$ 且 $v(x)=-\mathrm{e}^{-x^2/2}$，从而使

$$\frac{\mathrm{d}u}{\mathrm{d}x}=(2k-1)x^{2k-2}\text{且}\frac{\mathrm{d}v}{\mathrm{d}x}=x\mathrm{e}^{-x^2/2}。$$

这使我们能够采用分部积分法，因为

$$\begin{aligned} m_{2k}(Z) &= \frac{1}{\sqrt{2\pi}}\int_{-\infty}^{+\infty}u(x)\frac{\mathrm{d}v}{\mathrm{d}x}\mathrm{d}x \\ &= \frac{1}{\sqrt{2\pi}}\int_{-\infty}^{+\infty}\frac{\mathrm{d}}{\mathrm{d}x}(u(x)v(x))\,\mathrm{d}x - \frac{\sigma^{2k}}{\sqrt{2\pi}}\int_{-\infty}^{+\infty}\frac{\mathrm{d}u}{\mathrm{d}x}v(x)\,\mathrm{d}x。\end{aligned}$$

上述表达式中的第一个积分为0，因为当 $x\to\pm\infty$ 时，$u(x)v(x)=-x^{2k-1}\mathrm{e}^{-x^2/2}\to 0$，因此，只剩下

$$m_{2k}(Z) = -\frac{1}{\sqrt{2\pi}}\int_{-\infty}^{+\infty}\frac{\mathrm{d}u}{\mathrm{d}x}v(x)\,\mathrm{d}x$$
$$= (2k-1)\cdot\underbrace{\frac{1}{\sqrt{2\pi}}\int_{-\infty}^{+\infty}x^{2k-2}\mathrm{e}^{-x^2/2}\,\mathrm{d}x}_{=m_{2k-2}(Z)}。$$

由此可以推导出

$$\begin{aligned} m_{2k}(Z) &= (2k-1)m_{2k-2}(Z) \\ &= (2k-1)(2k-3)m_{2k-4}(Z) \\ &= (2k-1)(2k-3)(2k-5)\cdots 3\cdot 1 \\ &= \frac{(2k)(2k-1)(2k-2)\cdots 3\cdot 2\cdot 1}{(2k)(2k-2)\cdots 2} \\ &= \frac{(2k)!}{2^k k!}, \end{aligned}$$

从而根据式（11.5），有

$$m_{2k}(X) = \sigma^{2k}\frac{(2k)!}{2^k k!}。$$

高阶矩在金融中往往也是非常有用的，特别是以下两个矩：

$$\begin{cases} \text{偏度}:S(X) = E\left[\left(\dfrac{X-\mu}{\sigma}\right)^3\right] = \displaystyle\int_{\mathbb{R}}\left(\dfrac{x-\mu}{\sigma}\right)^3 p(x)\,\mathrm{d}x, \\ \text{峰度}:\mathcal{K}(X) = E\left[\left(\dfrac{X-\mu}{\sigma}\right)^4\right] = \displaystyle\int_{\mathbb{R}}\left(\dfrac{x-\mu}{\sigma}\right)^4 p(x)\,\mathrm{d}x。 \end{cases} \tag{11.6}$$

偏度是判断概率密度向它的均值右侧还是左侧倾斜的一个指标：如果 $S(X)>0$，则 X 更可能大于 μ，而不是小于 μ，反之亦然。显然，当 $S(X)=0$ 时，则概率权重被等分在均值的左侧和右侧。在这种情形下，我们称 X 具有对称分布。

较大的峰度表明，$|X|$ 能够以相对较高的概率取到大的数值。峰度计算的基准由熟悉的正态随机变量给出，根据引理 11.1，我们可以推断，如果 $X\sim N(\mu,\sigma)$，则 $\mathcal{K}(X)=3$。因此我们说，一个峰度系数大于 3 的随机变量表示一个厚尾分布，正、负极端值都可能较常发生。类似地，一个小于 3 的峰度系数表示一个薄尾分布，极端值发生的可能性较小。

11.2 特征函数

随机变量的特征函数是概率论中一个非常有用的工具。为了对其进行定义，我们需要引入泛函分析中的一些结果。泛函分析是数学的一个分支，其研究函数的空间以及在一定的运算下它们如何变换。我们最感兴趣的函数空间是可积函数空间：

$$\text{如果}\int_{\mathbb{R}}|f(x)|\,\mathrm{d}x<\infty\text{。则} f:\mathbb{R}\to\mathbb{R}\text{是可积的} \tag{11.7}$$

为了表示一个函数是可积的，我们写作 $f\in L_1(\mathbb{R})$。我们最感兴趣的运算是傅里叶变换，对于所有可积函数，可由如下公式定义：

$$\text{对于 } \xi\in\mathbb{R},(\mathcal{F}f)(\xi)=\widehat{f}(\xi)=\int_{\mathbb{R}}\exp(-\mathrm{i}x\xi)f(x)\mathrm{d}x。$$

我们知道对任意实数 θ，$\exp(-\mathrm{i}\theta)$ 表示复数 $z=\cos\theta-\mathrm{i}\sin\theta$。

众所周知，可以通过下列逆推公式，从傅里叶逆变换中重新得到 $f\in L_1(\mathbb{R})$：

$$f(x)=(\mathcal{F}^{-1}\widehat{f})(x)=\frac{1}{2\pi}\int_{\mathbb{R}}\exp(\mathrm{i}\xi x)\widehat{f}(\xi)\mathrm{d}\xi。\tag{11.8}$$

傅里叶理论的另外一个不错的性质证实了微分可以看作是乘法：

命题　如果 f 和它的导数 f' 都是（$\mathbb{R}$上的）可积函数，使得当 $x\to\pm\infty$ 时，$f(x)\to 0$，则下面的恒等式成立：

$$\widehat{\frac{\mathrm{d}f}{\mathrm{d}x}}(\xi)=\mathrm{i}\xi\widehat{f}(\xi),\text{且}\frac{\mathrm{d}}{\mathrm{d}\xi}\widehat{f}(\xi)=-\mathrm{i}(\widehat{xf})(\xi)。\tag{11.9}$$

证明：第一个恒等式可以通过分部积分法建立：

$$\begin{aligned}\widehat{\frac{\mathrm{d}f}{\mathrm{d}x}}(\xi)&=\int_{\mathbb{R}}f'(x)\mathrm{e}^{-\mathrm{i}\xi x}\mathrm{d}x\\&=-\int_{\mathbb{R}}f'(x)(-\mathrm{i}\xi\mathrm{e}^{-\mathrm{i}\xi x})\mathrm{d}x\\&=\mathrm{i}\xi\widehat{f}(\xi)。\end{aligned}$$

第二个恒等式可以通过在积分符号下求微分建立：

$$\begin{aligned}\frac{\mathrm{d}}{\mathrm{d}\xi}\widehat{f}(\xi)&=\int_{\mathbb{R}}f(x)\frac{\mathrm{d}}{\mathrm{d}\xi}\mathrm{e}^{-\mathrm{i}\xi x}\mathrm{d}x\\&=\int_{\mathbb{R}}(-\mathrm{i}xf(x)\mathrm{e}^{-\mathrm{i}\xi x})\mathrm{d}x\\&=-\mathrm{i}(\widehat{xf})(\xi)。\end{aligned}$$

概率密度是可积函数的一个典型例子，事实证明，它的傅里叶变换是探索更多概率特性的一个非常有用的工具。为了固定今后研究中的符号，我们给出如下定义：

定义　一个概率密度为 $p(x)$ 的连续型随机变量 X 的特征函数被定义为

$$\phi_X(u)=E[\exp(\mathrm{i}uX)]=\int_{\mathbb{R}}p(x)\exp(\mathrm{i}xu)\mathrm{d}x=\widehat{p}(-u)。\tag{11.10}$$

现在，运用傅里叶逆变换公式（11.8），我们可以立即推出，特征函数可以唯一确定 X 的概率密度，因为

$$p(x)=\frac{1}{2\pi}\int_{\mathbb{R}}\phi_X(u)\exp(-\mathrm{i}ux)\mathrm{d}u,\text{其中 } x\in\mathbb{R}。$$

此外，通过著名的 Gil－Pelaez 公式（参见 Gil－Pelaez 于 1951 年的著作），X 的分布函数 F 也可以从它的特征函数中提取出来，即

$$F(x)=\frac{1}{2}+\frac{1}{2\pi}\int_0^{+\infty}\frac{\exp(\mathrm{i}ux)\phi_X(-u)-\exp(-\mathrm{i}ux)\phi_X(u)}{\mathrm{i}u}\mathrm{d}u。\tag{11.11}$$

根据上述命题得出的下列有趣性质，在 ϕ_X 的平滑性与 X 的矩的数量和大小之间建立了联系：

引理 11.2 设 X 表示一个只有前 n 个矩存在的（即有限的）连续型随机变量，则相应的特征函数是 n 次可微的，且

$$\frac{\mathrm{d}^k\phi_X}{\mathrm{d}u^k}(0)=i^k\mu_k, \text{其中 } k=1,2,\cdots,n。\tag{11.12}$$

证明：首先计算一阶导数，由下式给出

$$\begin{aligned}\frac{\mathrm{d}\phi_X}{\mathrm{d}u}&=\lim_{h\to 0}\frac{\phi_X(u+h)-\phi_X(u)}{h}\\&=\lim_{h\to 0}E\left[\frac{\exp(\mathrm{i}(u+h)X)-\exp(\mathrm{i}hX)}{h}\right]\\&=E\left[\lim_{h\to 0}\frac{\exp(\mathrm{i}(u+h)X)-\exp(ihX)}{h}\right]\\&=E\left[\frac{\mathrm{d}}{\mathrm{d}u}\exp(\mathrm{i}uX)\right]\\&=\mathrm{i}E[X\exp(\mathrm{i}uX)]。\end{aligned}$$

注意到，在上面的推导中，我们把关于期望算子和 $h\to 0$ 时的极限的互换论证一笔带过了，我们避开这个技术点不谈，但可以证明这是完全合理的，因为 $E(|X|)<\infty$。

现在，可以令 $u=0$，推出

$$\frac{\mathrm{d}\phi_X}{\mathrm{d}u}(0)=\mathrm{i}E(X)=\mathrm{i}\mu_1。$$

其他高阶导数也可以用类似的方式进行计算：

$$\begin{aligned}\frac{\mathrm{d}^2\phi_X}{\mathrm{d}u^2}&=\frac{\mathrm{d}}{\mathrm{d}u}E[\mathrm{i}X\exp(\mathrm{i}uX)]\\&=E\left[\mathrm{i}X\frac{\mathrm{d}}{\mathrm{d}u}\exp(\mathrm{i}uX)\right]\\&=E[\mathrm{i}^2X^2\exp(\mathrm{i}uX)],\end{aligned}$$

因此

$$\frac{\mathrm{d}^2\phi_X}{\mathrm{d}u^2}(0)=\mathrm{i}^2E(X^2)=\mathrm{i}^2\mu_2。$$

现在，我们能够用下面的例子来证明特征函数的有效性。

11.2.1 多个随机变量之和的处理

我们假设现在有两个连续的且相互独立的随机变量 X 和 Y，其概率密度分别记作 p_X 和 p_Y，这两个变量的和 $Z=X+Y$，其本身就是一个随机变量。Z 的特征函数

有一个很好的表达形式，如下列推导所示：

$$\begin{aligned}\phi_Z(u) &= E[\exp(\mathrm{i}u(X+Y))]\\ &= E[\exp(\mathrm{i}uX)\exp(\mathrm{i}uY)] \qquad (\text{由于独立性})\\ &= E[\exp(\mathrm{i}uX)]\cdot E[\exp(\mathrm{i}uY)]\\ &= \phi_X(u)\cdot\phi_Y(u)。\end{aligned}$$

当然，这一结果不只局限于两个随机变量的和，我们有如下一般化的结果：

定理 11.1 设 X_1，…，X_n 表示 n 个独立的连续型随机变量，其特征函数分别记为 ϕ_1，…，ϕ_n。随机变量 $Z=X_1+\cdots+X_n$ 的特征函数由下式给出：

$$\phi_Z(u)=\phi_1(u)\cdots\phi_n(u)。$$

11.2.2 单一随机变量按比例缩放的处理

在前面的例子中，我们取了一系列独立、连续的随机变量，并将它们的总和考虑为一个新的随机变量。我们讨论了这一总和的概率密度和特征函数的表达式。在这个例子中，我们只取一个连续型随机变量 X，并使用缩放因子生成一个新的随机变量，即对于任意 $\alpha>0$，我们考虑 αX。在这一情形下，我们可以证明以下关系：

1）如果 p_X 和 $p_{\alpha X}$ 分别表示 X 和 αX 的概率密度，则

$$p_{\alpha X}(u)=\frac{1}{\alpha}p_X\left(\frac{u}{\alpha}\right)。 \tag{11.13}$$

上式成立的原因如下：

$$\begin{aligned}\int_a^b p_{\alpha X}(u)\,\mathrm{d}u = P\{a\leqslant\alpha X\leqslant b\} &= P\left\{\frac{a}{\alpha}\leqslant X\leqslant\frac{b}{\alpha}\right\}\\ &= \int_{a/\alpha}^{b/\alpha}p_X(x)\,\mathrm{d}x \quad (\text{现在令 } u=\alpha x)\\ &= \int_a^b\frac{1}{\alpha}p_X\left(\frac{u}{\alpha}\right)\mathrm{d}u。\end{aligned}$$

2）如果 ϕ_X 和 $\phi_{\alpha X+\beta}$ 分别表示 X 和 $\alpha X+\beta$ 的特征函数，那么有

$$\begin{aligned}\phi_{\alpha X+\beta}(u) &= E[\exp(\mathrm{i}u(\alpha X+\beta))]\\ &= \exp(\mathrm{i}u\beta)E[\exp(\mathrm{i}u\alpha X)]=\exp(\mathrm{i}u\beta)\phi_X(\alpha u)。\end{aligned} \tag{11.14}$$

11.2.3 服从正态分布的随机变量

特征函数是非常有用的研究对象，因此，在这里很有必要举一些例子。出于我们的研究目的，最常用的例子是服从标准正态分布的随机变量 $Z\sim N(0,1)$，在这里给出其推导过程。第一步，令 $\alpha\in\mathbb{R}$，并且计算如下更加一般化的期望：

$$
\begin{aligned}
E[\exp(\alpha Z)] &= \int_{\mathbb{R}} \exp(\alpha z) \underbrace{\frac{1}{\sqrt{2\pi}}\exp\left(-\frac{z^2}{2}\right)}_{N(0,1)\text{的概率密度}} \mathrm{d}z \\
&= \int_{\mathbb{R}} \frac{1}{\sqrt{2\pi}}\exp\left(-\frac{(z-\alpha)^2-\alpha^2}{2}\right)\mathrm{d}z \\
&= \exp\left(\frac{\alpha^2}{2}\right)\int_{\mathbb{R}} \underbrace{\frac{1}{\sqrt{2\pi}}\exp\left(-\frac{(z-\alpha)^2}{2}\right)}_{N(\alpha,1)\text{的概率密度}\Rightarrow\text{其积分值}=1}\mathrm{d}z \\
&= \exp\left(\frac{\alpha^2}{2}\right)。
\end{aligned}
\tag{11.15}
$$

运用复变函数的一个性质可以证明，如果 α 是一个复数，则恒等式（11.15）成立。鉴于这个事实，可以设 $\alpha = \mathrm{i}\mu$，其中 $u \in \mathbb{R}$，并观察到式（11.15）的左侧为 $Z \sim N$（0，1）的特征函数，有

$$
\phi_Z(u) = E[\exp(\mathrm{i}uZ)] = \exp\left(-\frac{u^2}{2}\right)。
$$

现在，可以运用这一计算过程来推导任意正态随机变量 $X \sim N$（μ，σ^2）的特征函数。我们的想法是将 X 表示为 $\mu + \sigma Z$，其中 $Z \sim N$（0，1），然后根据式（11.14）推导出

$$
\phi_X(u) = \exp(\mathrm{i}u\mu)\phi_Z(\sigma u) = \exp\left(\mathrm{i}u\mu - \frac{\sigma^2 u^2}{2}\right)。 \tag{11.16}
$$

假设有 n 个一元随机变量（X_i）$_{i=1}^{n}$是服从正态分布的。一个有趣的问题是探讨在什么情况下，才可以保证它们的和 $S_n = X_1 + \cdots + X_n$ 也是一个服从正态分布的随机变量。很显然，我们不能断定 S_n 将始终是服从正态分布的，例如，假设 X 是服从正态分布的，定义 $Y = -X$，则 $X + Y = 0$ 并不服从正态分布。但是，在特征函数（11.16）的帮助下，我们可以给出以下结果：

定理 11.2 设（X_k）$_{k=1}^{n}$表示一个独立的正态随机变量序列，即

$$
X_k \sim N（\mu_k，\sigma_k^2），对于 k=1，\cdots，n，
$$

则它们的和 $S_n = X_1 + \cdots + X_n$ 也是一个正态随机变量，事实上有

$$
S_n = X_1 + \cdots + X_n \sim N（\mu_1 + \cdots + \mu_n，\sigma_1^2 + \cdots + \sigma_n^2）。
$$

证明：X_k 的特征函数由下式给出：

$$
\phi_k(u) = \exp\left(\mathrm{i}u\,\mu_k - \frac{\sigma_k^2 u^2}{2}\right) \quad (k = 1, \cdots, n)。
$$

由于随机变量是独立的，引用定理 11.1，可以推导出 S_n 的特征函数为

$$
\phi S_n(u) = \exp\left(\mathrm{i}u(\mu_1 + \cdots + \mu_n) - \frac{(\sigma_1^2 + \cdots + \sigma_n^2)u^2}{2}\right),
$$

因此，按照要求，可以得出结论：$S_n \sim N$（$\mu_1 + \cdots + \mu_n$，$\sigma_1^2 + \cdots + \sigma_n^2$）。

11.3　中心极限定理

为了表明特征函数的重要作用，我们在这里开始一个有趣的探讨，这将引导我们得到所有概率论结果中最著名的结论之一，即中心极限定理。首先，我们有下面的重要定理：

定理 11.3　对每一个 $n=1, 2, \cdots$，设 X_n 是一个分布函数为 F_n、特征函数为 ϕ_n 的随机变量。设 X 表示一个分布函数为 F、特征函数为 ϕ_X 的随机变量。如果对于所有的 u，（当 $n\to\infty$ 时）存在 $\phi_n(u)\to\phi(u)$，且 ϕ 在 $u=0$ 处连续，那么对于每个 x 值，F 是连续的，从而有

$$F_n(x)\to F(x)，当\ n\to\infty\ 时$$

我们称，X_n 依分布收敛于 X。

上述结果的证明对技术性具有较高的要求，我们不在这里展示具体推导过程，但感兴趣的读者可以参考 Berger 于 1992 年所出版书的第Ⅲ部分。我们观察到，这一结果本身表明，通过考察一个特征函数序列的形态，我们也许可以解释相应的随机变量序列的极限形态。运用我们所掌握的这一结果，我们现在可以提出并证明著名的中心极限定理。

定理 11.4（中心极限定理）　设 $(X_n)_{n=1}^{\infty}$ 表示独立且同分布的随机变量序列，它们具有相同的均值 μ 和方差 σ^2。令

$$A_n=\frac{X_1-\mu}{\sigma\sqrt{n}}+\cdots+\frac{X_n-\mu}{\sigma\sqrt{n}},$$

则

$$\lim_{n\to\infty}A_n\sim N\ (0,\ 1)。$$

证明：不失一般性，假定每个随机变量都具有零均值和单位方差（否则我们也可将其进行标准化 $Y_k=(X_k-\mu)/\sigma$），因此，我们研究

$$A_n=\frac{X_1+\cdots+X_n}{\sqrt{n}}。$$

因为所有的随机变量都具有相同的分布，它们也具有相同的特征函数，我们将其表示为 ϕ。此外，由于随机变量是相互独立的，可以应用定理 11.1，推出

$$\phi_{A_n}(u)=\phi^n\left(\frac{u}{\sqrt{n}}\right)。$$

现在，$\phi(u)$ 的一个局部泰勒展开式由下式给出：

$$\phi(u)=\phi(0)+\phi'(0)u+\phi''(0)\frac{u^2}{2!}+O(u^3)。$$

根据定义，我们知道 $\phi(0)=1$，并且除此之外，引理 11.2 告诉我们

$$\phi'(0)=\mathrm{i}\mu_1=0\ 且\ \phi''(0)=\mathrm{i}^2\mu_2=-1。$$

因此，结果通过泰勒近似可写为

$$\phi(u)=1-\frac{u^2}{2}+O(u^3),$$

所以

$$\phi_{A_n}(u)=\left[1-\frac{u^2}{2n}+O\left(\left(\frac{u}{\sqrt{n}}\right)^3\right)\right]^n。$$

微积分的基本理论结果告诉我们，如果 $(\alpha_n)_{n=1}^{\infty}$ 是一个实数收敛序列，满足当 $n\to\infty$ 时 $\alpha_n\to\alpha$，则

$$\left(1+\frac{\alpha_n}{n}\right)^n\to\exp(\alpha)，当 n\to\infty 时。$$

有了这个结果，我们发现可以用一个更简洁的形式写出 ϕ_{A_n} 的表达式，令

$$\alpha_n=-\frac{u^2}{2}+O\left(\frac{u^3}{\sqrt{n}}\right)，则 \phi_{A_n}(u)=\left(1+\frac{\alpha_n}{n}\right)^n。$$

注意到，在所举的例子中，$\alpha_n\to-u^2/2$，因此可以得出结论：

$$\lim_{n\to\infty}\phi_{A_n}(u)=\lim_{n\to\infty}\left(1+\frac{\alpha_n}{n}\right)^n=\exp\left(-\frac{u^2}{2}\right)。$$

我们认识到，这一极限是服从标准正态分布的随机变量的特征函数，并且，将这一发现结合定理 11.3 即可以完成证明。

注意到，在多变量的设定中，中心极限定理的一个类似版本也是成立的。为了保持完整性，在这里对该定理进行陈述。

定理 11.5（多元中心极限定理） 设 $(\boldsymbol{X}_k)_{k=1}^{\infty}$ 表示一个独立同分布的 d 维随机向量序列，即

$$\boldsymbol{X}_k=(X_{1k},\ \cdots,\ X_{dk})^{\mathrm{T}}\in\mathbb{R}^d\quad(k=1,\ 2,\ \cdots)。$$

我们令

$$\boldsymbol{e}=E(\boldsymbol{X}_k)和\boldsymbol{V}=E[(\boldsymbol{X}_k-\boldsymbol{e})(\boldsymbol{X}_k-\boldsymbol{e})^{\mathrm{T}}]\quad(k=1,\ 2,\ \cdots)$$

分别表示共同的均值向量和协方差矩阵。我们现在将第 n 个样本均值向量定义为

$$\overline{\boldsymbol{X}}_n=\frac{1}{n}\sum_{k=1}^{n}\boldsymbol{X}_k,(n=1,2,\cdots),$$

则

$$\sqrt{n}(\overline{\boldsymbol{X}}_n-\boldsymbol{e})\to\boldsymbol{Z}\sim N(\boldsymbol{0},\boldsymbol{V})，当 n\to\infty 时。$$

我们称，$\sqrt{n}$（$\overline{\boldsymbol{X}}_n-\boldsymbol{e}$）依分布收敛于一个多元正态分布的随机向量 $\boldsymbol{Z}$。

11.4 矩母函数

当我们考虑通过虚数轴估计一个随机变量 X 时，这就产生了该随机变量特征函数的一个特殊情况。这使我们能够通过下列公式定义一个新的函数：

$$\begin{aligned}\psi_X(u) = \phi_X(-\mathrm{i}u) &= E[\exp(-\mathrm{i}^2 uX)]\\ &= E[\exp(uX)]\\ &= \int_{\mathbb{R}} p(x)\exp(ux)\mathrm{d}x。\end{aligned}$$

当运用这个方程时，需要谨慎小心。可以从这个定义看出

当 $E[\exp(uX)]<\infty$ 且 $u\in\mathbb{R}$时，$\psi_X(u)$ 是有意义的

为了更加深入地研究这个命题，我们将指数函数进行级数展开（关于原点）可以得到下面表达式：

$$\begin{aligned}\psi_X(u) &= E\left(1+uX+\frac{u^2X^2}{2!}+\frac{u^3X^3}{3!}+\cdots\right)\\ &= 1+uE(X)+\frac{u^2}{2!}E(X^2)+\frac{u^3}{3!}E(X^3)+\cdots\\ &= \sum_{k=0}^{\infty}\frac{u^k}{k!}E(X^k) = \sum_{k=0}^{\infty}\left(\frac{u^k}{k!}\right)\times(X\text{ 的 }k\text{ 阶矩})。\end{aligned}\tag{11.17}$$

从上面的表达式可知：

当且仅当 X 的所有矩都是有限的，

对于某个 $\delta>0$，$u\in(-\delta, \delta)$，则 $\psi_X(u)$ 是有意义的。　　(11.18)

在这个情况下，我们可以对比 ψ_X（关于0）的泰勒展开式

$$\psi_X(u) = \sum_{k=0}^{\infty}\frac{u^k}{k!}\psi_X^{(k)}(0)$$

与式（11.17）来说明 X 的矩可以通过 ψ_X 计算，有

$$\mu_k = E(X^k) = \psi_X^{(k)}(0)\quad(k=0,1,\cdots)。$$

基于这个特殊性质，我们可以将 ψ_X 称为随机变量 X 的矩母函数。假设我们已经发现正态随机变量 $X\sim N(\mu, \sigma^2)$（式（11.16））的特征方程，那么可以轻松地确定其矩母函数，具体表达式为

$$\psi_X(u) = \phi_X(-\mathrm{i}u) = \exp\left(u\mu+\frac{\sigma^2u^2}{2}\right)。\tag{11.19}$$

11.5　对数正态分布

当一个随机变量 Y 的对数服从正态分布时，我们就称随机变量 Y 是服从对数正态分布的。换言之，如果 $X\sim N(\mu, \sigma)$，那么随机变量 Y 为

$$Y=\exp(X)$$

是服从对数正态分布的。

通过定义，我们可以立刻看出服从对数正态分布的随机变量是非负的，那么它们还具有其他怎样的性质呢?

通过考察当 $X\sim N(\mu, \sigma^2)$ 时，随机变量 $Y=\exp(X)$ 的分布来展开讨论。对

于任意的 $y \geqslant 0$，都有

$$
\begin{aligned}
F(y) = P\{Y \leqslant y\} &= P\{\exp(X) \leqslant y\} \\
&= P\{X \leqslant \log(y)\} \\
&= \frac{1}{\sigma\sqrt{2\pi}}\int_{-\infty}^{\log y}\exp\left(\frac{1}{2}\left(\frac{x-\mu}{\sigma}\right)^2\right)\mathrm{d}x。
\end{aligned}
$$

现在令

$$u = \exp(x)，即 x = \log u \Rightarrow \mathrm{d}x = \frac{\mathrm{d}u}{u},$$

通过积分变形，可得

$$F(y) = \frac{1}{\sigma\sqrt{2\pi}}\int_{-\infty}^{y}\exp\left(\frac{1}{2}\left(\frac{\log u-\mu}{\sigma}\right)^2\right)\frac{\mathrm{d}u}{u},$$

这使我们可以推出 Y 的概率密度为

$$
\begin{aligned}
p(y) &= \frac{1}{y\sigma\sqrt{2\pi}}\exp\left(-\frac{1}{2}\left(\frac{\log y-\mu}{\sigma}\right)^2\right) \\
&= \frac{1}{y\sigma\sqrt{2\pi}}\exp\left(-\frac{1}{2}\left(\frac{\log\left(\frac{y}{\exp(\mu)}\right)}{\sigma}\right)^2\right)。
\end{aligned}
\tag{11.20}
$$

对数正态分布的矩具有类似的表达式：

$$\mu_k = E(Y^k) = E[\exp(kX)]。$$

我们可以看出这个表达式的右边是当 $u = k$ 时 $X \sim N(\mu, \sigma^2)$ 的矩母函数 $\psi(u)$。与式（11.19）相联系，有

$$\mu_k = \exp\left(k\mu + \frac{\sigma^2k^2}{2}\right)。\tag{11.21}$$

我们可以利用这个发现来计算对数正态分布的前四个关键中心矩：

1）均值为

$$E(Y) = \mu_1 = \exp\left(\mu + \frac{\sigma^2}{2}\right)。\tag{11.22}$$

2）方差为

$$E[(Y-\mu_1)^2] = \mu_2 - \mu_1^2 = \exp(2\mu+\sigma^2)[\exp(\sigma^2)-1]。\tag{11.23}$$

3）三阶中心矩为

$$
\begin{aligned}
E[(Y-\mu)^3] &= E(Y^3) - 3E(Y^2)\mu + 2\mu^3 \\
&= \exp\left(3\mu + \frac{3\sigma^2}{2}\right)[\exp(3\sigma^2) - 3\exp(\sigma^2) + 2] \\
&= \exp\left(3\mu + \frac{3\sigma^2}{2}\right)(\exp(\sigma^2)-1)^2(\exp(\sigma^2)+2),
\end{aligned}
$$

所以偏度系数为

$$S(Y) = (\exp(\sigma^2)+2)\sqrt{\exp(\sigma^2)-1}。\tag{11.24}$$

4）四阶中心矩为

$$
\begin{aligned}
E[(Y-\mu)^4] &= E[Y^4]-4E[Y^3]\mu+6E[Y^2]\mu^2-3\mu^4 \\
&= \exp(4\mu+2\sigma^2)[\exp(6\sigma^2)-4\exp(3\sigma^2)+6\exp(\sigma^2)-3] \\
&= \exp(4\mu+2\sigma^2)(\exp(\sigma^2)-1)^2(\exp(4\sigma^2)+2\exp(3\sigma^2)+3\exp(2\sigma^2)-3)。
\end{aligned}
$$

所以峰度系数为

$$
\mathcal{K}(X)=\exp(4\sigma^2)+2\exp(3\sigma^2)+3\exp(2\sigma^2)-3。\tag{11.25}
$$

12 其他分布函数综述

在本章中，我们将会向读者介绍一组在风险管理、统计技术和金融模型的不同领域中很有用的概率分布。

12.1 Γ 分布（伽马分布）

在数学上存在大量的特殊函数。经常利用它们所拥有的特殊属性来简化解决看似复杂的问题。概率论中最常用的特殊函数是伽马函数，记为 $\Gamma(\cdot)$。定义为

$$\Gamma(\alpha)\int_0^{+\infty} x^{\alpha-1}\mathrm{e}^{-x}\mathrm{d}x \quad (\alpha > 0)。 \tag{12.1}$$

令

$$u(x)=\frac{x^{\alpha}}{\alpha}, v(x)=\mathrm{e}^{-x},$$

则有

$$u'(x)=x^{\alpha-1},\ v(x)=-\mathrm{e}^{-x}。$$

通过部分整合，可以推断出

$$\begin{aligned}\Gamma(\alpha) &= \int_0^{+\infty} u'(x)v(x)\mathrm{d}x \\ &= \int_0^{+\infty}\frac{\mathrm{d}}{\mathrm{d}x}(u(x)v(x))\mathrm{d}x - \int_0^{+\infty}u(x)v'(x)\mathrm{d}x \\ &= \underbrace{[u(x)v(x)]_{x=0}^{x\to\infty}}_{=0} + \int_0^{+\infty}\frac{x^{\alpha}}{\alpha}\mathrm{e}^{-x}\mathrm{d}x = \frac{\Gamma(\alpha+1)}{\alpha}。\end{aligned}$$

由此可知伽马函数满足如下等式：

$$\Gamma(\alpha+1)=\alpha\Gamma(\alpha)(\alpha>0)。 \tag{12.2}$$

进一步地，因为 $\Gamma(1)=1$，可以推断，如果 $\alpha=n$ 是一个非负整数，运用式(12.2)，有

$$\Gamma(n+1)=n\Gamma(n)=n(n-1)\Gamma(n-1)=\cdots=n!\ \Gamma(1)=n!,$$

即：伽马函数将我们熟悉的阶乘函数的适用范围从非负整数扩展到了所有的正实数。

递归性质表达式（12.2）在计算特殊值上的伽马函数是非常有用的，例如，给出 $\Gamma(1/2)$ 的值，我们可以很容易地计算出所有非负整数 n 对应的 $\Gamma(n+1/2)$。

注意到

$$\Gamma(1/2) = \int_0^{+\infty} \frac{e^{-x}}{\sqrt{x}}dx \quad (\text{现令 } x = \frac{y^2}{2} \Rightarrow dx = ydy)$$

$$= \frac{\sqrt{2}}{2}\int_{-\infty}^{+\infty} \exp\left(-\frac{y^2}{2}\right)dy = \frac{\sqrt{2}}{2}\sqrt{2\pi}\int_{-\infty}^{+\infty} \underbrace{\frac{1}{\sqrt{2\pi}}\exp\left(-\frac{y^2}{2}\right)}_{N(0,1)\text{的概率密度}}dy$$

$$= \sqrt{\pi}。$$

通过改变定义伽马函数的积分形式，我们可以得到伽马函数的其他表达式。例如，对变量作出如下变化：$x \mapsto \frac{x}{\lambda}$（$\lambda > 0$），则式（12.1）变为

$$\Gamma(\alpha) = \int_0^{+\infty} \frac{x^{\alpha-1}e^{-x/\lambda}}{\lambda^\alpha}dx(\alpha > 0)。$$

利用这一扩展表达式，可以定义，对一个固定的 $\alpha > 0$，

$$p(x) = \begin{cases} 0, x < 0, \\ \dfrac{x^{\alpha-1}e^{-x/\lambda}}{\Gamma(\alpha)\lambda^\alpha}, x \geqslant 0。\end{cases}$$

这个函数在整个实数范围中的积分等于 1，进一步地有

$$F(x) = \int_{-\infty}^{x} p(u)du = \int_0^x \frac{u^{\alpha-1}e^{-u/\lambda}}{\Gamma(\alpha)\lambda^\alpha}du \tag{12.3}$$

是一个连续的、严格递增函数，当 $x < 0$ 时，$F(x) = 0$；当 $x \to \infty$ 时，$F(x)$ 趋近于 1。因此，F 是一个分布函数，而且其导数 p 是相对应的概率密度。据此，我们给出了以下定义：

定义 12.1　一个非负随机变量 X 如果满足：

$$P\{X \leqslant x\} = \int_0^x \frac{u^{\alpha-1}e^{-u/\lambda}}{\Gamma(\alpha)\lambda^\alpha}du \quad (x \geqslant 0),$$

则满足伽马分布。变量 α 和 λ 分别指这一分布的形状和规模。

式（12.3）中定义的 F 是一个形状参数为 α、尺度参数为 λ 的伽马函数。一个伽马分布的随机变量 $X \sim \Gamma(\alpha, \lambda)$ 的特征函数的计算方法如下：

$$\phi_X(u) = \int_0^{+\infty} \exp(iux)\frac{x^{\alpha-1}\exp(-x/\lambda)}{\lambda^\alpha\Gamma(\alpha)}dx$$

$$= \frac{1}{\lambda^\alpha\Gamma(\alpha)}\int_0^{+\infty} \exp\left(x\left(iu - \frac{1}{\lambda}\right)\right)x^{\alpha-1}dx。$$

将 $v = -x\left(iu - \frac{1}{\lambda}\right)$ 代入上式，则上述积分变成

$$\phi_X(u) = \frac{1}{\lambda^\alpha\Gamma(\alpha)}\int_0^{+\infty} \exp(-v)\left(\frac{v}{-\left(iu - \frac{1}{\lambda}\right)}\right)^{\alpha-1}\frac{dv}{-\left(iu - \frac{1}{\lambda}\right)}$$

$$= \frac{1}{(1 - i\lambda u)^\alpha}\frac{1}{\Gamma(\alpha)}\underbrace{\int_0^{+\infty} \exp(-v)v^{\alpha-1}dv}_{=\Gamma(\alpha)(\text{根据式}(12.1))} \tag{12.4}$$

$$= \frac{1}{(1 - i\lambda u)^\alpha}。$$

X 的矩生成函数为

$$\psi_X(u)=\phi_X(-\mathrm{i}u)=\frac{1}{(1-\lambda u)^{\alpha}}。$$

ψ_X 的一阶导数为

$$\psi'_X(u)=\frac{\alpha\lambda}{(1-\lambda u)^{\alpha+1}}$$

令 $\mu=0$，可以得到 X 的均值，即 $E(X)=\psi'_X(0)=\alpha\lambda$。一般来说，我们有

$$E(X^k)=\psi_X^{(k)}(0)=\frac{\Gamma(\alpha+k)}{\Gamma(\alpha)}\lambda^k。$$

利用这些值，可以计算 $X\sim\Gamma$（α，λ）的方差，即

$$E[(X-\mu)^2]=E(X^2)-\mu^2=\alpha(\alpha+1)\lambda^2-\alpha^2\lambda^2=\alpha\lambda^2。$$

类似地，可以得到 X 的第三、第四中心矩，分别为

$$\begin{aligned}E[(X-\mu)^3]&=E(X^3)-3E(X^2)\mu+2\mu^3\\&=2\alpha\lambda^3\end{aligned}$$

和

$$\begin{aligned}E[(X-\mu)^4]&=E(X^4)-4E(X^3)\mu+6E(X^2)\mu^2-3\mu^4\\&=3\alpha(2+\alpha)\lambda^4。\end{aligned}$$

因此，运用这两个方程，我们获得了 $X\sim\Gamma(\alpha,\lambda)$ 的偏度系数和峰度系数，分别为

$$S(X)=\frac{2}{\sqrt{\alpha}},\mathcal{K}(X)=3+\frac{6}{\alpha}。\tag{12.5}$$

12.2 χ^2 分布（卡方分布）

开始对卡方分布的讨论之前，我们先考虑一个随机向量 $\boldsymbol{X}=(X_1,\cdots,X_n)^{\mathrm{T}}\in\mathbb{R}^n$，它的每个分量均为有相同方差的零均值正态随机变量，即

$$X_k\sim N(0,\sigma^2)(k=1,\cdots,n)。$$

我们已经在定理 11.2 中知道，$S_n=1^{\mathrm{T}}\boldsymbol{X}=X_1+\cdots+X_n$ 也是服从正态分布的，明确地说 $S_n\sim N$（0，$n\sigma^2$）。下一步我们要研究平方和所服从的分布，即：

随机变量 $Z_n=\boldsymbol{X}^{\mathrm{T}}\boldsymbol{X}=X_1^2+\cdots+X_n^2$ 服从什么分布？

我们从单个正态随机变量的平方所服从的分布着手思考这个问题，即令 $X\sim N(0,\sigma)$，$Z_1=X^2$。注意到，根据定义，Z_1 是一个非负随机变量，那么，对于任意 $Z>0$，都可以将这个分布正式地表示成为

$$\begin{aligned}F(z)&=P\{Z_1\leqslant z\}=P\{-\sqrt{z}\leqslant X\leqslant\sqrt{z}\}\\&=\frac{1}{\sigma\sqrt{2\pi}}\int_{-\sqrt{z}}^{\sqrt{z}}\exp\left(-\frac{1}{2}\left(\frac{x}{\sigma}\right)^2\right)\mathrm{d}x。\end{aligned}$$

令 $u=x/\sigma$，可以得到

$$F(z)=\frac{1}{\sqrt{2\pi}}\int_{-\sqrt{z}/\sigma}^{\sqrt{z}/\sigma}\exp\left(-\frac{u^2}{2}\right)\mathrm{d}u$$

$$=\Phi\left(\frac{\sqrt{z}}{\sigma}\right)-\Phi\left(-\frac{\sqrt{z}}{\sigma}\right)。$$

通过求 Z_1 关于 z 的微分，可以得到它的概率密度为

$$p(z)=\frac{z^{-1/2}}{2\sigma}\Phi'\left(\frac{\sqrt{z}}{\sigma}\right)+\frac{z^{-1/2}}{2\sigma}\Phi'\left(-\frac{\sqrt{z}}{\sigma}\right)$$

$$=\frac{z^{-1/2}}{2\sigma\sqrt{2\pi}}\exp\left(-\frac{1}{2}\frac{\sqrt{z}}{\sigma}\right)^2\Bigg)+\frac{z^{-1/2}}{2\sigma\sqrt{2\pi}}\exp\left(-\frac{1}{2}\left(-\frac{\sqrt{z}}{\sigma}\right)^2\right)$$

$$=\frac{z^{-1/2}}{\sigma\sqrt{2\pi}}\exp\left(-\frac{1}{2}\left(\frac{\sqrt{z}}{\sigma}\right)^2\right)。$$

因此，Z_1 的分布函数可以写为

$$F(z)=\int_0^z\frac{u^{-1/2}\mathrm{e}^{-u/2\sigma^2}}{\sqrt{\pi}\sqrt{2\sigma^2}}\mathrm{d}u。$$

如果令 $\lambda=2\sigma^2$，并代入伽马函数恒等式 $\Gamma(1/2)=\sqrt{\pi}$，可以将上式简化为

$$F(z)=\int_0^z\frac{u^{-1/2}\mathrm{e}^{-u/\lambda}}{\Gamma(1/2)\lambda^{1/2}}\mathrm{d}u。$$

对比上式和式（12.3），我们发现，Z_1 是一个服从伽马分布的特殊的随机变量，$Z_1\sim\Gamma(1/2,\ 2\sigma^2)$。为了强调这一发现的重要性，我们将 Z_1 命名为服从卡方分布，并写作

$$Z_1\sim\chi_1^2(\sigma^2)=\Gamma(1/2,2\sigma^2)。$$

根据上述发现，结合方程（12.4）可以立刻推断出，Z_1 的特征函数为

$$\phi_{Z_1}(u)=\frac{1}{(1-2\mathrm{i}\sigma^2u)^{1/2}}。$$

回到定理 11.1，我们可以直接推断出，更一般的随机变量 $Z_n=X_1^2+\cdots+X_n^2$ 的特征函数为 $\phi_{Z_n}(u)=\frac{1}{(1-2\mathrm{i}\sigma^2u)^{n/2}}$。我们发现，这个式子是符合 $\Gamma(n/2,\ 2\sigma^2)$ 分布的随机变量的特征函数（见式（12.4）），至此，我们能够对最初的问题进行一个完整的解答：

当 $(X_k)_{k=1}^n\sim N\ (0,\ \sigma^2)$ 且是独立的，若 $Z_n=X_1^2+\cdots+X_n^2$，

那么 $Z_n\sim\Gamma(n/2,\ 2\sigma^2)=\chi_n^2\ (\sigma)$。

所以我们说：

Z_n 是形状参数为 σ、自由度为 n 的卡方分布。　　（12.6）

这样一个随机变量的概率密度是

$$p_n(z)=\frac{z^{\frac{n}{2}-1}\mathrm{e}^{-z/2\sigma^2}}{(2\sigma^2)^{n/2}\Gamma(n/2)}。\tag{12.7}$$

在上一节中，我们推导出了一个服从伽马分布的随机变量的关键性描述统计量，即均值、方差、偏度和峰度。同样地，我们可以马上得到服从卡方分布的随机变量的描述统计量，因为卡方分布是一种特殊的伽马分布。这些特征都在以下定理中得到了体现。

定理 12.1 令 $Z_n \sim \chi_n^2(\sigma)$ 表示一个自由度为 n、形状参数为 σ 的卡方分布随机变量。Z_n 的均值、方差、偏度和峰度分别为

$$均值\ E(Z_n) = n\sigma^2,$$

$$方差\ E[(Z_n - n\sigma^2)^2] = 2n\sigma^4,$$

$$偏度\ S(Z_n) = \sqrt{\frac{8}{n}},$$

$$峰度\ \mathcal{K}(Z_n) = 3 + \frac{12}{n}。$$

最后指出，在实践中通常会使正态随机变量标准化，从而获得单位方差。具体来说，以下的替代定义也经常使用：

定义 12.2 令 $(X_k)_{k=1}^n$ 表示一个服从正态分布的独立随机变量序列，均值为零，即对 $k=1$，…，n，有 $X_k \sim N(0, \sigma_k^2)$。随机变量

$$Z_n = \left(\frac{X_1}{\sigma_1}\right)^2 + \cdots + \left(\frac{X_n}{\sigma_n}\right)^2$$

是一个自由度为 n、有单位形状参数的卡方分布随机变量，数学上用 $Z_n \sim \chi_n^2$ 表示。Z_n 的概率密度由公式（12.7）给出，且 $\sigma = 1$。

作为上述定义的补充，图 12.1 给出了不同自由度下标准化卡方分布的概率密度的图像。我们注意到，每个函数峰值的左边都要比右边更加陡峭，即图像是向右倾斜的。此外，自由度越高，概率密度的图像越扁平。

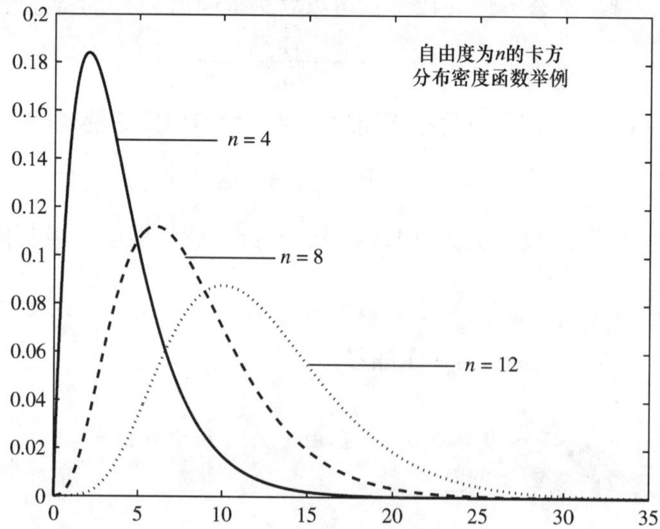

图 12.1 不同自由度下标准化卡方分布的概率密度图例

12.3 非中心卡方分布

假设我们有一个一般的正态随机变量 $X \sim N(\mu, \sigma^2)$，根据之前的章节我们知道

$$Z_1 = (X-\mu)^2 \sim \chi_1^2(\sigma)。$$

于是，我们提出下面的问题：

随机变量 $\widetilde{Z}_1 = X^2$ 是如何分布的？

和上节的思路一样，我们将 $\widetilde{Z}_1$ 的分布函数正式地表示为

$$\begin{aligned} F(z) &= P\{\widetilde{Z}_1 \leqslant z\} = P\{-\sqrt{z} \leqslant X \leqslant \sqrt{z}\} \\ &= \frac{1}{\sigma\sqrt{2\pi}}\int_{-\sqrt{z}}^{\sqrt{z}} \exp\left(-\frac{1}{2}\left(\frac{x-\mu}{\sigma}\right)^2\right)\mathrm{d}x。\end{aligned}$$

设 $u=(x-\mu)/\sigma$ 可以得到

$$\begin{aligned} F(z) &= \frac{1}{\sqrt{2\pi}}\int_{-(\sqrt{z}+\mu)/\sigma}^{(\sqrt{z}-\mu)/\sigma} \mathrm{epx}\left(-\frac{u^2}{2}\right)\mathrm{d}u \\ &= \Phi\left(\frac{\sqrt{z}-\mu}{\sigma}\right) - \Phi\left(-\left(\frac{\sqrt{z}+\mu}{\sigma}\right)\right) \\ &= \Phi\left(\frac{\sqrt{z}-\mu}{\sigma}\right) - \left(1-\Phi\left(\frac{\sqrt{z}+\mu}{\sigma}\right)\right)(\text{运用 } \Phi(-x) = 1-\Phi(x)) \\ &= 1 + \Phi\left(\frac{\sqrt{z}-\mu}{\sigma}\right) + \Phi\left(\frac{\sqrt{z}+\mu}{\sigma}\right)。\end{aligned}$$

通过求 $\widetilde{Z}_1$ 关于 z 的微分，可以得到它的概率密度为

$$\begin{aligned} p(z) &= \frac{1}{2\sigma\sqrt{z}}\left[\Phi'\left(\frac{\sqrt{z}-\mu}{\sigma}\right) + \Phi'\left(\frac{\sqrt{z}+\mu}{\sigma}\right)\right] \\ &= \frac{1}{2\sqrt{2\pi\sigma^2 z}}\left[\exp\left(-\frac{1}{2}\left(\frac{\sqrt{z}-\mu}{\sigma}\right)^2\right) + \exp\left(-\frac{1}{2}\left(\frac{\sqrt{z}+\mu}{\sigma}\right)^2\right)\right] \\ &= \frac{1}{\sqrt{2\pi\sigma^2 z}}\exp\left(-\frac{1}{2}\left(\frac{z+\mu^2}{\sigma^2}\right)\right)\left[\frac{\exp(\sqrt{z}\mu/\sigma^2) + \exp(-\sqrt{z}\mu/\sigma^2)}{2}\right]。\end{aligned}$$

由于任何 $x \in \mathbb{R}$ 的双曲余弦为

$$\cosh(x) = \frac{\mathrm{e}^x + \mathrm{e}^{-x}}{2} = 1 + \frac{x^2}{2!} + \frac{x^4}{4!} + \cdots + \frac{x^{2n}}{2n!} + \cdots,$$

据此，可以简化上式，从而得到

$$p(z) = \exp\left(-\frac{\mu^2}{2\sigma^2}\right)\exp\left(-\frac{z}{2\sigma^2}\right)\frac{\cosh(\sqrt{z}\mu/\sigma^2)}{\sqrt{2\pi\sigma^2 z}}(z \geqslant 0),$$

并由此计算 $\widetilde{Z}_1$ 的特征函数

$$\phi_{\tilde{Z}_1}(u)=\frac{\exp\left(-\frac{\mu^2}{2\sigma^2}\right)}{\sqrt{2\pi\sigma^2}}\int_0^{+\infty}\exp\left(-\left(\frac{1}{2\sigma^2}-\mathrm{i}u\right)x\right)\frac{\cosh(\sqrt{x}\mu/\sigma^2)}{\sqrt{x}}\mathrm{d}x。$$

令 $t=\sqrt{x}$，得

$$\phi_{\tilde{Z}_1}(u)=\sqrt{\frac{2}{\pi\sigma^2}}\exp\left(-\frac{\mu^2}{2\sigma^2}\right)\int_0^{+\infty}\exp\left(-\left(\frac{1}{2\sigma^2}-\mathrm{i}u\right)t^2\right)\cosh\left(\frac{\mu t}{\sigma^2}\right)\mathrm{d}t。$$

为了计算这一积分我们利用下面的恒等式：

$$\int_0^{+\infty}\exp(-\beta t^2)\cosh(\alpha t)\,\mathrm{d}t=\frac{1}{2}\sqrt{\frac{\pi}{\beta}}\exp\left(\frac{\alpha^2}{4\beta}\right)，其中\mathcal{R}(\beta)>0。$$

设

$$\alpha=\frac{\mu}{\sigma^2},\ \beta=\frac{1}{2\sigma^2}-\mathrm{i}u,$$

可以推断出

$$\begin{aligned}\phi_{\tilde{Z}_1}(u)&=\exp\left(\frac{\mathrm{i}\mu^2u}{1-2\mathrm{i}\sigma^2u}\right)\frac{1}{\sqrt{1-2\mathrm{i}\sigma^2u}}\\&=\exp\left(\frac{\mathrm{i}\mu^2u}{1-2\mathrm{i}\sigma^2u}\right)\times(\text{服从 }x_1^2(\sigma)\text{ 的随机变量的特征函数})\end{aligned}$$

上式中我们可以发现，$\tilde{Z}_1$ 是自由度为 1、形状参数为 σ 的普通卡方随机变量的一种变换，我们说，这样的一个变量是服从非中心卡方分布的，对此我们有下列定义：

定义 12.3 如果 $X\sim N(\mu,\sigma^2)$，那么说随机变量 X^2 是自由度为 1、形状参数为 σ、中心参数为 μ^2 的非中心卡方分布，数学上表示为

$$X\sim N(\mu,\sigma^2)\Rightarrow X^2\sim\chi_1^2(\sigma,\mu^2)。$$

再次利用定理 11.1 来推广这一发现。特别地，我们可以推断出，如果 $(X_k)_{k=1}^n$ 表示一个服从正态分布且方差一致的独立随机变量序列，即 $X_k\sim N(\mu_k,\sigma^2)$ $(k=1,\cdots,n)$，那么随机变量

$$\tilde{Z}_n=X_1^2+\cdots+X_n^2 \tag{12.8}$$

的特征函数为

$$\begin{aligned}\phi_{\tilde{Z}_n}(u)&=\exp\left(\frac{\mathrm{i}u\sum_{k=1}^n\mu_k^2}{1-2\mathrm{i}\sigma^2u}\right)\frac{1}{(1-2\mathrm{i}\sigma^2u)^{n/2}}\\&=\exp\left(\frac{\mathrm{i}u\sum_{k=1}^n\mu_k^2}{1-2\mathrm{i}\sigma^2u}\right)\times(\text{服从 }x_n^2(\sigma)\text{ 的随机变量的特征函数})。\end{aligned}$$

观察上式我们可以推广定义 12.4，使之适用于 n 个正态分布变量的和：

定义 12.4 如果 $X_k\sim N(\mu_k,\sigma^2)$ $(1\leqslant k\leqslant n)$ 是独立的，那么式（12.8）中给出的随机变量 $\tilde{Z}_n$ 是自由度为 n、形状参数为 σ、中心参数（或中心化）为 $\sum_{k=1}^n\mu_k^2$

的非中心卡方分布，数学上表示为

$$\widetilde{Z}_n \sim \chi_n^2\left(\sigma, \sum_{k=1}^{n}\mu_k^2\right)。$$

注意到，上述的定义都依赖于一个事实，即正态随机变量有相同的方差。如果我们放宽这一假设，即考虑

$$\widetilde{Z}_n = X_1^2 + \cdots + X_n^2, \text{这里 } X_k \sim N(\mu_k, \sigma_k^2)\ (k=1,\cdots,n)。$$

那么$\widetilde{Z}_n$所服从的分布就更难确定了。但是，总是可以将正态随机变量标准化，从而使它们都有单位方差。由此引入以下的替代定义：

定义 12.5　令 $(X_k)_{k=1}^n$ 表示一个独立同分布的正态分布的随机变量序列，$X_k \sim N(\mu_k, \sigma_k^2)\ (k=1, \cdots, n)$。

随机变量

$$\widetilde{Z}_n = \left(\frac{X_1}{\sigma_1}\right)^2 + \cdots + \left(\frac{X_n}{\sigma_n}\right)^2$$

是一个非中心卡方分布随机变量，其自由度为 n，具有单位形状参数，且中心参数为

$$\lambda = \left(\frac{\mu_1}{\sigma_1}\right)^2 + \cdots + \left(\frac{\mu_n}{\sigma_n}\right)^2, \text{在数学上表示为} \widetilde{Z}_n \sim \chi_n^2(\lambda)。$$

注意到当 $\lambda=0$ 时，这个变量与标准化卡方分布随机变量一致，因此有相同的概率密度。从图 12.2 我们观察到，随着非中心化参数 λ 增加，概率密度的峰值逐渐向右移动，且整体图像变得扁平。

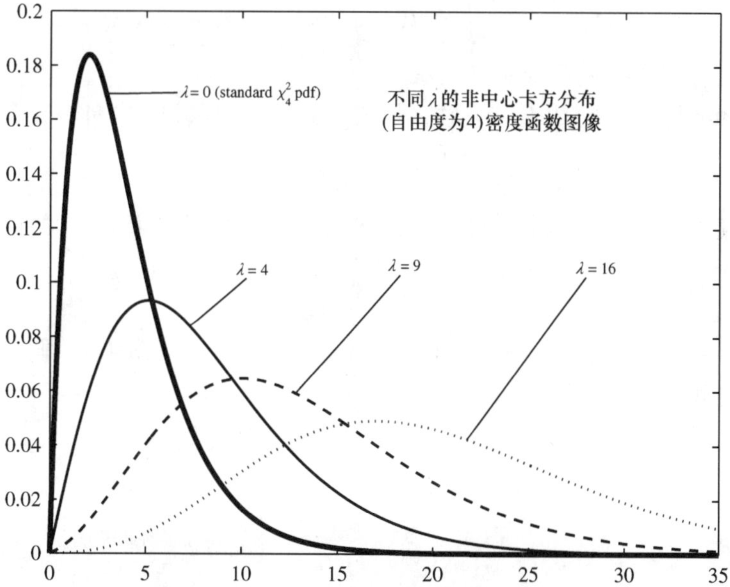

图 12.2　不同 λ 值的非中心卡方概率密度

12.4 F 分布

我们从 F 分布的定义开始：

定义 12.6 令 X 和 Y 表示两个独立的随机变量，使得 $X\sim\chi_n^2$，$Y\sim\chi_m^2$。我们说，随机变量

$$U=\frac{X/n}{Y/m}$$

服从自由度分别为 n，m 的 F 分布。通常写作 $U\sim F_{n,m}$。

为了更深入地探讨 F 分布，我们需要一个定理来有效地解决函数的积分问题。下面从两个角度来考虑这个问题，即大家熟悉的一维的情况及其在多维空间中的推广。

（1）一维情形下的积分和换元法

假设想要计算函数 $f:\mathbb{R}\to\mathbb{R}$ 在区间［a，b］上的积分，即计算

$$\int_a^b f(x)\,\mathrm{d}x。$$

很多情况下，我们可以通过换元将运算简化，从数学上来说即，将 x 当作关于变量 u 的函数 ϕ。一旦作了上述变换 $x=\phi$（u），那么上述积分就相应地变为

$$\begin{aligned}\int_a^b f(x)\,\mathrm{d}x &= \int_{\phi(a)}^{\phi(b)} f\circ\phi(u)\phi'(u)\,\mathrm{d}u \\ &= \int_{\phi(a)}^{\phi(b)} \tilde{f}(u)\phi'(u)\,\mathrm{d}u \quad (\tilde{f}=f\circ\phi)。\end{aligned} \tag{12.9}$$

（2）二维情形下的积分和换元法

假设想要计算函数 $f:\mathbb{R}^2\to\mathbb{R}$ 在区域 $\Omega_{xy}\subset\mathbb{R}^2$ 上的积分，即计算

$$\int_{\Omega_{xy}} f(x,y)\,\mathrm{d}x\mathrm{d}y。$$

同一维的情形一样，对上式进行换元，将 x 表示为关于变量 u，v 的函数 ϕ，将 y 表示为关于变量 u，v 的函数 ψ，即有

$$x=\phi(u,v),\ y=\psi(u,v)。$$

令 Ω_{uv} 表示原积分区域 Ω_{xy} 在 $\mathbb{R}^2$ 上经过 ϕ 和 ψ 映射的范围，类比一维的情况，可以将上述二维积分变为

$$\int_{\Omega_{xy}} f(x,y)\,\mathrm{d}x\mathrm{d}y = \int_{\Omega_{uv}} \tilde{f}(u,v)J(u,v)\,\mathrm{d}u\mathrm{d}v, \tag{12.10}$$

其中

$$\tilde{f}=f(\phi(u,v),\psi(u,v)),J(u,v)=\left|\frac{\partial\phi}{\partial u}\frac{\partial\psi}{\partial v}-\frac{\partial\phi}{\partial v}\frac{\partial\psi}{\partial u}\right|。 \tag{12.11}$$

通过比较式（12.10）和式（12.9），我们发现，J（u，v）在二维情形下的作用同 ϕ' 在一维情形下的作用是一致的，称之为原始坐标系（x，y）关于（u，v）的雅

可比行列式，通常表示为

$$J(u,v)=\det\begin{pmatrix}\partial\phi/\partial u & \partial\psi/\partial u\\ \partial\phi/\partial v & \partial\psi/\partial v\end{pmatrix}\text{的绝对值。}$$

下面的研究体现了换元法在概率论中的应用。

令 X 和 Y 表示两个连续型随机变量，其联合概率密度为 $p(x,\ y)$，如果 Ω_{xy} 为 $\mathbb{R}^2$ 的子集有

$$P\{(X,Y)\in\Omega_{xy}\}=\int_{\Omega_{xy}}p(x,y)\,\mathrm{d}x\mathrm{d}y\text{。}$$

创造一个新的随机变量 U，U 是 X 和 Y 的函数，即令

$$U=f(X,Y)\ (f:\mathbb{R}^2\to\mathbb{R})\text{。}$$

我们的目标是找到 U 的概率密度。要完成这一目标，至关重要的一步就是找到一个函数 $g:\mathbb{R}^2\to\mathbb{R}$，使得随机变量 $V=g(X,\ Y)$，通过 $X=\phi(U,\ V)$，$Y=\psi(U,\ V)$ 可以很容易地实现从 X，Y 到 U，V 的转换，其中 ϕ 和 ψ 是从$\mathbb{R}^2$ 到$\mathbb{R}$的连续映射。

令 q（u，v）表示（u，v）的联合概率密度，Ω_{uv} 表示 Ω_{xy} 经过 ϕ 和 ψ 在$\mathbb{R}^2$ 上的映射，然后，利用式（12.10）推出

$$\int_{\Omega_{xy}}p(x,y)\,\mathrm{d}x\mathrm{d}y=\int_{\Omega_{uv}}\underbrace{p(\phi(u,v),\psi(u,v))J(u,v)}_{q(u,v)}\,\mathrm{d}u\mathrm{d}v\text{。}$$

因此，（U，V）的联合概率密度为

$$q(u,v)=p(\phi(u,v),\psi(u,v))J(u,v)\text{。}\tag{12.12}$$

特别地，$U=f(X,\ Y)$ 的边缘概率为

$$p_U(u)=\int_{-\infty}^{+\infty}q(u,v)\,\mathrm{d}v\text{。}\tag{12.13}$$

现在我们可以运用这一方法推导一个服从 F 分布的随机变量的概率密度。我们有两个独立的随机变量 X 和 Y 满足

$$X\sim\chi_n^2,Y\sim\chi_m^2\text{。}$$

由于 X，Y 是独立的，可以立刻得到（X，Y）的联合概率密度 $p(x,\ y)$，即它们各自单变量概率密度的乘积

$$p(x,y)=\underbrace{\frac{\mathrm{e}^{-x/2}x^{\frac{n}{2}-1}}{2^{n/2}\Gamma(n/2)}}_{X\sim\chi_n^2\text{的概率密度}}\cdot\underbrace{\frac{\mathrm{e}^{-y/2}y^{\frac{m}{2}-1}}{2^{m/2}\Gamma(m/2)}}_{Y\sim\chi_m^2\text{的概率密度}}\text{。}$$

我们可以把这个服从 F 分布的随机变量看作是作用于 X 和 Y 的商函数，特别地，有

$$U=f(X,Y)=\frac{X/n}{Y/m}=\frac{m}{n}\cdot\frac{X}{Y}\text{。}$$

此外，定义

$$V=g(X,\ Y)=Y\text{。}$$

应用变换

$$\phi(u, v)=\frac{n}{m}uv$$

由于

$$\phi(U,V)=\frac{n}{m}U\cdot V=\frac{n}{m}\left(\frac{m}{n}\cdot\frac{X}{Y}\right)\cdot Y=X$$

可以很容易地实现从 U 和 V 到初始的随机变量 X 的转换。

同理，应用变换

$$\psi(u, v)=v$$

由于

$$\psi(U, V)=V=Y$$

很容易地实现从 U, V 到 Y 的转换。

回顾本节中微积分的内容，尤其是方程（12.12），我们可以发现（U, V）的联合概率密度为

$$q(u,v)=\frac{\left(\frac{n}{m}\right)^{\frac{n}{2}-1}}{2^{\frac{n+m}{2}}\Gamma\left(\frac{n}{2}\right)\Gamma\left(\frac{m}{2}\right)}\exp\left(-v\left(1+\frac{n}{m}u\right)\right)u^{\frac{n}{2}-1}v^{\frac{n+m}{2}-2}J(u,v)。$$

其中，$J(u, v)=\det\begin{pmatrix}\frac{nv}{m} & 0\\ \frac{nu}{m} & 1\end{pmatrix}=\frac{nv}{m}$的绝对值。

因此，对所有的 $u\in\mathbb{R}$和 $v\geqslant 0$,

$$q(u,v)=\frac{\left(\frac{n}{m}\right)^{\frac{n}{2}}}{2^{\frac{n+m}{2}}\Gamma\left(\frac{n}{2}\right)\Gamma\left(\frac{m}{2}\right)}\exp\left(-v\left(1+\frac{nu}{m}\right)\right)u^{\frac{n}{2}-1}v^{\frac{n+m}{2}-1}$$

现在，可以利用式（12.13）来最终推导出服从两自由度为 n, m 的 F 分布随机变量 U 的概率密度，即

$$p_{n,m}(u)=\frac{\left(\frac{n}{m}\right)^{\frac{n}{2}}}{2^{\frac{n+m}{2}}\Gamma\left(\frac{n}{2}\right)\Gamma\left(\frac{m}{2}\right)}u^{\frac{n}{2}-1}\int_0^{\infty}\exp\left(-v\left(1+\frac{nu}{m}\right)\right)v^{\frac{n+m}{2}-1}\mathrm{d}v。$$

利用恒等式

$$\int_0^{\infty}v^{a-1}\exp(-bv)\,\mathrm{d}v=\frac{1}{b^a}\Gamma(a)。$$

设

$$a=\frac{n+m}{2},\ b=1+\frac{nu}{m},$$

我们发现

$$
\begin{aligned}
p_{n,m}(u) &= \frac{\Gamma\left(\frac{n+m}{2}\right)}{\Gamma\left(\frac{n}{2}\right)\Gamma\left(\frac{m}{2}\right)} \frac{n}{m}\left(\frac{nu}{m}\right)^{\frac{n}{2}-1}\left(1+\frac{nu}{m}\right)^{-\left(\frac{n+m}{2}\right)} \\
&= \frac{\Gamma\left(\frac{n+m}{2}\right)}{\Gamma\left(\frac{n}{2}\right)\Gamma\left(\frac{m}{2}\right)} n^{\frac{n}{2}} m^{\frac{m}{2}} u^{\frac{n}{2}-1}(m+nu)^{-\left(\frac{n+m}{2}\right)} (u\in\mathbb{R})。
\end{aligned}
\tag{12.14}
$$

12.5 *t* 分布

同前几节一样，本节从 t 分布随机变量的定义开始讲解。

定义 12.7 令 X，Y 表示两个独立随机变量，使得 $X \sim N$ (0，1)，$Y \sim \chi_n^2$。我们说随机变量

$$T = \frac{X}{\sqrt{Y/n}}$$

服从自由度为 n 的 t 分布。

在我们深入研究 t 分布随机变量的性质之前，我们先观察两个简单的但至关重要的特征。

1）特征 1：t 分布随机变量的对称性。

从根本上来说，t 分布随机变量仅仅是两个独立随机变量的商，作为分子的随机变量 N (0，1) 是对称的，这意味着 t 分布本身也是对称的。

2）特征 2：t 分布随机变量的平方。

t 分布随机变量的平方有如下形式：

$$T^2 = \frac{X^2}{Y/n}$$

其中，

$$X \sim N(0,1), Y \sim \chi_n^2。$$

因为 $X^2 \sim \chi_1^2$，于是我们发现 T^2 是自由度为 1，n 的 F 分布随机变量，即 $T^2 \sim F_{1,n}$。

用 p_T 表示 t 分布随机变量的概率密度，我们的目标是推导出这个函数最接近的表达方式。首先，我们可以利用分布函数的一般性质得出

$$\int_{-t}^{t} p_T(x)\mathrm{d}x = P\{-t \leqslant T \leqslant t\} = P\{T^2 \leqslant t^2\} = P\left\{\frac{X^2}{Y/n} \leqslant t^2\right\}。$$

运用特征 1 推导出

$$\int_{-t}^{t} p_T(x)\mathrm{d}x = \int_0^{t^2} p_{1,n}(x)\mathrm{d}x。$$

其中 $p_{1,n}(x)$ 是一个 $F_{1,n}$ 随机变量的概率密度。对上述方程两边关于 t 求微分，得到

$$p_T(t)+p_T(-t)=2tp_{1,n}(t^2)。$$

t 分布的对称性意味着对所有的 $t\geqslant 0$ 都有 $p_T(t)=p_T(-t)$，从而可以推导出 $p_T(t)=tp_{1,n}(t^2)$。

利用式（12.14），令 $n=1$，$m=n$，我们最终推出 t 分布的概率密度为

$$p_T(x)=\frac{\Gamma\left(\frac{n+1}{2}\right)}{\Gamma\left(\frac{n}{2}\right)}\frac{1}{\sqrt{\pi n}}\left(1+\frac{x^2}{n}\right)^{-\left(\frac{n+1}{2}\right)}(x\in\mathbb{R})。\tag{12.15}$$

此外，用

$$t_n(x)=\int_{-\infty}^{x}p_T(u)\,\mathrm{d}u\tag{12.16}$$

来表示 T 的分布函数，可将上述推导总结为下面的定理：

定理 12.2 令 X，Y 表示一对独立随机变量，$X\sim N$（0、1），$Y\sim\chi_n^2$。新的随机变量

$$T=\frac{X}{\sqrt{Y/n}}$$

服从自由度为 n 的 t 分布。它的概率密度 p_T 见式（12.15），相应地，它的分布函数 t_n 见式（12.16）。

任何分布的前四阶矩提供了其相关的随机变量的有用信息，对 t 分布有

$$\text{如果 } T\sim t_n(n>4)\text{，那么}$$

$$E(T)=0\quad(\text{均值为 }0),$$

$$E(T^2)=\frac{n}{n-2},$$

$$E(T^3)=0\quad(t_n\text{ 关于 0 点对称}),$$

$$E(T^4)=\frac{3n^2}{(n-2)(n-4)}\quad\left(\mathcal{K}(T)=3\frac{n-2}{n-4}>3\right)。$$

为了保证 T 的前四阶矩存在，条件 $n>4$ 是必要的。事实上，一个自由度为 n 的 t 分布随机变量最多有 $n-1$ 阶矩。图 12.3 中是不同自由度下的标准化 t 分布概率密度表达式（12.15）的图像。我们注意到，这一分布是关于 0 点对称的，随着自由度 n 增加，其原点处的峰值越高，尾部衰减得更快。

本节最后，我们讨论 t 分布在多维空间中推广的定义。

定义 12.8 令 $t=(t_1,\ \cdots,\ t_d)^{\mathrm{T}}\in\mathbb{R}^d$ 表示一个 d 维随机向量，其均值向量和协方差矩阵分别为

$$\boldsymbol{e}=E(\boldsymbol{t})\text{ 和 }\boldsymbol{V}=E[(\boldsymbol{t}-\boldsymbol{e})(\boldsymbol{t}-\boldsymbol{e})^{\mathrm{T}}]$$

如果这个向量有如下形式：

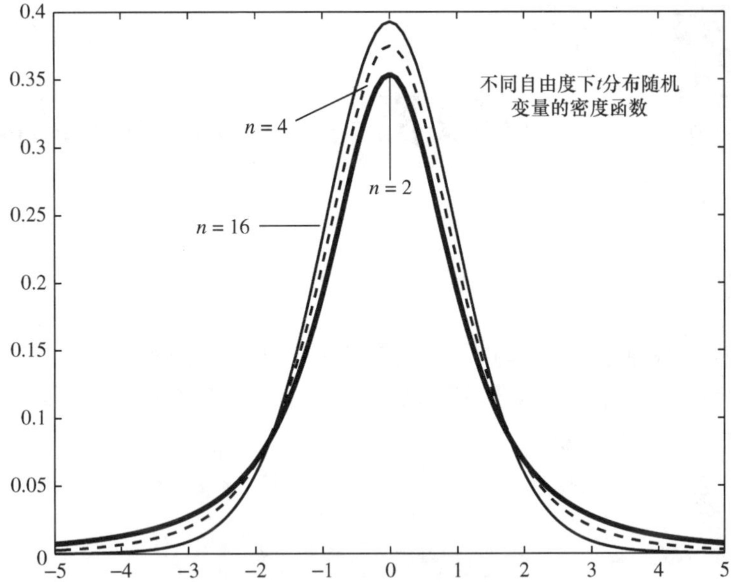

图 12.3　不同自由度下 t 分布随机变量的概率密度

$$p(\boldsymbol{t})=\frac{\Gamma\left(\frac{n+d}{2}\right)}{(\pi d)^{n/2}\Gamma\left(\frac{n}{2}\right)}\frac{1}{\sqrt{|\det(\boldsymbol{\Sigma})|}}\left(1+\frac{(\boldsymbol{t}-\boldsymbol{e})^{\mathrm{T}}\boldsymbol{\Sigma}^{-1}(\boldsymbol{t}-\boldsymbol{e})}{n}\right)^{\frac{n+d}{2}}。$$

则说它有自由度为 $n>2$ 的多元 t 分布。其中方差矩阵 $\boldsymbol{\Sigma}=\frac{1}{n/(n-2)}\boldsymbol{V}\in\mathbb{R}^{d\times d}$ 是协方差矩阵的扩展，其每个对角元素都等于 1。

13 金融衍生品的速成课

在本书中，我们到目前为止的讨论都是基于仅包含基础金融资产，例如股票的投资组合。例如，我们有 n 种这样的资产，在第 i 种资产 S_i，$1 \leqslant i \leqslant n$ 上我们选择购买（或卖空）α_i 份，这样我们就可以构建一个投资组合，因此，在 t 时，该组合的价值就是如下线性组合：

$$V_{\text{lin}}(t) = \sum_{i=1}^{n} \alpha_i S_i(t)。$$

然而，在现实生活中，金融风险管理者更可能会面对包含有更复杂的衍生产品的投资组合。因此，不同于上面的线性组合，我们现在面临的就是形式如下的投资：

$$V_{\text{non}}(t) = \sum_{i=1}^{n} \alpha_i g_i(S_i(t))。$$

其中，每一个 g_i 都是基础资产（有些情况下可能多个资产）的非线性函数。

如果提前已知衍生品定价函数的形式，即已知 $\{g_i\}_{i=1}^{n}$，这样才能解决非线性投资组合的风险问题。本章旨在为衍生品定价背后的巨大挑战打下坚实的数学基础。为让所讲解的内容更加紧凑与简洁，我们将只关注普通衍生产品，并且我们会更加关注经济学解释，而不是严格的数学推导。对于想要进行更深入学习的读者，建议参考以下作者的书目：Higham（2004），Joshi（2005），Neftci（1996），Wilmott 等（1995）。

13.1 Black – Scholes 定价公式

在本章，我们将会给出普通欧式期权定价的理论框架。这种期权是一种关于基础资产 $S(t)$ 的合约，在时间 t 经过协商达成。其中一方，称为合约的卖方，同意给另一方，称为期权的买方，收到未来收益的机会，收益的价值取决于基础资产在未来时间 T 和执行价格 K 的水平。如果令 $g(S, t)$ 表示在时间 t 的期权价值，则可以写作

$$g(S,T) = \text{payoff}(S(T),K)。$$

欧式期权的经典例子是普通看涨期权，它为持有者提供的是在未来某一时间 T 以执行价格 K 购买该资产的权利，而不是义务，其中 T 为期权的到期日或执行日。

如果期权持有者在时间 t 买入期权，则他需要支付市场价格，我们记为 $g_c(S, t)$。这项预付的支出可以看作是在时间 T 收到一笔潜在有利收益的机会溢价，即

$$g_c(S,T) = \max\{S(T) - K, 0\}。$$

注意到，对于给予买方在未来以固定价格卖出一项资产的权利（不是义务）的期权，我们通常称之为看跌期权，将其在时间 t 的价值记为 $g_p(S, t)$。看跌期权的收益结构为

$$g_p(S,T) = \max\{K - S(T), 0\} = -g_c(S,T)。$$

很显然，当时间在区间 $[t, T]$ 上变化时，欧式看涨期权与欧式看跌期权也会出现波动。这两种金融产品都可以看作其基础风险资产价格变化路径的函数。

在20世纪70年代早期，Fischer Black 与 Myron Scholes 发表了非常著名的股票期权定价公式 Black - Scholes 模型（1973）。他们推导公式的思路大概如下：

1）对于一项特定资产价格的变化提出接近现实情况且可以进行计算的模型。

2）对于非线性函数（表示一个期权的价格）给出二阶近似，该函数的值取决于基础资产的价格。

3）说明可以构建包含期权以及基础资产的投资组合，且该组合的风险为零。

4）利用无套利推导出期权价格满足的偏微分方程（PDE）。

5）对 PDE 设置合理的边界条件，并求解期权价格。

6）利用期权定价公式研究衍生品的价值如何随着基础经济变量的变化而改变。

13.1.1 关于资产回报的模型

在正式讨论 Black - Scholes 模型之前，我们需要先建立一个能够模仿基础资产价格变化的数学模型。假设我们已知在当前时间 t 的价格为 $S(t)$。我们要做的第一步就是给出在时间 $t+\Delta t$ 时的价格，如下：

$$S(t+\Delta t) = S(t) + \varepsilon。$$

其中，ε 是一个随机变量，我们将其看作使得 $S(t)$ 上升或下降至 $S(t+\Delta t)$ 的随机冲击。假设 ε 服从标准正态分布，写作

$$\Delta S = S(t+\Delta t) - S(t) = \varepsilon \sim N(0,1)。\tag{13.1}$$

当然我们不能指望式（13.1）是所有资产的真实模型。在现实情况中，我们知道：

1）有些资产比其他资产的波动性更大；

2）大多数资产价格都有漂移性，即尽管存在波动性，但通常在长期存在总体趋势。

3）当时间间隔 Δt 变大，我们对于未来资产价格的可能范围变得更加不确定。

接下来，我们将会对上述要点进行逐一说明，作为回答，我们用以下方式对模

型进行改善：

$$\Delta S=\varepsilon \Rightarrow \Delta S=\sigma_S\varepsilon \text{（存在资产的波动性）}$$

$$\Rightarrow \Delta S=\mu_S\Delta t+\sigma_S\varepsilon \text{（存在确定的趋势）}$$

$$\Rightarrow \Delta S=\mu_S\Delta t+\sigma_S\sqrt{\Delta t}\varepsilon \text{（存在长期的不确定性）}$$

注意到我们选择将波动性乘以 $\sqrt{\Delta t}$，使得资产的方差在时间维度上是线性的。

修正后的模型的主要问题是它有可能产生负的（或者为零的）资产价格。为克服这一问题，我们决定对回报而不是价格进行建模，在这种情况下，我们给出：

$$\Delta S=S(t)(\mu\Delta t+\sigma\Delta W),\text{其中},\Delta W=\sqrt{\Delta t}\varepsilon,\varepsilon\sim N(0,1)\text{。} \tag{13.2}$$

注意到在上面的模型中，我们将 μ 和 σ 当作是资产回报的漂移率和波动性，而不是资产价格的相关项。

现在，我们可以将式（13.2）看作是资产回报的一个初始模型，它包括一个确定漂移部分 $\mu\Delta t$ 和一个由随机变量 ΔW 驱动的随机部分。ΔW 的均值和方差如下所示：

$$E(\Delta W)=E(\sqrt{\Delta t}\varepsilon)=0,\mathrm{var}(\Delta W)=E(\Delta t\varepsilon^2)=\Delta t\text{。}$$

同理，对于 $(\Delta W)^2$，有

$$E[(\Delta W)^2]=\mathrm{var}(\Delta W)=\Delta t,$$

且

$$\mathrm{var}((\Delta W)^2)=E[\Delta t^2(\varepsilon^2-1)^2]=\Delta t^2E[(\varepsilon^2-1)^2]=2(\Delta t)^2\text{。}$$

上述信息告诉我们当时间间隔 Δt 变小，随机变量 $(\Delta W)^2$ 的方差会迅速趋近于零。为了说明迅速的程度，我们考虑以下时间间隔：

$$\Delta t=1\text{ 天}=\frac{1}{365}\Rightarrow \mathrm{var}((\Delta W)^2)=1.5\times10^{-5},$$

$$\Delta t=1\mathrm{h}=\frac{1}{24\times365}\Rightarrow \mathrm{var}((\Delta W)^2)=2.6\times10^{-8},$$

$$\Delta t=1\mathrm{s}=\frac{1}{60\times24\times365}\Rightarrow \mathrm{var}((\Delta W)^2)=7.2\times10^{-12}\text{。}$$

我们已经发现当 Δt 缩小时，$(\Delta W)^2$ 越来越趋向于一个常数。事实上，对于无限小的时间间隔，可以得到

$$\mathrm{d}W_t=\varepsilon\sqrt{\mathrm{d}t}, \tag{13.3}$$

且

$$(\mathrm{d}W_t)^2=2\mathrm{d}t\text{。} \tag{13.4}$$

为表述完整，我们观察到该模型的连续形式为

$$\mathrm{d}S=S(t)(\mu\mathrm{d}t+\sigma\mathrm{d}W_t),\text{其中 }\mathrm{d}W_t=\varepsilon\sqrt{\mathrm{d}t}\text{。} \tag{13.5}$$

13.1.2 二阶近似

从数学的视角出发，我们知道衍生产品无非就是基础资产 $S(t)$ 的非线性函

数，我们记为 g。在本节，我们假设基础资产按照模型式（13.5）的方式进行变化，我们的目标是推导出一个有用的近似结果，它能够表达衍生品价值随基础资产价格变化的函数。

在讨论的开始，我们假设 g（S，t）的一阶导数与二阶导数都是关于 S 和 t 的连续函数。如果我们简单地忽略 S 是一个随机过程，那么就可以给出一个完全可以接受的关于 g 的二阶近似：

$$\mathrm{d}g(S,t)=\frac{\partial g}{\partial t}\mathrm{d}t+\frac{\partial g}{\partial S}\mathrm{d}S+\frac{1}{2}\left(\frac{\partial^2 g}{\partial t^2}(\mathrm{d}t)^2+2\frac{\partial^2 g}{\partial S\partial t}\mathrm{d}S\mathrm{d}t+\frac{\partial^2 g}{\partial S^2}(\mathrm{d}S)^2\right)。$$

如果省略掉所有 $\mathrm{d}t$ 的高阶项，则有

$$\mathrm{d}g(S,t)=\frac{\partial g}{\partial t}\mathrm{d}t+\frac{\partial g}{\partial S}\mathrm{d}S+\frac{\partial^2 g}{\partial t\partial S}\mathrm{d}t\mathrm{d}S+\frac{1}{2}\frac{\partial^2 g}{\partial S^2}(\mathrm{d}S)^2。$$

现在我们来处理随机项，从混合二阶导数开始，我们可以发现

$$\begin{aligned}\mathrm{d}S\mathrm{d}t&=(\mu S\mathrm{d}t+\sigma S\mathrm{d}W_t)\mathrm{d}t\\&=\mu S(\mathrm{d}t)^{3/2}+\sigma S\mathrm{d}W_t\mathrm{d}t\\&=\mu S(\mathrm{d}t)^{3/2}+\sigma S\varepsilon\sqrt{\mathrm{d}t}\mathrm{d}t(\text{应用式}(13.3))\\&=S(\mu+\sigma\varepsilon)(\mathrm{d}t)^{3/2}。\end{aligned}$$

可以忽略展开式中的 $\mathrm{d}s\mathrm{d}t$ 这一项，因为它是 $\mathrm{d}t$ 的高阶项。

现在，对于单纯的二阶导数项，我们发现

$$\begin{aligned}(\mathrm{d}S)^2&=(\mu S\mathrm{d}t+\sigma S\mathrm{d}W_t)^2\\&=\mu^2S^2(\mathrm{d}t)^2+2\mu\sigma S^2\mathrm{d}t\mathrm{d}W_t+\sigma^2S^2(\mathrm{d}W_t)^2\\&=\underbrace{\mu^2S^2(\mathrm{d}t)^2+2\mu\sigma S^2\varepsilon(\mathrm{d}t)^{3/2}}_{\text{忽略d}t\text{的高阶项}}+\sigma^2S^2\mathrm{d}t。\text{应用式}(13.3)\text{和式}(13.4)\end{aligned}$$

将上面的结果综合起来，二阶近似变为

$$\mathrm{d}g(S,t)=\left(\frac{\partial g}{\partial t}+S\mu\frac{\partial g}{\partial S}+\frac{\sigma^2S^2}{2}\frac{\partial^2 g}{\partial S^2}\right)\mathrm{d}t+S\sigma\frac{\partial g}{\partial S}\mathrm{d}W_t。\tag{13.6}$$

上述推导的公式为 Itô（伊藤）公式。Itô公式是一个基本结果且具有非常重要的意义，因为它定义了随机变量的微分应该如何处理，实际上它是我们熟知的链式法则的随机版本。

下面给出一个关于 Itô公式的典型例子，取 $g(S,t)=\log S$，即我们考虑股票价格的对数。在这种情况下，有

$$\frac{\partial g}{\partial t}=0,\frac{\partial g}{\partial S}=\frac{1}{S},\frac{\partial^2 g}{\partial S^2}=-\frac{1}{S^2}。$$

则式（13.6）告诉我们

$$\mathrm{d}\log(S,t)=\left(\mu-\frac{\sigma^2}{2}\right)\mathrm{d}t+\sigma\mathrm{d}W_t。$$

上式用积分形式表达将会更容易理解，于是，令 u 表示时间积分的虚拟变量，

则有

$$\int_t^{t+\tau} \mathrm{d}\log(S,u) = \int_t^{t+\tau}\left(\mu - \frac{\sigma^2}{2}\right)\mathrm{d}u + \sigma\int_t^{t+\tau} \mathrm{d}W_u,$$

或者等价地，

$$\log\left(\frac{S(t+\tau)}{S(t)}\right) = \left(\mu - \frac{\sigma^2}{2}\right)\tau + \sigma \underbrace{\int_t^{t+\tau}\mathrm{d}W_u}_{=\Delta W_t = W_{t+\tau}-W_t}$$

$$= \left(\mu - \frac{\sigma^2}{2}\right)\tau + \sigma\sqrt{\tau}\varepsilon,\text{其中 }\varepsilon \sim N(0,1)\text{。}$$

等式两边进行指数运算并同时乘以 $S(t)$，我们可以发现

$$S(t+\tau) = S(t)\exp\left[\left(\mu - \frac{\sigma^2}{2}\right)\tau + \sigma\sqrt{\tau}\varepsilon\right]\text{。} \tag{13.7}$$

注意到，因为方括号中的项（指数函数的变量）是服从正态分布的，我们称资产的未来价值 $S(t+\tau)$ 是服从对数正态分布的。在之前的章节中已经介绍过对数正态分布，应用已知的性质可得

$$E[S(t+\tau)] = S(t)\exp\left[\left(\mu + \frac{\sigma^2}{2}\right)\tau\right], \tag{13.8}$$

且

$$\mathrm{var}(S(t+\tau)) = (S(t))^2\exp(2\mu)(\exp(\sigma^2\tau)-1)\text{。} \tag{13.9}$$

13.1.3 Black – Scholes 公式

这一部分的目标是提供一个快速求出适用于欧式看涨期权的公允价值。这里应用著名的 Black – Scholes 公式的方法。我们从设定符号表示法开始。假定一个公司或者个人投资者在 $t=0$ 设定期权合约。正如我们所知道的那样，这个合约提供了买一项资产的权利，但是不是义务，资产的价格根据式（13.5）推导出来，在未来的时间 T 会有执行价格 K。无风险利率，假定为常数，用 r 来表示。我们开始分析在任何时间 $t\in[t_0,\ T]$ 一个投资组合的价值：

$$\Pi(S,t) = g_c(S,t) - \delta_t S_t,$$

即投资组合包括持有：

1）多头头寸的看涨期权的标的资产价值用 $g_c(S,\ t)$ 来表示；

2）加一个空头头寸的 δt 股票（这个数字不断变化）。

使用 Itô公式（13.6），我们可以推导出投资组合价值无穷小的变化量为

$$\begin{aligned}\mathrm{d}\Pi(S,t) &= \mathrm{d}g_c(S,t) - \delta_t\mathrm{d}S_t\\ &= \left(\frac{\partial g_c}{\partial t} + S\mu\frac{\partial g_c}{\partial S} + \frac{\sigma^2S^2}{2}\frac{\partial^2 g_c}{\partial S^2}\right)\mathrm{d}t + S\sigma\frac{\partial c}{\partial S}\mathrm{d}W_t - S\delta_t(\mu\mathrm{d}t + \sigma\mathrm{d}W_t)\\ &= \left(\frac{\partial g_c}{\partial t} + \mu S\left(\frac{\partial g_c}{\partial S} - \delta_t\right) + \frac{\sigma^2S^2}{2}\frac{\partial^2 g_c}{\partial S^2}\right)\mathrm{d}t + S\sigma\left(\frac{\partial g_c}{\partial S} - \delta_t\right)\mathrm{d}W_t\text{。}\end{aligned}$$

从这个推导过程中，我们可以看到投资组合可以做到完全无风险，只要保证下面的条件：

$$\delta_t = \frac{\partial g_c}{\partial S} \tag{13.10}$$

在任何时候都成立，在这种情况下，我们有一个完全确定的投资组合，其价格是以下微分方程的解：

$$\frac{\mathrm{d}\Pi}{\mathrm{d}t}(S,t) = \frac{\partial g_c}{\partial t} + \frac{\sigma^2 S^2}{2}\frac{\partial^2 g_c}{\partial S^2}。 \tag{13.11}$$

假设在金融市场不存在套利机会，所以，无风险投资组合的价格应该与到期日为 T 的无风险债券相同，即它应该满足以下条件：

$$\frac{\mathrm{d}\Pi}{\mathrm{d}t}(s,t) = r\Pi(S,t)。 \tag{13.12}$$

其中，r 表示目前的无风险利率，我们假设它为常数。我们可以推导出来的一个直接结果是，通过比较式（13.11）和式（13.12）可得

$$r\left(g_c(S,t) - \frac{\partial g_c}{\partial S}S(t)\right) = \frac{\partial g_c}{\partial t} + \frac{\sigma^2 S^2}{2}\frac{\partial^2 g_c}{\partial S^2},$$

重新改写后，就可以得到 Black - Scholes 模型对于欧式看涨期权的偏微分方程：

$$\frac{\partial g_c}{\partial t} + \frac{\sigma^2 S^2}{2}\frac{\partial^2 g_c}{\partial S^2} + rS\frac{\partial g_c}{\partial S} - rg_c = 0。 \tag{13.13}$$

为了找到上述 PDE 的唯一解，我们需要指定它的边界条件。

1）时间的边界条件

理论上欧式看涨期权交易在到期日 T 之前一直是活跃的，它的价值是由其最终支付函数来决定的：

$$g_c(S,T) = \max\{S(T) - K, 0\}。 \tag{13.14}$$

2）资产价值的边界条件

在理论上，基础资产的价格可以降低至零；在这种情况下，股票的价值和期权的价值都是零。另一方面，在理论上，股价的上涨空间可能没有上限。则在假设的情况下，$S(t)$ 是没有束缚的，那么相应的期权价格也将与它一起上涨。在数学术语中，将这些极端情况写作

$$g_c(0,t) = 0 \text{ 且 } g_c(S,t) \to S(t), \text{当 } S(t) \to \infty \text{ 时。} \tag{13.15}$$

看涨期权的价格可以完全通过求解式（13.13）受限于边界条件式（13.14）和式（13.15）的 PDE 得出。在任何一本关于金融衍生品的课本中都可以找到其具体推导过程，最终的公式为

$$g_c(S,t) = S(t)\Phi(d_1) - K\exp(-r(T-t))\Phi(d_2)。 \tag{13.16}$$

其中，Φ 表示标准正态分布函数，d_1 和 d_2 由以下公式给出：

$$d_1=\frac{\log\left(\frac{S(t)}{K}\right)+\left(r+\frac{\sigma^2}{2}\right)(T-t)}{\sigma\sqrt{T-t}},\tag{13.17}$$

$$d_2=\frac{\log\left(\frac{S(t)}{K}\right)+\left(r-\frac{\sigma^2}{2}\right)(T-t)}{\sigma\sqrt{T-t}}=d_1-\sigma\sqrt{T-t}。\tag{13.18}$$

用相同的表示方法，欧式看跌期权可以表示为

$$g_p(S,t)=K\exp(-r(T-t))\Phi(-d_2)-S(t)\Phi(-d_1)。\tag{13.19}$$

13.2 风险中性定价

在 Black - Scholes 欧式期权 PDE 的推导中最惊人的一点是它其中没有包括基础资产的漂移率μ，因此期权的价格与漂移率也是不相关的。换句话说，漂移参数在最终的定价公式中没有出现的原因是 Black - Scholes 价格是在风险中性的理论框架下计算出来的。为了进一步说明这一点，我们进行如下考虑:

1）真实世界中未来事件发生的可能性由真实概率测度 P 来量化。在我们研究的情况下，关键随机变量是资产的未来价值，根据我们的模型表达式（13.7），该资产的未来价值变动是根据下式变动的:

$$S(t+\tau)=S(t)\exp(X(\tau)),\text{其中 } X(\tau)\sim N(\mu_*,\sigma_*^2),$$

其中

$$\mu_*=\left(\mu-\frac{\sigma^2}{2}\right)\tau,\sigma_*^2=\sigma^2\tau。\tag{13.20}$$

$X(\tau)$的概率密度为

$$p(x)=\frac{1}{\sigma_*\sqrt{2\pi}}\exp\left[-\frac{1}{2}\left(\frac{x-\mu_*}{\sigma_*}\right)^2\right]。$$

现在，应用式（11.19），$X(\tau)$的矩母函数为

$$E_P\{\exp(uX(\tau))\}=\int_{\mathbb{R}}\exp(ux)p(x)\mathrm{d}x=\exp\left(\mu_*u+\frac{\sigma_*^2u^2}{2}\right)。$$

重新改写上述表达式，可得

$$\int_{\mathbb{R}}\underbrace{\exp\left[u(x-u_*)-\frac{\sigma_*^2u^2}{2}\right]p(x)}_{=q(x)}\mathrm{d}x=1。$$

2）上述推导过程可给出一个新的概率密度 q，经过一系列代数的变换可以表示为

$$q(x)=\frac{1}{\sqrt{2\pi}\sigma_*}\exp\left[-\frac{1}{2}\left(\frac{x-\mu_*-\mu\sigma_*^2}{\sigma_*}\right)^2\right]。$$

我们发现该函数为随机变量 $X(\tau)+u\sigma_*^2$ 的概率密度。

总之，我们已经说明了将原始概率测度 P 变换为一个新的概率测度 Q 的有用技巧。这种变换使得在 P 下的随机变量均值发生变化，特别地，有

$$\text{在原始概率测度 } P \text{ 下，有 } X(\tau) \sim N\left(\left(\mu - \frac{\sigma^2}{2}\right)\tau, \sigma^2\tau\right)。$$

$$\text{在新的概率测度 } Q \text{ 下，有 } X(\tau) \sim N\left(\left(\mu - \frac{\sigma^2}{2} + u\sigma^2\right)\tau, \sigma^2\tau\right)。$$

令

$$u = \frac{r-\mu}{\sigma^2},$$

我们发现

$$\text{在 } Q \text{ 下，有 } X(\tau) \sim N\left(\left(r - \frac{\sigma^2}{2}\right)\tau, \sigma^2\tau\right),$$

即我们已经消除了漂移项。在这种情况下，称 Q 为风险中性概率测度。

可以说明欧式看涨期权在时间 t 的价值可以经过以下两个步骤进行计算：

1）在风险中性概率测度 Q 下计算期权收益的期望价值；

2）对风险中性收益进行折现以得到期权的现值。

在这种情形下，风险中性概率密度为

$$q(x) = \frac{1}{\sqrt{2\pi(T-t)}\sigma}\exp\left(-\frac{1}{2}\left(\frac{x-(r-\sigma^2/2)(T-t)}{\sigma\sqrt{T-t}}\right)^2\right),$$

在到期日的支付函数为

$$\max\{S(T)-K,0\} = S(t)\max\left\{\exp(X(T-t)) - \frac{K}{S(t)},0\right\}。$$

风险中性概率测度 Q 下其预期值给定如下：

$$\begin{aligned}
&S(t)E_Q\left[\max\left\{\exp(X(T-t)) - \frac{K}{S(t)},0\right\}\right] \\
&= S(t)\int_{\mathbb{R}}\max\left\{\exp(x) - \frac{K}{S(t)},0\right\}q(x)\,\mathrm{d}x \\
&= \frac{S(t)}{\sqrt{2\pi(T-t)}\sigma}\int_{-\log\frac{S(t)}{K}}^{+\infty}\exp(x)\exp\left(-\frac{1}{2}\left(\frac{x-(r-\frac{\sigma^2}{2}(T-t)}{\sigma\sqrt{T-t}}\right)^2\right)\mathrm{d}x - \\
&\quad \frac{K}{\sqrt{2\pi(T-t)}\sigma}\int_{-\log\frac{S(t)}{K}}^{+\infty}\exp\left(-\frac{1}{2}\left(\frac{x-(r-\frac{\sigma^2}{2})(T-t)}{\sigma\sqrt{T-t}}\right)^2\right)\mathrm{d}x。
\end{aligned}$$

可以容易证得

$$\exp(x)\exp\left(-\frac{1}{2}\left(\frac{x-\left(r-\frac{\sigma^2}{2}\right)(T-t)}{\sigma\sqrt{T-t}}\right)^2\right)$$

$$=\exp(r(T-t))\exp\left(-\frac{1}{2}\left(\frac{x-\left(r+\frac{\sigma^2}{2}\right)(T-t)}{\sigma\sqrt{T-t}}\right)^2\right)。$$

基于此，令 $z=\dfrac{x-\left(r\pm\frac{\sigma^2}{2}\right)(T-t)}{\sigma\sqrt{T-t}}$，可以得到风险中性概率测度下的预期到期收益为

$$S(t)\exp(r(T-t))\underbrace{\frac{1}{\sqrt{2\pi}}\int_{-d_1}^{+\infty}\exp\left(-\frac{z^2}{2}\right)\mathrm{d}z}_{=1-\Phi(-d_1)}-K\underbrace{\frac{1}{\sqrt{2\pi}}\int_{-d_2}^{+\infty}\exp\left(-\frac{z^2}{2}\right)\mathrm{d}z}_{=1-\Phi(-d_2)}。$$

其中，d_1 与 d_2 由式（13.17）与式（13.18）分别给出，Φ 为标准正态分布。现在我们根据 $\Phi(x)=1-\Phi(-x)$，便可以得到欧式期权公允的风险中性价格为

$$\begin{aligned}g_c(S,t)&=\exp(-r(T-t))[S(t)\exp(r(T-t))\Phi(d_1)-K\Phi(d_2)]\\&=S(t)\Phi(d_1)-K\exp(-r(T-t))\Phi(d_2)。\end{aligned}$$

该表达式与式（13.16）完全一致，使用相同的方法我们可以得到类似的欧式看跌期权风险中性价格。

我们所得的以上期权定价结果通常被称作 Black - Scholes 公式，即以两位发现该公式的学者 Black 及 Scholes 的名字所命名。然而，人们普遍认为，如果没有 Robert Merton 的开创性工作，这些结果可能不会产生这样直接而巨大的影响。Merton 在 1973 年发表了其对期权定价的开创性论文，他对相同的问题采取了略微不同的方法，阐释出期权的价格总可以通过持有相应的股票及无风险债券进行复制。Merton 的研究有效地验证了 Black - Scholes 公式，自此许多学者和业界人士纷纷使用该方法对更多的金融衍生品进行定价。这三位杰出学者改变了金融产品定价的理论框架，基于此的扩展、修改、改进随之解答出一系列看似复杂的金融问题。

13.3 敏感性分析

在 20 世纪 70 年代早期，当 Black、Scholes 和 Merton 发表了他们标志性的论文后，期权的交易开始起步。如今，衍生品市场规模已经无比巨大，而欧式期权仍然是最受欢迎的产品之一。然而，随着时间的推移产生出一系列不同种类的衍生品，对其中的大多数产品，Black - Scholes - Merton 框架在理论上均可以用来计算其公允价格。但不幸的是，对许多产品不能得到相应的解析解，因此对快速有效的数值定价算法的需求引发了学术界对衍生品定价的新一轮研究兴趣。

从最基本层面上，我们可以将衍生品看作是几个变量的实函数。Black - Scholes

公式表明了欧式期权的价格可以基于两个变量（期限 $T-t$ 及资产价格 $S(t)$）以及假设随时间保持不变的三个额外输入参数（执行价格 K、资产波动率 σ 及无风险利率 r）而得到。因此，一个欧式看涨期权价格可以记作 g_c：$\mathbb{R}^5\rightarrow[0,\infty)$：

$$\text{欧式看涨期权价格}=g_c(S,K,\sigma,r,T-t)。$$

为了考察期权价格对潜在变量和参数变化的敏感程度，我们对欧式看涨期权公式采取泰勒近似展开。

13.3.1 资产价格的敏感性：delta 与 gamma

首先我们来分析标的资产的微小变化将如何影响欧式期权的价格。为此，我们假定其他所有变量均固定不变，对资产价格 S 作微小变动 ΔS，显然期权价格将受此影响变动，根据一阶泰勒近似展开式，有

$$g_c(S+\Delta S)-g_c(S)\approx\frac{\partial g_c}{\partial S}\Delta S。$$

因此，偏导数$\partial g_c/\partial S$ 的大小决定了期权价格相对于标的价格的微小变化如何变化，其通常被称为期权的 delta。在时间 t 时，我们可以将它记作 $\delta_t^{(\text{call})}$。

我们在 Black - Scholes 公式（13.10）的推导中已经遇到过 $\sigma_t^{(\text{call})}$ 这个值。我们回顾之前的内容可知，$\delta_t^{(\text{call})}$ 恰好是使得投资组合

$$\Pi_t=g_c\ (S,\ t)\ -\delta_t^{(\text{call})}S(t)$$

风险为零的股票数量，即此时投资组合等价于无风险债券。这一结果告诉我们欧式看涨期权的持有者可以通过卖空 $\delta_t^{(\text{call})}$ 股基础资产来冲销风险暴露。用金融的术语来说，这种策略称为 delta 对冲，执行策略之后的头寸是 delta 中性的。在实际操作中，delta 对冲应当在期权的有效期内被监管且进行规律性的调整。

假设我们已经得到了关于期权价格的显式 Black - Scholes 表达式（13.16），可以将其对 S 求微分，即可得到 $\delta_t^{(\text{call})}$ 的值。注意到求微分的过程中要计算下面两项：

$$\frac{\partial}{\partial S}\Phi(d_1(S))=\frac{1}{\sqrt{2\pi}}\frac{\partial d_1}{\partial S}\exp\left(-\frac{d_1^2}{2}\right),$$

$$\begin{aligned}\frac{\partial}{\partial S}\Phi(d_2(S))&=\frac{\partial}{\partial S}\Phi(d_1(S)-\sigma\sqrt{T-t})\\&=\frac{1}{\sqrt{2\pi}}\frac{\partial d_1}{\partial S}\exp\left(-\frac{(d_1-\sigma\sqrt{T-t})^2}{2}\right)。\end{aligned}$$

其中，d_1 由式（13.17）给出，$\Phi(\cdot)$ 是标准正态分布函数。现在应用式(13.17)，可以得到

$$\frac{\partial d_1}{\partial S}=\frac{1}{S\sigma\sqrt{T-t}},\qquad(13.21)$$

且

$$\exp\left(-\frac{(d_1-\sigma\sqrt{T-t})^2}{2}\right)=\frac{S}{K}\exp(r(T-t))\exp\left(-\frac{d_1^2}{2}\right)。\tag{13.22}$$

由以上两个等式可以推出

$$\frac{\partial}{\partial S}\Phi(d_1(S))=\frac{1}{S\sigma\sqrt{T-t}}\frac{1}{\sqrt{2\pi}}\exp\left(-\frac{d_1^2}{2}\right),\tag{13.23}$$

且

$$\frac{\partial}{\partial S}\Phi(d_2(S))=\frac{\exp(r(T-t))}{K\sigma\sqrt{T-t}}\frac{1}{\sqrt{2\pi}}\exp\left(-\frac{d_1^2}{2}\right)。\tag{13.24}$$

有了以上准备工作，我们就可以用一个很直接的方法来计算看涨欧式期权的 delta 值，应用式（13.16），有

$$\begin{aligned}\delta_t^{(\text{call})}&=\frac{\partial}{\partial S}[S\Phi(d_1(S))-K\exp(-r(T-t))\Phi(d_2(S))]\\&=\Phi(d_1(S))+\underbrace{S\frac{\partial}{\partial S}\Phi(d_1(S))-K\exp(-r(T-t))\frac{\partial}{\partial S}\Phi(d_2(S))}_{=0(\text{将式(13.23)与式(13.24)代入上式})},\end{aligned}$$

因此可得

$$\delta_t^{(\text{call})}=\Phi(d_1)=\Phi\left(\frac{\log\left(\frac{S(t)}{K}\right)+\left(r+\frac{\sigma^2}{2}\right)(T-t)}{\sigma\sqrt{T-t}}\right)。\tag{13.25}$$

注意到对于欧式看跌期权进行同样的计算可得

$$\begin{aligned}\delta_t^{(\text{put})}&=-\Phi(-d_1)=\Phi(d_1)-1\\&=\delta_t^{(\text{call})}-1,\end{aligned}\tag{13.26}$$

基于上面的计算，可以推出

$$\delta_t^{(\text{call})}\in(0,1),\delta_t^{(\text{put})}\in(-1,0)。$$

因为 Φ 是严格递增函数，根据式（13.25），我们可以看到随着期权本身赚得越来越多，即 $S(t)$ 超过执行价格 K 的值越来越大，看涨期权的 delta 值就越来越接近于 1。类似地，如果期权赔得越来越多，即 $S(t)$ 低于执行价格 K 的值越来越大，则 delta 值就越接近于 0。关于欧式看跌期权，我们也可以得到类似的结果。

为了说明期权 delta 值的实际应用，我们考虑以下几点：

1）情景：我们持有欧式看涨期权，以在未来某一特定时间 T 买入 100 份基础资产。

2）采取行动：在 Black - Scholes 理论的假设下，我们可以通过卖空 $100\delta_t^{(\text{call})}$ 份基础资产来消除持有该期权的风险。在这种情况下，我们持有 delta 中性头寸。

3）下一步行动：为了保持 delta 中性，我们需要在期权到期之前一直保持上述策略。在实际操作中，投资者会有规律地进行重整策略（重新计算需要卖空的基础资产数量）。

我们可以通过二阶泰勒近似公式来进一步了解基础资产价格的变化对欧式期权

价值的影响。用看涨期权来举例，考虑

$$g_c(S+\Delta S)-g_c(S)\approx\delta_t^{(\text{call})}\Delta S+\frac{1}{2}\frac{\partial^2 g_c}{\partial S^2}(\Delta S)^2。$$

二阶微分项包含了期权近似的曲率信息，我们称之为期权的 gamma 值，写作

$$\gamma_t^{(\text{call})}=\frac{\partial^2 g_c}{\partial S^2}=\frac{\partial\delta_t}{\partial S}。$$

我们从上面的等式可以看出 gamma 本身就度量了期权 delta 的变化率，或者换句话说，即度量了期权 delta 中性头寸的变化率。为了说明这一点，我们考虑以下两个方面：

1）如果期权的 gamma 值较大，这表明基础资产价格的微小变动就会导致 delta 值的显著变化。因此我们就会预期 delta 中性头寸会受到很大影响，期权持有者就必须更加频繁地对头寸进行调整，以保持头寸的 delta 中性。

2）如果期权的 gamma 值较小，则表明期权的 delta 值对于基础资产价格的变化不是非常敏感。在这种情形下，delta 中性头寸不容易发生显著变化，期权持有者不必频繁地调整头寸。

欧式看涨期权的 gamma 具有闭合的表达式：应用式（13.25），可得

$$\gamma_t^{(\text{call})}=\frac{\partial\delta_t}{\partial S}=\frac{\partial}{\partial S}\Phi(d_1(S))。$$

并且，我们注意到上述表达式在之前已经计算过了，可参见式（13.23），于是可以得到

$$\gamma_t^{(\text{call})}=\frac{1}{S\sigma\sqrt{T-t}}\frac{1}{\sqrt{2\pi}}\exp\left(-\frac{d_1^2}{2}\right)。\tag{13.27}$$

根据式（13.26），显然有看跌期权的 gamma 与看涨期权（具有相同的执行价格与到期日）的是相同的，即

$$\gamma_t=\gamma_t^{(\text{call})}=\gamma_t^{(\text{put})}$$

13.3.2 时间的敏感性：theta

现在，我们开始分析在较小的时间间隔中欧式看涨期权的价格会如何变动。方法与之前相似，即我们固定其他所有的参数，考虑较小的时间间隔 Δt，然后考察一阶泰勒近似的结果

$$g_c(t+\Delta t)-g_c(t)\approx\frac{\partial g_c}{\partial t}\Delta t。$$

我们可以计算看涨期权对于时间的导数，具体如下：

$$\frac{\partial g_c}{\partial t} = \frac{\partial}{\partial t}[S\Phi(d_1(t)) - K\exp(-r(T-t))\Phi(d_2(t))]$$

$$= S\exp\left(-\frac{d_1^2}{2}\right)\frac{\partial d_1}{\partial t} - K\exp(-r(T-t))\exp\left(-\frac{d_2^2}{2}\right)\frac{\partial d_1}{\partial t} -$$

$$Kr\exp(-r(T-t))\Phi(d_2(t))。$$

现在应用式（13.22）可以将上式进行简化，得

$$\frac{\partial g_c}{\partial t} = S\exp\left(-\frac{d_1^2}{2}\right)\left(\frac{\partial d_1}{\partial t} - \frac{\partial d_2}{\partial t}\right) - Kr\exp(-r(T-t))\Phi(d_2(t))。$$

最后，应用式（13.18）可以推出

$$\frac{\partial}{\partial t}(d_1 - d_2) = \frac{\partial}{\partial t}(\sigma\sqrt{T-t}) = -\frac{\sigma}{2\sqrt{T-t}},$$

于是有

$$\frac{\partial g_c}{\partial t} = -\left[\frac{S\sigma}{2\sqrt{T-t}}\exp\left(-\frac{d_1^2}{2}\right) + Kr\exp(-r(T-t))\Phi(d_2(t))\right]。$$

注意到欧式看涨期权关于时间的求导结果总是负值，这表明当所有的参数保持不变时，看涨期权会随着时间而贬值。我们将期权对时间的导数定义为该期权的 theta 值，写作

$$\theta_t^{(\text{call})} = \frac{\partial g_c}{\partial t}。\tag{13.28}$$

欧式看跌期权的 theta 值可以用相同的方法计算得到，有

$$\theta_t^{(\text{put})} = \frac{\partial g_p}{\partial t} = \theta_t^{(\text{call})} + rK\exp(-r(T-t))。\tag{13.29}$$

13.3.3 其他敏感性度量方法

到目前为止，敏感性分析仅限于量化欧式看涨期权的价格对于时间和其基础资产价格的微小变化的反应。期权定价中还需要考虑的变量还有如下三个：

1）固定的执行价格 K；

2）资产的波动率 σ；

3）无风险利率 r。

现在，在 Black - Scholes 的框架下，假设波动率与无风险利率都是给定的常数。在较短的时间间隔中，假设固定的利率是合理的，然而波动率固定这一假设具有争议，这也是一个我们在本书后面的内容中将会讨论的问题。暂且不管这些假设，我们还是应该讨论一下这些参数的微小变化将会对期权价格产生怎样的影响。跟之前的讨论一样，我们通过一阶泰勒近似来达到这一目的。

1）对于波动率，有

$$g_c(\sigma + \Delta\sigma) - g_c(\sigma) \approx \frac{\partial g_c}{\partial \sigma}\Delta\sigma。$$

定义

$$v^{(\mathrm{call})}=\frac{\partial g_c}{\partial \sigma}$$

为期权的 vega 值。应用 Black - Scholes 公式，可得看涨期权的 vega 值与看跌期权的 vega 值，即

$$v=v^{(\mathrm{call})}=v^{(\mathrm{put})}=S\sqrt{T-t}\exp\left(-\frac{d_1^2}{2}\right)。$$

2）对于无风险利率，有

$$g_c(r+\Delta r)-g_c(r)\approx\frac{\partial g_c}{\partial r}\Delta r,$$

定义

$$\rho^{(\mathrm{call})}=\frac{\partial g_c}{\partial \sigma}$$

为期权的 rho 值。应用 Black - Scholes 公式，可得欧式看涨期权的 rho 值为

$$\rho^{(\mathrm{call})}=K(T-t)\exp(-r(T-t))\Phi(d_2)。$$

同样地，欧式看跌期权的 rho 值为

$$\rho^{(\mathrm{put})}=-K(T-t)\exp(-r(T-t))\Phi(-d_2)。$$

注意到欧式看涨期权的 rho 值总为正，而欧式看跌期权的 rho 值总为负。这表明无风险利率的上涨会使得看涨期权的价格上升，而使得看跌期权的价格下降。这在经济学上也是合乎情理的，较高的利率使得人们对资产价格的未来预期上升，于是就使得看涨期权比看跌期权更具有吸引力。

14 非线性在险价值

在本章中，我们将展示对于完全由衍生产品构成的投资组合，应如何推导其在险价值的解析式和半解析表达式。本章内容是基于 Britten - Jones 和 Schaeffer (1999) 有影响力的科研成果，主要有以下几点内容：

1）为了固定我们的记法，简要回顾一个线性投资组合在险价值的计算，该组合的表达式为

$$V_{\text{lin}}(t) = \sum_{i=1}^{n} \alpha_i S_i(t)。\tag{14.1}$$

2）为了减少 VaR 计算的维度，我们对相关资产提出一个因子模型，其形式为

$$S_i = a_i + \sum_{r=1}^{k} b_{ir} f_r (i = 1, \cdots, n)$$

3）使用因子模型，我们提出一个非线性投资组合的线性二次近似，其形式为

$$V_{\text{non}}(t) = \sum_{i=1}^{n} \alpha_i g(f_1, \cdots, f_k, t)。\tag{14.2}$$

接下来我们将展示这些近似式可以怎样被用于推导 VaR 的解析解。

14.1 回顾线性在险价值

我们假设投资组合是线性的，即它具有式（14.1）的形式。我们假定风险控制人员在一个时间段 $t \mapsto t + \Delta t$ 内监控投资组合，其中相关资产的价值从 $S_i(t)$ 变为 $S_i(t+\Delta t)$，其中 $i = 1, \cdots, n$。现在令

$$\Delta L_i = -(S_i(t+\Delta t) - S_i(t)) \quad (i = 1, \cdots, n)$$

表示每项相关资产的潜在损失随机变量，定义

$$\Delta \mathcal{L}_t = \sum_{i=1}^{n} \alpha_i \Delta L_i$$

为投资组合相应的潜在损失的随机变量。

如果假设 $\Delta \mathcal{L}_t$ 的分布函数是连续且单调递增的（即没有跳跃和常数值），那么，对于一个给定的置信水平 α，投资组合的在险价值是满足下式的 VaR_α 值：

$$P\{\Delta \mathcal{L}_t \leqslant \text{VaR}_\alpha\} = \alpha。$$

此外，如果假设向量

$$\Delta \boldsymbol{L} = (\Delta L_1, \cdots, \Delta L_n)^{\mathrm{T}} \sim N(\boldsymbol{e}, \boldsymbol{V}),$$

则可以推导出

$$\Delta \mathcal{L}_t \sim N(\boldsymbol{\alpha}^{\mathrm{T}} \boldsymbol{e}, \boldsymbol{\alpha}^{\mathrm{T}} \boldsymbol{V} \boldsymbol{\alpha})。$$

其中 $\boldsymbol{\alpha} = (\alpha_1, \cdots, \alpha_n)^{\mathrm{T}}$ 表示投资组合的组合向量。现在，我们引入在第 10 章中建立起来的正态 VaR 框架，于是可以得出以下结论：

$$\mathrm{VaR}_{\alpha}(\Delta \mathcal{L}_t) = \boldsymbol{\alpha}^{\mathrm{T}} \boldsymbol{e} + \Phi^{-1}(\alpha) \sqrt{\boldsymbol{\alpha}^{\mathrm{T}} \boldsymbol{V} \boldsymbol{\alpha}}。$$

14.2 非线性投资组合的近似

现在将注意力转向非线性产品，假设我们持有一个完全由衍生产品构成的投资组合，即该组合具有式（14.2）的形式。像以前一样，我们选择在时间段 $t \mapsto t + \Delta t$ 内监控该投资组合，其中衍生产品的价值从 $g_i(S_i(t))$ 变为 $g_i(S_i(t+\Delta t))$。将这个价值变动记为

$$\Delta g_i = g_i(S_i(t+\Delta t)) - g_i(S_i(t)) \quad (i = i, \cdots, n)。 \tag{14.3}$$

因此可以得到组合价值的随机变动

$$\Delta V_{\mathrm{non}}(t) = \sum_{i=1}^{n} \alpha_i \Delta g_i。$$

为了推导这一非线性组合的 VaR 估计值，我们需要对 $\Delta V_{\mathrm{non}}(t)$ 的分布特性进行进一步的观察。我们记得在线性的情况下，可以简单地认为相关资产值的价格变动是服从正态分布的。但在这里，我们无法作出相同的假设，因为在一般情况下，如果 $X \sim N(\mu, \sigma^2)$ 且 g 是一个非线性函数，那么就无法得出 $g(X)$ 是一个正态分布随机变量的结论。

为了下一步的进展，我们决定对 $\Delta V_{\mathrm{non}}(t)$ 进行近似，通过运用两个比较简单的泰勒近似来做到这一点。

（1）一阶近似

在这里，我们的近似只使用一阶导数的信息，表示为

$$\Delta g_i \approx \Delta^{\delta} g_i = \frac{\partial g_i}{\partial t} \Delta t + \frac{\partial g_i}{\partial S_i} \Delta S_i \quad (i = 1, \cdots, n)。 \tag{14.4}$$

该近似通常被称为 delta 近似（因而用符号 Δ^{δ}），因为 $\partial g_i / \partial S_i$ 项更常被称为衍生产品 g_i 的增量（delta）。

（2）二阶近似

在这里，我们通过加入二阶导数的信息来加强式（14.4）。近似由下式给出：

$$\begin{aligned} \Delta g_i \approx \Delta^{\gamma} g_i &= \frac{\partial g_i}{\partial t} \Delta t + \frac{\partial g_i}{\partial S_i} \Delta S_i + \frac{1}{2} \frac{\partial^2 g_i}{\partial S_i^2} (\Delta S_i)^2 \\ &= \Delta^{\delta} g_i + \frac{1}{2} \frac{\partial^2 g_i}{\partial S_i^2} (\Delta S_i)^2。 \end{aligned} \tag{14.5}$$

该近似通常被称为 gamma 近似（因而有符号 Δ^{γ}），因为 $\partial^2 g_i / \partial S_i^2$ 项常被称为衍

生产品 g_i 的 gamma 值。

在考虑如何在实践中运用这些近似之前，我们现在将注意力放在该问题的计算上。计算 VaR 时所面临的最大障碍之一是巨大的计算成本，必须要有极其大量的参数，并且存储这些数据所需要的矩阵会变得病态，也就是说，是奇异的。出于这个原因，运用一个因素模型来减轻计算负担始终是明智的。对于当前的问题，我们的目标是基于解释资产价格变动的能力来选择少量可观测的风险因素。如果选择 k 个风险因素 $\{f_1(t), \cdots, f_k(t)\}$，我们提出以下线性模型：

$$S_i(t) = a_i + \sum_{r=1}^{k} b_{ir} f_r(t) (i = 1, \cdots, n)。$$

因此，对于相关资产的价值变动，有

$$\Delta S_i = \sum_{r=1}^{k} b_{ir} \Delta f_r (i = 1, \cdots, n)。 \tag{14.6}$$

其中

$$\Delta f_r = f_r(t + \Delta t) - f_r(t) (r = 1, \cdots, k)。$$

在这一模型下，可以将每个衍生产品 $g_i (1 \leqslant i \leqslant n)$ 看作相同的潜在风险因素的函数，即

$$g(f_1, \cdots, f_k, t) = g\left(a_i + \sum_{r=1}^{k} b_{ir} f_r(t), t\right)。$$

现在，在链式法则的帮助下我们可以表明，衍生品函数 g_i 价值变动的 delta 近似可以被写为

$$\Delta^{\delta} g_i = \frac{\partial g_i}{\partial t} \Delta t + \sum_{r=1}^{k} b_{ir} \frac{\partial g_i}{\partial f_r} \Delta f_r (i = 1, \cdots, n) 。 \tag{14.7}$$

同样可以证明 gamma 近似表示为

$$\Delta^{\gamma} g_i = \Delta^{\delta} g_i + \frac{1}{2} \sum_{r=1}^{k} \sum_{s=1}^{k} b_{ir} b_{is} \frac{\partial^2 g_i}{\partial f_r \partial f_s} \Delta f_r \Delta f_s (i = 1, \cdots, n)。 \tag{14.8}$$

现在可以使用这两个近似来探究组合价值的变动。我们将分两个阶段做到这一点，以免我们对数学记法应接不暇。

14.2.1 投资组合的 delta 近似

利用式（14.7）马上就可以推断出组合价值变动的 delta 近似表示为

$$\begin{aligned} \Delta V_{\text{non}}(t) \approx \Delta V_{\text{non}}^{\delta}(t) &= \sum_{i=1}^{n} \alpha_i \left(\frac{\partial g_i}{\partial t} \Delta t + \sum_{r=1}^{k} b_{ir} \frac{\partial g_i}{\partial f_r} \Delta f_r \right) \\ &= \left(\sum_{i=1}^{n} \alpha_i \frac{\partial g_i}{\partial t} \right) \Delta t + \sum_{r=1}^{k} \left(\sum_{i=1}^{n} \alpha_i b_{ir} \frac{\partial g_i}{\partial f_r} \right) \Delta f_r。 \end{aligned}$$

为了简化这一表达式，我们使用这样一个事实，即相对于时间的金融衍生品的梯度通常被认为是衍生产品的 theta，其值可以作为衍生产品随时间推移的敏感度的度量。鉴于此，令

$$\theta_t = \sum_{i=1}^{n} \alpha_i \frac{\partial g_i}{\partial t} \tag{14.9}$$

表示组合的总 theta。基于相同的论点，令

$$\delta_r = \sum_{i=1}^{n} \alpha_i b_{ir} \frac{\partial g_i}{\partial f_r}(r = 1, \cdots, k) \tag{14.10}$$

代表组合相对于风险因素 f_r 的总 delta 值。然后，组合价值变动的 delta 近似的表达式可以被更简洁地表达为

$$\Delta V_{\text{non}}^{\delta}(t) = \theta_t \Delta t + \sum_{r=1}^{k} \delta_r \Delta f_r。$$

注意到，上述表达式的总和简单地为以下两个向量的点乘结果

$$\boldsymbol{\delta} = \begin{pmatrix} \delta_1 \\ \vdots \\ \delta_k \end{pmatrix}, \Delta \boldsymbol{f} = \begin{pmatrix} \Delta f_1 \\ \vdots \\ \Delta f_k \end{pmatrix}。 \tag{14.11}$$

所以，用向量表示法可以写作

$$\Delta V_{\text{non}}^{\delta}(t) = \theta_t \Delta t + \boldsymbol{\delta}^{\mathrm{T}} \Delta \boldsymbol{f}。 \tag{14.12}$$

14.2.2 投资组合的 gamma 近似

运用与 delta 近似完全相同的方法，我们可以用式（14.8）证明，组合价值变动的 gamma 近似表示为

$$\begin{aligned}\Delta V_{\text{non}}(t) \approx \Delta V_{\text{non}}^{\gamma}(t) &= \sum_{i=1}^{n} \alpha_i \left(\Delta^{\delta} g_i + \frac{1}{2} \sum_{r=1}^{k} \sum_{s=1}^{k} b_{ir} b_{is} \frac{\partial^2 g_i}{\partial f_r \partial f_s} \Delta f_r \Delta f_s \right) \\ &= \theta_t \Delta t + \sum_{r=1}^{k} \delta_r \Delta f_r + \frac{1}{2} \sum_{r=1}^{k} \sum_{s=1}^{k} \Delta f_r \left(\sum_{i=1}^{n} \alpha_i b_{ir} b_{is} \frac{\partial^2 g_i}{\partial f_r \partial f_s} \right) \Delta f_s。\end{aligned}$$

与 delta 近似的推导过程类比，令

$$\Gamma_{rs} = \sum_{i=1}^{n} \alpha_i b_{ir} b_{is} \frac{\partial^2 g_i}{\partial f_r \partial f_s} (1 \leqslant r, s \leqslant k) \tag{14.13}$$

表示组合相对于风险因素 f_r 和 f_s 的混合 gamma 值。然后，近似可以被表示为

$$\Delta V_{\text{non}}^{\gamma}(t) = \theta_t \Delta t + \sum_{r=1}^{k} \delta_r \Delta f_r + \frac{1}{2} \sum_{r=1}^{k} \sum_{s=1}^{k} \Delta f_r \Gamma_{rs} \Delta f_s。$$

我们进行最后一步简化，将 gamma 和的项收集并纳入一个 $k \times k$ 的对称矩阵 $\boldsymbol{\Gamma}$，则近似可以表示为如下的二次形式：

$$\Delta V_{\text{non}}^{\gamma}(t) = \theta_t \Delta t + \boldsymbol{\delta}^{\mathrm{T}} \Delta \boldsymbol{f} + \frac{1}{2} \Delta \boldsymbol{f}^{\mathrm{T}} \boldsymbol{\Gamma} \Delta \boldsymbol{f}。 \tag{14.14}$$

我们将假设矩阵 $\boldsymbol{\Gamma}$ 是可逆的，在这种情况下可以进行配方，即采用式（14.14）给出

$$\Delta V_{\text{non}}^{\gamma}(t) = \theta_t \Delta t - \frac{1}{2} \boldsymbol{\delta}^{T} \boldsymbol{\Gamma}^{-1} \boldsymbol{\delta} + \frac{1}{2} (\Delta \mathbf{f} + \boldsymbol{\Gamma}^{-1} \boldsymbol{\delta})^{\mathrm{T}} \boldsymbol{\Gamma} (\Delta \boldsymbol{f} + \boldsymbol{\Gamma}^{-1} \boldsymbol{\delta}) \tag{14.15}$$

我们以强调这样一个事实来结束当前的讨论：如果采用一个单因素模型，式(14.14) 将被大大地简化，也就是说，如果假设

$$S_i(t) = a_i + b_i f(t)(i = 1, \cdots, n), \tag{14.16}$$

在这种情况下，组合价值变动的 gamma 近似由下列简单的一元二次方程给出：

$$\begin{aligned}\Delta V_{\text{non}}^{\gamma}(t) &= \theta_t \Delta t + \underbrace{\left(\sum_{i=1}^{n} \alpha_i b_i \frac{\partial g_i}{\partial f}\right)}_{=\delta} \Delta f + \frac{1}{2} \underbrace{\left(\sum_{i=1}^{n} \alpha_i b_i^2 \frac{\partial^2 g_i}{\partial f^2}\right)}_{=\gamma} (\Delta f)^2 \\ &= \theta_t \Delta t + \delta \Delta f + \frac{1}{2} \gamma (\Delta f)^2 ,\end{aligned}$$

或等价地，通过配方，有

$$\begin{aligned}\Delta V_{\text{non}}^{\gamma}(t) &= \theta_t \Delta t - \frac{\delta^2}{2\gamma} + \frac{\gamma}{2}\left(\Delta f + \frac{\delta}{\gamma}\right)^2 \\ &= \theta_t \Delta t - \frac{1}{2} \delta \gamma^{-1} \delta + \frac{1}{2} (\Delta f + \gamma^{-1} \delta) \gamma (\Delta f + \gamma^{-1} \delta) 。\end{aligned} \tag{14.17}$$

注意到，式（14.17）的最后一行曾被用来说明该表达式与其多元推广式(14.15) 的类比。在下一节中，我们推导非线性组合的 VaR 估计时，将发现这两个表达式都是有用处的。

14.3 衍生投资组合的在险价值

在之前的章节中，我们建立了一个关于非线性组合式（14.2）在一段时间 Δt 内 ΔV_{non} (t) 值的变化的简单近似。现在可以说明这些近似是如何被用于为投资组合提供 VaR 估计的。注意到这个投资组合的潜在损失被下面的随机变量给出：

$$\Delta \mathcal{L}_{\text{non}}(t) = -\Delta V_{\text{non}}(t),$$

所以，对于给定的置信水平 α，组合的在险价值是 VaR_α 满足：

$$P\{\Delta \mathcal{L}_{\text{non}}(t) \leqslant \text{VaR}_\alpha\} = \alpha。$$

我们现在给出一个数学研究包含以下三个阶段：

1）多因素 Delta 模型的在险价值。

2）单因素 Gamma 模型的在险价值。

3）多因素 Gamma 模型的在险价值。

在每个阶段，我们假设在线性情况下，潜在驱动因素的变化是服从正态分布的。

14.3.1 多因子 delta 近似

在多因子模型表达式（14.6）中，我们可以应用式（14.12）来对非线性投资组合的潜在损失作近似，有

$$\Delta \mathcal{L}_{\text{non}}(t) \approx \Delta \mathcal{L}_{\text{non}}^{\delta}(t) = -\theta_t \Delta t - \boldsymbol{\delta}^{\mathrm{T}} \Delta \boldsymbol{f}。 \tag{14.18}$$

在这个模型下可以说，delta – VaR 在一定置信水平 α 下使值 VaR_α^δ 满足

$$P\{\Delta\mathcal{L}_{non}^{\delta}(t)\leqslant \mathrm{VaR}_{\alpha}^{\delta}\}=\alpha。$$

现在，如果假设向量 $\boldsymbol{\Delta f}$ 是服从均值为 0、协方差矩阵为 $\boldsymbol{\Omega}_{\Delta f}$ 的联合正态分布，那么可以从式（14.18）得到

$$\mathcal{L}_{non}^{\delta}(t)\sim N(-\theta_t\Delta t,\boldsymbol{\delta}^{\mathrm{T}}\boldsymbol{\Omega}_{\Delta f}\boldsymbol{\delta})。$$

并且可以运用正态 VaR 的分析公式推断出

$$\mathrm{VaR}_{\alpha}^{\delta}=-\theta_t\Delta t+\Phi^{-1}(\alpha)\sqrt{\boldsymbol{\delta}^{\mathrm{T}}\boldsymbol{\Omega}_{\Delta f}\boldsymbol{\delta}}。\tag{14.19}$$

我们说 $\mathrm{VaR}_{\alpha}^{\delta}$ 是非线性投资组合式（14.2）的 VaR 的 delta 正态近似。

14.3.2 单因子 gamma 近似

在单因素模型式（14.16）下可以应用式（14.17）来对非线性投资组合的潜在损失进行近似，为

$$\Delta\mathcal{L}_{non}(t)\approx\Delta\mathcal{L}_{non}^{\gamma}(t)=\frac{\delta^2}{2\gamma}-\theta_t\Delta t-\frac{\gamma}{2}\left(\Delta f+\frac{\delta}{\gamma}\right)^2。\tag{14.20}$$

在这个模型下，我们说 delta - VaR 在一定置信水平 α 下使值 $\mathrm{VaR}_{\alpha}^{\gamma}$ 满足

$$P\{\Delta\mathcal{L}_{non}^{\gamma}(t)\leqslant \mathrm{VaR}_{\alpha}^{\gamma}\}=\alpha。$$

如果假设 $\Delta f\sim N(0,\sigma^2)$，那么可以知道

$$\Delta f+\frac{\delta}{\gamma}\sim N\left(\frac{\delta}{\gamma},\ \sigma^2\right)。$$

现在回忆定义 12.4，它告诉我们

$$\left(\Delta f+\frac{\delta}{\gamma}\right)^2\sim\chi_1^2\left(\sigma,\ \left(\frac{\delta}{\gamma}\right)^2\right)。$$

我们可以运用该信息和式（14.20）来推断出

$$\left(\frac{\Delta f+\frac{\delta}{\gamma}}{\sigma}\right)^2=\frac{\frac{\delta^2}{2\gamma}-\theta_t\Delta t-\Delta\mathcal{L}_{non}^{\gamma}(t)}{\frac{1}{2}\gamma\sigma^2}\sim\chi_1^2\left(\left(\frac{\delta}{\sigma\gamma}\right)^2\right)。$$

这个随机变量的概率密度为

$$p(x)=\frac{1}{\sqrt{2\pi}}\exp\left(-\frac{1}{2}\left(x+\frac{\delta^2}{\gamma^2\sigma^2}\right)\right)\frac{\cosh(\delta\sqrt{x}/\gamma\sigma)}{\sqrt{x}},$$

并且，对于给定的置信水平 α，数值算法可以被用于找出（1 - α） - 分位数 $x_{1-\alpha}$ 满足

$$\frac{1}{\sqrt{2\pi}}\int_{-\infty}^{x_{1-\alpha}}\exp\left(-\frac{1}{2}\left(x+\frac{\delta^2}{\gamma^2\sigma^2}\right)\right)\frac{\cosh(\delta\sqrt{x}/\gamma\sigma)}{\sqrt{x}}\mathrm{d}x=1-\alpha。$$

一旦有这个值，我们就可以写出

$$P\left\{\frac{\frac{\delta^2}{2\gamma}-\theta_t\Delta t-\Delta\mathcal{L}_{non}^{\gamma}(t)}{\frac{1}{2}\gamma\sigma^2}\leqslant x_{1-\alpha}\right\}=1-\alpha,$$

或等价地，

$$P\left\{-\Delta\mathcal{L}_{\text{non}}^{\gamma}(t)\leqslant\theta_t\Delta t-\frac{\delta^2}{2\gamma}+\frac{1}{2}\gamma\sigma^2x_{1-\alpha}\right\}=1-\alpha$$

$$\Rightarrow P\left\{\Delta\mathcal{L}_{\text{non}}^{\gamma}(t)>-\theta_t\Delta t+\frac{\delta^2}{2\gamma}-\frac{1}{2}\gamma\sigma^2x_{1-\alpha}\right\}=1-\alpha$$

$$\Rightarrow 1-P\left\{\Delta\mathcal{L}_{\text{non}}^{\gamma}(t)\leqslant-\theta_t\Delta t+\frac{\delta^2}{2\gamma}-\frac{1}{2}\gamma\sigma^2x_{1-\alpha}\right\}=1-\alpha。$$

通过最后一个等式我们可以推断出

$$P\{\Delta\mathcal{L}_{\text{non}}^{\gamma}(t)\leqslant-\theta_t\Delta t+\frac{\delta^2}{2\gamma}-\frac{1}{2}\gamma\sigma^2x_{1-\alpha}\}=\alpha,$$

并且这个反过来也让我们得到 gamma - VaR 的估计值，其表达式为

$$\text{VaR}_{\alpha}^{\gamma}=-\theta_t\Delta t+\frac{\delta^2}{2\gamma}-\frac{1}{2}\gamma\sigma^2x_{1-\alpha}。$$

14.3.3 多因子 gamma 近似

我们现在转向更加现实的设定，其中包含 k 个风险因子的一个多因子模型式（14.6）驱动着 n 个基础资产的价格波动。我们在式（14.15）中展现出，在这样的设定下，在一段时间 Δt 内投资组合价值变动的 gamma 近似表示为

$$\Delta V_{\text{non}}^{\gamma}(t)=\theta_t\Delta t-\frac{1}{2}\boldsymbol{\delta}^{\text{T}}\boldsymbol{\Gamma}^{-1}\boldsymbol{\delta}+$$

$$\frac{1}{2}(\Delta\boldsymbol{f}+\boldsymbol{\Gamma}^{-1}\boldsymbol{\delta})^{\text{T}}\Gamma(\Delta\boldsymbol{f}+\boldsymbol{\Gamma}^{-1}\boldsymbol{\delta})。\quad(14.21)$$

现在假设风险因素变化的向量 $\Delta\boldsymbol{f}$ 服从均值为 $\boldsymbol{0}$、协方差矩阵为 $\boldsymbol{\Omega}_{\Delta f}$ 的多元正态分布。假设 $\boldsymbol{\Omega}_{\Delta f}$ 是正定的，在这样的情况下它拥有一个平方根分解

$$\boldsymbol{\Omega}_{\Delta f}=(\boldsymbol{\Omega}_{\Delta f}^{1/2})(\boldsymbol{\Omega}_{\Delta f}^{1/2})^{\text{T}}。\quad(14.22)$$

其中，

$$\boldsymbol{\Omega}_{\Delta f}^{1/2}\text{是一个下三角矩阵。}$$

它的逆矩阵

$$\boldsymbol{\Omega}_{\Delta f}^{-1/2}=(\boldsymbol{\Omega}_{\Delta f}^{1/2})^{-1}\text{也是一个下三角矩阵。}$$

基于这些事实，现在就可以推出

$$\Delta\boldsymbol{f}\sim N(\boldsymbol{0},\boldsymbol{\Omega}_{\Delta f})\Rightarrow\Delta\boldsymbol{f}+\boldsymbol{\Gamma}^{-1}\boldsymbol{\delta}\sim N(\boldsymbol{\Gamma}^{-1}\boldsymbol{\delta},\boldsymbol{\Omega}_{\Delta f})$$

$$\Rightarrow\boldsymbol{\Omega}_{\Delta f}^{-1/2}(\Delta\boldsymbol{f}+\boldsymbol{\Gamma}^{-1}\boldsymbol{\delta})\sim N(\boldsymbol{\Omega}_{\Delta f}^{-1/2}\boldsymbol{\Gamma}^{-1}\boldsymbol{\delta},\boldsymbol{I}_k)。$$

因此可以看出上面的移动和调整将 $\Delta\boldsymbol{f}$ 变换成为一个新的随机向量

$$\Delta\boldsymbol{y}=\boldsymbol{\Omega}_{\Delta f}^{-1/2}(\Delta\boldsymbol{f}+\boldsymbol{\Gamma}^{-1}\boldsymbol{\delta}),\quad(14.23)$$

它的元素都是独立的正态随机变量。此外，运用式（14.23）可以得出

$$\Delta\boldsymbol{f}+\boldsymbol{\Gamma}^{-1}\boldsymbol{\delta}=\boldsymbol{\Omega}_{\Delta f}^{1/2}\Delta\boldsymbol{y}。$$

将其代入式（14.21）可得

$$\Delta V_{\text{non}}^{\gamma}(t)=\theta_t\Delta t-\frac{1}{2}\boldsymbol{\delta}^{\text{T}}\boldsymbol{\Gamma}^{-1}\boldsymbol{\delta}+$$

$$\frac{1}{2}\Delta\boldsymbol{y}^{\mathrm{T}}(\boldsymbol{\Omega}_{\Delta f}^{1/2})^{\mathrm{T}}\boldsymbol{\Gamma}\boldsymbol{\Omega}_{\Delta f}^{1/2}\Delta y。$$

为了使表达式更加规范，令

$$\boldsymbol{A}=(\boldsymbol{\Omega}_{\Delta f}^{1/2})^{\mathrm{T}}\boldsymbol{\Gamma}\boldsymbol{\Omega}_{\Delta f}^{1/2}, \tag{14.24}$$

所以有

$$\Delta V_{\mathrm{non}}^{\gamma}(t)=\theta_t\Delta t-\frac{1}{2}\delta^{\mathrm{T}}\boldsymbol{\Gamma}^{-1}\boldsymbol{\delta}+\frac{1}{2}\Delta\boldsymbol{y}^{\mathrm{T}}\boldsymbol{A}\Delta\boldsymbol{y}。 \tag{14.25}$$

这个分析最后也是最关键的一步是注意$\boldsymbol{A}$（式（14.24）是一个$k\times k$的对称实矩阵，所以可以运用谱定理将其写作

$$\boldsymbol{A}=\boldsymbol{P}\mathrm{diag}(\lambda_1,\cdots,\lambda_k)\boldsymbol{P}^{\mathrm{T}}。$$

其中，$\{\boldsymbol{\lambda}_1,\cdots,\lambda_k\}$表示$\boldsymbol{A}$的$k$个特征值，其中$\boldsymbol{P}$是$k\times k$矩阵，它的第$j$列（$j=1,\cdots,k$）是对应特征值$\boldsymbol{\lambda}_j$的$\boldsymbol{A}$的特征向量。

现在来作最后的变量变形，令

$$\Delta\boldsymbol{z}=\boldsymbol{P}^{\mathrm{T}}\Delta\boldsymbol{y}\sim N\left(\boldsymbol{P}^{\mathrm{T}}\boldsymbol{\Omega}_{\Delta f}^{1/2}\boldsymbol{\Gamma}^{-1}\delta,\ \underbrace{\boldsymbol{P}^{\mathrm{T}}\boldsymbol{P}}_{=\boldsymbol{I}_k}\right)。$$

将其代入式（14.25），可以发现

$$\begin{aligned}\Delta V_{\mathrm{non}}^{\gamma}(t)&=\theta_t\Delta t-\frac{1}{2}\boldsymbol{\delta}^{\mathrm{T}}\boldsymbol{\Gamma}^{-1}\boldsymbol{\delta}+\frac{1}{2}\Delta z^{\mathrm{T}}\mathrm{diag}(\lambda_1,\cdots,\lambda_k)\Delta\boldsymbol{z}\\&=\theta_t\Delta t-\frac{1}{2}\boldsymbol{\delta}^{\mathrm{T}}\boldsymbol{\Gamma}^{-1}\boldsymbol{\delta}+\frac{1}{2}\sum_{j=1}^{k}\lambda_j(\Delta z_j)^2。\end{aligned} \tag{14.26}$$

同样地，可以得出结论，在多因子 gamma 模型下，非线性组合式（14.2）的近似潜在损失为

$$\Delta\mathcal{L}_{\mathrm{non}}^{\gamma}(t)=-\theta_t\Delta t+\frac{1}{2}\boldsymbol{\delta}^{\mathrm{T}}\boldsymbol{\Gamma}^{-1}\boldsymbol{\delta}-\frac{1}{2}\sum_{j=1}^{k}\lambda_j(\Delta z_j)^2。 \tag{14.27}$$

所以我们将近似损失随机变量$\mathcal{L}_{\mathrm{non}}^{\gamma}(t)$减至一个常数加上$k$单位方差随机变量的平方的一个线性组合，或者换句话说，k非中心的单自由度的卡方分布随机变量的一个线性组合。因此，为了估计在这个近似下面的 VaR，我们需要考虑随机变量的分布

$$Z=\sum_{j=1}^{k}\lambda_j(\Delta z_j)^2。$$

为了说明起见，假设已经知道Z的分布，所以我们可以找到（$1-\alpha$）－分位数，也就是说，数$x_{1-\alpha}$满足：

$$P\{Z\leqslant x_{1-\alpha}\}=1-\alpha。$$

我们现在可以运用单因素案例中相同的步骤来最终得出多因子 gamma－VaR 估计为

$$\mathrm{VaR}_{\alpha}^{\Gamma}=-\theta_t\Delta t+\frac{1}{2}\boldsymbol{\delta}^{\mathrm{T}}\boldsymbol{\Gamma}^{-1}\boldsymbol{\delta}-\frac{1}{2}x_{1-\alpha}。 \tag{14.28}$$

不幸的是，不同于单因子案例，随机变量Z的分布是未知的。但是，我们并

没有失去所有，关注 Z 的特征方程我们可以得到新的理解。特别地，我们通过回顾前面学习的非中心卡方随机变量（Δz_j）^{2} 的特征函数(其中 $\Delta z_j \sim N(\mu_j, 1)$)为

$$\phi_{(\Delta z_j)^2}(u) = E[\exp(u(\Delta z_j)^2)] = \exp\left(\frac{\mathrm{i}\mu_j^2 u}{1-2\mathrm{i}u}\right)\frac{1}{\sqrt{1-2\mathrm{i}u}}。$$

假设$\{(\Delta z_j)^2 : j=1, \cdots, k\}$是独立随机变量，并且系数$(\lambda_j)_{j=1}^k$是相互区别的，在这样的情况下可以推断出

$$\begin{aligned}
\phi z(u) &= E[\exp(\mu Z)] = E[\exp(u\sum_{j=1}^{k}\lambda_j(\Delta z_j)^2)] \\
&= E[\exp(\mu\lambda_1(\Delta z_1)^2)]\cdots E[\exp(u\lambda_k(\Delta z_k)^2)] \\
&= \prod_{j=1}^{k}\exp\left(\frac{\mathrm{i}u_j^2\lambda_j u}{1-2\mathrm{i}\lambda_j u}\right)\frac{1}{\sqrt{1-2\mathrm{i}\lambda_j u}} \\
&= \exp\left(\mathrm{i}\sum_{j=1}^{k}\frac{\mu_j^2\lambda_j u}{1-2\mathrm{i}\lambda_j u}\right)\prod_{j=1}^{k}\frac{1}{\sqrt{1-2\mathrm{i}\lambda_j u}}。
\end{aligned}$$

给出特征方程的解析表达式，我们转向 Gil - Pelaez 方程（11. 11），可以立刻写出 Z 的分布

$$F(x) = \frac{1}{2} + \frac{1}{2\pi}\int_0^{+\infty}\frac{\exp(\mathrm{i}ux)\phi z(-\mu) - \exp(-\mathrm{i}ux)\phi z(u)}{\mathrm{i}u}\mathrm{d}u。\quad (14.29)$$

不幸的是，没有关于这个积分的已知闭合表达式，但是它可以通过运用数值方法计算，见 Imhof（1961）的著作中的一个普遍方法。

在结束这一章时，我们必须强调一个大的衍生产品组合的 VaR 计算问题是复杂的。在实践中，最流行的做法是运用数值模拟（见第 20 章），但是这个方法的缺点是计算过程会花费很长的时间。在这样的情况下，精确且稳定的近似明显有很大的市场，并且在这一章中，我们发展了一个有用的数学结构来得到估计值。感兴趣的读者如果想得到更好的细节可以参见作者为 Britten - Hones 和 Schaeffer（1999）的著作，也可以参见 Mina 和 Ulmer（1999）的著作，书中比较了四种可供选择的方法，其中也包括了在本章中讨论的方法。

15 时间序列分析

人们常用这样一幅画面来阐释现代金融学的本质：一个分析师一动不动地坐在计算机前，眼睛盯着屏幕上不断变化的金融数据，五颜六色的图表随着变动的金融市场跳动和改变着。用数学语言描述，这些数据叫做时间序列数据，它们代表了离散时间中随机过程的演变。风险分析经理一定要掌握数量分析的技能，才能成功地处理金融时间序列数据，如构建理想的数学模型、检验给定的假设，以及预测未来的数据等。从理论角度看，假设给定的时间序列的历史数据是无限的，并且未来时间内也有无限的数据，这样我们就得到了一个双边无限的序列：

$$\{X_t : t \in \mathbb{Z}\} = \{\cdots, X_{-2}, X_{-1}, X_0, X_1, X_2, \cdots\} \tag{15.1}$$

显然，双边无限只是一个理想化的假设，但是它能够用于可以无限重复实验的数据（例如掷硬币）。本章从著名的时序模型入手来展开讨论。

15.1 平稳过程

时间序列数据会表现出不同的特征，可能有长期趋势，也可能会体现出一些季节性特征，还可能随时间变化有突变等。但一个很重要的特征是从一个实现值到另一个实现值的过程中，数据的分布并没有改变，我们称这样的 X_t 是平稳过程。我们给出平稳序列的定义如下：

定义 15.1 一个随机过程 $\{X_t: t \in \mathbb{Z}\}$ 是严格平稳的，如果它的概率分布随时间变化保持不变。特别地，如果对每一个 $n > 1$ 和任意整数 t_1，…，t_n 可以得到

$$\begin{pmatrix} X_{t_1} \\ \vdots \\ X_{t_n} \end{pmatrix} \text{的联合分布} = \begin{pmatrix} X_{t_1+\tau} \\ \vdots \\ X_{t_n+\tau} \end{pmatrix} \text{的联合分布，}$$

对每一个 $\tau \in \mathbb{Z}$ 都成立。

在实践中，因为严格平稳的条件太强，我们很难说明一个随机过程是不是严格平稳的。为了避免这个问题，我们采用了另一种定义，这种定义关注随机过程的均值和方差结构，从而避免对于整个分布有太苛刻的要求。这个减弱的定义是：

定义 15.2 一个随机过程 $\{X_t: t \in \mathbb{Z}\}$ 是弱平稳的，当它满足：

1）均值不随时间变化。即 $E(X_t) = \mu$，对所有 t 成立；

2）自协方差有界，并且只是时间滞后期 τ 的函数。即，存在 γ：$\mathbb{Z}\to\mathbb{R}$，使得

$$\operatorname{cov}(X_t, X_{t-\tau}) = \gamma(\tau) < \infty$$

对一切 $\tau\in\mathbb{Z}$都成立。

区别严格平稳和弱平稳在定义上的不同很重要，特别要强调一下，弱平稳是一个非常有用的概念。

1）一个严格平稳的过程，如果它的自协方差函数是有界的，那么它一定是弱平稳的。

2）一个弱平稳的过程不一定严格平稳。

3）一个很重要的例子是，当 X_t 服从正态分布时，弱平稳的过程也表现为严格平稳过程。这是因为在这种情况下，X_t 的分布被它的均值 μ 和方差 $\sigma^2=\gamma(0)$ 完全确定。更准确地讲，我们假定对每一个 $n\geqslant 1$ 和任意整数 t_1，…，t_n，向量 $(X_{t1}, \cdots, X_{tn})^{\mathrm{T}}$ 的联合分布是多元正态分布。

在实际应用中，弱平稳的概念为使用者提供了一个便于控制的、没有确定性趋势，且没有季节性变动的随机过程，因此，我们从现在开始，将弱平稳的过程称为平稳过程。

举例

15.1.1　简单随机过程

简单随机过程是平稳过程里面一个简单却很重要的例子。简单随机过程指的是由互不相关的随机变量组成的序列 $\{X_t: t\in\mathbb{Z}\}$，并且它们有不变的均值 μ 和不变的方差 σ^2。显然，这个序列的自相关函数可以表示成为

$$\rho(\tau) = \operatorname{correl}(X_t, X_{t-\tau}) = \begin{cases}1, & \tau=0\\ 0, & \tau\neq 0\end{cases}(t\in\mathbb{Z})。\qquad(15.2)$$

15.1.2　白噪声过程

简单随机过程的不变均值是 0 时，我们称这个过程为白噪声过程，这个名称是应用工程学的一个术语。我们常用$\{\varepsilon_t:t\in\mathbb{Z}\}$来表示白噪声过程。

我们从第 13 章知道，如果 X 和 Y 是独立的，那么它们不相关；但是，如果 X 和 Y 是不相关的，它们并不一定是独立的。基于此，我们可以加强对白噪声过程的定义，要求这两个变量相互独立，这就有了以下的定义：

定义 15.3　过程 $\{\varepsilon_t: t\in\mathbb{Z}\}$ 是严格白噪声的，如果每个随机变量序列都独立，且均值为 0，方差不变。

白噪声过程的一个特例是，序列的所有随机变量都是服从正态分布的。这种情况下我们称 $\{\varepsilon_t: t\in\mathbb{Z}\}$ 是一个高斯白噪声过程。

15.1.3　随机游走过程

下面是一个由简单随机过程 $\{Z_t: t\in\mathbb{Z}\}$ 构造出来的非平稳过程，这个过程虽

然简单，却很重要。构造过程如下：

1）定义一个与时间相关的过程，从时间 $t=0$ 开始，令

$$Y_0=0,\ 且\ Y_t=Y_{t-1}+Z_t(t=1,2,\cdots)。\tag{15.3}$$

2）根据 $(Y_t)_{t=0}^{\infty}$ 的定义，我们可以把 Y_t 写成

$$Y_t=Z_1+\cdots+Z_t(t=1,2,\cdots)。$$

3）从该表示式可以看出，这个过程是不平稳的，因为它的均值和方差都是关于时间的函数，即

$$E(Y_t)=t\mu,$$
$$E[(Y_t-\mu)^2]=t\sigma^2。$$

任何可以表示为式（15.3）形式的过程 $(Y_t)_{t=0}^{\infty}$ 都被称为随机游走过程。换句话说，$(Y_t)_{t=0}^{\infty}$ 是随机游走过程，如果它满足：

$$\{\Delta Y_t=Y_t-Y_{t-1}:t=1,2,\cdots\}\ 是一个简单随机过程。$$

我们把 Δ 称为差分算子，可以看出它可以将不平稳过程（随机游走过程）变成平稳过程（简单随机过程）。

15.2 移动平均过程

从定义中可以看出，随机游走过程有一个性质是，它从一个固定时点（$t=0$）开始，在这个时点的数值被设定为 $0(Y_0=0)$，这个过程可以继续推演，所以未来时点 t 的数值将是很多简单随机过程的 t 的实现值的和。即

$$Y_t=\sum_{\tau=0}^{t-1}Z_{t-\tau}$$

其中 $(Z_t)_{t=0}^{\infty}$ 是简单随机过程。

假定我们从白噪声过程 $(\varepsilon_t)t\in\mathbb{Z}$ 开始，可以构造出一个均值为 0 的随机游走过程，令

$$Y_0=0,\ Y_t=\sum_{\tau=0}^{t-1}\varepsilon_{t-\tau}(t=1,2,3,\cdots)。$$

可以看出，一个时点过去的所有值都对现在时点的值有影响。

类似地，我们不确定开始时点，可以构造出移动平均过程。相反，我们选择一个正整数 q，一个实数系数集合 $\{\beta_0,\cdots\cdots,\beta_q\}$，定义一个过程 $(Y_t)_{t\in\mathbb{Z}}$ 如下：

$$Y_t=\beta_0\varepsilon_t+\beta_1\varepsilon_{t-1}+\cdots+\beta_q\varepsilon_{t-q}(t\in\mathbb{Z})。\tag{15.4}$$

很容易看出，Y_t 线性依赖于白噪声过程的历史数据，依赖的时间长度由 q 的值决定。我们说 $(Y_t)_{t\in\mathbb{Z}}$ 是一个 q 阶移动平均过程，或者更简洁地表示为 $(Y_t)_{t\in\mathbb{Z}}$ 是 MA(q) 的过程。

这个过程的均值是0，方差由下式给出：

$$\mathrm{var}(Y_t)=E(Y_t^2)=E\left[\left(\sum_{i=0}^{q}\beta_i\varepsilon_{t-i}\right)\left(\sum_{j=0}^{q}\beta_j\varepsilon_{t-j}\right)\right]$$

$$= \sum_{i=0}^{q}\sum_{j=0}^{q}\beta_i\beta_j E[\varepsilon_{t-i}\varepsilon_{t-j}]。\tag{15.5}$$

根据白噪声过程的独立性，有

$$E(\varepsilon_{t-i}\varepsilon_{t-j}) = \mathrm{cov}(\varepsilon_{t-i}, \varepsilon_{t-j}) = \begin{cases}0, & i \neq j, \\ \sigma_\varepsilon^2, & i = j。\end{cases}$$

这样，式（15.5）可以写成为

$$\mathrm{var}(Y_t) = \sigma_\varepsilon^2 \sum_{i=0}^{q}\beta_i^2 。$$

类似地，我们可以计算自协方差：

$$\begin{aligned}\mathrm{cov}(Y_t, Y_{t-\tau}) &= E[(\sum_{i=0}^{q}\beta_i\varepsilon_{t-i})(\sum_{j=0}^{q}\beta_j\varepsilon_{t-j-\tau})] \\ &= \sum_{i=0}^{q}\sum_{j=0}^{q}\beta_i\beta_j E(\varepsilon_{t-i}\varepsilon_{t-j-\tau}) \\ &= \sum_{i=0}^{q}\sum_{k=\tau}^{q+\tau}\beta_i\beta_k E(\varepsilon_{t-i}\varepsilon_{t-k})(\text{令 } k = j + \tau) \\ &= \begin{cases}0, & \tau > q, \\ \sigma_\varepsilon^2 \sum_{i=t}^{q}\beta_i\beta_{i+\tau}, & \tau = 0, 1, \cdots, q。\end{cases}\end{aligned}$$

从表达式可以发现这个过程的自协方差与时间 t 无关，又因为这个过程的均值和方差都是有限的，从而可以得到移动平均过程是一个平稳过程。

15.3 自回归过程

在现实生活中，经常能找到有力证明随机过程的数值由其近期历史数据决定的依据，正因为如此，我们选择时间滞后期 q（正整数），然后获得 q 期变量的一个实现值。定义

$$Y_t = \alpha_0 + \alpha_1 Y_{t-1} + \alpha_2 Y_{t-2} + \cdots + \alpha_p Y_{t-p} + \varepsilon_t。\tag{15.6}$$

这里，$(\varepsilon_t)_{t\in\mathbb{Z}}$代表一个白噪声过程，它的方差用 σ_ε^2 表示。系数$(\alpha_k)_{k=0}^{p}$可以通过线性回归获得，这一点我们在前面已学习过。如果式（15.6）所表示的过程能被看成是对过去 p 期内数值的回归，我们就说 Y_t 是一个 p 阶自回归过程，或者更简洁地表示为：$(Y_t)_{t\in\mathbb{Z}}$是 AR(p)的过程。

现在研究 $p=1$ 时的情形，这样就是假设过去时间对这个过程有影响，模型可以表示为

$$\begin{aligned}Y_t &= \omega + \alpha Y_{t-1} + \varepsilon_t \\ &= \omega + \alpha(\omega + \alpha Y_{t-2} + \varepsilon_{t-1}) + \varepsilon_t \\ &= \omega(1+\alpha) + \alpha^2 Y_{t-2} + \alpha\varepsilon_{t-1} + \varepsilon_t,\end{aligned}$$

重新替换一下，可以得到

$$Y_t = \omega(1+\alpha) + \alpha^2(\omega + \alpha Y_{t-3} + \varepsilon_{t-2}) + \alpha\varepsilon_{t-1} + \varepsilon_t$$
$$= \omega(1+\alpha+\alpha^2) + \alpha^3 Y_{t-3} + \alpha^2\varepsilon_{t-2} + \alpha\varepsilon_{t-1} + \varepsilon_t。$$

这样一直替换下去，取到极限的时候，这个模型就可以写成为

$$Y_t = \omega\sum_{k=0}^{\infty}\alpha^k + \sum_{k=0}^{\infty}\alpha^k\varepsilon_{t-k}。\tag{15.7}$$

注意到只有$|\alpha|<1$的时候这个过程才是平稳的，这种情况下可以利用几何级数恒等式：

$$\sum_{k=0}^{\infty}x^k = \frac{1}{1-x}(|x|<1),\tag{15.8}$$

从而得出

$$Y_t = \frac{\omega}{1-\alpha} + \sum_{k=0}^{\infty}\alpha^k\varepsilon_{t-k}。\tag{15.9}$$

把上式和式（15.4）比较，可以看出AR（1）的过程可以看作是具有截距项的无限阶移动平均过程，它的系数可以由$(\alpha^k)_{k=0}^{\infty}$给出。从这个角度理解自回归过程是很有用的，例如，我们可以很快得到

$$E(Y_t) = \frac{\omega}{1-\alpha},\tag{15.10}$$

$$\begin{aligned}\operatorname{var}(Y_t) &= \operatorname{var}\left(\sum_{k=0}^{\infty}\alpha^k\varepsilon_{t-k}\right)\\ &= \sum_{k=0}^{\infty}\operatorname{var}(\alpha^k\varepsilon_{t-k})(\text{应用独立性})\\ &= \sigma_\varepsilon^2(1+\alpha^2+\alpha^4+\cdots)\\ &= \frac{\sigma_\varepsilon^2}{1-\alpha^2}。\end{aligned}\tag{15.11}$$

这个过程的自协方差（与时间滞后期为$\tau>0$）可以进行类似的计算：

$$\begin{aligned}\operatorname{cov}(Y_t, Y_{t-\tau}) &= E\left[\left(\sum_{i=0}^{\infty}\alpha^i\varepsilon_{t-i}\right)\left(\sum_{j=0}^{\infty}\alpha^j\varepsilon_{t-j-\tau}\right)\right]\\ &= \sum_{i=0}^{\infty}\sum_{j=0}^{\infty}\alpha^i\alpha^j E(\varepsilon_{t-i}\varepsilon_{t-j-\tau})\\ &= \sum_{i=0}^{\infty}\sum_{k=\tau}^{\infty}\alpha^i\alpha^k E(\varepsilon_{t-i}\varepsilon_{t-k})(\text{令 } k=j+\tau)\\ &= \sigma_\varepsilon^2\sum_{i=0}^{\infty}\alpha^i\alpha^{i+\tau} = \frac{\alpha^\tau\sigma_\varepsilon^2}{1-\alpha^2} = \alpha^\tau\operatorname{var}(Y_t)。\end{aligned}\tag{15.12}$$

利用这个算法，可以推导出AR(1)的自相关函数只和时间滞后期τ有关，它由下面式子给出：

$$\rho(\tau) = \alpha^\tau(\tau=0, 1, 2, \cdots)。\tag{15.13}$$

概括一下，我们发现AR(1)的回归系数$\alpha\in(-1, 1)$时，它是一个平稳过程。

15.4 自回归移动平均过程

最常用的时序模型是自回归移动平均过程，顾名思义，它是AR(p)过程和MA(q)过程的结合，为了完成对时序部分的讨论，我们下面来研究这个模型。形式上，它可以表示成为

$$Y_t = \underbrace{\alpha_0 + \sum_{k=1}^{p} \alpha_k Y_{t-k}}_{\mathrm{AR}(p)} + \varepsilon_t + \underbrace{\sum_{k=1}^{q} \beta_k \varepsilon_{t-k}}_{\mathrm{MA}(q)}。\tag{15.14}$$

数学上，称形如式（15.14）的 Y_t 是ARMA(p，q）的过程。乍看起来，模型似乎变得更加复杂了，因为引进了更多的位置变量。然而，在实际应用中，我们发现，一般情况下我们会找到相对很小的 p 和 q，就足以保证对真实数据的良好拟合。事实上，最常用的模型是最简单的ARMA(1，1)，可以由以下式子给出：

$$Y_t = \alpha Y_{t-1} + \varepsilon_t + \beta\varepsilon_{t-1}。\tag{15.15}$$

为了研究这个过程的统计属性，需要介绍一个概念：滞后算子 L。它对一个时序数据的作用为

$$L(Y_t) = Y_{t-1} \text{或} L^k(Y_t) = Y_{t-k}。$$

另外，我们用 I 来表示使时间序列变量保持不变的算子，即 $I(Y_t) = Y_t$，这些算子非常有用，借助它们可以把式（15.15）写作

$$(I - \alpha L)(Y_t) = (I + \beta L)\varepsilon_t。\tag{15.16}$$

现在，假设 $|\alpha| < 1$，可以推导出

$$\begin{aligned}&(I + \alpha L + \alpha^2 L^2 + \alpha^3 L^3 + \cdots)(I - \alpha L)\\ &= I \underbrace{- \alpha L + \alpha L}_{=0} \underbrace{- \alpha^2 L^2 + \alpha^2 L^2}_{=0} \underbrace{- \alpha^3 L^3 + \alpha^3 L^3}_{=0} - \alpha^4 L^4 + \cdots\\ &= I。\end{aligned}$$

数学上，称算子 $\sum_{k=0}^{\infty} \alpha^k L^k$ 为 $I - \alpha L$ 的逆，并且写作

$$\sum_{k=0}^{\infty} \alpha^k L^k = (I - \alpha L)^{-1}。$$

这样，将逆作用于式（15.16），有

$$\begin{aligned}Y_t &= (I + \alpha + \alpha^2 L^2 + \alpha^3 L^3 + \cdots)(1 + \beta L)(\varepsilon_t)\\ &= (I + (\alpha + \beta)L + \alpha(\alpha + \beta)L^2 + \alpha^2(\alpha + \beta)L^3 + \cdots)(\varepsilon_t)\\ &= \varepsilon_t + (\alpha + \beta)[\varepsilon_{t-1} + \alpha\varepsilon_{t-2} + \alpha^2\varepsilon_{t-3} + \cdots]。\end{aligned}\tag{15.17}$$

这样，就能马上推导出这个过程的均值是0，即

$$E(Y_t) = 0。\tag{15.18}$$

它的方差是

$$\operatorname{var}(Y_t) = \left[1 + \frac{(\alpha + \beta)^2}{1 - \alpha^2}\right]\sigma_\varepsilon^2$$

$$= \frac{1+2\alpha\beta+\beta^2}{1-\alpha^2}\sigma_\varepsilon^2。 \tag{15.19}$$

自协方差的计算也很直接。特别地，有

$$\begin{aligned} \operatorname{cov}(Y_t, Y_{t-1}) &= \left[(\alpha+\beta) + \frac{\alpha(\alpha+\beta)^2}{1-\alpha^2}\right]\sigma_\varepsilon^2 \\ &= \frac{(\alpha+\beta)(1+\alpha\beta)}{1-\alpha^2}\sigma_\varepsilon^2。 \end{aligned} \tag{15.20}$$

这样，就可以推导出滞后期是 1 的自相关函数：

$$\rho(1) = \frac{\operatorname{cov}(Y_t, Y_{t-1})}{\operatorname{var}(Y_t)} = \frac{(\alpha+\beta)(1+\alpha\beta)}{1+2\alpha\beta+\beta^2}。 \tag{15.21}$$

为表示出所有的自相关函数，注意到它满足：

$$\rho(\tau) = \alpha\rho(\tau-1)\ (\tau \geqslant 2)。$$

因此，我们总结出

$$\rho(\tau) = \frac{\operatorname{cov}(Y_t, Y_{t-1})}{\operatorname{var}(Y_t)} = \frac{\alpha^{\tau-1}(\alpha+\beta)(1+\alpha\beta)}{1+2\alpha\beta+\beta^2}\ (\tau \geqslant 1)。 \tag{15.22}$$

由此得出了系数 $\alpha \in (-1, 1)$ 且 $\beta \geqslant 0$ 的 ARMA(1, 1) 过程是平稳的。

16 最大似然估计法

在几乎所有的金融机构里，都有 IT 部门负责从大量的信息来源中搜集金融数据，然后将它们实时地传递到终端用户的计算机里。因此，要弄懂这些数据，一个成功的从业者必须要学会相关的定量分析技巧。最大似然估计就是一个非常流行的统计工具，它可以用来得到一个随机过程或者一些理论上包含无穷个观测值的统计学实验里的一些未知分布的参数的估计值。这个方法提供的估计值是基于有限个观测样本给出的。为了方便理解，我们假设一个统计实验的执行结果相当于一个随机向量 $\boldsymbol{X}=(X_1, \cdots, X_n)^{\mathrm{T}}$ 的实现。如果我们用 χ 表示 $\boldsymbol{X}$ 的样本空间，即相当于包含了 $\boldsymbol{X}$ 的所有可能结果，那么这个统计学实验则有效地传达了一个维度为 n 的样本，如一个点 $(x_1, \cdots, x_n)^{\mathrm{T}} \in x$。我们假设这个实验可以被重复地进行，并且每执行一次，我们都能观察到一个新的样本向量 $\boldsymbol{x}$。并且我们注意到随着新一轮实验的展开，结果向量本身也会随机地发生变化。考虑到这一点，我们用大写字母来表示随机变量和随机向量（如统计学实验），用小写字母来表示观测到的值（如实验的结果）。

最大似然估计法是基于我们能够事先知道随机向量 $\boldsymbol{X}$ 的联合概率密度的一般数学表达式这一假设的。而概率密度本身又通常取决于一系列的参数，如 $\theta_1, \cdots, \theta_k$。并且如果这些参数是已知的，如对于 $i=1, \cdots, k$ 而言，$\theta_i=\theta_i^*$，那么概率密度就是固定的且形式如下：

$$p_{\text{joint}}(\boldsymbol{x} \mid \theta^*)\text{，其中 } \theta^*=(\theta_1^*, \cdots, \theta_k^*)^{\mathrm{T}} \text{ 和 } \boldsymbol{x} \in \chi\text{。}$$

一般而言，用以定义概率密度的这些参数都是可以自由变动的，我们用 Θ 来表示参数空间，即参数 $\boldsymbol{\theta}$ 的所有可能取值所构成的集合，$\boldsymbol{\theta}$ 即为我们能够得到的 k 维的参数向量，我们有 $\boldsymbol{\theta}=(\theta_1, \cdots, \theta_k)^{\mathrm{T}}$。

在实践中，调查者会展开一个实验以得到一个样本向量 $\boldsymbol{x}=(x_1, \cdots, x_n)^{\mathrm{T}}$。我们的任务就是在参数空间 Θ 中，寻找向量 $\hat{\theta}=(\hat{\theta}_1, \cdots, \hat{\theta}_k)^{\mathrm{T}}$，以使得观测到样本数据 $\boldsymbol{x}$ 的可能性最大（即给向量 $\boldsymbol{x}$ 提供最好的解释）。在数学上，我们就可以定义如下的似然函数（与样本数据有关）：

$$L(\boldsymbol{\theta}) = L(\theta_1, \cdots, \theta_k) = p_{\text{joint}}(x_1, \cdots, x_n \mid \theta_1, \cdots, \theta_k) \tag{16.1}$$

更进一步地，如果假设 $\boldsymbol{X}$ 的各个成分 $(X_i)_{i=1}^{n}$ 是独立同分布的随机变量（一般情况都是如此），那么式（16.1）就可以写成如下的分解形式：

$$L(\boldsymbol{\theta}) = L(\theta_1, \cdots, \theta_k) = \prod_{j=1}^{n} p(x_j \mid \theta_1, \cdots, \theta_k)。 \tag{16.2}$$

似然函数量化了参数向量 $\boldsymbol{\theta}$ 在多大程度上代表了我们的观测样本，所以我们的目标是找到参数值的最大化似然函数的值。总体而言，我们必须要解决如下的最大化似然函数的问题：

找到向量 $\widehat{\theta} = (\widehat{\theta}_1, \cdots, \widehat{\theta}_k)^{\mathrm{T}} \in \Theta$ 使得对于所有的参数向量 $\boldsymbol{\theta} = (\theta_1, \cdots, \theta_k)^{\mathrm{T}} \in \Theta$：

$$L(\widehat{\theta}_1, \cdots, \widehat{\theta}_k) \geqslant L(\widehat{\theta}_1, \cdots, \theta_k)。 \tag{16.3}$$

在多数情况下，最大化似然函数的对数形式会相对简单，将其写为

$$LL(\theta_1, \cdots, \theta_k) = \mathrm{logo}L(\theta_1, \cdots, \theta_k) = \sum_{j=1}^{n} p(x_j \mid \theta_1, \cdots, \theta_k)。$$

以上的替换是合理的，这是因为 log 函数是严格递增的，因此并不会移动 L 的最大值的位置。我们通常都会从计算机程序所带有的求解数学上最大值的算法中，寻求合适的算法来求解这个问题，得到的最终解 $\widehat{\boldsymbol{\theta}}$ 也经常被称之为真实参数值 $\boldsymbol{\theta}^*$ 的最大似然估计值。我们也提醒使用者重点注意以下几点：

1）最大似然估计值可能并不能被找到。例如：对于一个给定的样本而言，也许我们并不能在参数空间 Θ 找到一个 $\widehat{\boldsymbol{\theta}}$ 来最大化对数似然函数。但是，在实际情况中这样的情形是很少的。

2）对于一个给定的样本而言，我们也许能找到不止一个向量 $\widehat{\boldsymbol{\theta}}$ 使得似然函数取最大值。例如：最大值并不一定是唯一的，同样地，这就提供了一种例外情况。

当我们假定参数空间是无约束的，如 $\Theta = \mathbb{R}^k$，那么我们就可以解决这个问题，因为对数似然函数拥有连续的一阶和二阶偏导数。在这种情况下，由第 4 章的内容可知，如果 $\hat{\boldsymbol{\theta}} = (\hat{\theta}_1, \cdots, \hat{\theta}_k)^{\mathrm{T}}$ 满足以下的一阶微分条件，那么它是 LL 的拐点。即

$$\frac{\partial LL}{\partial \theta_i}(\hat{\theta}_1, \cdots, \hat{\theta}_k) = \frac{\partial LL}{\partial \theta_i}(\hat{\boldsymbol{\theta}}) = 0 \quad (i = 1, \cdots, k)。 \tag{16.4}$$

我们也会注意到式（16.4）的解也许并不是唯一的，并且其解也许并不对应着最大值。当然，在大多数的标准情况下，该解是唯一的。

为了对该拐点的性质作进一步探究，需要计算 LL 的二阶偏导矩阵 $\boldsymbol{A}(\theta) \in \mathbb{R}^{k \times k}$，该矩阵的元素给定如下：

$$\boldsymbol{A}(\theta)_{ij} = \frac{\partial^2 LL}{\partial \theta_i \theta_j}(\theta_1, \cdots, \theta_k) \quad (1 \leqslant i, j \leqslant k)。 \tag{16.5}$$

如果能够证明矩阵 $\boldsymbol{A}(\widehat{\boldsymbol{\theta}})$ 是负定的，那么我们就可以得出结论说向量 $\widehat{\boldsymbol{\theta}}$ 至少是对数似然函数的一个局部的最大值点。在大部分的情况下，我们会发现 $\widehat{\boldsymbol{\theta}}$ 实际上是一个全局最优点（最大值点），因此我们可以说 $\widehat{\theta}_i$ 是真实参数 θ_i^*（对于 $i = 1, \cdots, k$）的最大似然估计值。

16.1 样本均值与样本方差

一般而言，当开始任何一个统计研究的时候，我们都会设法通过仔细的分析来得到随机变量的均值和方差的估计值。很自然地，我们会采取以下的步骤：

1）展开一个统计实验，以得到样本向量$(x_1, \cdots, x_n)^{\mathrm{T}} \in \chi$ 的 n 个观测值或结果。

2）为了得到均值，我们计算观测值的算术平均值，如定义：

$$\widehat{\mu}_n = \sum_{j=1}^{n} \frac{1}{n} x_j。 \tag{16.6}$$

3）为了计算方差，我们采取同样的方法，计算均值调整后的观测值的平方平均值，定义如下：

$$\widehat{\sigma}_n^2 = \sum_{j=1}^{n} \frac{1}{n} (x_j - \widehat{\mu}_n)^2。 \tag{16.7}$$

因为每一个样本统计量实际上本身是一个随机变量（取决于样本），因此用带波浪号上标的字母来表示将其作为随机变量的情况，如：

$$随机变量\ \tilde{\mu}_n^2 = \sum_{j=1}^{n} \frac{1}{n} X_j,$$

$$随机变量\ \tilde{\sigma}_n^2 = \sum_{j=1}^{n} \frac{1}{n} (X_j - \tilde{\mu}_n)^2 \tag{16.8}$$

之所以决定用算术平均值来定义以上两个样本统计量一部分原因是我们的直觉（事实上我们通常都会考虑算术平均值）。然而，我们也有一个重要的理论依据来支持这个定义，来源于以下的结果：

定理 令$(x_1, \cdots, x_n)^{\mathrm{T}} \in \chi$ 表示一个样本向量，其中每个元素都是相互独立的，并且服从正态分布 $N(\mu, \sigma^2)$。那么 μ 和 σ^2 的最大似然估计值（依赖于该样本）正是算术平均值式（16.6）和式（16.7）的结果。

证明 样本向量的似然函数定义如下

$$L(\mu, \sigma^2) = \prod_{j=1}^{n} \frac{1}{\sqrt{2\pi\sigma^2}} \exp\left(-\frac{1}{2}\left(\frac{x_j - \mu}{\sigma}\right)^2\right)$$

$$= \frac{1}{(2\pi)^{n/2}\sigma^n} \exp\left(-\frac{1}{2}\sum_{j=1}^{n} \frac{(x_j - \mu)^2}{\sigma^2}\right),$$

此外，对数似然函数如下

$$LL(\mu, \sigma^2) = -\frac{n}{2}(\log(2\pi) + \log\sigma^2) - \frac{1}{2}\sum_{j=1}^{n} \frac{(x_j - \mu)^2}{\sigma^2}。$$

为了找到该函数的最大值，计算并求解其一阶条件。为此，将该函数分别对 μ 和 σ^2 求微分，结果如下：

$$\frac{\partial}{\partial \mu} LL(\mu, \sigma^2) = \frac{1}{\sigma^2}\sum_{j=1}^{n}(x_j - \mu)$$

$$= \frac{1}{\sigma^2}\left(\sum_{j=1}^{n} x_j - n\mu\right),$$

$$\frac{\partial}{\partial \sigma^2} LL(\mu, \sigma^2) = -\frac{n}{2\sigma^2} + \frac{1}{2\sigma^4}\sum_{j=1}^{n}(x_j - \mu)^2$$

$$= -\frac{1}{2\sigma^4}\left(n\sigma^2 - \sum_{j=1}^{n}(x_j - \mu)^2\right)。$$

令这些偏导数的值等于零，可以发现这些方程在样本均值和样本方差处存在拐点，具体如下：

$$\frac{\partial}{\partial \mu} LL(\widehat{\mu}, \widehat{\sigma}^2) = 0 \Rightarrow \widehat{\mu} = \sum_{j=1}^{n} \frac{1}{n} x_j,$$

$$\frac{\partial}{\partial \sigma^2} LL(\widehat{\mu}, \widehat{\sigma}^2) = 0 \Rightarrow \widehat{\sigma}^2 = \sum_{j=1}^{n} \frac{1}{n}(x_j - \widehat{\mu})^2。$$

为了证明解（$\widehat{\mu}$，$\widehat{\sigma}^2$）就是 LL 的最大值，我们检验其二阶海赛矩阵是否是负定的。在以上的条件下，对数似然函数的二阶海赛矩阵如下

$$\boldsymbol{A}(\mu, \sigma^2) = \begin{pmatrix} \frac{\partial LL^2}{\partial \mu^2} & \frac{\partial LL^2}{\partial \mu \partial \sigma^2} \\ \frac{\partial LL^2}{\partial \sigma^2 \partial \mu} & \frac{\partial LL^2}{\partial \sigma^4} \end{pmatrix}$$

$$= \begin{pmatrix} -\frac{n}{\sigma^2} & \frac{n}{\sigma^4}\left(n\mu - \sum_{j=1}^{n} x_j\right) \\ \frac{1}{\sigma^4}\left(n\mu - \sum_{j=1}^{n} x_j\right) & \frac{1}{2\sigma^6}\left(n\sigma^2 - 2\sum_{j=1}^{n}(x_j - \mu)^2\right) \end{pmatrix}$$

$$= \begin{pmatrix} -\frac{n}{\sigma^2} & \frac{1}{\sigma^4}(u - \widehat{\mu}) \\ \frac{1}{\sigma^4}(\mu - \widehat{\mu}) & \frac{n}{2\sigma^6}(\sigma^2 - 2\widehat{\sigma}^2) \end{pmatrix}。$$

令$(\mu, \sigma^2) = (\widehat{\mu}, \widehat{\sigma}^2)$，可以得到

$$\boldsymbol{A}(\widehat{\mu}, \widehat{\sigma}^2) = \begin{pmatrix} -n/\widehat{\sigma}^2 & 0 \\ 0 & -n/2\widehat{\sigma}^4 \end{pmatrix}。$$

因为矩阵是负定的，所以可以得出在正态分布的假设下，由式（16.6）和式（16.7）给出的样本估计值 $\widehat{\mu}$ 和 $\widehat{\sigma}^2$ 正是最大似然估计值。

16.2 统计估计量的精确度

为了评价一个估计方法的适用性，我们需要一个框架来衡量其精确度。因此，

我们会假设我们的目标是估计一个单一分布的参数 θ，或者更为一般地，估计一个对应于参数向量 $\boldsymbol{\theta}$ 的实值函数 $f(\boldsymbol{\theta})$。假设 $\widehat{f}(\boldsymbol{X})$ 是从有限的观测样本（如随机向量 $\boldsymbol{X}$ 的实现值）中得到的对 $f(\boldsymbol{\theta})$ 的一些估计（如最大似然估计 MLE）。现在提供如下两种重要的误差测量方法：

1）估计量 $\widehat{f}$ 对 $f(\boldsymbol{\theta})$ 的偏差由如下函数给出：

$$\mathcal{B}(\boldsymbol{\theta}) = E[\widehat{f}(\boldsymbol{X}) \mid \boldsymbol{\theta}] - f(\boldsymbol{\theta}) \quad (\boldsymbol{\theta} \in \Theta)。 \tag{16.9}$$

2）估计量 $\widehat{f}$ 的均方误差由如下函数给出：

$$\mathrm{MSE}(\widehat{f} \mid \boldsymbol{\theta}) = E[(\widehat{f}(\boldsymbol{X}) - f(\boldsymbol{\theta}))^2 \mid \boldsymbol{\theta}](\boldsymbol{\theta} \in \Theta)。 \tag{16.10}$$

我们观察到如果 $\mathcal{B}(\boldsymbol{\theta}) = 0$，那么可以得出统计估计量的期望与其真实值相等，即 $\widehat{f}$ 是 $f(\boldsymbol{\theta})$ 的无偏估计。均方误差则告诉我们一种测量统计估计值与其真实值偏离多大程度的方法。很显然，一个最成功的估计量即是无偏的，同时也具有最小的 MSE。注意到如果 $\widehat{f}$ 是无偏的，那么它的 MSE 与其方差一致。事实上，很容易得到如下式子：

$$\mathrm{MSE}(\widehat{f} \mid \boldsymbol{\theta}) = \mathrm{var}(\widehat{f} \mid \boldsymbol{\theta}) + \mathcal{B}(\boldsymbol{\theta})^2。$$

16.2.1 样本均值举例

样本均值式（16.6）是对 μ 的一个无偏估计，计算验证如下：

$$\mathcal{B}(\widetilde{\mu}_n) = E(\widetilde{\mu}_n) - \mu = \frac{1}{n}\sum_{j=1}^{n} E(X_j) - \mu = \frac{1}{n}\underbrace{\sum_{j=1}^{n}\mu}_{=n\mu} - \mu = 0。 \tag{16.11}$$

此外，式（16.6）相对应的方差如下：

$$\begin{aligned}\mathrm{var}(\widetilde{\mu}_n) &= \mathrm{var}\left(\sum_{j=1}^{n}\frac{1}{n}X_j\right) \\ &= \frac{1}{n^2}\sum_{j=1}^{n}\mathrm{var}(X_j)（\text{由独立假设可得}） \\ &= \frac{1}{n^2}\underbrace{\sum_{j=1}^{n}\sigma^2}_{=n\sigma^2} = \frac{\sigma^2}{n}。\end{aligned}$$

16.2.2 样本方差举例

由式（16.7）所给出的 σ^2 样本方差估计值偏差如下：

$$\mathcal{B}(\widetilde{\sigma}_n) = E(\widetilde{\sigma}_n^2) - \sigma^2,$$

且

$$E(\widetilde{\sigma}_n^2) = \frac{1}{n}\sum_{j=1}^{n}E(X_j^2) - E(\widetilde{\mu}_n^2)。 \tag{16.12}$$

现在，因为 μ 和 σ^2 代表了潜在随机变量真实的均值和方差，可以推测：

$$\sigma^2 = E(X_j^2) - \mu^2 \Rightarrow E(X_j^2) = \sigma^2 + \mu^2。$$

已知样本均值 $\widetilde{\mu}_n$ 的均值和方差分别是 μ（均值的真实值）和 σ^2/n，因此

$$\operatorname{var}(\widetilde{\mu}_n) = \frac{\sigma^2}{n} = E(\widetilde{\mu}_n^2) - \mu^2 \Rightarrow E(\widetilde{\mu}_n^2) = \frac{\sigma^2}{n} + \mu^2。$$

利用式（16.12）的两个观察值可以得到

$$E(\widetilde{\sigma}_n^2) = \sigma^2 + \mu^2 - \left(\frac{\sigma^2}{n} + \mu^2\right) = \sigma^2\left(1 - \frac{1}{n}\right), \tag{16.13}$$

且

$$\mathcal{B}(\widetilde{\sigma}_n) = -\frac{\sigma^2}{n}。$$

因此，可以得到式（16.7）给出的样本方差是有偏的，它实际上低估了真实的方差。然而，随着越来越多的观测值加入，偏差的程度越来越小。事实上，当 n 趋向于无穷的时候，我们说 $\widetilde{\sigma}_n^2$ 是渐近无偏的。

为了得到方差的一致无偏估计量，可以改变观测值的权重，从 $1/n$ 调整到 $1/(n-1)$，且考虑：

$$观测值\ \widetilde{\sigma}_n^2 = \sum_{j=1}^{n} \frac{1}{n-1}(x_j - \widehat{\mu})^2,$$

$$随机变量\ \widetilde{\sigma}_n^2 = \sum_{j=1}^{n} \frac{1}{n-1}(X_j - \widetilde{\mu})^2。 \tag{16.14}$$

无偏估计量的方差给定如下：

$$\operatorname{var}(\widetilde{\sigma}_n^2) = E[(\widetilde{\sigma}_n^2 - \sigma^2)^2] = \frac{1}{n}\left[m_4 - \frac{n-3}{n-1}\sigma^4\right]。 \tag{16.15}$$

其中，m_4 表示潜在随机变量的四阶中心矩。很显然，我们会希望采用无偏且方差较小的统计估计量。那么我们自然会问：

一个无偏估计量的方差可以有多小？

我们尝试着得到方差的下界，来解决这个问题。一开始，先假设我们的目的是估计一个含有单一参数 θ 的函数。我们用 $\widehat{f}(\boldsymbol{X})$ 来表示 $f(\theta)$ 的一个无偏估计量。可以将该函数写成如下形式：

$$f(\theta) = E[\widehat{f}(\boldsymbol{X}) \mid \theta] = \int_{\mathcal{X}} \widehat{f}(\boldsymbol{x}) p(\boldsymbol{x} \mid \theta) \mathrm{d}\boldsymbol{x}。 \tag{16.16}$$

注意到因为 $p(\boldsymbol{x} \mid \theta)$ 是一个概率密度，因此有

$$\int_{\mathcal{X}} p(\boldsymbol{x} \mid \theta) \mathrm{d}\boldsymbol{x} = 1 \Rightarrow \frac{\partial}{\partial\theta} \int_{\mathcal{X}} p(\boldsymbol{x} \mid \theta) \mathrm{d}\boldsymbol{x} = 0。$$

假定以上的偏导符号可以与积分号交换，并且不会对其值产生任何影响，即假定

$$\frac{\partial}{\partial\theta} \int_{\mathcal{X}} p(\boldsymbol{x} \mid \theta) \mathrm{d}\boldsymbol{x} = \int_{\mathcal{X}} \frac{\partial p(\boldsymbol{x} \mid \theta)}{\partial\theta} \mathrm{d}\boldsymbol{x} = 0。 \tag{16.17}$$

现在，将式（16.16）得到的 f 对 θ 进行微分，并且使用式（16.17）定义的规则条件，可以推导出

$$\frac{\partial f}{\partial \theta}=f'(\theta)=\int_{\mathcal{X}}\widehat{f}(\boldsymbol{x})\frac{\partial p(\boldsymbol{x}|\theta)}{\partial \theta}\mathrm{d}\boldsymbol{x}$$
$$=\int_{\mathcal{X}}\widehat{f}(\boldsymbol{x})\left(\frac{1}{p(\boldsymbol{x}|\theta)}\frac{\partial p(\boldsymbol{x}|\theta)}{\partial \theta}\right)p(\boldsymbol{x}|\theta)\mathrm{d}\boldsymbol{x}$$
$$=\int_{\mathcal{X}}\widehat{f}(\boldsymbol{x})\frac{\partial \log(p(\boldsymbol{x}|\theta))}{\partial \theta}p(\boldsymbol{x}|\theta)\mathrm{d}\boldsymbol{x}。$$

现在，再一次利用式（16.17），也可以推导出

$$0=f(\theta)\int_{\mathcal{X}}\frac{\partial p(\boldsymbol{x}|\theta)}{\partial \theta}\mathrm{d}\boldsymbol{x}=\int_{\mathcal{X}}f(\theta)\frac{\partial p(\boldsymbol{x}|\theta)}{\partial \theta}\mathrm{d}\boldsymbol{x}$$
$$=\int_{\mathcal{X}}f(\theta)\frac{\partial \log(p(\boldsymbol{x}|\theta))}{\partial \theta}p(\boldsymbol{x}|\theta)\mathrm{d}\boldsymbol{x},$$

从而可以得到

$$f'(\theta)=\int_{\mathcal{X}}(\widehat{f}(\boldsymbol{x})-f(\theta))\frac{\partial \log(p(\boldsymbol{x}|\theta))}{\partial \theta}p(\boldsymbol{x}|\theta)\mathrm{d}\boldsymbol{x}。$$

下面，利用柯西－施瓦茨不等式推导出

$$\left(\frac{\partial f}{\partial \theta}\right)^2=\left(\int_{\mathcal{X}}(\widehat{f}(\boldsymbol{x})-f(\theta))\frac{\partial \log(p(\boldsymbol{x}|\theta))}{\partial \theta}p(\boldsymbol{x}|\theta)\mathrm{d}\boldsymbol{x}\right)^2$$
$$\leqslant\left(\int_{\mathcal{X}}(\widehat{f}(\boldsymbol{x})-f(\theta))^2p(\boldsymbol{x}|\theta)\mathrm{d}\boldsymbol{x}\right)\left(\int_{\mathcal{X}}\left(\frac{\partial \log(p(\boldsymbol{x}|\theta))}{\partial \theta}\right)^2p(\boldsymbol{x}|\theta)\mathrm{d}\boldsymbol{x}\right)$$
$$=\mathrm{var}(\widehat{f}(\boldsymbol{X}|\theta)),E\left[\left(\frac{\partial}{\partial \theta}\log(p(\boldsymbol{x}|\theta))\right)^2\theta|\right]。$$

将该不等式重新整理，可以得到著名的克拉默－拉奥。(Cramer－Rao）不等式

$$\mathrm{var}(\widehat{f}(\boldsymbol{X}|\theta))\geqslant\frac{(f'(\theta))^2}{I(\theta)}。\tag{16.18}$$

其中

$$I(\theta)=E\left[\left(\frac{\partial}{\partial \theta}LL(\theta)\right)^2|\theta\right]=E\left[\left(\frac{\partial}{\partial \theta}\log(p(\boldsymbol{x}|\theta))\right)^2|\theta\right]。$$

有界变量 $I(\theta)$ 通常被称之为费歇尔（Fisher）信息量，在适当的正则条件下，它可以被写为

$$I(\theta)=-E\left[\frac{\partial^2}{\partial \theta^2}LL(\theta)|\theta\right]=-E\left[\frac{\partial^2}{\partial \theta^2}\log(p(\boldsymbol{x}|\theta))|\theta\right]。$$

当 $f(\theta)=\theta$ 时，有界性质如下

$$\mathrm{var}(\widetilde{\theta}|\theta)\geqslant\frac{1}{I(\theta)}。$$

这个值经常被作为方差的最小下界，任何无偏的估计量如果能够达到这个下界就被称为是对于真实参数 θ 的最有效的无偏估计量。

当我们使用随机样本数据来考虑对真实参数向量 $\boldsymbol{\theta}$ 的无偏估计量 $\widehat{\boldsymbol{\theta}}(\boldsymbol{X})=(\widehat{\theta}_1,\cdots\widehat{\theta}_k)^{\mathrm{T}}$ 时，克拉默－拉奥不等式（16.8）的下界可以被一般化地表示成更高阶的形式。在这种情况下，我们定义 $k\times k$ 的费歇尔信息矩阵

$$I_n(\boldsymbol{\theta}) = -E[\boldsymbol{A}(\boldsymbol{\theta}) | \boldsymbol{\theta}]。$$

其中，$\boldsymbol{A}(\boldsymbol{\theta})$是基于样本量为 n 的观测样本的对数似然函数的二阶偏导矩阵，如式（16.5）所示；因此信息量矩阵以分量形式定义如下：

$$(\boldsymbol{I}_n(\boldsymbol{\theta}))_{ij} = -E\left[\frac{\partial^2 LL}{\partial\theta_i\theta_j}(\theta_1,\cdots,\theta_k)\right]\ (1\leqslant i, j\leqslant k)。$$

更高阶的克拉默－拉奥下界的形式告诉我们：

$$\mathrm{var}(\tilde{\theta}_i | \boldsymbol{\theta}) \geqslant [\boldsymbol{I}_n(\boldsymbol{\theta})^{-1}]_{ii}(i-1, \cdots, k)。$$

这说明，对于参数 i 的任意一个无偏估计量的方差而言，费歇尔信息矩阵的逆矩阵的对角线上的第 i 个元素是其下界。

16.3　最大似然估计法的魅力

从理论的发展来看，很显然我们最希望得到的样本估计量既是无偏的，同时也是最有效的（如方差达到克拉默－拉奥下界）。假如我们将我们的精力聚焦到最大似然估计法上，我们会发现事实正好相反，最大似然估计法估计出的估计量并不一定是无偏的，同时也不是最有效的。例如，基于相互独立的服从正态分布假设的样本观测值，通过最大似然估计法得到的估计量的方差与式（16.7）给出的算术平均值相一致，但我们在之前的部分内容说明过它是有偏估计量。事实上，当我们允许样本量不断增大，没有上界的时候，我们会希望采用最大似然估计法。例如，我们让 $n\to\infty$，这个时候最大似然估计量的性质变得很好。详细地说，如果 $\boldsymbol{X} = (X_1, \cdots, X_n)^{\mathrm{T}}$ 表示一个规模为 n 的随机向量，且该向量的联合概率密度 $p(\boldsymbol{x})$取决于参数向量 $\boldsymbol{\theta} = (\theta_1, \cdots, \theta_k)^{\mathrm{T}} \in \Theta \subset \mathbb{R}^k$。如果我们用 $\hat{\boldsymbol{\theta}}(\boldsymbol{X}) = (\hat{\boldsymbol{\theta}}_1, \cdots, \hat{\theta}_k)$来表示对于这些参数的最大似然估计量，其中样本向量 $\boldsymbol{x}$ 由 $\boldsymbol{X}$ 的实现值表示。那么，因为概率密度能够满足一定程度的正则条件，所以我们通常可以得出如下结论：

1）$\hat{\boldsymbol{\theta}}(\boldsymbol{x})$是渐近无偏的，即

$$|\hat{\boldsymbol{\theta}}(\boldsymbol{X}) - \boldsymbol{\theta}| \to 0 \quad (n\to\infty)。$$

2）$\hat{\boldsymbol{\theta}}(\boldsymbol{x})$是渐近有效的，即

$$\mathrm{var}((\hat{\boldsymbol{\theta}}(\boldsymbol{X}))_i) \to (\boldsymbol{I}(\boldsymbol{\theta})^{-1})_{ii} \quad (n\to\infty; i = 1, \cdots, k)。$$

其中

$$I(\boldsymbol{\theta}) = \lim_{n\to\infty}\left(\frac{1}{n}\boldsymbol{I}_n(\boldsymbol{\theta})\right)$$

是渐近的信息量矩阵，我们假设其是有限且可逆的。

3）$\hat{\boldsymbol{\theta}}(\boldsymbol{X})$服从渐近正态分布，即

$$\sqrt{n}(\hat{\boldsymbol{\theta}}(\boldsymbol{X}) - \boldsymbol{\theta}) \to \boldsymbol{Z} \sim N(\boldsymbol{0}, \boldsymbol{I}(\boldsymbol{\theta})^{-1}) \quad (n\to\infty)。 \tag{16.19}$$

正是这些非常吸引人的渐近性质使得最大似然估计法在实践中如此受欢迎。为了在实践中采用以上的结果，人们必须要计算出渐近的信息量矩阵 $\boldsymbol{I}(\boldsymbol{\theta})$，这可以

说是一个非常大的挑战。然而，一个常用的方法是使用实验得到的二阶偏导矩阵(如果其形式不是太复杂)，如我们令

$$(\widehat{\boldsymbol{I}}(\boldsymbol{\theta}))_{ij}=\frac{1}{n}\frac{\partial^2 LL}{\partial\theta_i\partial\theta_j}(\widehat{\theta}_1,\cdots,\widehat{\theta}_k)(1\leqslant i,j\leqslant k)。\tag{16.20}$$

因此，如果最大似然估计法依托于一个足够大的样本，那么基本上可以说最大似然估计法得出的估计量是无偏的、最有效的及接近正态分布的。换句话说，为了实际运用的目的，结果转换成如下形式：

对于足够大的 n，$\widehat{\boldsymbol{\theta}}(\boldsymbol{X})\approx\boldsymbol{\theta}+\boldsymbol{Z}_n$，其中 $\boldsymbol{Z}_n\sim N(\boldsymbol{0},\widehat{\boldsymbol{I}}(\boldsymbol{\theta})^{-1})$。

很显然，当把一个近似的结果转化成一个接近现实世界情况的结果时，我们必须非常注意。理论上说，一个在 n 趋于无穷大的时候才成立的结果，在实际运用时，尤其是当我们只能得到小样本数据时，是毫无用处的。

17 统计估计中的 delta 方法

在上一章中，我们展示了运用最大似然估计得到的估计值具有明显的渐进性质。在这一章中，我们将要运用中心极限定理来研究所谓的 delta 方法。Delta 方法是一种非常有用的技术，它适用于给出大范围点估计的渐近性质。我们将通过展示 delta 方法在计算样本的方差、偏度、峰度中的应用来讲授这种方法。

17.1 理论框架

首先，让我们回忆一下多变量的 CLT 模型，它考虑了独立并服从相同分布的随机向量序列

$$\boldsymbol{X}_k=(\boldsymbol{X}_{1k},\cdots,\boldsymbol{X}_{dk})^{\mathrm{T}}\in\mathbb{R}^d(k=1,2,\cdots)$$

它的一般均值向量和协方差矩阵可以用下式分别表示：

$$\boldsymbol{e}=E(\boldsymbol{X}_k),\boldsymbol{V}=E[(\boldsymbol{X}_k-\boldsymbol{e})(\boldsymbol{X}_k-\boldsymbol{e})^{\mathrm{T}}]。$$

接着，这个理论开始关注均值向量序列

$$\overline{\boldsymbol{X}}_n=\frac{1}{n}\sum_{k=1}^{n}\boldsymbol{X}_k(n=1,2,\cdots),$$

它的结果显示转换后的序列

$$\sqrt{n}(\overline{\boldsymbol{X}}_n-\boldsymbol{e})\text{收敛于一个随机向量}\boldsymbol{Z}\sim N(\boldsymbol{0},\boldsymbol{V})。$$

假设现在有一个关于 d 维变量的函数：f：$\mathbb{R}^d\to\mathbb{R}$，我们感兴趣的是序列 $(f(\overline{\boldsymbol{X}}_n))_{n=1}^{\infty}$。自然而然，我们会提出一个问题：

转换后的序列 $\sqrt{n}(f(\overline{\boldsymbol{X}}_n)-f(\boldsymbol{e}))$ 是否真的收敛于一个正常的随机变量?

假设函数 f 在 $\boldsymbol{e}$ 上是可微分的，则上述问题的答案就是肯定的，并且后续的理论（通常称为 delta 方法）也能够得出同样的结果。

定理 令 $(\boldsymbol{X}_k)_{k=1}^{\infty}$ 表示独立且服从相同分布的 d 维随机向量序列，例如，

$$\boldsymbol{X}_k=(X_{1k},\cdots,X_{dk})^{\mathrm{T}}\in\mathbb{R}^d(k=1,2,\cdots)$$

再令

$$\boldsymbol{e}=E(\boldsymbol{X}_k),\ \boldsymbol{V}=E[(\boldsymbol{X}_k-\boldsymbol{e})(\boldsymbol{X}_k-\boldsymbol{e})^{\mathrm{T}}](k=1,2,\cdots)$$

分别表示一般均值向量和协方差矩阵。令 f：$\mathbb{R}^d\to\mathbb{R}$ 是可微分的，并且令 $\nabla f(\boldsymbol{e})\in\mathbb{R}^d$ 表示关于 $\boldsymbol{e}$ 的斜率，那么

$$\sqrt{n}(f(\overline{\boldsymbol{X}}_n)-f(\boldsymbol{e}))\to Z\sim N(\boldsymbol{0},\ a^2)\quad (n\to\infty),$$

并且

$$a^2=\nabla f(\boldsymbol{e})^{\mathrm{T}}\boldsymbol{V}\nabla f(\boldsymbol{e})。\tag{17.1}$$

关于这个结论的严格证明超出了本书的讲解范围。但是，我们可以通过讨论得到一种直观感受：当 n 非常大的时候，可以用函数 f 的泰勒展开式的线性部分作为近似，如可以写作

$$\sqrt{n}(f(\overline{\boldsymbol{X}}_n)-f(\boldsymbol{e}))\approx\nabla f(\boldsymbol{e})[\sqrt{n}(\overline{\boldsymbol{X}}_n-\boldsymbol{e})]$$

接着，讨论当 $n\to\infty$ 时，上式的极限可写作

$$\lim_{n\to\infty}\sqrt{n}(f(\overline{\boldsymbol{X}}_n)-f(\boldsymbol{e}))=\nabla f(\boldsymbol{e})\underbrace{\lim_{n\to\infty}[\sqrt{n}(\overline{\boldsymbol{X}}_n-\boldsymbol{e})]}_{\sim N(\boldsymbol{0},\ \boldsymbol{V})},$$

所以，可以得到结论$\sqrt{n}(f(\overline{\boldsymbol{X}}_n)-f(\boldsymbol{e}))$渐近于正态分布 $N(\boldsymbol{0},\ a^2)$，其中方差 a^2 已在式（17.1）中给出。

为了给 delta 方法的应用做好准备，假设我们有独立且服从相同分布的随机变量序列$(X_k)_{k\geq1}$。接着，用这个序列来定义 d 维随机向量序列

$$\boldsymbol{X}_k=(X_k,\ X_k^2,\ \cdots,\ X_k^d)^{\mathrm{T}}\in\mathbb{R}^d,$$

注意到

$$\boldsymbol{e}=E(\boldsymbol{X}_k)=(\mu_1,\mu_2,\cdots,\mu_d)^{\mathrm{T}}\in\mathbb{R}^d,$$

序列的均值向量与潜在分布的 d 维矩向量一致。另外，令 $\boldsymbol{V}\in\mathbb{R}^{d\times d}$表示 $\boldsymbol{X}_k$ 的协方差矩阵，其中 ij^{th}已被给出为

$$\begin{aligned}\boldsymbol{V}_{ij}&=E[(X_k^i-\mu_i)(X_k^j-\mu_j)]\\&=E(X_k^iX_k^j)-\mu_i\mu_j\\&=\mu_{i+j}-\mu_i\mu_j\quad(1\leq i,\ j\leq d)。\end{aligned}$$

在这个设定中，多变量的 CLT 涉及序列

$$\overline{\boldsymbol{X}}_n=\frac{1}{n}\sum_{k=1}^n\boldsymbol{X}_k=\frac{1}{n}\begin{pmatrix}\sum\limits_{k=1}^n X_k\\ \sum\limits_{k=1}^n X_k^2\\ \vdots\\ \sum\limits_{k=1}^n X_k^d\end{pmatrix}=\begin{pmatrix}\overline{X}\\ \overline{X^2}\\ \vdots\\ \overline{X^d}\end{pmatrix},$$

并且，它告诉我们

$$\sqrt{n}\left[\begin{pmatrix}\overline{X}\\ \overline{X^2}\\ \vdots\\ \overline{X^d}\end{pmatrix}-\begin{pmatrix}\mu_1\\ \mu_2\\ \vdots\\ \mu_d\end{pmatrix}\right]\to\boldsymbol{Z}\sim N(\boldsymbol{0},\ \boldsymbol{V})。$$

它证明了，就像我们所看到的，一些重要的统计估计量可以被表示为样本矩 $\overline{X}$，$\overline{X^2}$，$\overline{X^3}$，…的函数。在这种情况下，我们可以运用 delta 方法来推断它们的渐近性质。本章接下来的部分将着重介绍 delta 方法在运用过程中的具体案例。

17.2 样本方差

在对 delta 方法的首次说明中，我们重新引入了样本方差估计量。通过观察发现它可以被写为

$$\begin{aligned}\widehat{\sigma}_n^2(X) &= \frac{1}{n}\sum_{j=1}^{n}(X_j-\overline{X})^2\\ &= \underbrace{\frac{1}{n}\sum_{j=1}^{n}X_j^2}_{=\overline{X^2}} - 2\overline{X}\underbrace{\left(\frac{1}{n}\sum_{j=1}^{n}X_j\right)}_{=\overline{X}} + \overline{X}^2\\ &= \overline{X^2} - \overline{X},\end{aligned}$$

也就是说，可以得到

$$\widehat{\sigma}_n^2(X)=f(\overline{X},\ \overline{X^2})\text{，其中}f(x,\ y)=y-x^2\text{。}$$

我们知道函数 f 是可微分的，并且函数的斜率向量已经给出：

$$\nabla_{x,\ y}f(x,\ y)=\begin{pmatrix}-2x\\1\end{pmatrix}\text{。}$$

现在如果假设我们已经定义好潜在分布的前四阶矩，运用多变量 CLT，则可以推断

$$\sqrt{n}\left[\begin{pmatrix}\overline{X}\\ \overline{X^2}\end{pmatrix}-\begin{pmatrix}\mu_1\\ \mu_2\end{pmatrix}\right]\rightarrow \mathbf{Z}\sim N\left[\begin{pmatrix}0\\0\end{pmatrix},\ \begin{pmatrix}\mu_2-\mu_1^2 & \mu_3-\mu_1\mu_2\\ \mu_3-\mu_1\mu_2 & \mu_4-\mu_2^2\end{pmatrix}\right]\text{。}$$

应用 Delta 方法可以得到我们想要的渐近结果

$$\begin{aligned}\lim_{n\to\infty}[\sqrt{n}(\widehat{\sigma}^2(X)-\sigma^2)] &= \lim_{n\to\infty}[\sqrt{n}(f(\overline{X},\ \overline{X^2})-f(\mu_1,\mu_2))]\\ &= Z\sim N(0,\ a^2)\text{。}\end{aligned}$$

此时

$$\begin{aligned}a^2 &= (-2\mu_1,0)\begin{pmatrix}\mu_2-\mu_1^2 & \mu_3-\mu_1\mu_2\\ \mu_3-\mu_1\mu_2 & \mu_4-\mu_2^2\end{pmatrix}\begin{pmatrix}-2\mu_1\\1\end{pmatrix}\\ &= 4[\mu_1^2(2\mu_2-1)-\mu_1\mu_3]+\mu_4-\mu_2^2\text{。}\end{aligned}$$

我们可以简化这个结果。通过简单的观察可以发现，样本的方差估计量具有平移不变性，也就是说，对于任何常数 α，都有

$$\widehat{\sigma}_n^2(X-\alpha)=\widehat{\sigma}_n^2(X)\text{。}$$

从这个事实可以得到

$$X_j-\alpha-\overline{(X-\alpha)}=X_j-\alpha-\frac{1}{n}\sum_{i=1}^{n}(X_i-\alpha)$$

$$= X_j - \frac{1}{n}\sum_{i=1}^{n} X_i (= X_j - \overline{X})。 \tag{17.2}$$

在这样的情况下，可以设定 $\alpha = \mu$，即这个分布的平均数，然后再一次运用delta方法。首先，CLT 告诉我们，

$$\sqrt{n}\left[\left(\frac{\overline{X-\mu}}{(X-\mu)^2}\right) - \begin{pmatrix}0\\ \sigma^2\end{pmatrix}\right] \to \mathbf{Z} \sim N\left[\begin{pmatrix}0\\0\end{pmatrix}, \begin{pmatrix}\sigma^2 & m_3\\ m_3 & m_4-\sigma^2\end{pmatrix}\right],$$

此时，m_3 和 m_4 分别表示分布的三阶中心矩与四阶中心矩。现在将 delta 方法运用到均值中心（mean - centred）变量中，可以发现

$$\lim_{n\to\infty}[\sqrt{n}(\widetilde{\sigma}_n^2(X) - \sigma^2)] = \lim_{n\to\infty}\left[\sqrt{n}\left(f\left(\frac{\overline{X-\mu}}{(X-\mu)^2}\right) - f\begin{pmatrix}0\\ \sigma^2\end{pmatrix}\right)\right]$$

$$= Z \sim N(0, m_4 - \sigma^4)。$$

通过观察可以发现，如果我们是通过正态分布得到随机变量，也就是说 $X_j \sim N(\mu, \sigma^2)$，那么我们通过第 11 章中的内容可以知道 $m_4 = 3\sigma^4$，并且上面的渐近结果可以简化为

$$\lim_{n\to\infty}[\sqrt{n}(\widetilde{\sigma}_n^2(X) - \sigma^2)] = Z \sim N(0, 2\sigma^4)。$$

17.3 样本偏度与样本峰度

为了对 delta 方法进行二次说明，我们需要调查潜在分布的偏度和峰度的一般样本估计值的渐近性质。就像之前，我们在理论上假设有一个独立且服从相同分布的随机变量序列$(X_k)_{k\geq 1}$。在实际操作中，我们有一个有限样本来用于构造估计。基于一个规模为 n 的样本，我们得到了偏度的估计：

$$S_n(X) = \frac{\frac{1}{n}\sum_{j=1}^{n}(X_j - \overline{X})^3}{\left(\frac{1}{n}\sum_{j=1}^{n}(X_j - \overline{X})^2\right)^{3/2}}。 \tag{17.3}$$

类似地，我们得到了峰度的估计：

$$\mathcal{K}_n(X) = \frac{\frac{1}{n}\sum_{j=1}^{n}(X_j - \overline{X})^4}{\left(\frac{1}{n}\sum_{j=1}^{n}(X_j - \overline{X})^2\right)^2}。 \tag{17.4}$$

对式（17.3）中的分子进行展开，我们可以发现

$$\frac{1}{n}\sum_{j=1}^{n}(X_j - \overline{X})^3 = \frac{1}{n}\sum_{j=1}^{n}(X_j^3 - 3\overline{X}X_j^2 + 3\overline{X}^2X_j - \overline{X}^3)$$

$$= \overline{X^3} - 3\overline{X}\underbrace{\left(\frac{1}{n}\sum_{j=1}^{n}X_j^2\right)}_{\overline{X^2}} + 3\overline{X}^2\underbrace{\left(\frac{1}{n}\sum_{j=1}^{n}X_j\right)}_{=\overline{X}} - \overline{X}^3$$

$$= \overline{X^3} - 3\overline{X} \cdot \overline{X^2} + 2\overline{X}^3。$$

这个发现让我们可以将样本偏度写作它的前三阶矩的函数。具体来说，定义

$$f_{\text{skew}}(x, y, z) = \frac{z - 3xy + 2x^3}{(y - x^2)^{3/2}},$$

并且

$$S_n(X) = f_{\text{skew}}(\overline{X}, \overline{X^2}, \overline{X^3})。$$

通过类似的但更长的计算我们可以完成峰度协方差。在这个例子中，我们发现函数

$$f_{\text{kurt}}(s, t, u, v) = \frac{v^4 - 4su + 6s^2t - 3s^4}{(t - s^2)^2}$$

具有性质

$$\mathcal{K}_n(X) = f_{\text{kurt}}(\overline{X}, \overline{X^2}, \overline{X^3}, \overline{X^4})。$$

在引入 delta 方法之前，我们发现式（17.3）和式（17.4）都是平移不变且尺度不变的，也就是说，对于任何 $\alpha \in \mathbb{R}$和 $\beta > 0$，都有

$$S_n(X) = S_n\left(\frac{X - \alpha}{\beta}\right), \mathcal{K}_n(X) = \mathcal{K}_n\left(\frac{X - \alpha}{\beta}\right)。$$

在这样的情况下，理论上可以令 $\alpha = \mu$ 和 $\beta = \sigma$（它们分别是这个分布的均值和标准差），并且考虑标准分布的平均数为 0 并有单位方差。另外，标准分布的三阶矩和四阶矩与 S 和$\mathcal{K}$，也就是我们所要估计的偏度和峰度协方差一致。

17.3.1 偏度分析

为了研究偏度估计量的渐近性质，我们需要假设分布的前六阶矩是有限的。在这样的情况下，CLT 告诉我们

$$\sqrt{n}\left[\begin{pmatrix} \overline{X - \mu/\sigma} \\ \overline{((X-\mu)/\sigma)^2} \\ \overline{((X-\mu)/\sigma)^3} \end{pmatrix} - \begin{pmatrix} 0 \\ 1 \\ S \end{pmatrix}\right] \to Z$$

此时，

$$Z \sim N\left[\begin{pmatrix} 0 \\ 0 \\ 0 \end{pmatrix}, \begin{pmatrix} 1 & S & \mathcal{K} \\ S & \mathcal{K} - 1 & \frac{m_5}{\sigma^5} - S \\ \mathcal{K} & \frac{m_5}{\sigma^5} - S & \frac{m_6}{\sigma^6} - S^2 \end{pmatrix}\right]$$

假设样本偏度是平移不变且尺度不变的，我们可以引入 delta 方法来推断

$$\begin{aligned} &\lim_{n\to\infty}[\sqrt{n}(\tilde{S}_n(X) - S)] \\ &= \lim_{n\to\infty}\left[\sqrt{n}\left(f_{\text{skew}}\begin{pmatrix} \overline{X - \mu/\sigma} \\ \overline{((X-\mu)/\sigma)^2} \\ \overline{((X-\mu)/\sigma)^3} \end{pmatrix} - f_{\text{skew}}\begin{pmatrix} 0 \\ 1 \\ S \end{pmatrix}\right)\right] \end{aligned}$$

$$= Z \sim N(0,\ a^2)$$

此时，

$$a^2 = \nabla f_{\text{skew}}\begin{pmatrix}0\\1\\S\end{pmatrix}^{\mathrm{T}}\begin{pmatrix}1 & S & \mathcal{K}\\ S & \mathcal{K}-1 & \dfrac{m_5}{\sigma^5}-S\\ \mathcal{K} & \dfrac{m_5}{\sigma^5}-S & \dfrac{m_6}{\sigma^6}-S^2\end{pmatrix}\nabla f_{\text{skew}}\begin{pmatrix}0\\1\\S\end{pmatrix}$$

$$=(-3,\ -3S/2,1)\begin{pmatrix}1 & S & \mathcal{K}\\ S & \mathcal{K}-1 & \dfrac{m_5}{\sigma^5}-S\\ \mathcal{K} & \dfrac{m_5}{\sigma^5}-S & \dfrac{m_6}{\sigma^6}-S^2\end{pmatrix}\begin{pmatrix}-3\\-3S/2\\1\end{pmatrix}$$

$$=9-6\mathcal{K}+\frac{S^2}{4}(35+9\mathcal{K})-3S\frac{m^5}{\sigma^5}+\frac{m^6}{\sigma^6}。\tag{17.5}$$

17.3.2 峰度分析

我们也可以应用 delta 方法来得到样本峰度估计量表达式（17.4）的渐近性质。不过需要额外的更强的假设条件：潜在分布的前 8 阶中心矩是有限的。现在采用和偏度分析中的例子一样的步骤。首先，利用 CLT 推断出

$$\sqrt{n}\left[\begin{pmatrix}\overline{(X-\mu)/\sigma}\\ \overline{((X-\mu)/\sigma)^2}\\ \overline{((X-\mu)/\sigma)^3}\\ \overline{((X-\mu)/\sigma)^4}\end{pmatrix}-\begin{pmatrix}0\\1\\S\\\mathcal{K}\end{pmatrix}\right]\to Z。$$

此时，

$$Z\sim N\left[\begin{pmatrix}0\\0\\0\\0\end{pmatrix},\underbrace{\begin{pmatrix}1 & S & \mathcal{K} & \dfrac{m^5}{\sigma^5}\\ S & \mathcal{K}-1 & \dfrac{m^5}{\sigma^5}-S & \dfrac{m^6}{\sigma^6}-\mathcal{K}\\ \mathcal{K} & \dfrac{m^5}{\sigma^5}-S & \dfrac{m^6}{\sigma^6}-S^2 & \dfrac{m^7}{\sigma^7}-\mathcal{K}S\\ \dfrac{m^5}{\sigma^5} & \dfrac{m^6}{\sigma^6}-\mathcal{K} & \dfrac{m^7}{\sigma^7}-\mathcal{K}S & \dfrac{m^8}{\sigma^8}-\mathcal{K}^2\end{pmatrix}}_{V_{\text{kurt}}}\right],$$

此时，可以像以前一样采用 delta 方法得到

$$\lim_{n\to\infty}[\sqrt{n}(\widetilde{\mathcal{K}}_n(X)-\mathcal{K})]$$

$$= \lim_{n\to\infty}\left[\sqrt{n}\left(f_{\text{kurt}}\begin{pmatrix}\overline{(X-\mu)/\sigma}\\ \overline{((X-\mu)/\sigma)^2}\\ \overline{((X-\mu)/\sigma)^3}\\ \overline{((X-\mu)/\sigma)^4}\end{pmatrix}-f_{\text{kurt}}\begin{pmatrix}0\\1\\S\\\mathcal{K}\end{pmatrix}\right)\right]$$

$$= Z \sim N(0,\ a^2),$$

此时

$$a^2 = \nabla f_{\text{kurt}}\ (0,\ 1,\ S,\ \mathcal{K})^{\mathrm{T}} \boldsymbol{V}_{\text{kurt}} \nabla f_{\text{kurt}}\ (0,\ 1,\ S,\ \mathcal{K}),$$

也就是说，二次形式

$$(-4S,\ -2\mathcal{K},\ 0,\ 1)\begin{pmatrix}1 & S & \mathcal{K} & \dfrac{m^5}{\sigma^5}\\ S & \mathcal{K}-1 & \dfrac{m^5}{\sigma^5}-S & \dfrac{m^6}{\sigma^6}-\mathcal{K}\\ \mathcal{K} & \dfrac{m^5}{\sigma^5}-S & \dfrac{m^6}{\sigma^6}-S^2 & \dfrac{m^7}{\sigma^7}-\mathcal{K}S\\ \dfrac{m^5}{\sigma^5} & \dfrac{m^6}{\sigma^6}-\mathcal{K} & \dfrac{m^7}{\sigma^7}-\mathcal{K}S & \dfrac{m^8}{\sigma^8}-\mathcal{K}^2\end{pmatrix}\begin{pmatrix}-4S\\-2\mathcal{K}\\0\\1\end{pmatrix}。$$

通过一系列的代数操作和简化，可以得到

$$a^2 = 16S^2(1+\mathcal{K}) - 8S\frac{m^5}{\sigma^5} + \mathcal{K}\left[\mathcal{K}(4\mathcal{K}-1) - 4\frac{m^6}{\sigma^6}\right] + \frac{m^8}{\sigma^8}。\tag{17.6}$$

我们可以发现，如果随机变量是服从正态分布的，那么在这种特殊情况下，可知偏度 $S=0$，峰度$\mathcal{K}=3$。另外，$\mu_5=0=\mu_7=0$，$\mu_6=15$，$\mu_8=105$，将这些值分别代入式（17.5）和式（17.6）可以推断出，在正态分布假设下，有

$$\sqrt{n}(\widetilde{S}_n(X)-0)\to Z_{\text{skew}} \sim N(0,\ 6)\ (n\to\infty),\tag{17.7}$$

$$\sqrt{n}(\widetilde{\mathcal{K}}_n(X)-3)\to Z_{\text{kurt}} \sim N(0,\ 24)\ (n\to\infty)。\tag{17.8}$$

18 假设检验

专业的研究者通过对观测数据进行仔细的统计分析，可以形成对潜在的随机过程的某种分布特征的认识。作为研究者，当然希望自己的结论能被统计论据所证实。本章的目标就是通过科学的检验方法对提出的统计假设进行检验，因为该领域涉及内容众多，本章将着力于引导读者对统计学这一分支产生基本的认识，如果读者有兴趣深入了解该领域知识，推荐您查阅 Cox 和 Hinkley 在 1979 年撰写的相关教材。

18.1 检验的理论框架

在统计调查的基础之上，研究者根据统计结果提出某种假设。我们将该假设看作是对潜在的随机结果所可能展示的特定分布特征的一种预测。

本节将概述对假设正确与否的检验方法。首先，我们提出如下假设：

1）我们考察一个 n 维随机向量 $\boldsymbol{X}=(X_1,\cdots,X_n)^{\mathrm{T}}$，由 n 个连续时间点上的过程所产生的潜在结果构成。

2）我们假设随机向量 $\boldsymbol{X}$ 的联合概率密度取决于 k 个参数，并将这些参数表示为向量形式 $\boldsymbol{\theta}=(\theta_1,\cdots,\theta_k)^{\mathrm{T}}$。与第 16 章一样，令 $\Theta\subset\mathbb{R}^k$ 表示参数向量 $\boldsymbol{\theta}$ 的取值范围。

3）令 $\boldsymbol{X}=(x_1,\cdots,x_n)^{\mathrm{T}}$ 表示随机向量 $\boldsymbol{X}$ 所生成的真实值。令 $\chi\subset\mathbb{R}^n$ 表示随机向量 $\boldsymbol{X}$ 可能生成值的范围。

根据之前我们对最大似然估计法的研究，在上述假设下，向量 $\boldsymbol{X}$ 所有可能的联合概率密度的全体表示为 $\{p(\boldsymbol{x}\mid\boldsymbol{\theta})(\boldsymbol{x}\in\chi):\boldsymbol{\theta}\in\Theta\}$。

18.1.1 原假设与备择假设

通常情况下，决定 $\boldsymbol{X}$ 的联合概率密度的大部分参数是未知的，鉴于此，我们可以对参数向量 $\boldsymbol{\theta}$ 的值提出假设。两个相反的假设由此产生：

（1）原假设

我们选出参数空间 Θ 的子集 Θ_0，并提出 θ 属于 Θ_0，记作

$$H_0:\boldsymbol{\theta}\in\Theta_0\subset\Theta$$

（2）备择假设

我们选出参数空间 Θ 的另一个子集 $\Theta_1 \subset \Theta$，与 Θ_0 不相交，并提出备择假设 θ 属于 Θ_1，记作

$$H_1: \boldsymbol{\theta} \in \Theta_1 \subset \Theta,\ 且\ \Theta_1 \cap \Theta_0 = \varnothing。$$

需要注意的是，原假设与备择假设是直接相悖的，因为 Θ_0 与 Θ_1 之间没有交集。

18.1.2 简单假设与复合假设

如果一个假设是基于一个参数向量，我们称之为简单假设，例如：

$$H_0: \boldsymbol{\theta} = \widehat{\boldsymbol{\theta}},\ 即\ H_0: \begin{pmatrix} \theta_1 \\ \theta_2 \\ \vdots \\ \theta_k \end{pmatrix} = \begin{pmatrix} \widehat{\theta}_1 \\ \widehat{\theta}_2 \\ \vdots \\ \widehat{\theta}_k \end{pmatrix}$$

代表一个简单原假设，并且此时 $\Theta_0 = \{\widehat{\boldsymbol{\theta}}\}$。而非简单假设则称为复杂假设。同时，备择假设也可为简单假设，例如：

$$H_1: \boldsymbol{\theta} = \widetilde{\boldsymbol{\theta}},\ 即\ H_1: \begin{pmatrix} \theta_1 \\ \theta_2 \\ \vdots \\ \theta_k \end{pmatrix} = \begin{pmatrix} \widetilde{\theta}_1 \\ \widetilde{\theta}_2 \\ \vdots \\ \widetilde{\theta}_k \end{pmatrix},$$

并且

$$\Theta_1 = \{\widetilde{\boldsymbol{\theta}}\} \neq \Theta_0 = \{\widehat{\boldsymbol{\theta}}\}。$$

18.1.3 接受域与拒绝域

考察两个相悖的假设 H_0 与 H_1，我们可以接受原假设 H_0，也可以选择备择假设 H_1。作出选择的基础是对样本向量 $\boldsymbol{X}$ 进行分析，思路如下：

1）将样本区间 χ 划分成两个不相交的区域 $\mathcal{A}$ 与 $\mathcal{R}$，使得 $\chi = \mathcal{A} \cup \mathcal{R}$ 同时 $\mathcal{A} \cap \mathcal{R}$ 为空集。

2）我们称 $\mathcal{A}$ 为接受域，而 $\mathcal{R} = \chi \setminus \mathcal{A}$ 为拒绝域，同时遵循以下判断原则：接受 H_0，如果 $\boldsymbol{x} \in \mathcal{A}$；拒绝 H_0，如果 $\boldsymbol{x} \in \mathcal{R}$（即如果 $\boldsymbol{x} \notin \mathcal{A}$）。

18.1.4 潜在的错误

定义样本区间的划分时需要格外注意，避免作出错误的判断。通常有两种类型的错误：

（1）第一类错误

当原假设正确的情况下我们拒绝了原假设。我们定义犯该类错误的概率为

$$\alpha = P\{拒绝\ H_0 \mid H_0为真\} = P\{\boldsymbol{x} \notin \mathcal{A} \mid H_0为真\}。\tag{18.1}$$

此概率通常被称为检验的显著性水平，而概率值的大小则由接受域的大小所决定。

（2）第二类错误

当原假设错误的情况下我们却接受了原假设。我们定义犯第二类错误的概率为

$$\beta = P\{接受\ H_0 \mid H_0为假\} = P\{\boldsymbol{x} \in \mathcal{A} \mid H_0为假\}。\tag{18.2}$$

第二类错误相当于法庭上，在被告确实犯罪的情况下却判决被告为无辜。

在实际操作中，我们通常关注的是数值 $\tilde{p} = 1 - \beta$，称之为统计检验力，因为它衡量的是未犯第二类错误的概率。数学上，将它记作

$$\begin{aligned}\tilde{p} = 1 - \beta &= P\{拒绝\ H_0 \mid H_0为假\} \\ &= P\{\boldsymbol{x} \notin \mathcal{A} \mid H_0为假\}。\end{aligned}\tag{18.3}$$

18.1.5　控制检验错误与定义接受域

考虑到潜在错误，统计分析人员需要设计特定的检验程序，使得相关的错误式（18.1）和式（18.2）保持很小。然而不幸的是，这两者之间值的大小是负相关的，例如减小显著性水平 α 将会增加 β 值，反之亦然。鉴于此，通常采取如下步骤：

1）固定显著性水平 $\alpha = \hat{\alpha}$，即拒绝一个正确的原假设的可能性。通常会选择 $\alpha = 0.01$ 或者 $\alpha = 0.05$。

2）在 $\alpha = \hat{\alpha}$ 的情况下，选择接受域 $\mathcal{A}$ 以最大化统计检验力 $\tilde{p}$。

通过以上步骤得到的检验称之为显著性水平 $\hat{\alpha}$ 下的最具统计效力的检验。

18.2　简单假设检验

在原假设与备择假设均为简单假设的特殊情况下，我们有如下理论需要掌握。

第一步，假定原假设与备择假设形式如下：

$$H_0: \begin{pmatrix}\theta_1 \\ \theta_2 \\ \vdots \\ \theta_k\end{pmatrix} = \begin{pmatrix}\hat{\theta}_1 \\ \hat{\theta}_2 \\ \vdots \\ \hat{\theta}_k\end{pmatrix},\ H_1: \begin{pmatrix}\theta_1 \\ \theta_2 \\ \vdots \\ \theta_k\end{pmatrix} = \begin{pmatrix}\tilde{\theta}_1 \\ \tilde{\theta}_2 \\ \vdots \\ \tilde{\theta}_k\end{pmatrix}。\tag{18.4}$$

我们定义所谓的似然率为

$$\lambda(\boldsymbol{x}) = \frac{p(\boldsymbol{x} \mid \hat{\theta})}{p(\boldsymbol{x} \mid \tilde{\theta})} = \frac{p(\boldsymbol{x} \mid (\hat{\theta}_1, \cdots, \hat{\theta}_k))}{p(\boldsymbol{x} \mid (\tilde{\theta}_1, \cdots, \tilde{\theta}_k))}。\tag{18.5}$$

注意到，似然率 $\lambda(\boldsymbol{x})$ 取决于所观察到的样本向量 $\boldsymbol{X}$，它也可以解释为一个随机变量。

第二步，我们将引入一个极其重要的统计性结论，即著名的奈曼－皮尔逊

（Neyman-Pearson）引理。

引理 对于给定的样本向量 $\boldsymbol{x}$，令式（18.5）中的 $\lambda(\boldsymbol{x})$ 表示一对简单原假设 H_0 与简单备择假设 H_1 的似然率。令 $\alpha \in [0, 1]$ 为给定显著性水平，常量 c 满足条件 $P\{\lambda(\boldsymbol{x}) < c\} = \alpha$。在此情况下进行统计检验：如果 $\boldsymbol{x} \in \mathcal{A} = \{\boldsymbol{x} \in \chi : \lambda(\boldsymbol{x}) \geqslant c\}$，则接受 H_0，此为显著性水平 α 下最具统计检验力的检验（第二类错误概率最小），此时拒绝域则可以定义为

$$\mathcal{R} = \chi \setminus \mathcal{A} = \{\boldsymbol{x} \in \chi : \lambda(\boldsymbol{x}) < c\}。$$

当方差已知时检验均值

为实际应用奈曼-皮尔逊引理，我们考察以下设定：

1）序列 $(X_t)_{t \in \mathbb{Z}}$ 是独立同分布的过程。此外，该过程为方差等于 σ^2 的正态分布，但均值 μ 未知。

2）统计研究者提出如下假设：

$$H_0 : \mu = \mu_0,\ H_1 : \mu = \mu_1 > \mu_0。$$

3）该过程中所观察得到的 n 个实际发生值被存放进向量 $\boldsymbol{x} = (x_1, \cdots, x_n)^{\mathrm{T}} \in \mathbb{R}^n$。

在这样的框架下，似然率可以表示为

$$\begin{aligned}
\lambda &= \frac{\exp\left(-\dfrac{1}{2\sigma^2}\sum_{i=1}^{n}(x_i - \mu_0)^2\right)}{\exp\left(-\dfrac{1}{2\sigma^2}\sum_{i=1}^{n}(x_i - \mu_1)^2\right)} \\
&= \exp\left(\frac{1}{2\sigma^2}\left[\sum_{i=1}^{n}(x_i - \mu_1)^2 - (x_i - \mu_0)^2\right]\right) \\
&= \exp\left(\frac{1}{2\sigma^2}\left[\sum_{i=1}^{n}(2x_i(\mu_0 - \mu_1) + (\mu_1^2 - \mu_0^2))\right]\right) \\
&= \exp\left(\frac{1}{2\sigma^2}(2n\widehat{u}(\boldsymbol{x})(\mu_0 - \mu_1) + n(\mu_1^2 - \mu_0^2))\right) \\
&= \exp\left(\frac{n(\mu_0 - \mu_1)}{\sigma^2}\left(\widehat{\mu}(\boldsymbol{x}) - \frac{\mu_1 + \mu_0}{2}\right)\right)。
\end{aligned}$$

注意到，在以上推导公式的倒数第二行中，我们使用了样本均值的公式（16.6）。如前所述，备择假设中 $\mu_1 > \mu_0$，因此可以定义一个正数 δ，使得 $\mu_1 = \mu_0 + \delta$，从而可以将似然率表示成如下形式：

$$\lambda(\boldsymbol{x}) = \exp\left(-\frac{n\delta}{\sigma^2}\left(\widehat{\mu}(\boldsymbol{x}) - \mu_0 - \frac{\delta}{2}\right)\right)。$$

与奈曼－皮尔逊引理相一致，我们将 $\boldsymbol{x}$ 的样本均值看作一个随机变量，记作 $\widetilde{\mu}(\boldsymbol{x})$，这样就可以考察如下形式的检验接受域：

$$\mathcal{A} = \left\{\boldsymbol{x} \in \chi : \exp\left(-\frac{n\delta}{\sigma^2}\left(\widetilde{\mu}(\boldsymbol{x}) - \mu_0 - \frac{\delta}{2}\right)\right) \geqslant c\right\}$$

$$= \left\{ \boldsymbol{x} \in \chi: \exp\left(-\frac{\sqrt{n}\delta}{\sigma}\left(\frac{\tilde{\mu}(\boldsymbol{x}) - \mu_0}{\sigma/\sqrt{n}} - \frac{\delta}{2\sigma/\sqrt{n}} \right) \right) \geqslant c \right\}$$

$$= \left\{ \boldsymbol{x} \in \chi: -\frac{\sqrt{n}\delta}{\sigma}\left(\frac{\tilde{\mu}(\boldsymbol{x}) - \mu_0}{\sigma/\sqrt{n}} - \frac{\delta}{2\sigma/\sqrt{n}} \right) \geqslant \log c \right\}$$

$$= \left\{ \boldsymbol{x} \in \chi: \frac{\tilde{\mu}(\boldsymbol{x}) - \mu_0}{\sigma/\sqrt{n}} \leqslant -\frac{\sigma}{\sqrt{n}\delta}\log c + \frac{\delta}{2\sigma/\sqrt{n}} \right\}$$

$$= \left\{ \boldsymbol{x} \in \chi: \frac{\tilde{\mu}(\boldsymbol{x}) - \mu_0}{\sigma/\sqrt{n}} \leqslant \mathcal{K} \right\},$$

其中,

$$\mathcal{K} = -\frac{\sigma}{\sqrt{n}\delta}\log c + \frac{\delta}{2\sigma/\sqrt{n}}。$$

根据以上分析,可以总结得出,$\mathcal{A}$可以由随机变量的值表示:

$$T(\boldsymbol{X}) = \frac{\tilde{\mu}(\boldsymbol{x}) - \mu_0}{\sigma/\sqrt{n}}。$$

鉴于此,我们可以将考察形式复杂的似然率进一步简化为考察简单随机变量 $T(\boldsymbol{x})$。但这一发现仅仅在已知原假设下的 $T(\boldsymbol{X})$ 分布情况和实例中的 $T(\boldsymbol{X}) \sim N(0, 1)$ 情况下才适用。这允许我们按如下步骤完成检验:

1) 为检验选取一个合适的显著性水平 α,随后在上述推导下,我们注意到,奈曼-皮尔逊引理要求找到常数 c,使得 $P\{\boldsymbol{\lambda}(\boldsymbol{x}) < c\} = \alpha$ 的条件等价于找到常数 $\mathcal{K}$,使得

$$P\{T(\boldsymbol{X}) \geqslant \mathcal{K}\} = \alpha。 \tag{18.6}$$

同时由于 $T(\boldsymbol{X}) \sim N(0, 1)$,可以轻易推导出$\mathcal{K} = \Phi^{-1}(1-\alpha)$,其中 $\Phi^{-1}(\cdot)$代表标准正态分布函数的反函数。需要注意的是区分随机变量 $T(\boldsymbol{X})$ 与该检验统计量的真实值 $T(\boldsymbol{x})$。

2) 如果 $T(\boldsymbol{x}) \leqslant \Phi^{-1}(1-\alpha)$,我们称接受 H_0,或者等价地,如果

$$\hat{\boldsymbol{\mu}}(\boldsymbol{x}) \leqslant \mu_0 + \frac{\sigma\Phi^{-1}(1-\alpha)}{\sqrt{n}}, \tag{18.7}$$

我们称接受 H_0,否则,我们将拒绝 H_0 而接受 H_1。

如果备择假设提出 $H_1: \mu_1 < \mu_0$ 而并非 $H_1: \mu_1 > \mu_0$,那么,像前面的分析一样将得出这样的结论:接受 H_0,如果 $T(\boldsymbol{x}) \geqslant -\Phi^{-1}(1-\alpha)$,或者等价地,如果

$$\hat{\mu}(\boldsymbol{x}) \geqslant \mu_0 - \frac{\sigma\Phi^{-1}(1-\alpha)}{\sqrt{n}}。 \tag{18.8}$$

我们这里考察的检验:

$$H_0: \mu = \mu_0,\ H_1: \mu_1 > \mu_0 \text{ 或 } H_1: \mu_1 < \mu_0$$

是单侧检验的两个例子,在这两种情况下,备择假设都清晰地指出对原假设的偏离

方向，即大于抑或小于。

双侧检验形式为

$$H_0: \mu=\mu_0, \ H_1: \mu=\mu_1 \neq \mu_0。$$

我们可以使用与上述相同的检验统计量，而在显著性水平 α 下，接受或者拒绝原假设的判断基于此：

$$接受 H_0，如果 -\Phi^{-1}(1-\alpha/2) \leqslant T(\boldsymbol{x}) \leqslant \Phi^{-1}(1-\alpha/2)。$$

换言之，接受 H_0，如果样本均值满足：

$$\mu_0-\frac{\sigma \Phi^{-1}(1-\alpha/2)}{\sqrt{n}} \leqslant \widehat{\mu}(\boldsymbol{x}) \leqslant \mu_0+\frac{\sigma \Phi^{-1}(1-\alpha/2)}{\sqrt{n}}。\tag{18.9}$$

否则，我们将拒绝 H_0 而接受 H_1。

18.3 检验统计量

之前的举例具有启发性地引出了检验统计量的概念。看待检验统计量有两个角度：

（1）看作一个随机变量

在这样的情况下，我们将其记作 $T(\boldsymbol{X})=T(X_1, \cdots, X_n)$ 来表明 T 是随机向量 $\boldsymbol{X}$ 未知结果的函数。

（2）看作一个确定值

如果令 $\boldsymbol{x}=(x_1, \cdots, x_n)^{\mathrm{T}}$ 代表对随机向量 $\boldsymbol{X}$ 的观测值，那么可以用 $T(\boldsymbol{x})$ 来表示检验统计量对应的值。

假设我们要检验

$$H_0: \boldsymbol{\theta} \in \Theta_0, \ H_1: \boldsymbol{\theta} \in \Theta_1。$$

为了使用一个检验统计量来判断 H_0 的真伪，我们采取如下步骤：

1）用 χ 代表观察值向量 $\boldsymbol{X}$ 的样本空间，并提出一个判断准则：接受 H_0，如果

$$\boldsymbol{x} \in \mathcal{A}=\{\boldsymbol{x} \in \chi: T(\boldsymbol{x}) \leqslant \mathcal{K}\}。\tag{18.10}$$

其中，$\mathcal{K}$ 是一个任意常量。

2）我们将原假设下的 $T(\boldsymbol{X})$ 表示成为

$$F(x)=P\{T(\boldsymbol{X}) \leqslant x \mid H_0 为真\},$$

我们需要假定对 F 完全已知或者具有有效的估计。

3）在一个固定的显著性水平 α 下，通过 F 计算出

$$1-F(\mathcal{K}_\alpha)=P\{T(\boldsymbol{X})>\mathcal{K}_\alpha \mid H_0 为真\}=\alpha，且 \mathcal{K}_\alpha=F^{-1}(1-\alpha)。\tag{18.11}$$

4）在显著性水平 α 下，我们对式（18.10）设定 $\mathcal{K}=\mathcal{K}_\alpha$ 进行最终的检验，即

$$接受 H_0，如果 \boldsymbol{x} \in \mathcal{A}=\{\boldsymbol{x} \in \chi: T(\boldsymbol{x}) \leqslant \mathcal{K}_\alpha\}。\tag{18.12}$$

其中，$\mathcal{K}$ 由式（18.11）所给出。

我们将通过下面的例子展示检验统计量的实际应用。

18.3.1 举例：当方差未知时检验均值

在这个案例中，我们假设序列$(X_t)_{t\in\mathbb{Z}}$是均值为μ，方差σ^2未知的独立正态分布的过程。

统计调查者试图检验：

$$H_0: \mu = \mu_0, \ H_1: \mu = \mu_1 > \mu_0。$$

在之前的例子中（在方差σ^2已知的情况下），我们能够通过分析检验统计量

$$T(\boldsymbol{X}) = \frac{\widetilde{\mu}(\boldsymbol{x}) - \mu_0}{\sqrt{\sigma^2/n}}$$

来判断是否接受H_0。继续使用该方法，但是我们需要用其估测值替代真实的σ^2值。即我们考察

$$T(\boldsymbol{X}) = \frac{\widetilde{\mu}(\boldsymbol{x}) - \mu_0}{\sqrt{\widetilde{\sigma}^2(\boldsymbol{x})/n}}。 \tag{18.13}$$

其中，

$$\widetilde{\sigma}^2(\boldsymbol{x}) = \frac{1}{n-1}\sum_{i=1}^{n}(x_i - \widetilde{\mu}(\boldsymbol{x}))^2。$$

为了反映$T(\boldsymbol{X})$的分布特性，可以将其改写为

$$T(\boldsymbol{X}) = \frac{\widetilde{\mu}(\boldsymbol{x}) - \mu_0}{\sqrt{\widetilde{\sigma}^2(\boldsymbol{x})/n}} = \frac{Z}{\sqrt{Y}}。$$

其中，

$$Z = \frac{\widetilde{\mu}(\boldsymbol{x}) - \mu_0}{\sigma/\sqrt{n}} \sim N(0, 1), \ Y = \frac{\widetilde{\sigma}^2(\boldsymbol{x})}{\sigma^2} \sim \frac{1}{n-1}\chi^2_{n-1}。$$

鉴于此，根据定义12.7，我们不难发现，提出的检验统计量服从自由度为$n-1$的t分布。进而我们可以通过标准的步骤来评估原假设的真实性：

1）对于给定的显著性水平α，我们可以根据t分布的统计分析表找出满足如下条件的$\mathcal{K}_\alpha$的值：

$$t_{n-1}(\mathcal{K}_\alpha) = \frac{\Gamma\left(\frac{n}{2}\right)}{\Gamma\left(\frac{n-1}{2}\right)\sqrt{(n-1)\pi}}\int_{\infty}^{\mathcal{K}_\alpha}\left(1 - \frac{t^2}{n-1}\right)^{-n/2}\mathrm{d}t = 1 - \alpha,$$

其中，即

$$\mathcal{K}_\alpha = t_{n-1}^{-1}(1-\alpha)。$$

2）应用式（18.12），我们将接受原假设，如果

$$\widehat{\mu}(\boldsymbol{x}) \leqslant \mu_0 + t_{n-1}^{-1}(1-\alpha)\sqrt{\widetilde{\sigma}^2(\boldsymbol{x})/n}。$$

在这个案例的结尾，我们将统计量式（18.13）应用到双侧检验：

$$H_0: \mu = \mu_0, \ H_1: \mu = \mu_1 \neq \mu_0。$$

根据 t 分布的对称性，该检验的接受域可以由此得到

$$\mu_0 - t_{n-1}^{-1}\left(1-\frac{\alpha}{2}\right)\frac{\widehat{\sigma}(\boldsymbol{x})}{\sqrt{n}} \leqslant \widehat{\mu}(\boldsymbol{x}) \leqslant \mu_0 + t_{n-1}^{-1}\left(1-\frac{\alpha}{2}\right)\frac{\widehat{\sigma}(\boldsymbol{x})}{\sqrt{n}}。\quad (18.14)$$

18.3.2 检验统计量的 p 值

统计检验过程的成功取决于检验统计量 $T(\boldsymbol{X})$ 分布的已知（无论完全已知或是有效的估计）。这样在原假设为真的前提下，我们可以通过 $T(\boldsymbol{X})$ 计算相应的概率。

例如，我们可以记

$$P\{T(\boldsymbol{X}) \geqslant t \mid H_0\text{为真}\} = 1 - F(t)。$$

检验本身对应着一定的置信水平 $\alpha \in [0, 1]$，当 α 被给定，我们可以测算临界值 $\mathcal{K}_\alpha$，满足 $1 - F(\mathcal{K}_\alpha) = \alpha$。

得到这些数据之后，检验统计量 $T(\boldsymbol{x})$ 可以被构造（使用一组样本数据的向量 $\boldsymbol{x}$）。随后，统计研究者可以判断在置信水平 α 下，原假设将被拒绝，如果 $T(\boldsymbol{x}) \geqslant \mathcal{K}_\alpha$。

整个过程可以总结为

$$\text{确定 } \alpha \rightarrow \text{找出 } \mathcal{K}_\alpha \rightarrow \text{检验 } T(\boldsymbol{x}) \geqslant \mathcal{K}_\alpha。\quad (18.15)$$

我们注意到，随着 α 从 0 变化到 1，$\mathcal{K}_\alpha$ 从其最大值（当 $F(x)=1$ 时）变化到最小值（当 $F(x)=0$）。换言之，拒绝域随着从 0 到 1 的增长而增长。假设作为统计检验式（18.15）的结果，研究者认为原假设在置信水平 α 下将被拒绝接受，那么一个自然而然的问题就是：我们可以设定 α 到多小，同时并不改变拒绝接受原假设这一结论呢？

为回答这个问题，我们来考察随机变量 $T(\boldsymbol{x})$ 大于我们已经得到的观察值 $T(\boldsymbol{x})$ 的可能性。这个可能性被称为与 $T(\boldsymbol{x})$ 相关的 p 值，定义成如下形式：

$$p = P\{T(\boldsymbol{X}) \geqslant T(\boldsymbol{x}) \mid H_0\text{为真}\} = 1 - F(T(\boldsymbol{x}))。\quad (18.16)$$

p 值的大小可以用来衡量是否应该拒绝原假设。如果 p 值很小，我们可以得到下面结论中的一个：

1）我们具有很强的说服力拒绝原假设，因为超过最初的观察值的概率很小。

2）我们很不幸地碰到了检验统计量的极值情况，即使原假设确实是真的。

鉴于此，我们可以发现，事实上没有绝对确凿的证据证明原假设正确与否。然而，一个小的 p 值可以作为有用的工具来支持拒绝原假设的决定。

18.4 复合假设检验

到目前为止，我们展示了在奈曼－皮尔逊引理下，如何利用式（18.5）定义的似然率构造关于一对相悖简单假设的最有统计效力检验。我们现在开始考察原假设与备择假设均为复杂假设的实际情况，即我们将检验

$$H_0: \boldsymbol{\theta} \in \Theta_0 \text{ 与 } H_0: \boldsymbol{\theta} \in \Theta_1。$$

事实上，存在一个有效的方法来根据奈曼－皮尔逊引理的广义化来构造相关检验。首先，我们可以回忆以下事实：

1）我们假设参数向量 $\boldsymbol{\theta}=(\theta_1, \cdots, \theta_k)^{\mathrm{T}}$ 属于一个 k 维参数全空间 $\Theta \subset \mathbb{R}^k$；

2）原假设是对参数中的 $r(1 \leqslant r \leqslant k)$ 个参数施以约束的论述。鉴于此，约束范围 $\Theta_0 \subset \Theta$ 是 Θ 的（$k-r$）维子空间。

对于一个固定的观察向量 $\boldsymbol{X}$，似然函数的一般形式可以表示为

$$L(\theta \mid \boldsymbol{x})=p(\boldsymbol{x} \mid \theta)(\boldsymbol{\theta} \in \Theta)。$$

我们采取两次最大化步骤：

1）在全参数空间 Θ 上最大化。

这里，求解

$$\begin{gathered}\max L(\boldsymbol{\theta} \mid \boldsymbol{x}) \\ \text{s. t. } \boldsymbol{\theta} \in \Theta\end{gathered}$$

并用 $L_{\text{full}}^{*}(\boldsymbol{x})$ 来表示结果。

2）在受约束的参数空间 Θ_0 上最大化。

这里，求解

$$\begin{gathered}\max L(\boldsymbol{\theta} \mid \boldsymbol{x}) \\ \text{s. t. } \boldsymbol{\theta} \in \Theta_0\end{gathered}$$

并用 L_{res}^{*}（$\boldsymbol{x}$）来表示结果。

继而，可以定义似然率 $\lambda(\boldsymbol{x})$ 的广义形式：

$$\lambda(\boldsymbol{x})=\frac{L_{\text{res}}^{*}(\boldsymbol{x})}{L_{\text{full}}^{*}(\boldsymbol{x})}=\frac{\max\{L(\boldsymbol{\theta} \mid \boldsymbol{x}): \boldsymbol{\theta} \in \Theta_0\}}{\max\{L(\boldsymbol{\theta} \mid \boldsymbol{x}): \boldsymbol{\theta} \in \Theta\}}。\tag{18.17}$$

我们最初想到的会是用 $\lambda(\boldsymbol{x})$ 作为一个检验统计量。然而，实际上 $\lambda(\boldsymbol{X})$ 的分布通常是未知的。但是，我们可以有如下结果：

命题 在特定正则性条件下，当样本大小 $n \rightarrow \infty$ 时，统计量 $-2\log(\lambda(\boldsymbol{X}))$ 收敛于一个自由度为 r 的卡方分布，即

$$-2\log(\lambda(\boldsymbol{X}))=-2\log(\lambda(X_1, \cdots, X_n)) \rightarrow Z \sim \chi_r^2(n \rightarrow \infty)。$$

证明：这里提供一个对渐近分布的简略证明。

考虑如下等式：

$$\begin{gathered}\theta_{\text{full}}=\text{最大化 } L(\theta \mid \boldsymbol{x}) \text{ 的值，且满足 } \boldsymbol{\theta} \in \Theta, \\ \theta_{\text{res}}=\text{最大化 } L(\theta \mid \boldsymbol{x}) \text{ 的值，且满足 } \boldsymbol{\theta} \in \Theta_0。\end{gathered}$$

对关于 θ_{full} 的式子 $LL(\boldsymbol{\theta}_{\text{res}})=\log(L(\boldsymbol{\theta}_{\text{res}}))$ 进行泰勒展开可得

$$\begin{aligned}LL(\boldsymbol{\theta}_{\text{res}}) \approx\ & LL(\boldsymbol{\theta}_{\text{full}})+(\boldsymbol{\theta}_{\text{full}}-\boldsymbol{\theta}_{\text{res}})+ \\ & \frac{1}{2}(\boldsymbol{\theta}_{\text{full}}-\boldsymbol{\theta}_{\text{res}})^{\mathrm{T}} \nabla^2 LL(\boldsymbol{\theta}_{\text{full}})(\boldsymbol{\theta}_{\text{full}}-\boldsymbol{\theta}_{\text{res}}),\end{aligned}$$

其中，$\nabla LL(\boldsymbol{\theta}_{\text{full}})$ 根据定义等于 $\mathbf{0}$。

换言之，可以记作

$$\begin{aligned}-2(LL(\boldsymbol{\theta}_{\text{full}})-LL(\boldsymbol{\theta}_{\text{res}})) & =2\log(\lambda(\boldsymbol{X})) \\ & \approx(\boldsymbol{\theta}_{\text{full}}-\boldsymbol{\theta}_{\text{res}})^{\mathrm{T}} \nabla^2 LL(\boldsymbol{\theta}_{\text{full}})(\boldsymbol{\theta}_{\text{full}}-\boldsymbol{\theta}_{\text{res}})\end{aligned}$$

$$\approx -n(\boldsymbol{\theta}_{\text{full}}-\boldsymbol{\theta}_{\text{res}})^{\mathrm{T}}\boldsymbol{I}(\boldsymbol{\theta})(\boldsymbol{\theta}_{\text{full}}-\boldsymbol{\theta}_{\text{res}})$$

注意到，上述推导过程的最后一行是根据信息矩阵可由其二阶导数矩阵的负均值估算得到，详情可以参见式（16.20）。我们现在运用第16章中推导的最大似然的渐近特性。特别地，因为 $\boldsymbol{\theta}_{\text{full}}$ 是参数向量 $\boldsymbol{\theta}$ 的最大似然估计，我们可以应用式（16.19）得到

$$\sqrt{n}(\boldsymbol{\theta}_{\text{full}}-\boldsymbol{\theta})\rightarrow Z\sim N(0,\boldsymbol{I}(\boldsymbol{\theta})^{-1})(n\rightarrow\infty)。$$

这表明，当 $n\rightarrow\infty$ 时，有

$$n(\boldsymbol{\theta}_{\text{full}}-\boldsymbol{\theta})^{\mathrm{T}}\boldsymbol{I}(\boldsymbol{\theta})(\boldsymbol{\theta}_{\text{full}}-\boldsymbol{\theta})\rightarrow Y_k-\chi_k^2(n\rightarrow\infty)。$$

现在，如果我们的原假设 H_0：$\boldsymbol{\theta}=\boldsymbol{\theta}_{\text{res}}$ 对参数向量施以 r 个约束，那么可以得到，当 $n\rightarrow\infty$ 时，

$$\underbrace{n(\boldsymbol{\theta}_{\text{full}}-\boldsymbol{\theta}_{\text{res}})^{\mathrm{T}}\boldsymbol{I}(\boldsymbol{\theta})(\boldsymbol{\theta}_{\text{full}}-\boldsymbol{\theta}_{\text{res}})}_{\approx -2\log(\lambda(\boldsymbol{X}))}\rightarrow Y_r\sim\chi_r^2。$$

再根据上述命题，对于足够大的 n，在原假设条件下，广义对数似然率 $-2\log(\lambda(\boldsymbol{X}))$ 是其分布近似于自由度为 r 的卡方分布的随机变量。基于这一事实，我们可以通过如下步骤评判 H_0 正确与否：

1）在给定显著性水平 α 下，令 y_α 表示 χ_r^2 分布的 $100.\alpha\%$ 百分位。对一个足够大的样本来说，可以用该值来表示

$$P\{-2\log(\lambda(\boldsymbol{X}))\leqslant z_\alpha\}\approx\alpha。$$

2）继而，我们可以根据以下原则作出判断：

$$接受 H_0，如果 \boldsymbol{x}\in\mathcal{A}=\{\boldsymbol{x}\in\chi：-2\log(\lambda(\boldsymbol{X}))\leqslant z_\alpha\}。\tag{18.18}$$

19 金融损益的统计特性

在金融数学领域中最棘手的问题也许便是如何确定潜在金融变量的分布函数。在风险管理中，最重要的随机变量是金融资产组合的损失率（或是价值的变化）。到目前为止，我们在本书中所做的大胆假设是随机变量服从正态分布。实际上，正如我们在第 10 章提出的，标准的框架确实很迷人，因为它总能给金融风险管理领域的许多关键问题提供闭合解。本章我们的主要目标是关注如下基本问题：每日金融损益的真实分布性质是怎样的？

解决问题的第一步是收集金融数据并按如下方式进行处理：

1）在 t 时点（今日）我们选择一个候选的金融资产，如一只股票或者市场指数，收集其过去 $n+1$ 日的历史价格。我们将该数据存放在样本向量中：

$$\boldsymbol{S}_t=(S_{t-1},\cdots,S_{t-(n+1)})^{\mathrm{T}}\in\mathbb{R}^{n+1}。$$

2）使用 $\boldsymbol{S}_t$ 我们可以计算出资产的每日对数损益的 n 维向量，表示成为

$$\boldsymbol{l}_t=(l_{t-1},\cdots,l_{t-n})^{\mathrm{T}}\in\mathbb{R}^{n}。$$

其中，

$$l_{t-r}=-\log\left(\frac{S_{t-\tau}}{S_{t-(\tau+1)}}\right)\ (\tau=1,\ \cdots,\ n)。$$

在掌握样本数据后，我们将按如下三步展开进一步研究：

步骤一：样本统计量的分析。

首先，需要计算出下列重要样本统计量：

$$\text{样本均值}\quad \widehat{\mu}=\frac{1}{n}\sum_{\tau=1}^{n}l_{t-\tau},$$

$$\text{样本方差}\quad \widehat{\sigma}=\frac{1}{n-1}\sum_{\tau=1}^{n}(l_{t-\tau}-\widehat{\mu})^2,$$

$$\text{样本偏度}\quad \widehat{S}=\frac{\frac{1}{n}\sum_{\tau=1}^{n}(l_{t-\tau}-\widehat{\mu})^3}{\left(\frac{1}{n}\sum_{\tau=1}^{n}(l_{t-\tau}-\widehat{\mu})^2\right)^{3/2}},$$

$$\text{样本峰度}\quad \widehat{\mathcal{K}}=\frac{\frac{1}{n}\sum_{\tau=1}^{n}(l_{t-\tau}-\widehat{\mu})^4}{\left(\frac{1}{n}\sum_{\tau=1}^{n}(l_{t-\tau}-\widehat{\mu})^2\right)^{2}}。\tag{19.1}$$

注意到，如果 l_t 的过程是正态的（或接近于正态分布），那么样本偏度和峰度分别接近于0与3。

步骤二：雅克－贝拉（Jarque－Bera）统计量的应用。

调查研究该步骤的目标在于找到特定的方法来直接检验每日对数损益是否服从正态分布。检验的灵感来源于我们已经构造的两个结果，即式（17.7）与式（17.8）。其中，我们提到用 $\widetilde{S}_n$ 和 $\widetilde{K}_n$ 分别代表一个正态分布随机过程偏度与峰度的估计值（基于样本规模为 n），就有如下的结论：

$$\text{当 } n\to\infty \text{ 时，} \frac{\sqrt{n}\widetilde{S}_n}{\sqrt{6}} \text{ 与 } \frac{\sqrt{n}\ (\widetilde{K}_n-3)}{\sqrt{24}} \text{ 均服从 } N(0,\ 1)\text{。} \tag{19.2}$$

在1980年时，安尼尔·贝拉（Anil Bera）与卡洛斯·雅克（Carlos Jarque）两位应用经济学家首先意识到，当 n 足够大时，随机变量式（19.2）近似于服从标准正态分布。此外，由于这些变量都是独立的，将定义12.2引入其中可以得出结论，对于大数 n，变量

$$\widetilde{JB}=n\left(\frac{\widetilde{S}_n^2}{6}+\frac{(\widetilde{K}_n-3)^2}{24}\right) \tag{19.3}$$

近似为两自由度的 χ^2 随机变量。随机变量 $\widetilde{JB}$ 通常被称作雅克－贝拉正态检验统计量。

我们构造这一检验，原假设如下：

H_0：每日对数损益的过程是服从正态分布的。

现在，如果我们令 $F_{\chi^2(2)}$ 表示一个两自由度的 χ^2 随机变量的分布，那么我可以得到

$$F_{\chi^2(2)}(x)=P\{\widetilde{JB}\leqslant x\,|\,H_0\text{ 为真}\}\text{。}$$

对于5%的置信水平，由式（18.11），我们可以计算得出临界值

$$\mathcal{K}_{0.05}=F_{\chi^2(2)}^{-1}(0.95)=5.99\text{。}$$

随后，我们使用样本数据得出雅克－贝拉统计量 $\widehat{JB}$ 的一个估计值，由式（18.12），我们可以按如下步骤操作：

$$\text{接受原假设 } H_0\text{，如果 } \widehat{JB}\leqslant 5.99\text{。} \tag{19.4}$$

需要注意的是，如果检验的结果是拒绝原假设，我们仍然可以通过该式计算出对应的 p 值：

$$p_{JB}=1-F_{\chi^2(2)}(\widehat{JB})$$

其中，对 p_{JB} 取很小的值可以进一步成为拒绝接受原假设的论据。

步骤三：形象化。

这里，我们试图通过一系列绘图来更直观地观察到每日损益的分布特性。我们将着重考虑以下四个方法：

（1）经验分布图

我们根据样本数据刻画出经验概率密度。随后，通过对比经验分布图与正态概率密度检验金融损益是否近似为正态分布。

（2）分位数图（Q－Q 图）

按如下步骤绘制：

1）将样本损益按升序重新整理，有

$$l^{(1)} \leqslant l^{(2)} \leqslant \cdots \leqslant l^{(n)}。$$

2）根据经验分布，

$$l^{(k)} = F_n^{-1}\left(\frac{k}{n}\right)\ (k=1,\ \cdots,\ n)。$$

3）如果数据服从均值为μ、方差为σ^2 的正态分布，那么我们期望得到

$$\Phi^{-1}\left(\frac{k}{n}\right) \approx \frac{l^{(k)}-\mu}{\sigma} \Rightarrow l^{(k)} \approx \sigma\Phi^{-1}\left(\frac{k}{n}\right)+\mu。$$

即如果数据是服从正态分布的，那么$l^{(k)}$与$\Phi^{-1}(k/n)$之间会存在近似的线性关系。简而言之，Q－Q 图便是$\Phi^{-1}(k/n)$相对于$l^{(k)}$关系的图；如果呈现出一条直线，则可以表明该过程确实是正态分布的。

（3）自相关函数图

严谨的研究者都会深谙过去的表现并不能代表未来收益的道理。为了系统地探究这个原则，我们可以观察样本自回归函数

$$\widehat{\rho}(k) = \frac{\frac{1}{n}\sum_{\tau=1}^{n-k}(l_{t-\tau}-\widehat{\mu})(l_{t-\tau-k}-\widehat{\mu})}{\widehat{\sigma}^2}\left(k=1,\ 2,\cdots,\ \frac{n}{4}\right)。$$

如果这个原则是正确的，图像将反映出该函数迅速降至0。

（4）波动图

我们假设损益随机变量的波动随着时间推移保持稳定。为对此进行研究，我们选择一个候选金融资产并收集它在过去较长一段时期$[t-T_{\text{dist}},\ t-1]$内的历史数据。然后我们固定一个基准日期$T>T_{\text{dist}}$，考察以下两种情况：

1）无条件波动。此处我们根据可获取的数据估算出资产在$t-\tau$时的波动（其中$\tau=1,\ \cdots,\ T$），即利用真实值追溯至时间T_{dist}，从而有

$$\widehat{\sigma}_{\text{run}}(t-\tau) = \sqrt{\frac{1}{T_{\text{dist}}-\tau-1}\sum_{k=1}^{T_{\text{dist}}-\tau}(l_{t-\tau-k}-\widehat{\mu})^2}。\qquad (19.5)$$

我们称之为运行波动率，因为每经过一天，便会增加一个样本窗口。运行波动率通常用来衡量过程的无条件波动。

2）条件波动。这里我们根据最近的历史数据估测波动性。特殊地，我们确定一个数值n，并根据时间$t-\tau-1$到$t-\tau-n$内的历史数据估算资产在$t-\tau$时的波动，因此

$$\widehat{\sigma}_{\text{mov}}(t-\tau) = \sqrt{\frac{1}{n-1}\sum_{k=1}^{n}(l_{t-\tau-k}-\widehat{\mu})^2}。\qquad (19.6)$$

我们称之为移动波动率，因为随着采样窗口每天都在移动（最后的观察值被最新

的观察值所取代）。移动波动率通常用来衡量过程的条件波动。

我们检验的程序目标在于考察一个典型金融资产的每日损益过程所体现的统计特性。研究数据采用富时 100（FTSE－100）指数和沃达丰（Vodafone）股票从 2003 年 1 月到 2010 年 1 月期间的每日对数损益，共得到 1830 个观察值。

19.1 样本统计分析

过程检验之初我们来展示富时 100 指数和沃达丰股票的历史价格和每日对数损益（见图 19.1 及图 19.2）。此外，我们根据这些数据计算一些重要的样本统计量。

（1）案例：富时 100 指数和沃达丰股票

根据富时 100 指数的对数损益数据，我们可以计算得出如下的样本统计量：

$$\widehat{\mu}_{\text{ftse}} = -0.00015,\ \widehat{\sigma}_{\text{ftse}} = 0.0130,\ \widehat{S}_{\text{ftse}} = 0.096,\quad \widehat{\mathcal{K}}_{\text{ftse}} = 9.06。\quad (19.7)$$

类似地，对沃达丰股票我们可以得到

$$\widehat{\mu}_{\text{voda}} = -0.00003,\ \widehat{\sigma}_{\text{voda}} = 0.0184,\ \widehat{S}_{\text{voda}} = 0.304,\ \widehat{\mathcal{K}}_{\text{voda}} = 5.97。\quad (19.8)$$

基于 1830 个样本计算出的以上数据，我们可以直接计算雅克－贝拉统计量式（19.3）：

$$\widehat{JB}_{\text{ftse}} = 1830\left(\frac{0.096^2}{6} + \frac{6.06^2}{24}\right) = 2800,\ \widehat{JB}_{\text{vod}} = 1830\left(\frac{0.304^2}{6} + \frac{2.97^2}{24}\right) = 700。(19.9)$$

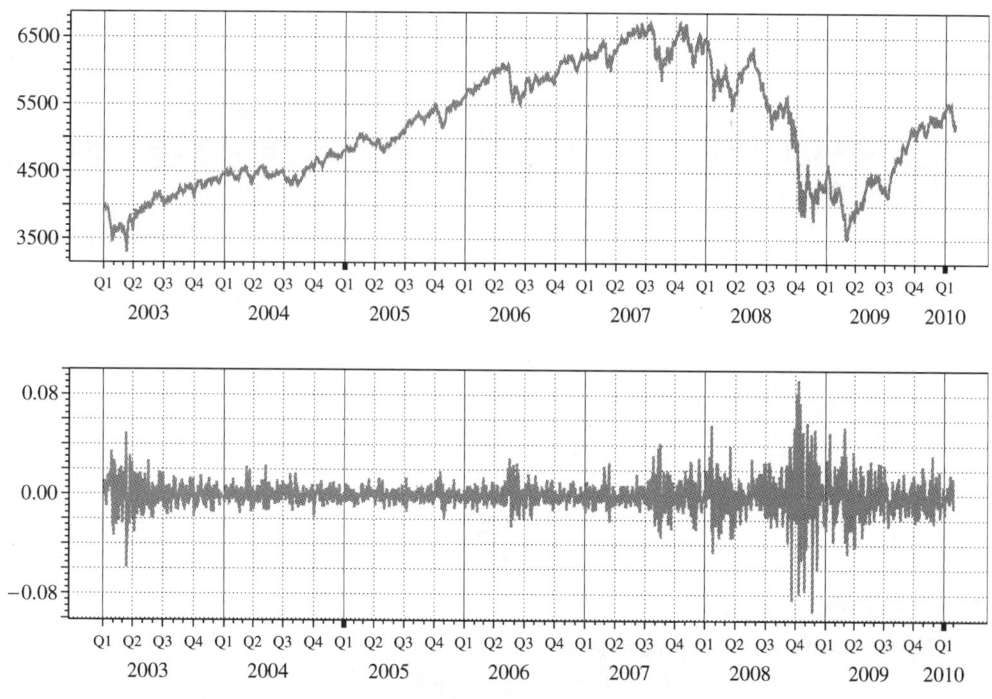

图 19.1 富时 100 指数收盘价格及每日对数损益图

(2) 观察结论

根据样本统计量的数值，我们可以得到如下观察结论：

1）每日对数损益的均值很小。实际上，与其波动的大小相比根本微不足道。

2）两个案例的偏度均为正，这意味着亏损比收益发生得更加频繁。

3）两个案例的峰度系数均大于3。这表明，亏损与收益的极值情况发生比正态分布所预测的更多。

4）两个数据集的雅克－贝拉统计量式（19.9）都很高，显示可以拒绝接受数据为正态分布的原假设。对两者而言，这一判断可以通过0p值增强说服力。

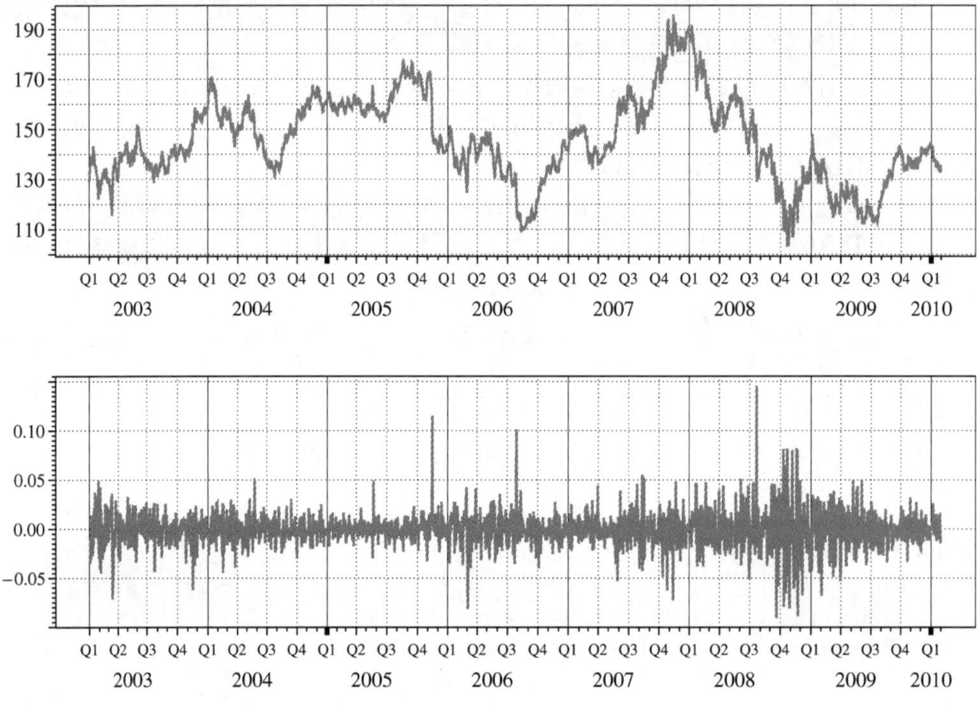

图 19.2　沃达丰股票收盘价格及每日对数损益图

此外，每日对数损益的图像呈现出如下特点：

1）均存在损益相对于均值变化微小的稳定平静阶段。

2）均存在损益相对于均值变化剧烈的动荡阶段。

这个现象首先在20世纪60年代早期被在分形几何领域闻名遐迩的伯努瓦·曼特伯罗（Benoit Mandelbrot，1963）所观察到。观察结果佐以样本统计量的数据让我们对以下揣测提出讨论：

猜想　典型的金融资产的每日对数损益过程较易呈现出如下特征：

1）其分布并非正态分布，而是呈现出“厚尾”和左偏度。

2）损益过程呈现出弱序列相关。

3）损益过程的平方（衡量过程的方差）呈现出显著的序列相关性。

19.2　实证概率密度与分位数图（Q－Q 图）

本节我们将进一步佐证上述猜想中的论断 1）。为此，我们将使用这些金融资产的历史数据分为两步操作：

首先，构造富时 100 指数和沃达丰股票每日对数损益的经验分布图。对这两种金融资产，分别根据样本均值与方差的估计值搭建正态模型。为了更严密地检验，需要放大显示代表极大损益发生可能的分布尾端，具体参见图 19.3（富时 100 指

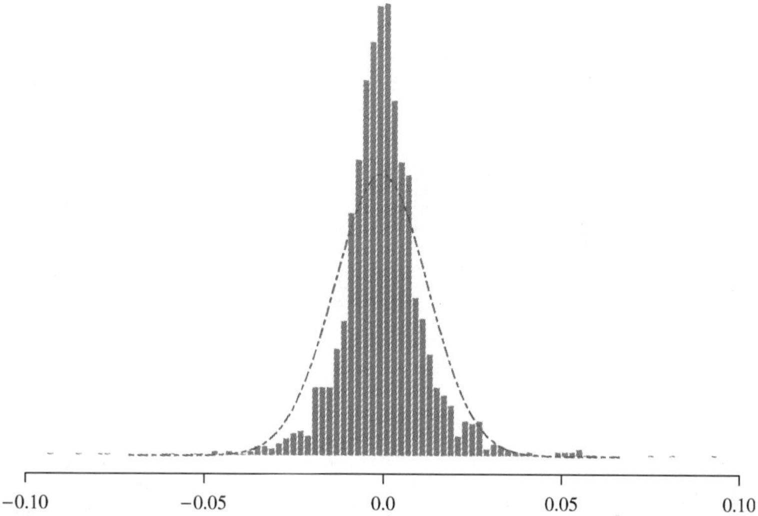

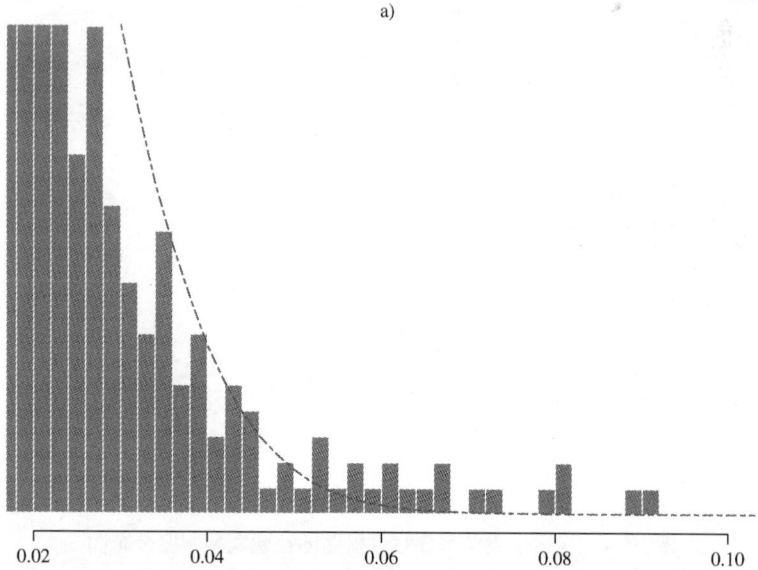

图 19.3　富时 100 指数每日对数损益的经验概率密度分布图

a）富时 100 指数经验概率密度分布形状　b）极值损益尾部的放大显示

数）与图 19.4（沃达丰股票）。

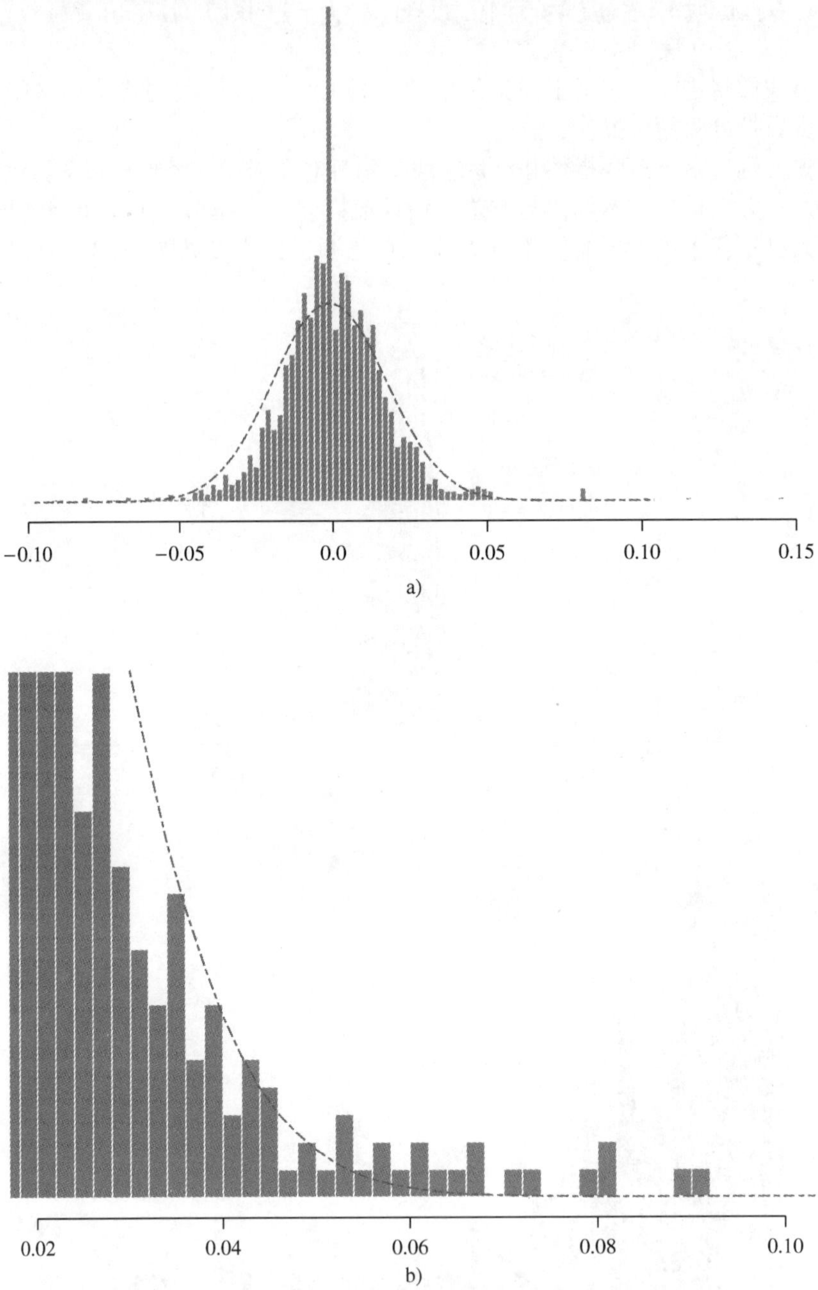

图 19.4　沃达丰股票每日对数损益的经验概率密度分布图

a）沃达丰股票经验概率密度分布形状　b）极值损益尾部的放大显示

其次，通过绘制富时 100 指数和沃达丰股票的 Q－Q 图以进行更细致深入的检验，参见图 19.5。

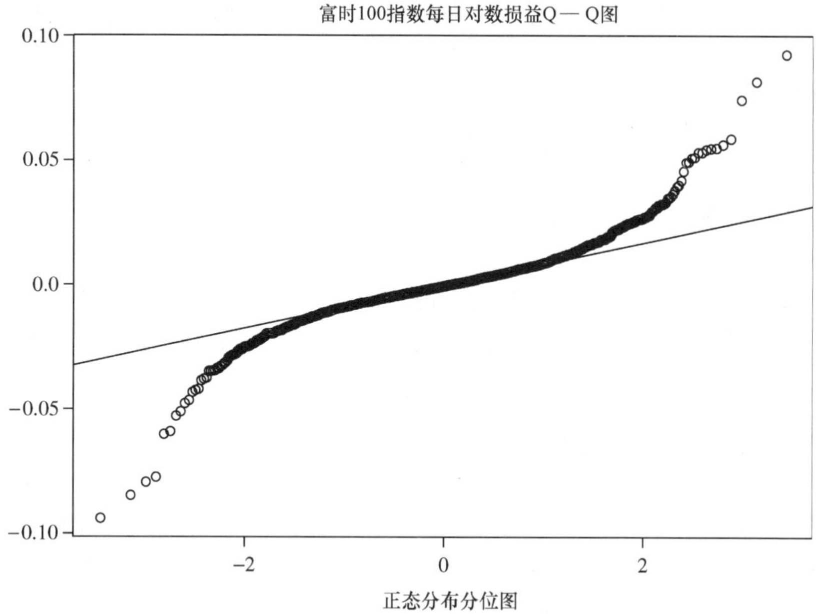

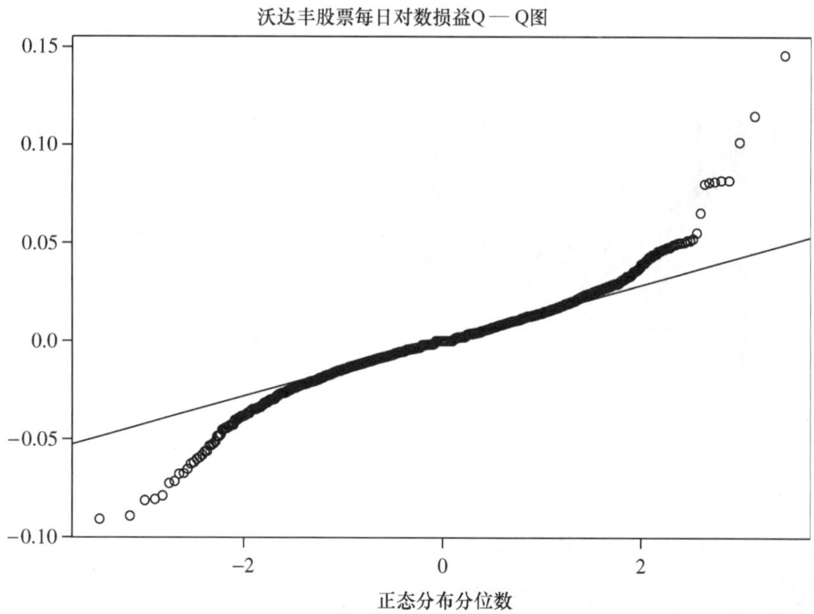

图 19.5　通过 Q－Q 图验证富时 100 指数和沃达丰股票正态分布假设

观察结论

根据上述绘制的图，我们不难得出以下结论：

1）根据经验概率密度分布图可以发现，正态分布并不适用金融损益数据的分布。实际上，现实的数据展现出更肥的尾部，右端的厚尾即对应着极大亏损事件。

2）Q－Q 图进一步佐证了上述观点。可以通过观察图 19.5 发现在极值部分偏离了直线形式。

3）以上两个观察结论都成功地佐证了上述猜想中的论断 1）。

19.3 自相关函数

本节我们将把注意力集中到猜想中的论断 2）及论断 3），证实它们的正确性。为此，我们对过去损益和损益的平方作出自相关函数图像，富时 100 指数和沃达丰股票的情况分别展示在图 19.6 与图 19.7。

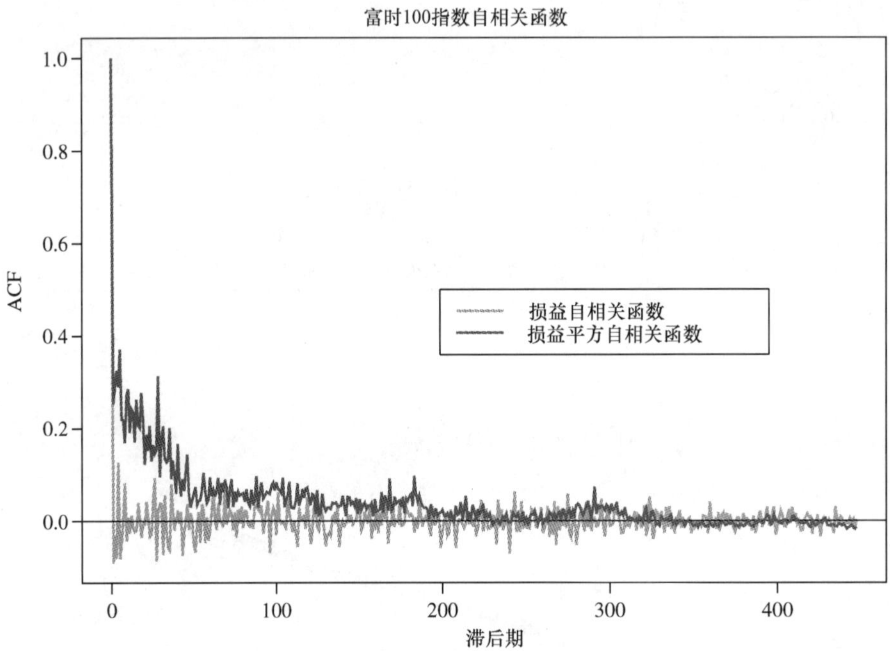

图 19.6 富时 100 指数每日损益和损益平方的自相关函数

观察结论

对两个金融资产，均有以下结论：

1）自相关函数在几个滞后期内极其迅速地“萎缩”至 0，佐证了猜想中的论断 2）。

2）另一方面，损益平方的自相关函数需要约 50～100 个时滞收敛到 0，这佐证了猜想中的论断 3），并表明波动率应该构建成与时间相关的函数。

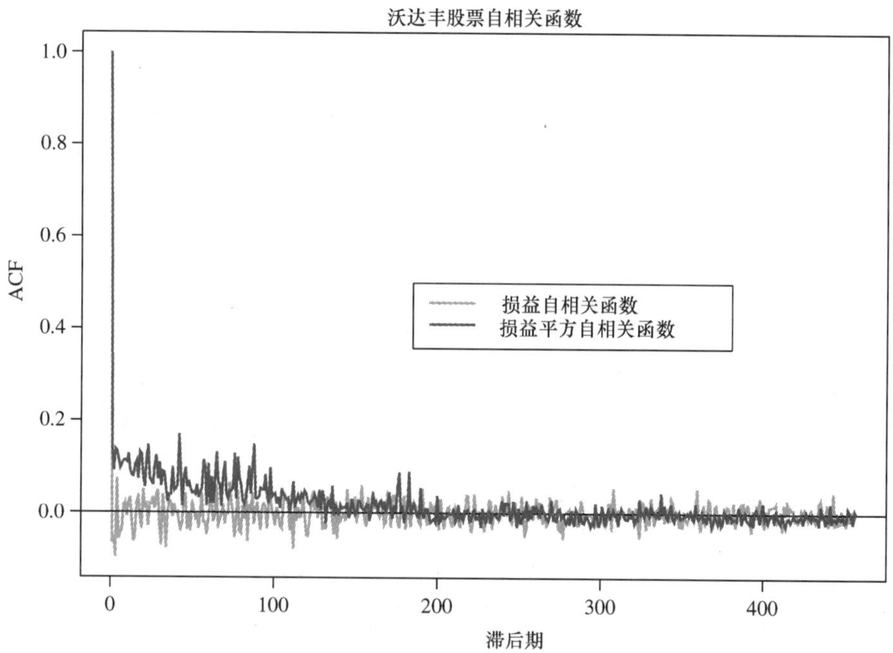

图 19.7 沃达丰股票每日损益和损益平方的自相关函数

19.4 波动性图

本节我们将继续之前章节的内容，进一步将波动率构建为其过去近期值的函数。沿着 19.1 节中所列的实验，此处我们的目标是区分金融损益过程的无条件波动率（利用全部历史数据计算得到，参见式（19.5）），以及与时间相关的条件波动率（仅仅利用过去的 n 个历史数据计算得到，参见式（19.6））。

在实验中，设定 $n=50$，从而对应着过去 10 周滚动窗口的历史数据。关于富时 100 指数和沃达丰股票的实验结果分别呈现在图 19.8 与图 19.9 中。

观察结论

根据图 19.8 与图 19.9，可以轻易观察到如下结论：

1）如我们所预期的，无条件波动率的估测值随着时间的推移而保持平稳。

2）另一方面，条件波动率是更具信服力的风险测量指标，因为无论是在风险较大的动荡时期（风险大）还是在风险较小的温和时期，它能相应地反映出风险的大小。

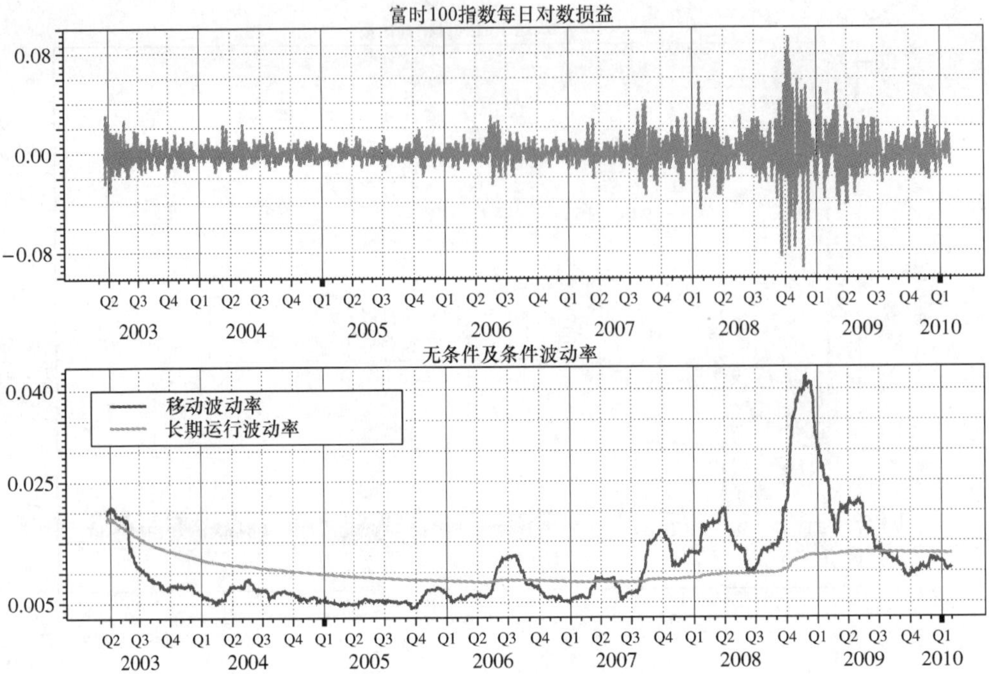

图 19. 8　区分富时 100 指数的无条件波动率及条件波动率

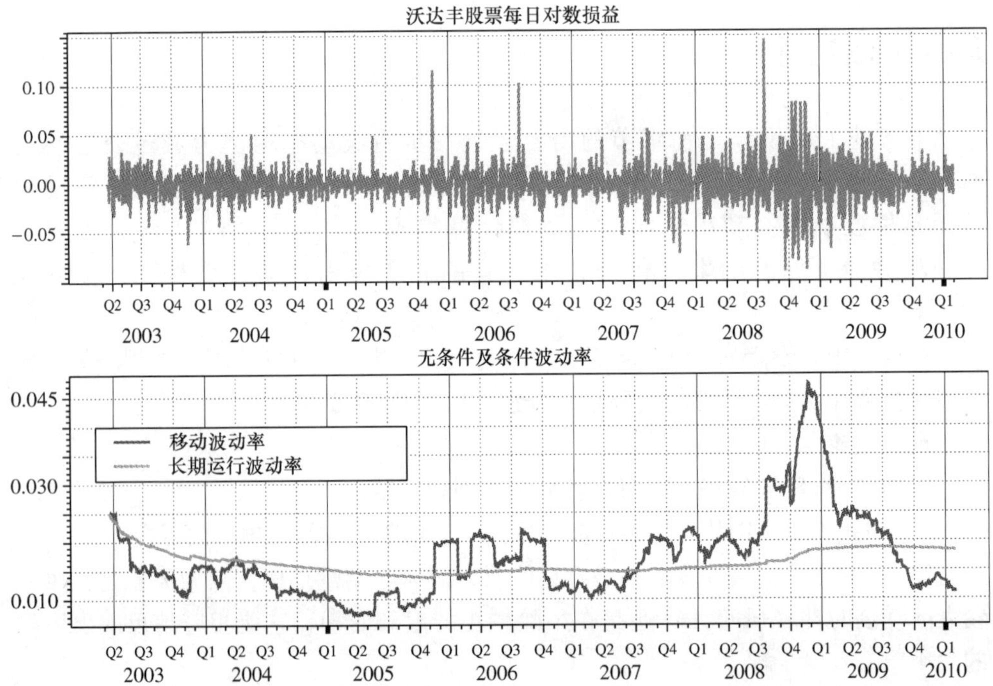

图 19. 9　区分沃达丰股票的无条件波动率及条件波动率

19.5　典型事实

在这一章中我们对富时100指数和沃达丰股票进行的实验，是对金融损益的统计特性的基本而细密的研究。过去几年内，这些实验及相关更精密的改进实验被学界及业界研究者用来在更广泛的金融资产范围内进行反复验证。总而言之，实验的结果几乎均是类似的结论，因此这些结论已经当成金融损益的典型事实，成为全行业所信服的共识。

事实一：微小的均值。

每日金融损益随机变量的均值水平很小而被波动率所决定。鉴于这一事实，许多业界工作者在构造每日金融损益模型时不考虑均值水平影响。但是，我们应当明白在很大时间间隔基础上的均值并不能被忽视。实际上，实验表明损益样本的均值将随着时间间隔的增长而增长。

事实二：厚尾和正偏度。

每日金融损益随机变量的无条件分布呈现出典型的“厚尾”特征以及微小的正偏度。

事实三：自相关。

一方面，每日损益过程自身呈现出很小的序列相关性，即其自相关函数会快速收敛至0。而另一方面，每日损益平方的自相关函数却缓慢收敛，从而呈现出明显的序列相关性。

事实四：波动聚集。

每日金融损益过程的绘图表明，相对的平稳期后随之而来的是更加波动的时期。我们也可以说，每日金融损益过程展现出波动聚集的特征，极大的损益将更容易触发产生更大的损益。

20 波动性模型

截至目前数学公式的推导均是基于这样的假设——典型金融资产或投资组合的每日损益随机变量呈现正态分布，也就是说假设

$$\mathcal{L}_1 = \mu + \sigma\varepsilon_t。\tag{20.1}$$

其中，每个 ε_t 相互独立并服从分布 $N(0, 1)$；我们通常称$(\varepsilon_t)t \geqslant 0$ 为新息过程。然而，正如前几章所提到的一样，当金融数据“为自己代言”时可以发现式(20.1) 并不是一个很好的估计，因此我们需要关注如何通过搭建及改善，来得到可以捕捉到如下两个重要特征的模型。

（1）厚尾特征

在 19.5 节中所提到的第二个典型事实，每日金融损益展现出相对于正态分布的“厚尾”特征；这表明极端事件（例如极大的损失）发生的概率要比式(20.1) 所预测的概率高许多。

（2）依赖于时间的波动率

根据 19.5 节中所提到的第三、第四个典型事实，我们总结得出金融损益的波动率随着时间的推移并不能如式（20.1）一样假设其保持不变。实际上，一个更实际的模型必须可以捕捉到波动聚集现象，即在波动剧烈时期，一个极大的损益有可能触发引起更大的损益。

将如上两点纳入到原假设模型的改善过程中，无疑将使其更能反映事实。特别地，我们将金融资产的近期表现纳入到搭建波动模型中来，式子如下：

$$\mathcal{L}_t = \mu + \sigma_t\varepsilon_t。\tag{20.2}$$

其中，ε_t 是独立于条件波动率 σ_t 的普通新息过程，而 σ_t 通过如下式子给出

$$\sigma_t^2 = E[(\mathcal{L}_t - \mu)^2 \mid I_{t-1}]。$$

其中，I_{t-1}表示在 $t-1$ 时所能得到的该金融损益过程的完整信息集。数学上的挑战在于为 σ_t^2 搭建准确的模型，计划具体如下：

1）指定一个由自由参数组成向量的函数f，即f是关于 $\boldsymbol{\theta} = (\theta_1, \cdots, \theta_n)^{\mathrm{T}}$ 的函数。

2）使用信息集 I_{t-1}，并试图找到向量 $\boldsymbol{\theta}^*$ 使得

$$\sigma_t^2 = E[(\mathcal{L}_t - \mu)^2 | I_{t-1}] = f(I_{t-1} | \theta^*)。\tag{20.3}$$

如上方法的成功与否取决于所选择的函数f。显然，如果一个风险控制人员掌握了准确的模型，也就会更有自信地对未来作出决策，故而寻找到合适的f显得很有价值。

20.1 风险矩阵模型

为完成确定波动函数f的目标，我们首先列举一些简单的想法，然后通过认识这些基本想法的缺陷，对此逐步进行改进，最终得到更加复杂的模型。特别地，通过这样的试验和改善，我们可以得到在实践中经常使用的著名的矩阵波动模型。为了呈现整洁的数学推导过程，我们假设常量均值μ等于0，而根据上一章的第一个典型事实，这一假设通常是正确的。

我们第一个简单的想法是将方差（波动率的平方）搭建成简单移动平均模型：

$$\sigma_t^2 = f(I_{[t-n,\, t-1]}) = \sum_{k=1}^{n} \frac{1}{n} \mathcal{L}_{t-k}^2。\tag{20.4}$$

该模型与上一章中的式（19.6）所使用的模型非常相似，表现出波动率随着时间而变化的特征。这样的简单平均是分析真实数据的快速简易方法，然而并不是描述波动率的严谨模型。函数本身是无参数的，仅仅依赖于跨度为n天之内（表示为$[t-n, t-1]$）的信息。该模型问题如下：

（1）权重相等

移动平均模型不合理地对过去的观察值赋予相等的权重（$1/n$）。这表明过去事件对波动率的估计与近期事件有着相同的影响，显然与我们所预期的相悖。

（2）选择数据“窗口”的大小

如果数据的移动“窗口”选择较小，那么从统计上很难得出准确的估算。而另一方面，选择太大的“窗口”也会产生一些问题，如一个极端事件的发生将会在较长时间内持续影响未来的波动率，此时若真实市场已进入稳定阶段，波动率的估算值则不能真实反映该真实情况。此外，当该极端冲击最终“掉出窗口”，我们可以看到紧接着的波动率估算值的突然急剧下降。以上这些情形都是我们需要极力避免的。

为了克服模型表达式（20.4）的缺陷，我们决定用一系列递减的权重代替之前的相同权重：$w_1 > w_2 > \cdots > w_n > 0$。因此，最近的观察值被赋予了更高的权重，远期的观察值权重则更低。在权重累加之和等于1的情况下，我们方差的模型形式如下：

$$\sigma_t^2 = f(I_{[t-n,\, t-1]} | (w_1, \cdots, w_n)) = \sum_{k=1}^{n} w_k \mathcal{L}_{t-1}^2。$$

而若权重累加之和不等于1，将其标准化，考察下式：

$$\sigma_t^2 = f(I_{[t-n,\ t-1]} \mid (w_1,\ \cdots,\ w_n)) = \frac{\sum_{k=1}^{n} w_k \mathcal{L}_{t-k}^2}{\sum_{k=1}^{n} w_k}。 \tag{20.5}$$

该模型的显著缺陷在于我们引进了许多参数，对这些参数赋予适当的值会形成一个计算负担。为了缓解该负担，我们设定权重具备这样的形式：

$$w_k = \lambda^{k-1},$$

其中，$\lambda \in (0,\ 1)$，$k=1,\ \cdots,\ n$。

这些权重具有递减的特性，并且权重累加之和为

$$\sum_{k=1}^{n} \lambda^{k-1} = 1 + \lambda + \cdots + \lambda^{n-1} = \frac{1-\lambda^n}{1-\lambda}。$$

在这样的框架下，模型表达式（20.5）演变成如下的指数加权移动平均模型：

$$\sigma_t^2 = f(I_{[t-n,\ t-1]} \mid \lambda) = \frac{1-\lambda}{1-\lambda^n} \sum_{k=1}^{n} \lambda^{k-1} \mathcal{L}_{t-k}^2。 \tag{20.6}$$

指数加权移动平均模型目前向我们展示出两个有用的性质：

1）权重的赋予考虑了时间的远近，对越近的观察值的权重更高。

2）只需要一个参数 $\lambda \in (0,\ 1)$ 就可以完整地定义出模型。

但不幸的是，选择数据窗口的大小问题依然存在。为此，我们从数学角度观察该模型，可以发现如果取 $n\to\infty$ 得到式（20.6）的极限，即将我们掌握的所有已知信息融入到模型中来（规避了 n 的选取难题）。该取极限过程可以推导得到

$$\begin{aligned}
\sigma_t^2 &= \lim_{n\to\infty} f(I_{[t-n,\ t-1]} \mid \lambda) \\
&= (1-\lambda) \sum_{k=1}^{\infty} \lambda^{k-1} \mathcal{L}_{t-k}^2 \\
&= (1-\lambda)\mathcal{L}_{t-1}^2 + (1-\lambda) \underbrace{\sum_{k=2}^{\infty} \lambda^{k-1} \mathcal{L}_{t-k}^2}_{\text{更换求和表达式}} \\
&= (1-\lambda)\mathcal{L}_{t-1}^2 + (1-\lambda) \sum_{k=1}^{\infty} \lambda^{k} \mathcal{L}_{t-(k+1)}^2 \\
&= (1-\lambda)\mathcal{L}_{t-1}^2 + \lambda \underbrace{(1-\lambda) \sum_{k=1}^{\infty} \lambda^{k-1} \mathcal{L}_{t-1-k}^2}_{\text{根据式(20.6)等于}\sigma_{t-1}^2}。
\end{aligned}$$

因此，可以记作

$$\sigma_t^2 = f(I_{t-1} \mid \lambda) = (1-\lambda)\mathcal{L}_{t-1}^2 + \lambda\sigma_{t-1}^2。 \tag{20.7}$$

这就是著名的风险矩阵波动率模型，它将新一天的方差表示成前一天方差的估算值及前一天损益平方值的线性组合。权重 λ 的选取要求使得波动率的估算值与基于一些样本期间内测算的波动率之间差距最小化。该方法的一个很大优势在于：风险矩阵研究者已经将大量的技术研究结果免费开放。实际上，这些研究在一个广泛的资产范围内，对该模型是否能很好地进行刻画，甚至对在一些特定的情况下如何选取最合适的 λ 提供详尽的指导。在20世纪90年代后期，风险矩阵模型成为行业标准模型，在之后的十余年内，研究出现了许多修正基础模型的新版本，一直沿用至今，在本章的后面我们仍将继续讨论到该模型。

20.2 ARCH 模型

波动模型中的ARCH系列模型最早由罗伯特·恩格尔（Robert Engle）于1982年正式提出。在ARCH框架下，波动方程（20.3）应当为先前 p 天的损益平方的线性组合，即形式如下：

$$\begin{aligned}\sigma_t^2 &= f(I_{t-1} \mid \omega, \alpha_1, \cdots, \alpha_p) \\ &= \omega + \alpha_1 \mathcal{L}_{t-1}^2 + \cdots + \alpha_p \mathcal{L}_{t-p}。\end{aligned} \tag{20.8}$$

因此，ARCH模型中参数共有 ω，α_1，…，α_p 这 $p+1$ 个。为了确保估算波动率（方差）总是正数，我们要求：

$$\begin{cases}\text{截距 } \omega > 0, \\ \alpha_k \geqslant 0, \text{ 其中 } k = 1, \cdots, p。\end{cases} \tag{20.9}$$

而这类模型之所以称为ARCH这样古怪的名字，是因为这几个原因：

1）参数 ω，α_1，…，α_p 均是自回归参数（auto-regressive），因为它们的估算值是基于过程的历史数值的，这解释了字母 A 与 R 的由来。

2）该模型本身是为了捕捉过程的条件波动率，并表示为时间的函数。在概率术语中，这样一个随机过程被称为条件异方差（conditionally heteroscedastic），该术语解释了字母 C 与 H 的由来。

一个基于此前 p 天损益的ARCH模型通常可以记作ARCH(p)。现在当该模型代入到式子（20.2），令 $\mu=0$，将得到

$$\mathcal{L}_t = \left(\sqrt{\omega + \sum_{k=1}^{p} \alpha_k \mathcal{L}_{t-k}^2}\right) \varepsilon_t。 \tag{20.10}$$

其中自回归参数满足式（20.9）。实际上，正如我们所看到的，为保证损益过程 $\mathcal{L}_t$ 平稳，对参数的要求需要更多，即无条件均值及方差随时间保持不变。

从式（20.10）我们可以观察到，ARCH模型刻画过程的无条件均值等于0，即

$$E(\mathcal{L}_t) = E\left[\sqrt{\omega + \sum_{k=1}^{p} \alpha_k \mathcal{L}_{t-k}^2}\right] \underbrace{E(\varepsilon_t)}_{=0} = 0。$$

为研究无条件方差我们观察如下推导：

$$\begin{aligned}\sigma^2 &= E(\mathcal{L}_t^2) = E(\sigma_t^2)\underbrace{E(\varepsilon_t^2)}_{=1}\\ &= E\left(\omega + \sum_{k=1}^{p}\alpha_k\mathcal{L}_{t-k}^2\right)\\ &= \omega + \sum_{k=1}^{p}\alpha_k\underbrace{E[\mathcal{L}_{t-k}^2]}_{=\sigma^2}\\ &= \omega + \sigma^2\sum_{k=1}^{p}\alpha_k。\end{aligned} \tag{20.11}$$

重新整理上式，可以将长期无条件方差表示如下：

$$\sigma^2 = \frac{\omega}{1-\sum_{k=1}^{p}\alpha_k}。 \tag{20.12}$$

因此，为使得损益过程变得平稳，我们必须施加更强的条件：

$$\omega > 0, \alpha_k \geqslant 0 \quad (1 \leqslant k \leqslant p), \quad \sum_{k=1}^{p}\alpha_k < 1。 \tag{20.13}$$

值得注意的是，根据上一章的发现，平稳性的假设是有效的，因此 ARCH(p) 模型应当设定其参数满足条件式（20.13）。

ARCH（1）波动性模型

任何波动模型的选择正确与否判断依据在于它能否反映一个真实的金融资产或组合的损益过程的基本特征。为了对 ARCH 模型能有更深入的了解，我们考察其中最简单的 $p=1$ 情况下的 ARCH（1）模型：

$$\sigma_t^2 = \omega + \alpha\mathcal{L}_{t-1}^2 \quad (\omega > 0 \text{ 且 } 0 \leqslant \alpha < 1)。$$

接下来我们将通过研究该模型并探索如下几个问题的答案：

1）该模型能否得到“厚尾”的损益分布？

2）该模型能否捕捉得到波动集聚现象？

3）该损益模型是否展示出微小的自相关？此外，损益的平方是否展现出显著水平的自回归？

（1）考察“厚尾”特征

为了考察 ARCH（1）模型的尾部特征，我们可以计算其峰度系数，因此需要找到：

1）无条件方差，即 σ^2，对所有的 t 满足 $E(\mathcal{L}_t^2)$；

2）无条件四阶矩，即 m_4，对所有的 t 满足 $m_4 = E(\mathcal{L}_t^4)$。

在开始计算过程之前，我们由式（20.12）观察发现施加的参数条件表明 ARCH（1）模型的无条件方差可以表示为

$$\sigma^2 = \frac{\omega}{1-\alpha}。 \tag{20.14}$$

我们用与计算无条件方差相同的方法来计算 m_4，参见式（20.11）进行如下推导：

$$\begin{aligned} m_4 &= E[\mathcal{L}_t^4] = E(\sigma_t^4)\underbrace{E(\varepsilon_t^4)}_{=3} \\ &= 3E[(\omega + \alpha\mathcal{L}_{t-1}^2)^2] \\ &= 3\Big[\omega^2 + 2\omega\alpha \underbrace{E[\mathcal{L}_{t-1}^2]}_{=\sigma^2} + \alpha^2 \underbrace{E[\mathcal{L}_{t-1}^4]}_{=m_4}\Big] \\ &= 3(\omega^2 + 2\omega\alpha\sigma^2 + \alpha^2 m_4)。 \end{aligned} \tag{20.15}$$

稍作整理，就可以得到

$$m_4 = 3\left(\frac{\omega^2 + 2\omega\alpha\sigma^2}{1 - 3\alpha^2}\right) = 3\omega\,\frac{\omega + 2\alpha\sigma^2}{1 - 3\alpha^2}。$$

此外，式（20.14）告诉我们 $\omega = (1 - \alpha)\sigma^2$，将此式代入到上式中，可以得到

$$m_4 = \frac{3(1 - \alpha^2)^4}{1 - 3\alpha^2}。 \tag{20.16}$$

当 $0 \leqslant \alpha \leqslant \frac{1}{\sqrt{3}}$ 时，式（20.16）得到很好的定义，同时峰度系数为

$$\mathcal{K}_{\text{ARCH}} = \frac{m_4}{\sigma^4} = 3\left(\frac{1 - \alpha^2}{1 - 3\alpha^2}\right) > 3。 \tag{20.17}$$

根据上述推导，我们可以总结得出均值为 0 的损益过程（20.2），当其条件波动率 σ_t 由 ARCH（1）模型所决定时，分布尾端会比正态分布肥厚：

$$\sigma_t^2 = \omega + \alpha\mathcal{L}_{t-1}^2\left(\omega > 0 \text{ 且 } 0 \leqslant \alpha < \frac{1}{\sqrt{3}}\right)。 \tag{20.18}$$

（2）用模型 ARCH（1）预测

现在我们将考察 ARCH（1）模型的预测能力。我们知道，在 ARCH（1）模型下，我们可以预测 τ 天后的条件方差等于：

$$\begin{aligned} \sigma_{t+\tau}^2 &= \omega + \alpha\mathcal{L}_{t+\tau-1}^2 \\ &= \sigma^2(1 - \alpha) + \alpha\mathcal{L}_{t+\tau-1}^2。 \end{aligned}$$

根据式（20.14），重新整理可以得到

$$\sigma_{t+\tau}^2 - \sigma^2 = \alpha(\mathcal{L}_{t+\tau-1}^2 - \sigma^2)。 \tag{20.19}$$

如果截止时间 t 的信息集 I_t 是已知的，那么向前预测 1 天的结果就等于

$$\sigma_{t+1}^2 = \sigma^2 + \alpha(\mathcal{L}_t^2 - \sigma^2)。$$

对 $\tau > 1$，令

$$\widehat{\sigma_{t+\tau}^2} = E(\mathcal{L}_{t+\tau}^2 \mid I_t) = E(\sigma_{t+\tau}^2 \mid I_t) \tag{20.20}$$

表示向前预测第 τ 天的方差，根据式（20.19），可以整理得到递归方程

$$\widehat{\sigma_{t+\tau}^2} - \sigma^2 = \alpha(\widehat{\sigma_{t+\tau-1}^2} - \sigma^2)。 \tag{20.21}$$

通过反复迭代式（20.21），可以得到

$$\widehat{\sigma_{t+\tau}^2}-\sigma^2=\alpha^{\tau-1}(\sigma_{t+1}^2-\sigma^2)。\tag{20.22}$$

该预测公式之所以对我们非常有用，在于它可以显著揭露出 ARCH（1）的结构特征。例如，我们可以发现该预测仅仅使用了信息集合中的最新部分内容，即当前的方差估算值 σ_{t+1}^2。此外，预测结果是通过（$\sigma_{t+1}^2-\sigma$）乘以系数 $\alpha^{\tau-1}$ 得到的，这就使得 α 的值越大，当前的估测值对未来的影响就会越大，因此通常称 α 为持续性参数。最后，由我们所观察到的，当 $0\leqslant\alpha<1/\sqrt{3}$ 时，当前的估算值对未来结果的影响可以忽略不计。实际上，取极限令 $\tau\to\infty$，就可以得到

$$\lim_{\tau\to\infty}E(\sigma_{t+\tau}^2|I_t)=\sigma^2\quad（无条件方差）。$$

（3）自相关

根据此前的章节我们知道，通常每日金融损益过程与其近期历史表现并没有显著的自相关关系；其自回归函数迅速衰减。为了考察 ARCH（1）过程是否可以捕捉到这一特征，我们定义一个时滞 τ，并考察 $\mathcal{L}_t$ 与 $\mathcal{L}_{t-\tau}$ 的协方差。我们首先回顾一下关于一般随机过程 X_t 的预期公式：

$$E(X_t)=E[E(X_t|I_{t-1})]。$$

对于 $\tau>0$，同样可以得到

$$\begin{aligned}E(\mathcal{L}_t\mathcal{L}_{t-\tau})&=E[E(\mathcal{L}_t\mathcal{L}_{t-\tau}|I_{t-1})]\\&=E\Big[\mathcal{L}_{t-\tau}\underbrace{E(\mathcal{L}_t|I_{t-1})}_{=0}\Big]\\&=0。\end{aligned}\tag{20.23}$$

因此，我们可以总结得出结论：ARCH（1）损益过程是序列不相关的。

我们下一步的任务是分析 ARCH（1）过程损益的平方是否相关。在上一章中，我们提到现实中一般的金融每日损益过程中损益的平方展现出显著的自相关性。首先作如下推导：

$$\begin{aligned}\mathcal{L}_t^2&=\sigma_t^2+(\mathcal{L}_t^2-\sigma_t^2)\\&=\omega+\alpha\mathcal{L}_{t-1}^2+(\sigma_t^2\varepsilon_t^2-\sigma_t^2)\\&=\omega+\alpha\mathcal{L}_{t-1}^2+v_t\qquad(v_t=\sigma_t^2(\varepsilon_t^2-1))。\end{aligned}\tag{20.24}$$

注意到，上述平方损益过程与我们所熟悉的第 15 章的 AR（1）过程非常相似。实际上，下面的结果将进一步表明式（20.24）与 AR（1）过程是完全一致的。

命题　式（20.24）中的残差过程 v_t 是白噪声过程。

证明　我们将证明残差过程 v_t 同时满足白噪声过程的三个特征。

1）均值为 0。即

$$E(v_t)=E[\sigma_t^2(\varepsilon_t^2-1)]=E(\sigma_t^2)\underbrace{E(\varepsilon_t^2-1)}_{=0}=0。$$

2）固定的方差。即

$$E(v_t^2)=E[\sigma_t^4(\varepsilon_t^2-1)^2]=\underbrace{E(\sigma_t^4)}_{=m_4/3}\underbrace{E(\varepsilon_t^4-2\varepsilon^2+1)}_{=2}$$

$$=\frac{2(1-\alpha^2)\sigma^4}{1-3\alpha^2}。（运用式(20.16)）$$

3）序列不相关。

令 $\tau>0$，可以得到

$$\begin{aligned}\text{cov}(v_t,v_{t+\tau})&=E[\sigma_t^2(\varepsilon_t^2-1)\sigma_{t+\tau}^2(\varepsilon_{t+\tau}^2-1)]\\&=E[\sigma_t^2\sigma_{t+\tau}^2(\varepsilon_t^2-1)]\underbrace{E(\varepsilon_{t+\tau}^2-1)}_{=0}=0。\end{aligned}$$

下面我们将利用对 AR（1）模型的知识（详情请见第 15 章）作出如下推论：

1）根据式（15.10），我们可以得到随机过程的无条件方差等式，即

$$E(\mathcal{L}_t^2)=\frac{\omega}{1-\alpha}=\sigma^2。$$

2）根据式（15.13），可以发现损益平方的过程展现出显著的自相关性：

$$\rho_{\text{ARCH}}(\tau)=\frac{E(\mathcal{L}_t^2\mathcal{L}_{t-\tau}^2)}{\text{var}(\mathcal{L}_t^2)}=\alpha^\tau\quad(\tau>0)。\tag{20.25}$$

（4）综述

我们已经研究了 ARCH（1）损益模型表达式（20.18）所具有的一些特殊性质。实际上，该模型成功捕捉了金融损益过程的重要特征："厚尾"特征、波动聚集以及序列不相关。然而，该模型也具有一些缺陷。首先，模型中的参数 α 需要满足条件 $0\leqslant\alpha<1/\sqrt{3}$，然而这一条件太苛刻了，而真正的聚集现象不能被准确捕捉到。这一问题可以通过使用更一般的模型 ARCH$(p)(p>1)$来克服。实证经验表明，为克服上述问题我们需要一个较大的 p 值，而这样无疑增加了估算许多参数的计算负担。

20.3 GARCH 模型

在 20 世纪 80 年代中期，ARCH 模型的首创者罗伯特·恩格尔（Robert Engle）指导其博士学生蒂姆·博勒斯莱文（Tim Bollerslev）研究如何将 ARCH 模型更一般化，使得其更容易操作。正如上节所提到的，实际操作中只有在选取很大的 p 值的情况下，ARCH（p）模型才能较好地捕捉到波动聚集现象。蒂姆·博勒斯莱文通过允许条件方差取决于历史损益的平方和历史方差估算值来进一步扩展 ARCH（p）模型。从数学角度上说，蒂姆·博勒斯莱文于 1986 年提出了下述模型：

$\mathcal{L}_t=\sigma_t\varepsilon_t$，其中 $\varepsilon_t\sim N$（0，1）且相互独立，且

$$\sigma_t^2=\omega+\sum_{k=1}^{p}\alpha_k\mathcal{L}_{t-k}^2+\sum_{k=1}^{q}\beta_k\sigma_{t-k}^2。\tag{20.26}$$

其中 $\omega>0$，$\alpha_k\geqslant0$ （$1\leqslant k\leqslant p$）且 $\beta_k\geqslant0$ （$1\leqslant k\leqslant q$）。

这一广义模型称为 GARCH（p, q）。我们注意到，该模型并没有减少计算负担，相反地它引入了 q 个额外的参数。然而，该模型得到广泛关注的原因在于实际操作中只需要很小的 p 值和 q 值便可以反映出波动聚集现象。现实中，最简单的模型 GARCH(1, 1) 在金融领域中使用得最广泛。

20.3.1 GARCH(1, 1) 波动性模型

由于其应用广泛，我们将注意力集中到 GARCH（1, 1）波动性模型上来。为了统一表达形式，我们设定 GARCH（1, 1）模型如下：

$\mathcal{L}_t = \sigma_t \varepsilon_t$，其中 $\varepsilon_t \sim N(0,1)$ 且相互独立，且

$$\sigma_t^2 = \omega + \alpha \mathcal{L}_{t-1}^2 + \beta \sigma_{t-1}^2 \tag{20.27}$$

其中 $\omega > 0$ 且 α，$\beta \geqslant 0$。

我们着眼于阐述上述模型的重要特征，而采取的方法类似于应用于 ARCH（1）模型时的方法。

1. 无条件均值及方差

GARCH（1, 1）过程的无条件均值为 0，这是因为

$$E(\mathcal{L}_t) = E(\sigma_t \varepsilon_t) = E(\sigma_t) \underbrace{E(\varepsilon_t)}_{=0} = 0。$$

对所有 $t \geqslant 0$ 的，定义无条件方差为

$$\begin{aligned} \sigma^2 &= E(\mathcal{L}_t^2) = E(\sigma_t^2 \varepsilon_t^2) \\ &= E(\sigma_t^2) E(\varepsilon_t^2) = E(\sigma_t^2)。\end{aligned}$$

根据上述定义和式（20.27），我们可以发现 σ^2 必定满足：

$$\begin{aligned} \sigma^2 &= E(\omega + \alpha \mathcal{L}_{t-1}^2 + \beta \sigma_{t-1}^2) \\ &= \omega + (\alpha + \beta) \sigma^2。\end{aligned}$$

整理该等式可得到

$$\sigma^2 = \frac{\omega}{1 - (\alpha + \beta)}。 \tag{20.28}$$

我们发现该等式与 ARCH（1）部分的等式（20.14）相类似。该等式说明，在 $\alpha + \beta < 1$ 的任意情况下，式（20.27）刻画的均是平稳的过程。

2. 考察“厚尾”特征

为了计算式（20.27）的峰度系数，我们首先考察其无条件四阶矩：

$$\begin{aligned} m_4 &= E(\mathcal{L}_t^4) = E(\sigma_t^4 \varepsilon_t^4) \\ &= E(\sigma_t^4) \underbrace{E(\varepsilon_t^4)}_{=3} = 3E(\sigma_t^4) \quad (t \geqslant 0)。\end{aligned} \tag{20.29}$$

现在替代 GARCH（1, 1）模型并计算如下：

$$m_4 = 3E[(\omega + \alpha \mathcal{L}_{t-1}^2 + \beta \sigma_{t-1}^2)^2]$$

$$=3E\left[\omega^2+\alpha^2\mathcal{L}_{t-1}^4+\beta^2\sigma_{t-1}^4+2\left(\alpha\omega\mathcal{L}_{t-1}^2+\beta\omega\sigma_{t-1}^2+\alpha\beta\underbrace{\mathcal{L}_{t-1}^2\sigma_{t-1}^2}_{=\sigma_{t-1}^4\varepsilon_{t-1}^2}\right)\right]。\tag{20.30}$$

现在，$\sigma^2=E(\mathcal{L}_t^2)=E(\sigma_t^2)$表示无条件方差，因此上式的期望等式可以变成为

$$m_4=3\omega^2+3\alpha^2\underbrace{E(\mathcal{L}_{t-1}^4)}_{=m_4}+\beta^2\underbrace{(3E(\sigma_t^4))}_{=m_4}+6\omega(\alpha+\beta)\sigma^2+2\alpha\beta\underbrace{(3E(\sigma_t^4\varepsilon_t^2))}_{=m_4},$$

即

$$m_4[1-2\alpha^2-(\alpha+\beta)^2]=3\omega[\omega+2(\alpha+\beta)\sigma^2]。$$

最后，我们根据$\omega=\sigma^2[1-(\alpha+\beta)]$可以推演出四阶矩的如下形式：

$$m_4=\frac{3\sigma^4[1-(\alpha+\beta)^2]}{1-2\alpha^2-(\alpha+\beta)^2}$$

当$(\alpha+\beta)^2<1-2\alpha^2$时有很好的定义。此时，对应的峰度系数如下：

$$\mathcal{K}_{\text{GARCH}}=\frac{m_4}{\sigma^4}=\frac{3[1-(\alpha+\beta)]^2}{1-2\alpha^2-(\alpha+\beta)^2}>3。\tag{20.31}$$

因此，与 ARCH（1，1）过程相似，损益过程式（20.2）的条件波动率σ_t可以通过如下 GARCH（1，1）模型进行刻画，它具有比正态分布更肥厚的尾端。

$$\begin{cases}\sigma_t^2=\omega+\alpha\mathcal{L}_{t-1}^2+\beta\sigma_{t-1}^2,\\ \text{其中 }\omega,\alpha,\beta>0,\alpha+\beta<1\text{ 且}(\alpha+\beta)^2<1-2\alpha^2。\end{cases}\tag{20.32}$$

3. 用模型 GARCH（1，1）预测

回顾在 ARCH（1）中我们利用过程的递归性质预测其方差的未来值（参见式(20.22)）。相同的方法可以应用到 GARCH（1，1）模型中来，并可以得到在$\tau>1$时存在下列类似的等式：

$$\widehat{\sigma_{t+\tau}^2}-\sigma^2=(\alpha+\beta)^{\tau-1}(\sigma_{t+1}^2-\sigma^2)。\tag{20.33}$$

注意到，GARCH（1，1）模型与 ARCH（1）模型一样具备这样的性质：它预测到的过程的方差将随着时间的推移收敛于式（20.28）中给出的无条件方差值σ^2。因此，我们可以称 GARCH（1，1）与 ARCH（1）为均值回归过程。

4. 自相关

考虑到 GARCH（1，1）损益过程条件均值等于0，我们可以像 ARCH 模型的式（20.23）一样，发现该过程展示出序列不相关，即：对$\tau>0$，有

$$E(\mathcal{L}_t\mathcal{L}_{t-\tau})=0。$$

研究损益平方的自相关性沿用 ARCH 的方法，然而结论却有所不同。正如我们之前所陈述的，在 ARCH（1）模型下，损益平方过程可以看作是一个 AR（1）的过程。对应地，我们将解释在 GARCH（1，1）模型下，损益平方可视作 ARMA（1，1）的过程。

$$\mathcal{L}_t^2=\sigma_t^2+(\mathcal{L}_t^2-\sigma_t^2)$$

$$= \omega + \alpha \mathcal{L}_{t-1}^2 + \beta \sigma_{t-1}^2 + \underbrace{\sigma_t^2(\varepsilon_t^2 - 1)}_{v_t}。$$

我们之前设定 $v_t = \sigma_t^2(\varepsilon_t^2 - 1)$ 是一个白噪声过程（详见命题）。而又

$$v_{t-1} = \sigma_{t-1}^2(\varepsilon_{t-1}^2 - 1) = \mathcal{L}_{t-1}^2 - \sigma_{t-1}^2$$

因此可以得到

$$\begin{aligned}\mathcal{L}_t^2 &= \omega + \alpha \mathcal{L}_{t-1}^2 + \beta(\mathcal{L}_{t-1}^2 - v_{t-1}) + v_t \\ &= \omega + (\alpha + \beta)\mathcal{L}_{t-1}^2 - \beta v_{t-1} + v_t。\\ &= m_{t-1} - \beta v_{t-1} + v_t。\end{aligned}$$

现在，将等式 $\omega = [1 - (\alpha + \beta)]\sigma^2$ 代入上式，加以整理可得

$$\mathcal{L}_t^2 - \sigma^2 = (\alpha + \beta)(\mathcal{L}_{t-1}^2 - \sigma^2) + v_t - \beta v_{t-1}。\tag{20.34}$$

现在将该式与式（15.15）相比较可以发现，如果损益过程用 GARCH（1，1）模型刻画，那么被平移后的这一平方损益过程 $Y_t = \mathcal{L}_t^2 - \sigma^2$ 可以视作一个 ARMA（1，1）过程。因为在第 15 章中已经学习了该过程，故我们可以利用掌握的知识来揭示平方损益过程的一些特征。特别地，我们知道 ARMA（1，1）过程具备 0 均值，此处存在

$$E(\mathcal{L}_t^2) = \frac{\omega}{1 - (\alpha + \beta)}。$$

这也验证了早先计算的式（20.28）中无条件方差值。此外，使用式（15.22）的 ARMA（1，1）自回归等式，我们可以得出平方损益过程的自相关系数：

$$\rho_{\text{GARCH}}(\tau) = (\alpha + \beta)^{\tau - 1} \frac{\alpha(1 - \beta(\alpha + \beta))}{1 + \beta^2 - 2\alpha(1 - \beta(\alpha + \beta))}(\tau > 0)。\tag{20.35}$$

因此，我们可以总结得出，GARCH（1，1）损益模型表达式（20.32）捕捉到真实的金融损益的重要特征：“厚尾”分布特征、损益过程自身的序列不相关，以及平方损益过程的显著自相关性（波动聚集效应）。该模型在实践中得到广泛的应用，也成为很多改良方法的基础。

20.3.2 回顾风险矩阵模型

我们在本章中一开始建立的波动过程即风险矩阵模型表达式（20.7）。其中，该著名模型由唯一的参数 $\lambda \in (0, 1)$ 所决定，并具有如下的表达形式：

$$\begin{cases}\mathcal{L}_t = \sigma_t \varepsilon_t，\text{其中 } \varepsilon_t \sim N(0, 1) \text{ 且相互独立，并且有} \\ \sigma_t^2 = (1 - \lambda)\mathcal{L}_{t-1}^2 + \lambda \sigma_{t-1}^2。\end{cases}\tag{20.36}$$

我们推导风险矩阵模型时对 ARCH 与 GARCH 过程并不了解，然而回头来看，当对比式（20.36）与式（20.27）时，我们可以发现风险矩阵实际上是特殊形式的 GARCH（1，1）过程，其中截距 $\omega = 0$ 且参数 α 与 β 相加之和等于 1。因此将风险矩阵模型置于 GARCH 过程的框架下，我们可以得到如下解释：

1）风险矩阵的过程并不是弱平稳的，因为由等式（20.28），它具有无穷的方

差。然而，由定义 15.1 可以发现该过程是严格平稳的。

2）尽管长期波动率是无穷的，风险矩阵模型仍然在业界很受欢迎。其中一个原因在于，实际操作中，估算的 GARCH（1，1）中系数 α 与 β 满足 $\alpha+\beta\approx1$。因此，许多业内人士认为，搭建简单的风险矩阵模型优于搭建 GARCH（1，1）模型。

20.3.3　小结

罗伯特·恩格尔的 ARCH 模型及蒂姆·博勒斯莱文的 GARCH 模型的建立均是为了追踪一个典型的损益过程的波动率随时间的变化。然而 GARCH 框架具有重要的优势在于为了进行能信服的预测，需要估算更少的参数来构建模型。因此，GARCH 模型在实际操作中使用更多，GARCH（1，1）模型最为普遍。实际上，GARCH 模型在几乎所有的金融机构中得到应用，其使用范围包含了衍生品定价、风险管理等各个方面。

20.4　指数 GARCH

1982 年，罗伯特·恩格尔首次用 ARCH 框架来刻画随时间变化的波动率。这项工作之所以具有里程碑式的意义，是由于它是第一个能够准确捕获我们所知道的金融资产的损益的典型事实特征的模型。此外，蒂姆·博勒斯莱文成功搭建的更广义的 GARCH 框架引发了对波动率模型的广泛关注，学术界和业界均有很多人士参与到其探索中来。因此，目前存在一系列 ARCH 及 GARCH 具体模型，它们中的每一个的搭建都是为了改善基本的模型或捕获额外的特征。在本节中将向读者展示其中一种拓展的类型——指数 GARCH。在讨论展开之前，我们首先考察 ARCH 模型与 GARCH 模型共有的一个缺陷。

ARCH 模型与 GARCH 模型的对称性

为了搭建一个表示非负的波动率的模型，ARCH 模型与 GARCH 模型均假设条件方差是历史平方损益的非负线性组合。正如之前所设定的，每日金融损益过程形式如下：

$$\mathcal{L}_t=\sigma_t\varepsilon_t\text{，其中 }\varepsilon_t\sim N(0,1)\text{ 且相互独立。}$$

根据这一过程，我们有如下显著事实：

$$\varepsilon_t>0\Rightarrow\text{资产价格在下降，}$$

$$\varepsilon_t<0\Rightarrow\text{资产价格在上升。}$$

在现实中，波动率在资产价格下降的市场中会高于在价格上升的市场中，即我们可以预见，一个巨大的损失相比同样大的收益将显著地产生更大的波动。在金融术语中，这称为杠杆效应。不幸的是，无论 ARCH 模型还是 GARCH 模型都没有捕捉该特征，它们均是由历史平方损益所决定的，故而没有区分正的还是负的冲击。

在20世纪90年代早期，一些研究者试图通过修正GARCH模型来准确反映杠杆效应。其中一个著名的修正是由尼尔森（Nelson）于1991年提出的，它使用对数的方法确保了非负的波动率估算值，表达形式如下：

$$\begin{cases}\mathcal{L}_t=\sigma_t\varepsilon_t,\text{其中 }\varepsilon_t\sim N(0,1)\text{且相互独立，}\\ \log(\sigma_t)=\omega+\alpha g(\varepsilon_{t-1})+\beta\log(\sigma_{t-1})。\end{cases} \tag{20.37}$$

此处 g 是新息数列$(\varepsilon_t)_{t\geqslant 0}$的函数，用来刻画潜在的资产价格的变化方向。根据金融杠杆效应，显然 g 应当满足当新息为正时对波动率估算值的影响越大。尼尔森提出 g 的表达形式为

$$g(\varepsilon_t)=a\varepsilon_t+b(|\varepsilon_t|-E(|\varepsilon_t|))。$$

已经假设新息数列服从标准正态分布，因此可以得到 $E(|\varepsilon_t|)=\sqrt{2/\pi}$，因此尼尔森对GARCH的拓展——指数GARCH形式如下：

$$\log(\sigma_t)=\alpha_0+\alpha_1(\varepsilon_t+\lambda|\varepsilon_t|)+\beta_1\log(\sigma_{t-1})。 \tag{20.38}$$

这一模型在实际操作中很受欢迎，其中一个原因在于它不像ARCH模型与GARCH模型，不需要对参数施加额外的限制；只是通过对式（20.38）的指数来保证波动率的非负性。该模型能够捕获到波动聚集现象，并能反映出金融杠杆效应，因为容易发现 α_1 与 λ 表现为正数。

还存在很多关于GARCH模型的拓展形式来反映杠杆效应。备受关注的有以下模型：

（1）不对称GARCH模型

1993年，Engle和Ng发现不对称性问题可以通过引进一个新的平移参数 $\lambda>0$ 来解决，并提出了该修正模型：

$$\sigma_t^2=\omega+\alpha(\mathcal{L}_{t-1}+\lambda)^2+\beta\sigma_{t-1}^2。$$

（2）GJR－GARCH

格罗斯顿（Glosten）、贾甘纳森（Jagannathan）及拉克勒（Runkle）于1993年提出另一种修正的GARCH模型。以这三位学者命名的GJR－GARCH模型引入了通过新参数 $\gamma>0$ 表示的一个新术语，其只会在损失发生时对方差估算产生影响。特别地，GJR－GARCH模型提出的方差表达形式如下：

$$\sigma_t^2=\omega+\alpha\mathcal{L}_{t-1}^2+\beta\sigma_{t-1}^2+\gamma\max\{\mathcal{L}_{t-1},0\}。$$

基本的GARCH模型的成功导致了学者们研究发展出大量的GARCH类型模型以更准确有效地刻画出过程的典型事实。读者如果对该领域有兴趣深入学习，建议查阅Alexander的著作。

21 极值理论

本章中，我们要把注意力从每日风险计算转移到当灾难性事件冲击金融市场时如何应对突发事件。不幸的是，标准的风险测量方法，如 VaR 和 TVaR，并不能很好地测量这些灾难性情形，因为它们得到的值来自于整个损益分布。我们所需要的是这样一个方法，它能够使得大多数的概率信息包含在分布的极端尾部。本章将关注于对极值的数学模型研究，以及极端损失的 VaR 类风险测量方法的发展。

21.1 极端事件的数学理论

极端事件的数学理论通常被称为极值理论，是概率论发展出来的一个分支，并在自然科学的很多领域得到广泛应用。例如，在低地国家荷兰，一个很重要的问题就是决定水坝的高度来预防一段时期内的极端降雨导致的潜在的洪灾，而极值理论可以应用在此来帮助解决问题。

极值理论的一个最新发展在于应用到解决金融风险问题。与极端降雨情况相似，我们可以把水坝的高度等价视作风险资本的缓冲资金规模；预留在一边的资金储备以帮助消化罕见的金融危机所导致的潜在极端损失。

为了帮助读者理解其中的数学推导，我们首先回顾一下解释概率分布中心部分问题的中心极限定理。

1. 中心极限定理的回顾

1）令$(X_k)_{k=1}^{\infty}$表示一个无穷独立随机变量的数列，且均服从分布函数 F。

2）我们引入两个序列：

$$\begin{cases}\text{一个平移序列：}(a_n)_{n=1}^{\infty}\text{，其中 } a_n \in \mathbb{R}\text{。}\\ \text{一个缩放序列：}(b_n)_{n=1}^{\infty}\text{，其中 } b_n > 0\text{。}\end{cases} \tag{21.1}$$

考虑如下关于平均值的平移及缩放组成的新序列：

$$A_n = \frac{\frac{1}{n}\sum_{k=1}^{n} X_k - a_n}{b_n} \quad (n=1,2,\cdots)\text{。}$$

现在来考察该序列极限的特征，即对 $\lim\limits_{n\to\infty} A_n$ 可以发现什么？

3）中心极限定理告诉我们如果 $\mu = E(X_k)$ 且

$$\sigma^2 = E[(X_k - \mu)^2] < \infty \quad (k = 1, 2, \cdots),$$

我们令 $a_n = \mu$ 且

$$b_n = \frac{\sigma}{\sqrt{n}} \quad (n = 1,\ 2,\ \cdots),$$

则有

$$\lim_{n \to \infty} A_n \sim N(0, 1)。$$

在风险管理领域，我们所面临的是损益的随机变量序列 $(\mathcal{L}_k)_{k \geqslant 0}$。按照中心极限定理的方法，即假设损益是独立分布的，并服从相同的分布函数 F，且没有必要对 F 的形式准确了解。然而，相比于关注均值，我们这里将考察极值并定义下列最大值序列：

$$\mathcal{L}_n^{\max} = \max\{\mathcal{L}_0, \cdots, \mathcal{L}_n\} \quad (n = 1, 2, \cdots)。$$

我们的目标是研究对极值是否存在同中心极限定理类似的定理，将试图解答以下问题。

2. 极值问题

令 $(\mathcal{L}_k)_{k \geqslant 1}$ 表示损益随机变量的无穷序列，满足独立分布，并服从于相同的分布 F。那么是否存在一个平移序列 $(a_n)_{n=1}^{\infty}$（其中每一个 $a_n \in \mathbb{R}$）和一个缩放序列组成的序列 $M_n = \dfrac{\mathcal{L}_n^{\max} - a_n}{b_n}$ 收敛于一个具有确定分布的随机变量？

在回答这个问题之前，定义 x_F 为潜在的分布 F 的右端点。即

$$x_F = \sup\{x \in \mathbb{R}\colon F(x) < 1\}。\tag{21.2}$$

把 x_F 点当作分布函数累积值最大点，即

$$\begin{cases} x \geqslant x_F \Rightarrow F(x) = 1, \\ x < x_F \Rightarrow 0 \leqslant F(x) < 1。\end{cases} \tag{21.3}$$

21.1.1 简单的尝试

让我们假设并没有对最大值序列进行平移与缩放，即：我们仅仅考察当 $n \to \infty$ 时 $\mathcal{L}_n^{\max}$ 的极限。此时，我们可以得到对任意给定的 n，$\mathcal{L}_n^{\max}$ 的分布表示为 $F_n^{\max}$，满足

$$\begin{aligned} F_n^{\max}(x) &= P\{\mathcal{L}_n^{\max} \leqslant x\} \\ &= P\{\max\{\mathcal{L}_1, \cdots, \mathcal{L}_n\} \leqslant x\} \\ &= P\{\mathcal{L}_1 \leqslant x\} \cdots P\{\mathcal{L}_n \leqslant x\} \\ &= F^n(x)。\end{aligned}$$

于是可以总结得出

$$\lim_{n \to \infty} F_n^{\max}(x) = \begin{cases} 0, & x < x_F, \\ 1, & x \geqslant x_F。\end{cases}$$

我们可以说，随着 $n\to\infty$，$F_n^{\max}$ 收敛于一个退化分布。

以上初步的尝试反映出平移及缩放序列的重要性。我们的目标在于确定能否有平移及缩放序列$(a_n)_{n\geqslant1}$与$(b_n)_{n\geqslant1}$使得：当 $n\to\infty$ 时，

$$P\left\{\frac{\mathcal{L}_n^{\max}-a_n}{b_n}<x\right\}=F^n(a_n+b_nx) \tag{21.4}$$

收敛于一个不退化的极值分布 G。该不退化函数是否存在并不那么显而易见，因此我们下一步的打算是将研究一些具体的案例。

21.1.2 举例1：损益服从指数分布

假设损益随机变量是服从指数分布的，即对所有的 $k=1, 2, \cdots$满足：$P\{\mathcal{L}_k\leqslant x\}=F(x)=1-\exp(-x)$。此时对所有的 $n=1, 2, \cdots$，令 $a_n=\log n$ 且 $b_n=1$，则得到

$$F^n(\log n+x)=(1-\exp(-\log n-x))^n=\left(1-\frac{\mathrm{e}^{-x}}{n}\right)^n。$$

现在引入下列有用的极限结论，同时它也是指数函数的一个定义：

$$\lim_{n\to\infty}\left(1+\frac{x}{n}\right)^n=\exp(x)\quad(x\in\mathbb{R})。\tag{21.5}$$

从而，可以得到

$$\lim_{n\to\infty}\boldsymbol{F}^n(\log n+x)\to G(x)=\exp(-\mathrm{e}^{-x})。$$

21.1.3 举例2：损益服从正态分布

在该案例中，假设损益随机变量具有标准正态分布的特性，即对所有的 $k=1, 2, \cdots$，有

$$P\{\mathcal{L}_k\leqslant x\}=\Phi(x)=\frac{1}{\sqrt{2\pi}}\int_{-\infty}^{x}\exp\left(-\frac{u^2}{2}\right)\mathrm{d}u。$$

为了简化研究步骤，不妨引入所谓的误差函数，定义如下：

$$\operatorname{erf}(x)=\frac{2}{\sqrt{\pi}}\int_0^x\exp\left(-\frac{u^2}{2}\right)\mathrm{d}u。\tag{21.6}$$

使用误差函数，可以将标准正态分布函数精简成该形式：

$$\begin{aligned}\Phi(x)&=\frac{1}{2}\left(1+\operatorname{erf}\left(\frac{x}{\sqrt{2}}\right)\right)\\&=1-\frac{1}{2}\left(1-\operatorname{erf}\left(\frac{x}{\sqrt{2}}\right)\right)。\end{aligned}\tag{21.7}$$

误差函数产生于许多现实生活中的问题，其特征也容易被理解，实际上在 Abramowitz 和 Stegun 于1964年所著的书的第7章中探讨了其特征。因为我们的任务是研究分布的极限情况，对式（21.7），我们可以发现有以下渐近性质：

$$\frac{1}{2}(1-\mathrm{erf}(x))\sim\frac{1}{\sqrt{4\pi}}\frac{\exp(x^2)}{x}(x\to\infty)。\tag{21.8}$$

回到我们的问题上来，对 $n=1，2，\cdots$，令

$$a_n=\sqrt{2\log n}-\frac{1}{2}\left(\frac{\log(4\pi\log n)}{\sqrt{2\log n}}\right),\quad b_n=\frac{1}{\sqrt{2\log n}},$$

从而可以得到

$$\Phi^n(a_n+b_nx)=\left[1-\frac{1}{2}\left(1-\mathrm{erf}\left(\frac{4\log n-\log(4\pi\log n)+2x}{4\sqrt{\log n}}\right)\right)\right]^n。$$

注意到，当 $n\to\infty$ 时，误差函数的参数变得无穷大。因此使用式（21.8）可以推算出，当 n 增大时，上式方括号中部分可以记作

$$\begin{aligned}&1-\frac{1}{\sqrt{4\pi}}\frac{\exp(-(x+\log n-1/2\log(4\pi\log n)+\varepsilon_n(x)))}{\sqrt{\log n}+\delta_n(x)}\\&=1-\frac{\sqrt{\log n}}{n}\frac{\exp(-(x+\varepsilon_n(x)))}{(\sqrt{\log n}+\delta_n(x))}。\end{aligned}$$

其中，$\varepsilon_n(x)$和$\delta_n(x)$两个序列均随着 $n\to\infty$ 而趋近于 0。因此取极限后可以得到下式：

$$\begin{aligned}\lim_{n\to\infty}\Phi^n(a_n+b_nx)&=\lim_{n\to\infty}\left[-\frac{\sqrt{\log n}}{n}\frac{\exp(-(x+\varepsilon_n(x)))}{(\sqrt{\log n}+\delta_n(x))}\right]^n\\&=\lim_{n\to\infty}\left(1-\frac{\mathrm{e}^{-x}}{n}\right)=\exp(-\mathrm{e}^{-x})。\end{aligned}$$

21.1.4 举例 3：损益服从帕累托分布

此处，我们假设损益随机变量具备帕累托分布特征，即对正常数 K 和 α，有

$$P\{\mathcal{L}_k\leqslant x\}=F(x)=\begin{cases}1-Kx^{-\alpha}, & x>K^{1/\alpha}(k=1,2,\cdots),\\0, & 其他。\end{cases}$$

此时，令 $a_n=0$，$b_n=(Kn)^{1/\alpha}$，$n=1，2，\cdots$。将得到

$$F^n((Kn)^{1/\alpha}x)=\begin{cases}\left(1-\frac{x-\alpha}{n}\right)^n, & x>1/n^{1/\alpha},\\0, & 其他。\end{cases}$$

再根据式（21.5）可以得出

$$F^n((Kn)^{1/\alpha}x)\to G(x)=\begin{cases}\exp(-x^{-\alpha}), & x\geqslant 0,\\0, & 其他。\end{cases}$$

21.1.5 举例 4：损益服从均匀分布

本案例中，我们假设损益随机变量满足［0，1］上的均匀分布，记作$\mathcal{L}_k\sim U$

[0, 1]。从实际操作角度看，该假设是毫无意义的，因为它表示损益发生在 [0, 1] 区间内，而所有结果发生的可能性均相等。均匀分布函数给定如下：

$$P\{\mathcal{L}_k \leqslant x\} = F(x) = \begin{cases} 1, & x > 1, \\ x, & x \in [0,1], \\ 0, & x < 0。\end{cases} \quad (k = 1, 2, \cdots)$$

此时，我们令 $a_n = 1$，$b_n = \frac{1}{n}$，$n = 1, 2, \cdots$，从而可以得到

$$F^n\left(1 + \frac{x}{n}\right) = \begin{cases} 1, & x > 0, \\ \left(1 + \frac{x^n}{n}\right)^n, & x \in [-n, 0], \\ 0, & x < -n。\end{cases}$$

利用式 (21.5)，不难发现：

$$F^n\left(1 + \frac{x}{n}\right) \to G(x) = \begin{cases} \exp(x), & x \leqslant 0, \\ 1, & \text{其他}。\end{cases}$$

21.1.6　举例 5：损益服从柯西分布

在最后所举的例子中，假定损益随机变量服从柯西分布。柯西分布实际上是自由度为 1 的简单 t 分布。对式 (12.15)，令 $n = 1$，可以得到

$$p(x) = \frac{1}{\pi(1 + x^2)}。 \tag{21.9}$$

因此，其分布函数可表示为

$$F(x) = P\{\mathcal{L}_k \leqslant x\} = \int_{-\infty}^{x} \frac{1}{\pi(1 + u^2)} du。$$

为解答该积分，令 $u = \tan\theta$，则

$$1 + u^2 = 1 + \tan^2\theta = \sec^2\theta，且\ du = \sec^2\theta d\theta。$$

因此可以得到解析解：

$$F(x) = \int_{-\infty}^{x} \frac{1}{\pi(1 + u^2)} du = \frac{1}{\pi}\int_{-\pi/2}^{\arctan x} \frac{\sec^2\theta d\theta}{\sec^2\theta} = \frac{1}{\pi}\arctan x + \frac{1}{2}。$$

此时，我们令 $a_n = 0$ 和 $b_n = \frac{n}{\pi}$，$n = 1, 2, \cdots$，可以得出

$$F^n\left(\frac{nx}{\pi}\right) = \left(\frac{1}{2} + \frac{1}{\pi}\arctan\left(\frac{nx}{\pi}\right)\right)^n。$$

根据三角恒等式则有

$$\frac{1}{2} + \frac{1}{\pi}\arctan(x) = \begin{cases} 1 - \frac{1}{\pi}\arctan\left(\frac{1}{x}\right), & x > 0, \\ -\frac{1}{\pi}\arctan\left(\frac{1}{x}\right), & \text{其他}。\end{cases}$$

利用反正切函数的展开式

$$\arctan(x)=x-\frac{x^3}{3}+\frac{x^5}{5}-\frac{x^7}{7}+\cdots$$

容易得出

$$F^n\left(\frac{nx}{\pi}\right)=\begin{cases}\left(1-\dfrac{x^{-1}}{n}+\varepsilon_n\right)^n, & x>0,\\ -\dfrac{x^{-1}}{n}+\varepsilon_n, & x<0。\end{cases}$$

其中当 $n\to\infty$ 时，序列 $\varepsilon_n\to 0$。再一次使用式（21.5），可以得到

$$F^n\left(\frac{nx}{\pi}\right)\to G(x)=\begin{cases}\exp(-x^{-1}), & x>0,\\ 0, & x<0。\end{cases}$$

21.1.7 极值定理

上述的例子启发我们猜想共存在三种非退化极限分布，即

$$\begin{cases}(\text{Fréchet})\,\Phi_a(x)=\begin{cases}0, & x\leqslant 0,\\ \exp(-x^{-\alpha}), & x>0。\end{cases}(\alpha>0)\\ (\text{Gumbel})\,\Lambda(x)=\exp(-\mathrm{e}^{-x}), \quad x\in\mathbb{R}。\\ (\text{Weibull})\,\Psi_\alpha(x)=\begin{cases}\exp(-(-x)^{\alpha}), & x<0,\\ 1, & x\geqslant 0。\end{cases}(\alpha>0)\end{cases}\tag{21.10}$$

这项猜测事实上被费歇尔和蒂皮特（Fisher & Tippet）于1928年证明是正确的，他们在20世纪20年代提出的该著名理论如下：

费歇尔－蒂皮特（Fisher －Tippet）定理21.1　令 $(\mathcal{L}_k)_{k\geqslant 0}$ 表示独立随机变量的一个无穷序列，并具有相同的分布函数 F。定义 $\mathcal{L}_n^{\max}=\max\{\mathcal{L},\cdots,\mathcal{L}_n\}(n=1,2,\cdots)$ 表示最大值序列。如果存在一个平移序列 $\{a_n\in\mathbb{R}:\ n=1,2,\cdots\}$ 和一个缩放序列 $\{b_n>0:\ n=1,2,\cdots\}$，那么当 $n\to\infty$ 时，

$$F^n(a_n+b_nx)\to G(x)$$

其中 G 是一个非退化的分布，那么 G 是Fréchet，Gumbel或者Weibull分布（详见式（21.10））。

21.2 吸引域

为了在一个统一的公式中刻画出三种分布，引入一个新参数 $\xi\in\mathbb{R}$，并考察如下函数：

$$H_\xi(x)=\exp[-(1+\xi x)^{-\frac{1}{\xi}}]\quad(1+\xi x\geqslant 0)。\tag{21.11}$$

我们可以发现：

1）如果 $\xi>0$，那么 H_ξ 的形式就会与 Fréchet 分布一致，其中 $\alpha=1/\xi$，因为

$$\xi>0\Rightarrow\Phi_{\frac{1}{\xi}}(x)=H_\xi\left(\frac{x-1}{\xi}\right)。$$

2）如果 $\xi<0$，那么 H_ξ 的形式就会与 Weibull 分布一致，其中 $\alpha=1/\xi$，因为

$$\xi<0\Rightarrow\Psi_{\frac{1}{\xi}}(x)=H_\xi\left(-\frac{x+1}{\xi}\right)。$$

3）当 $\xi\to0$ 的情况下将与 Gumbel 分布一致，因为

$$(1+\xi x)^{-\frac{1}{\xi}}=\frac{1}{(1+\xi x)^{\frac{1}{\xi}}}\to\frac{1}{e^x}=e^{-x}(\xi\to0)。$$

因此，我们可以总结得出

$$\lim_{\xi\to0}H_\xi(x)=\lim_{\xi\to0}\exp[-(1+\xi x)^{-\frac{1}{\xi}}]=\exp(-e^{-x})。$$

总之，式（21.11）中的函数 H_ξ 成功地刻画出所有可能的极值分布。我们称函数 H_ξ 是形状参数为 ξ 的标准广义极值分布。

在更一般的条件下，我们可以允许分布的平移和缩放，表示成如下定义：

定义　函数

$$H_{\xi,\mu,\beta(x)}=\exp\left[-\left(1+\xi\left(\frac{x-\mu}{\beta}\right)\right)^{-\frac{1}{\xi}}\right]\left(1+\xi\left(\frac{x-\mu}{\beta}\right)\geqslant0\right)\tag{21.12}$$

被称为广义极值分布，形状参数 $\xi\in\mathbb{R}$，位置参数 $\mu\in\mathbb{R}$，尺度参数 $\beta>0$。

鉴于只有三种可能的极值分布，很自然地会产生这样一个问题：是否可以确定使得 $F^n(a_n+b_nx)$ 能收敛到某个特定极限分布 F 的分布特性？

为了解决该问题，我们先介绍一个极值的吸引域概念。例如，如果存在序列 $(a_n)_{n\geqslant0}$ 及 $(b_n)_{n\geqslant0}$ 使得 $F^n(a_n+b_nx)$ 收敛于 Fréchet 分布，我们便可以记作 $F\in\mathcal{DA}(\xi>0)$　（称 F 属于 Fréchet 的吸引域）。Gumbel（$\mathcal{DA}(\xi=0)$）和 Weibull（$\mathcal{DA}(\xi<0)$）分布的吸引域定义方法与此相同。

利用这些术语，我们可以从之前的案例中总结得出：

1）柯西分布和帕累托分布均属于 $\mathcal{DA}(\xi>0)$；

2）正态分布和指数分布均属于 $\mathcal{DA}(\xi=0)$；

3）均匀分布属于 $\mathcal{DA}(\xi<0)$。

这些结论表明是 F 的尾部特点决定了对应的吸引域。实际上，

1）厚尾分布（例如柯西分布和帕累托分布）属于 Fréchet 吸引域。这里的厚尾分布可以看作是端点 x_F 无穷大，尾部衰减速度服从多项式：

$$1-F(x)\approx Cx^{-\alpha}\text{（对很大的 }x\text{ 而言）}\tag{21.13}$$

其中 C 是常数且 $\alpha>0$。

2）正常尾端的分布（例如正态分布和指数分布）属于 Gumbel 吸引域。这里我们所指的正常尾端的分布是 $x_F=\infty$，在 $x\to\infty$ 时，尾端 $1-F(x)$ 以指数级速度

增长。

3）薄尾分布（例如均匀分布）属于 Weibull 吸引域。这里我们所指的薄尾分布是端点 x_F 为有限值的分布。

以上结论可以看作用来判断一个特定的分布属于何种吸引域的很好的经验法则。实际上，在20世纪40年代早期，格涅坚科（Gnedenko）发表了一篇具有重大研究突破意义的论文，对判断是否属于一个特定的吸引域的分布 F 所应具有的尾端条件进行了细致的阐述。对这些条件的推导问题超出了本书的探讨范围，然而感兴趣的读者可以在 Embrechts，Kluppelberg 和 Mikosch 于 1997 年所著书中找到相关内容。

Fréchet 吸引域

正如我们所知的，一个金融资产组合的典型损益分布呈现出厚尾的特征，或者用极值理论的术语来说，是属于 Fréchet 吸引域。为了对这些分布的理论特征有更深入的了解，我们这里引入 Embrechts，Kluppelberg 和 Mikosch 于 1997 年所著书中的定理：

$F \in \mathcal{DA}(\xi>0)$ 与 $1-F(x)=\dfrac{\lambda(x)}{x^{1/\xi}}$ 互为充分必要条件。

其中 λ 是一个慢化函数，严格定义为：对所有的 $t \in [0,+\infty]$，满足：

$$\lim_{x\to\infty}\frac{\lambda(xt)}{\lambda(t)}=1。$$

为了方便研究，可以把 λ 近似看成常量，这样上式条件可以表示成 $F\in\mathcal{DA}(\xi>0)\Leftrightarrow$分布 F 尾部的衰减速度近似为$\dfrac{1}{x^{1/\xi}}$。

为检查一个厚尾的随机变量我们通常使用峰度系数是否大于 3 来进行判断。在极值条件下的厚尾判断标准有微小的差别，它与所谓分布的“上矩”有关，定义如下：

$$\begin{aligned} k\text{ 阶上矩} &= E(\max\{\mathcal{L}^k,0\}) \\ &= \int_0^{+\infty} F'(x)x^k\mathrm{d}x \quad (k=0,1,2,\cdots)。\end{aligned}$$

为使得该积分存在，需要满足 $\max_{x\in[0,+\infty]}F'(x)<+\infty$，且被积函数$F'(x)x^k$要求衰减速度在 $x\to+\infty$ 时快于 $1/x$。

现在，如果分布 F 属于 Fréchet 吸引域，就有 $F'(x)x^k$ 衰减速度近似于$\dfrac{1}{x^{1+\frac{1}{\xi}-k}}$，其中 $\xi>0$。

根据这一分析，可以推导出$\mathcal{L}$是一个分布 $F\in\mathcal{DA}(\xi>0)$的损益随机变量，但其上矩并不都存在。实际上，有下列结论：

$$E(\max\{\mathcal{L}^k,0\})<+\infty \Leftrightarrow 0<\xi<\frac{1}{k}。\tag{21.14}$$

现在来考察 Fréchet 分布本身，可以记作

$$\Phi_{\xi}(x)=\begin{cases}0, & x\leqslant 0,\\ \exp(-x^{-\frac{1}{\xi}}), & x>0。\end{cases}$$

为了找到相关的 Fréchet 概率密度，求导得

$$p_F(x)=\Phi'_{\xi}(x)=\begin{cases}0, & x\leqslant 0,\\ \frac{1}{\xi}x^{-(\frac{1}{\xi}+1)}\exp(-x^{-\frac{1}{\xi}}), & x>0。\end{cases}\tag{21.15}$$

而为了得到 p_F 何时取最大值，再对式（21.15）求导得

$$p'_F(x)=\begin{cases}0, & x\leqslant 0,\\ \frac{1}{\xi^2}x^{-2(\frac{1}{\xi}+1)}\exp(-x^{-\frac{1}{\xi}})[1-x^{\frac{1}{\xi}}(1+\xi)], & x>0。\end{cases}$$

令上式等于0，可以得到最大值在 $x_{\max}=\left(\frac{1}{1+\xi}\right)^{\xi}$ 时取到，此时最大值为

$$p_F(x_{\max})=\exp(-(1+\xi))\frac{(1+\xi)^{1+\xi}}{\xi}。$$

注意到，当 $\xi\to 0$ 时，$x_{\max}\to 1$。为了进一步探究概率密度在极限状态时的性质，考察$(1+\xi)^{1+\xi}$的泰勒展开式，对很小的 ξ，可以得到

$$p_F(x_{\max})=\frac{\exp(-1(1+\xi))}{\xi}[1+(1+\xi)\xi+O(\xi^3)]。$$

因此，从中可以看到，当 $\xi\to 0$ 时，$p_F(x_{\max})\to\infty$。即，当 ξ 趋近于 0 时，Fréchet 概率密度在 $x=1$ 处存在一个趋于无穷大极限的跳跃，我们可以通过图 21.1 观察到该趋势。

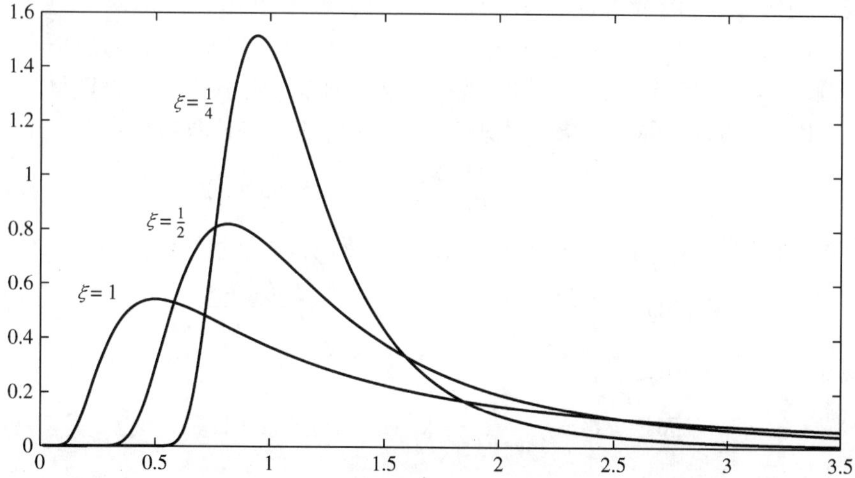

图 21.1　Fréchet 分布概率密度

接下来，我们可以使用式（21.15）精确计算出 Fréchet 分布的矩：

$$\mu_k = \int_0^{+\infty} x^k \exp(-x^{-\frac{1}{\xi}}) \frac{x^{-(\frac{1}{\xi}+1)}}{\xi} dx \quad (k = 1, 2, \cdots)。$$

对此式作如下替换：

$$\mu = x^{-\frac{1}{\xi}} \Rightarrow du = -\frac{x^{-(\frac{1}{\xi}+1)}}{\xi} d\xi \Rightarrow x^k = u^{-\xi k}。$$

因此，可以推导出

$$\mu_k = \int_0^{+\infty} u^{-k\xi} \exp(-u) du \quad (k = 1,2,\cdots)。$$

根据式（12.1），假设 $1 - k\xi > 0$，可以得出

$$\mu_k = \int_0^{+\infty} u^{(1-k\xi)-1} \exp(-u) du = \Gamma(1 - k\xi)。$$

当 $k \geqslant 1/\xi$ 时，上述积分无法刻画，因此我们得出结论：Fréchet 分布的矩在 $k \geqslant 1/\xi$ 时并不存在。值得一提的是，由式（21.14），这表明潜在的分布 $F \in \mathcal{DA}(\xi > 0)$ 以及它的 Fréchet 极限分布 $\Phi_{1/\xi}$ 都有着相同数量的矩 μ_k（$0 < 1/\xi < k$），因此 ξ 通常被看作是函数 F 的形状或尾部指数。

21.3 极端在险价值

现在我们已经建立了极值理论框架，下一步的任务是阐释它将如何应用到实际问题中来，为此，我们首先考察以下情景：

1）金融机构的风控部门首先会确定一个很大损失 u，把 u 作为一个罕见的极大损失，例如每 5 ~ 10 年一次。

2）风险管理人员担心的是 $\mathcal{L}$ 超过 u 的情形。因此，需要关注的是如何搭建模型来刻画 $Y = \mathcal{L} - u$ 的条件分布。我们将在本章后面阐述选取合适 u 的问题。

3）用数学语言解释，如果 F 代表 $\mathcal{L}$ 的分布，那么任务便是考察：

$$F_u(y) = \frac{F(y+u) - F(u)}{1 - F(u)} (0 \leqslant y \leqslant x_F - u)。 \tag{21.16}$$

首先，计算所谓的超额均值函数，即上述条件分布的均值关于 u 的函数：

$$\text{ME}(u) = \int_0^{x_F - u} y F'_u(y) dy = \int_0^{x_F - u} \frac{y F'(y+u)}{1 - F(u)} dy。$$

现在，令 $x = y + u$，就有

$$\text{ME}(u) = \frac{1}{1 - F(u)} \int_u^{x_F} (x - u) F'(x) dx。$$

此外，

$$\frac{d}{dx}((x-u) \cdot F(x)) = (x-u) F'(x) - F(x),$$

因此可以进一步推导出

$$\begin{aligned}\mathrm{ME}(u) &= \frac{1}{1-F(u)}\left[\int_u^{x_F}\frac{\mathrm{d}}{\mathrm{d}x}((x-u)\cdot F(x))\mathrm{d}x - \int_u^{x_F}F(x)\mathrm{d}x\right] \\ &= \frac{1}{1-F(u)}\left(x_F - u - \int_u^{x_F}F(x)\mathrm{d}x\right) \\ &= \frac{1}{1-F(u)}\int_u^{x_F}(1-F(x))\mathrm{d}x。\end{aligned} \tag{21.17}$$

需要注意的是，超额均值函数在实际应用中十分重要。实际上，正如我们本章后面将探讨的，基于相关理论发现，超额均值函数可以用作重要的诊断工具来解决实际问题。为了方便研究，我们引入一个理论，它是由 Pickands（1975）以及 Balkema 和 de Hahn（1974）于20世纪70年代独立发现的，理论结果本身解释了条件分布 F_u 的性质如何随临界值参数变化而变化。

定理 令 F 表示一个损益随机变量$\mathcal{L}$的分布函数。如果 $F \in \mathcal{DA}$（$\xi > 0$），那么存在一个尺度参数 $\beta > 0$，使得对于很大的 u，我们可以得到

$$F_u(y) \approx G_{\xi,\beta}(y) = 1 - \left(1 + \frac{\xi}{\beta}y\right)^{-\frac{1}{\xi}} \quad (y \geqslant 0)。 \tag{21.18}$$

有了该理论的支撑，我们重新来讨论计算组合在置信水平 α 下的 VaR。在险价值的最简单形式是满足等式 $F(\mathrm{VaR}_\alpha) = \alpha$ 的 VaR_α，其中 F 代表潜在的损益分布。我们找到 VaR_α 估计值的新方法可以通过如下三步完成：

第一步，一个 $F(x)$ 新表达式

这里，对式（21.16），我们令 $y = x - u$，并作调整后，得到

$$F(x) = (1 - F(u))F_u(x-u) + F(u)。 \tag{21.19}$$

第二步，一个统计函数

假设我们得到很长时间序列的历史损益数据，即如果令 t 表示今天的日期，那么我们得到过去 N 天的历史损益数据$\{\mathcal{L}_{t-\tau}: \tau = 1, \cdots, N\}$。给定一个临界值 u，定义超额指示函数为

$$I_u(t-\tau) = \begin{cases} 0, & \mathcal{L}_{t-\tau} \leqslant u, \\ 1, & \mathcal{L}_{t-\tau} > u。\end{cases}$$

因此，对于一个固定的 u，$n_u = \sum_{\tau=1}^{N} I_u(t-\tau)$ 代表过去 N 天中损失超过临界值 u 的天数。这样我们就可以基于数据使用实证的 F_N 估算出真实的分布 F（详情参见第22章）：

$$F(u) = P\{\mathcal{L}_t \leqslant u\} \approx \frac{N - n_u}{N} = F_N(u)。 \tag{21.20}$$

注意到，实证分布可以用在式（21.19）中来估算 $F(u)$ 与 $1 - F(u)$。

第三步，一个理论支撑

此时，我们讨论如果临界值足够大，那么我们可以根据定理21.2得到

$$F_u(x-u)\approx G_{\xi,\beta}(x-u)。\tag{21.21}$$

因此，根据实证分布，可以有如下近似估计：

$$F(x)\approx\hat{F}(x)=\frac{n_u}{N}G_{\xi,\beta}(x-u)+1-\frac{n_u}{N}。\tag{21.22}$$

现在，可以使用式（21.22）得出 VaR_α 的新估计值。特别地，$\mathrm{VaR}_{\alpha,\xi}$ 是方程 $\hat{F}(\mathrm{VaR}_{\alpha,\xi})=\alpha$ 的特定解。

将式（21.18）代入式（21.22），继而能够推导出

$$\begin{aligned}\hat{F}(x)&=\frac{n_u}{N}\left(1-\left(1+\frac{\xi}{\beta}(x-u)\right)^{-\frac{1}{\xi}}\right)+1-\frac{n_u}{N}\\&=1-\frac{n_u}{N}\left(1+\frac{\xi}{\beta}(x-u)\right)^{-\frac{1}{\xi}}。\end{aligned}\tag{21.23}$$

现在，求解

$$\hat{F}(\mathrm{VaR}_{\alpha,\xi})=\alpha\Rightarrow 1-\frac{n_u}{N}\left(1+\frac{\xi}{\beta}(\mathrm{VaR}_{\alpha,\xi}-u)\right)^{-\frac{1}{\xi}}=\alpha,$$

我们将得出

$$\mathrm{VaR}_{\alpha,\xi}=u+\frac{\beta}{\xi}\left[\left(\frac{N}{n_u}(1-\alpha)\right)^{-\xi}-1\right]。\tag{21.24}$$

此外，我们对式（9.12）使用上式，可以计算出对应的尾端风险值：

$$\begin{aligned}\mathrm{TVaR}_{\alpha,\xi}&=\frac{1}{1-\alpha}\int_\alpha^1\left\{u+\frac{\beta}{\xi}\left[\left(\frac{N}{n_u}(1-x)\right)^{-\xi}-1\right]\right\}\mathrm{d}x\\&=u+\frac{\beta}{\xi}\left(\frac{N}{n_u}\right)^{-\xi}\frac{1}{1-\alpha}\int_\alpha^1(1-x)^{-\xi}\mathrm{d}x-\frac{\beta}{\xi}\\&=u+\frac{\beta}{\xi}\left(\frac{N}{n_u}\right)^{-\xi}\frac{(1-\alpha)^{-\xi}}{1-\xi}-\frac{\beta}{\xi}\\&=\frac{1}{1-\xi}\left[u(1-\xi)+\frac{\beta}{\xi}\left(\frac{N}{n_u}(1-\alpha)\right)^{-\xi}-\frac{\beta}{\xi}(1-\xi)\right]\\&=\frac{1}{1-\xi}\Bigg[\underbrace{u+\frac{\beta}{\xi}\left(\left(\frac{N}{n_u}(1-\alpha)\right)^{-\xi}-1\right)}_{=\mathrm{VaR}_{\alpha,\xi}}+\beta-u\xi\Bigg],\end{aligned}$$

因此，

$$\mathrm{TVaR}_{\alpha,\xi}=\frac{\mathrm{VaR}_{\alpha,\xi}}{1-\xi}+\frac{\beta-u\xi}{1-\xi}。\tag{21.25}$$

21.4 存在的实际问题

现在我们已经推导出了式（21.24）与式（21.25）中的 VaR、TVaR 估算方

法，但是注意到两个实际问题：

1）我们如何估算上述表达式中的参数β与ξ。

2）我们该如何选择临界值u？

21.4.1 参数估计

我们首先展示一个简单的最大似然估计法来估算形状参数ξ的大小。该方法也可以在 Christoffersen 于 2003 年出版的书中找到，它是基于这样的事实——当$\xi>0$时，对于足够大的u，潜在损益分布的尾端可以近似表示为：当$x>u$时，

$$1-F(x)\approx cx^{-1/\xi}。$$

我们可以如此来估算条件概率密度f_u（损失超过u）：当$x>u$时，

$$f_u(x)=\frac{F'(x)}{1-F(u)}\approx\frac{\frac{1}{\xi}x^{-1-1/\xi}}{u^{-1/\xi}}=\frac{1}{x\xi}\left(\frac{x}{u}\right)^{-\frac{1}{\xi}}。$$

现在我们开始使用历史数据，令$\{\hat{\mathcal{L}}_1,\cdots,\hat{\mathcal{L}}_{n_u}\}$表示损失超过临界值$u$部分的$n_u$个历史数据，据此我们可以对参数$\xi$建立最大似然问题，特别地，该最大似然方程表示为

$$L_u(\xi)=\prod_{k=1}^{n_u}\frac{1}{\hat{\mathcal{L}}_k\xi}\left(\frac{\hat{\mathcal{L}}_k}{u}\right)^{-\frac{1}{\xi}}。$$

对数形式下则可以表示为

$$\log(L_u(\xi))=-\sum_{k=1}^{n_u}\left(\log\xi-\left(1+\frac{1}{\xi}\right)\log\hat{\mathcal{L}}_k+\frac{1}{\xi}\log u\right)。$$

为了寻找最佳的$\hat{\xi}$，对上式关于ξ求微分并解答一阶条件：

$$\frac{\mathrm{d}}{\mathrm{d}\xi}\log(L_u(\hat{\xi}))=-\sum_{k=1}^{n_u}\left(\frac{1}{\hat{\xi}}+\frac{1}{\hat{\xi}^2}\log\hat{\mathcal{L}}_k-\frac{1}{\hat{\xi}^2}\log u\right)=0。$$

通过乘以$\hat{\xi}^2$，可以进一步整理得到

$$\hat{\xi}=\frac{1}{n_u}\sum_{k=1}^{n_u}\log\hat{\mathcal{L}}_k-\log u。\tag{21.26}$$

上述估计通常被称作ξ的希尔（Hill）估算值，它是损失超过临界值u部分的n_u个观察值的对数平均。

一个更精确的方法是建立并解答真实最大似然问题，其中超额损失的条件概率密度是通过对广义帕累托分布表达式（21.18）求微分得出；据此得到

$$p_{\xi,\beta}(x)=\frac{1}{\beta}\left(1+\frac{\xi}{\beta}(x-u)\right)^{-\left(1+\frac{1}{\xi}\right)}。$$

对应的对数似然方程则表示为

$$LL_u(\xi,\beta) = n_u\left(+\frac{1}{\xi}\right)\log\beta + \left(1+\frac{1}{\xi}\right)\sum_{k=1}^{n_u}\log\left(1+\frac{\xi}{\beta}(\hat{\mathcal{L}}_k - u)\right)。$$

通过数值方法解答该方程的最优化问题，可以分别得出最大似然估计的形状参数$\hat{\xi}$及尺度参数$\hat{\beta}$。

21.4.2 临界值的选择

注意到，我们对极限 VaR 的估算是依赖于选取的临界值 u 的。我们在选取 u 时一个很重要的考虑是它需要足够大以使得估算式（21.21）相对准确。众所周知，随着 u 增大，估算也就越准确，但不幸的是当 u 很大时，统计估计式(21.20) 将失效。因此，实际操作中存在一个不确定性：一方面，如果 u 很大，那么估算式（21.21）是准确的，随着其减小统计参数估计的准确度将越来越低；另一方面，我们可以通过减小 u 得到更好的统计性估计，但与此而来的是广义帕累托分布估计的弱化。

为了考察估算等式（21.18）的真实性，我们可以确定属于广义帕累托分布的一个理论特性，然后通过真实数据进行验证。结果表明，$G_{\xi,\beta}$的超额均值函数非常有用，如下述结果所表明的，其具有特别简单的形式：一个斜率为正的直线。

命题 广义帕累托分布 $G_{\xi,\beta}$的超额均值函数在 $0<\xi<1$ 时可以表示为

$$\mathrm{ME}(u:\xi,\beta) = \frac{\beta+\xi u}{1-\xi} \quad (\beta+\xi u>0)。\tag{21.27}$$

证明 $G_{\xi,\beta}$的右端点是无穷大，因此根据等式（21.17）与表达式（21.18），可以得到

$$\begin{aligned}\mathrm{ME}(u:\xi,\beta) &= \int_u^{+\infty}\frac{1-G_{\xi,\beta}(x)}{1-G_{\xi,\beta}(u)}\mathrm{d}x\\ &= \frac{1}{\left(1+\frac{\xi u}{\beta}\right)^{-\frac{1}{\xi}}}\int_u^{+\infty}\left(1+\frac{\xi}{\beta}x\right)^{-\frac{1}{\xi}}\mathrm{d}x\\ &= \frac{1}{\left(1+\frac{\xi u}{\beta}\right)^{-\frac{1}{\xi}}}\left[\frac{\beta}{\xi-1}\left(1+\frac{\xi x}{\beta}\right)^{1-\frac{1}{\xi}}\right]_u^{+\infty}\\ &= \frac{\beta}{1-\xi}\left(1+\frac{\xi u}{\beta}\right)\\ &= \frac{\beta+\xi u}{1-\xi}。\end{aligned}$$

现在根据我们的损益数据，并基于不同的临界值计算出超额均值函数的不同估算。特别地，我们令$\mathcal{L}_{\min} = \min\{\mathcal{L}_{t-\tau}：\tau=1,\cdots,N\}$，$\mathcal{L}_{\max} = \max\{\mathcal{L}_{t-\tau}：\tau=1,\cdots,N\}$，那么对于给定的 $u\in(\mathcal{L}_{\min},\mathcal{L}_{\max})$，我们计算出实证超额均值函数：

$$\mathrm{ME}_N(u) = \frac{\sum_{\tau=1}^{N} \max\{\mathcal{L}_{t-\tau} - u, 0\}}{\sum_{\tau=1}^{N} I_u(t-\tau)}。$$

之前讲到该理论告诉我们，超额损失（超过一个足够高的临界值 u）近似为服从广义帕累托分布的随机变量，而该分布的超额均值函数是线性且斜率为正的（详情参见上述命题）。鉴于此，我们可以预见，如果损益历史数据果真支持该模型，那么 u 关于 $\mathrm{ME}_N(u)$ 的图形应当近似于一条斜向上的直线。实际上，这种简单的检验方法经常在实践中使用来帮助选择合适的 u 值。更多具体内容，读者可以参阅 McNeil，Frey 及 Embrechts 于 2005 年出版的著作。

22 模拟模型

纵观全书，我们展示并推导了数学和统计学的技术来建立并完善金融风险模型。在本章中，我们将基于数字模拟来计算风险价值（以及更广义的谱风险测量）。在这个设定中，我们的目标是发展一种算法，该算法用于给出所谓的经验分布的表达式，也就是真实损失的近似分布总体而言，这种算法将依赖于历史数据或者，换言之，一个被调整来匹配真实损失随机变量行为的数学模型。一旦经验分布是可得到的，我们就可以运用 VaR 方法来作恰当的分位数估计。在这样的情况下，我们通过对分位数估计的统计方法的简单介绍来展开本章的内容。

22.1 估计分布的分位数

让我们假设$(X_j)_{j=1}^{\infty}$是一列 i. i. d. 的随机变量并服从一般分布函数 F。我们假设 F 是严格递增的，是连续可微分的（我们令 $f=\mathrm{d}F/\mathrm{d}x$ 来表示它的概率密度），并且拥有一个连续的倒数。接着，我们知道，对于任何给定的 $p\in[0,1]$，都存在一个唯一的数 x_p，x_p 就是我们所称的分布的 p 分位，它满足：

$$F(x_p)=p。\tag{22.1}$$

在很多情况下，F 是未知的，所以对于一个给定的 $p\in[0,1]$，式（22.1）的解需要从样本值中估计。这个过程是明确的，估计可以从下列步骤中找出。

（1）从 n 个观测值$\{x_1,\cdots,x_n\}$中取出一个样本，并且按递增顺序重新排列，写作

$$x^{(1)}<x^{(2)}<\cdots<x^{(n)}。$$

在统计术语上，称

$$x^{(k)}\text{是 }k\text{ 级数据 }X^{(k)}\text{的实现值。}\tag{22.2}$$

（2）根据样本值，我们可以构造经验分布函数，定义为

$$F_n(x)=\begin{cases}0, & x\leqslant x^{(1)};\\ k/n, \quad x\in[x^{(k)},x^{(k+1)}], & (k=1,\cdots,n-1)\\ 1, & x\geqslant x^{(n)}。\end{cases}$$

注意到 F_n 是一个具有 n 级，且每级高度为 $1/n$ 的阶梯形的方程。这个阶梯从

0 开始，到 1 结束，并且 k 级的宽度是 $x^{(k+1)}-x^{(k)}$，$k=1$，…，$n-1$，见图 22.1。

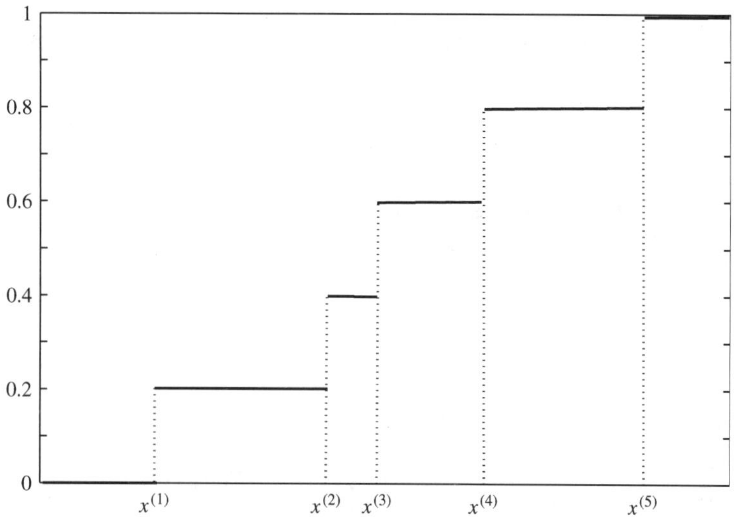

图 22.1　每级大小是 1/5 的一个经验分布

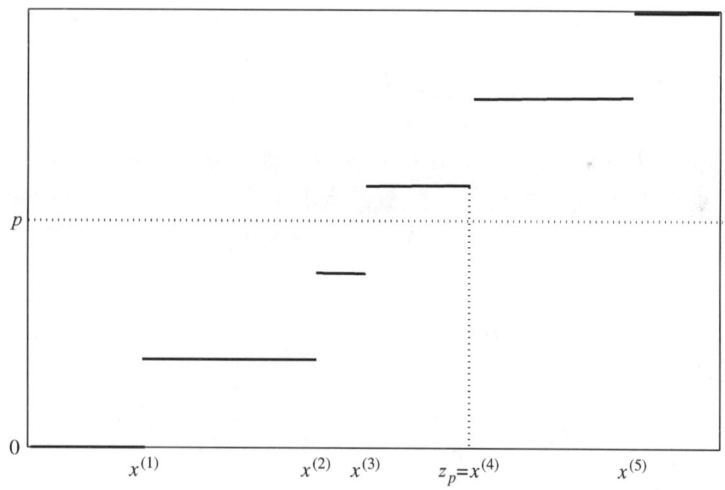

图 22.2　样本分位数估计计算的说明

（3）p 分位的估计量 $z_p(n)$ 被定义为满足 $F_n(z)=p$ 的值，从图 22.2 中看出，依赖于 p 的水平，该等式将出现以下两种情况之一：

1）没有唯一解；这种情况发生在 np 不是一个整数时。在这种情况下，令

$k=[np]=$小于或等于 np 的最大整数，并且设 $z_p(n)=x^{(k+1)}$。

2）有无穷多个解；这种情况发生在 Tp 是一个整数时。在这种情况下，令

$$k=np \text{ 且设 } z_p(n)=x^{(k+1)}。$$

渐近性

正如所有的样本统计数据，分位估计 $Z=z_p(n)$ 是一个依赖于潜在样本的随机变量。为了估计准确性，我们检验这个随机变量的渐近性，换言之，当样本容量无限增长时，它是如何表现的。为了开始这个研究，令 $g(z)$ 表示 Z 的概率密度。我们的目标是得到这个概率密度的详细表达。我们考虑元素 $g(z)\mathrm{d}z$ 的概率，它描述了 Z 的结果位于无穷小的区间（z，$z+\mathrm{d}z$）的概率。另一种观察这个量的方法是取 n 样本值，以下情况的概率是完全相同的：

1）$k=[np]$ 小于 z；

2）$n-k-1$ 大于 $z+\mathrm{d}z$；

3）它在 z 和 $z+\mathrm{d}z$ 区间有值。

运用我们的分布假设，可以推断出

$$g(z)\mathrm{d}z=\frac{n!}{k!\,1!\,(n-k-1)!}(F(z))^k(1-F(z))^{n-k-1}f(z)\mathrm{d}z,$$

所以 $Z=z_p(n)$ 的概率密度为

$$g(z)=\frac{n!}{k!\,(n-k-1)!}(F(z))^k(1-F(z))^{n-k-1}f(z)。$$

为了更详细地考察这个分布，我们考虑一个经过平移和尺寸变换的 Z：

$$Y=\sqrt{\frac{n(f(x_p))^2}{pq}}(Z-x_p)。\tag{22.3}$$

此时 $q=1-p$，并且 x_p 表示了 p 分位的真实值，也就是说，唯一满足 $F(x_p)=p$ 的值。运用式（11.13）可以推断出 Y 的概率密度为

$$\begin{aligned}g_{\text{shift}}(y)&=\sqrt{\frac{pq}{n(f(x_p))^2}}g\left(\sqrt{\frac{pq}{n(f(x_p))^2}}y+x_p\right)\\&=G_1(n)G_2(y,n)G_3(y,n),\end{aligned}$$

其中三个因素被清晰给出：

$$G_1(n)=\sqrt{\frac{pq}{n}}\ \frac{n!}{k!\,(n-k-1)!}p^kq^{n-k-1},$$

$$G_2(y,n)=\frac{f\left(\sqrt{\frac{pq}{n(f(x_p))^2}}y+x_p\right)}{f(x_p)},$$

$$G_3(y,n)=\left(\frac{F\left(\sqrt{\frac{pq}{n(f(x_p))^2}}y+x_p\right)}{p}\right)^k\left(\frac{1-F\left(\sqrt{\frac{pq}{n(f(x_p))^2}}y+x_p\right)}{q}\right)^{n-k-1}。$$

现在可以检验当 $x\to\infty$ 时每个因素的极限情况。

(1) 当 $x\to\infty$ 时，$G_1(n)$ 的极限

经过计算，我们发现可以将 $G_1(n)$ 表示为

$$G_1(n)=\sqrt{\frac{p(1-p)}{n}}\left[\frac{n!}{k!(n-k)!}\right]p^k(1-p)^{n-k}\frac{n-k}{1-p}。\tag{22.4}$$

其中，运用了 $q=1-p$。

我们注意到当 n 变大时，$k=[np]$ 的值也会变大。在这样的情况下，我们通过注意方括号中的项来进行讨论。接下来的结果就是应用斯特林公式，它描述了阶乘方程的渐近特性：

$$m!\sim\left(\frac{m}{\mathrm{e}}\right)^m\sqrt{2\pi m}。\tag{22.5}$$

运用这个我们发现

$$\frac{n!}{k!(n-k)!}\sim\frac{1}{\sqrt{2\pi}}\sqrt{\frac{n}{k(n-k)}}\frac{n^n}{k^k(n-k)^{n-k}}。\tag{22.6}$$

对于大 n，假设 $k=np$，这样就可以推断

$$\begin{aligned}\frac{n!}{k!(n-k)!}&\sim\frac{1}{\sqrt{2\pi}}\sqrt{\frac{n}{n^2p(1-p)}}\frac{n^n}{n^np^k(1-p)^{n-k}}\\&=\frac{1}{\sqrt{2\pi}}\sqrt{\frac{1}{np(1-p)}}\frac{1}{p^k(1-p)^{n-k}}。\end{aligned}$$

将这个式子代入式（22.4），我们可以发现当 n 变大时，有

$$\begin{aligned}G_1(n)&\sim\frac{1}{\sqrt{2\pi}}\frac{n-k}{n}\frac{1}{1-p}\\&=\frac{1}{\sqrt{2\pi}}\frac{n(1-p)}{n}\frac{1}{1-p}=\frac{1}{\sqrt{2\pi}}。\end{aligned}$$

所以我们证明了

$$当\ n\to\infty\ 时，G_1(n)\to\frac{1}{\sqrt{2\pi}}。\tag{22.7}$$

（2）当 $n\to\infty$ 时，$G_2(n)$ 的极限

这个极限可以通过下列式子得出：

$$\lim_{n\to\infty}G_2(y,n)=\lim_{n\to\infty}\frac{f\left(\sqrt{\frac{pq}{n(f(x_p))^2}}y+x_p\right)}{f(x_p)}=\frac{f(x_p)}{f(x_p)}=1。\tag{22.8}$$

（3）当 $n\to\infty$ 时，$G_3(n)$ 的极限

可以通过展开 F 关于 x_p 的二阶泰勒序列近似来研究 G_3 的特点，写作

$$F(t+x_p)\approx F(x_p)+tf(x_p)+\frac{t^2}{2}f'(x_p)+更高阶的项。$$

设

$$t=\sqrt{\frac{pq}{n(f(x_p))^2}},$$

我们发现

$$F\left(\sqrt{\frac{pq}{f^2(x_p)n}}y+x_p\right)=p+\sqrt{\frac{pq}{n}}y+\frac{pq}{n}\frac{f'(x_p)}{f^2(x_p)}y^2+\varepsilon_n。$$

其中当 $n\to\infty$ 时，$\varepsilon_n\to 0$。我们可以利用这个式子表示

$$G_3(y,n)=\frac{\left[\left(1+\sqrt{\frac{q}{pn}}y+\frac{qf'(x_p)}{n(f(x_p))^2}y^2+\varepsilon_n\right)^p\left(1-\sqrt{\frac{p}{qn}}y-\frac{pf'(x_p)}{n(f(x_p))^2}y^2+\varepsilon_n\right)^q\right]^n}{1-\sqrt{\frac{p}{qn}}y+\frac{pf'(x_p)}{n(f(x_p))^2}y^2+\varepsilon_n}。$$

需要指出在上面这个表达式里，我们也运用了假设对于大 n，我们有 $k=np$。

我们立刻发现上面表达式的分母在当 $n\to\infty$ 时收敛于 1。为了研究分子，运用二项式定理展开方括号中的两个因式，也就是说运用

$$(1+t)^{\alpha}=1+\alpha t+\frac{\alpha(1-\alpha)}{2}t^2+\text{高阶项}。$$

但是，在每一种情况下，令一般的 ε_n 代表比速率 $1/n$ 衰减得更快的所有项。所以，方括号中的表达式可以被近似为

$$\begin{aligned}&1+\sqrt{\frac{pq}{n}}y+\frac{pqf'(x_p)}{n(f(x_p))^2}y^2+\frac{p(p-1)}{2}\frac{q}{pn}y^2+\varepsilon_n\\&=1+\sqrt{\frac{pq}{n}}y+\frac{pqf'(x_p)}{n(f(x_p))^2}y^2-\frac{q^2}{2n}y^2+\varepsilon_n\end{aligned}$$

乘以

$$\begin{aligned}&1-\sqrt{\frac{qp}{n}}y-\frac{qpf'(x_p)}{n(f(x_p))^2}y^2+\frac{q(q-1)}{2}\frac{p}{qn}y^2+\varepsilon_n\\&=1-\sqrt{\frac{qp}{n}}y-\frac{qpf'(x_p)}{n(f(x_p))^2}y^2-\frac{p^2}{2n}y^2+\varepsilon_n。\end{aligned}$$

相乘之后我们发现

$$\begin{aligned}G_3(y,n)&=\frac{\left[1-\left(\frac{pq}{n}+\frac{p^2+q^2}{2n}\right)y^2+\varepsilon_n\right]^n}{1-\sqrt{\frac{p}{nq}}y+\frac{pf'(x_p)}{n(f(x_p))^2}y^2+\varepsilon_n}\\&=\frac{\left[1-\left(\frac{(p+q)^2}{2n}y^2\right)+\varepsilon_n\right]^n}{1-\sqrt{\frac{p}{qn}}y+\frac{pf'(x_p)}{n(f(x_p))^2}y^2+\varepsilon_n}\end{aligned}$$

$$=\frac{\left(1-\frac{y^2}{2n}+\varepsilon_n\right)^n}{1-\sqrt{\frac{p}{qn}}y+\frac{pf'(x_p)}{n(f(x_p))^2}y^2+\varepsilon_n}。$$

现在，运用式（21.5），我们发现

$$\lim_{n\to\infty}G_3(y,n)=\exp\left(-\frac{y^2}{2}\right)。\tag{22.9}$$

通过整理式（22.7）~式（22.9），并将它们拼在一起推断出当 $n\to\infty$ 时，

$$g_{\text{shift}}(y)=G_1(n)G_2(y,n)G_3(y,n)\to\frac{1}{\sqrt{2\pi}}\exp\left(-\frac{y^2}{2}\right)。$$

也就是说，式（22.3）中的随机变量 Y 在 $n\to\infty$ 时收敛于标准正态变量。作为结论，我们可以推断出 p 分位估计量 $Z=z_p(n)$ 的样本分布满足：

$$z_p(n)\to Z\sim N\left(x_p,\frac{p(1-p)}{n(f(x_p))^2}\right)\quad(n\to\infty)。\tag{22.10}$$

22.2 历史模拟

我们首次模拟的方法是基于一种非常直接的想法，通过分析过去损失的数据来构造一种经验分布。因此，相比利用理论模型，数据更倾向于利用自身进行表达。一旦我们掌握了经验损失分配，我们就可以估算它的适当的分位数来获得一个VaR。实际上，风险经理可以通过使用我们在这里列出的方法来监管风险。

第一步，收集数据。

假定证券投资组合包含 n 种风险资产，这些风险资产在 t 时刻的价值为 $Si(t)$，其中 $i=1,\cdots,n$。我们收集每一种资产在过去 $T+1$ 天里的历史价格，则得到

$$\{S_i(t-1),S_i(t-2),\cdots,S_i(t-T-1)\}\quad(i=1,\cdots,n)。$$

通过价格的数据可以计算出过去 T 时间已经实现的 log 损失：

$$\{l_i(t-1),l_i(t-2),\cdots,l_i(t-T)\}\quad(i=1,\cdots,n)。$$

根据公式，有

$$l_i(t-\tau)=-\log\left(\frac{S_i(t-\tau)}{S_i(t-\tau-1)}\right)\quad(\tau=1,\cdots,T)。$$

第二步，模拟并且对未来潜在损失进行排序。

给定证券投资组合的资产权重 $\{w_1,\cdots,w_n\}$，我们根据已经收集的历史损失数据来测算未来潜在证券投资组合损失：

$$\{\mathcal{L}_{t-\tau}=V(t-\tau)\sum_{i=1}^{n}w_il_i(t-\tau)\}_{\tau=1}^{T}。$$

接下来重新对未来潜在损失由小到大排序，然后按照以下惯例来进行命名：

$$\mathcal{L}^{(1)}<\mathcal{L}^{(2)}<\cdots<\mathcal{L}^{(T)}。$$

第三步，得出风险价值估值。

在给定的置信水平 α 下，相对应的风险价值估值 $\mathrm{VaR}_\alpha^{\mathrm{HS}}$ 就是 α 分位数，即令

$$k=[n\alpha]=\text{小于或等于 } n\alpha \text{ 的最大整数}$$

并且约定

$$\mathrm{VaR}_\alpha^{\mathrm{HS}}(n)=\mathcal{L}^{(k+1)}。\tag{22.11}$$

我们发现如果假定损失是相互独立的，并且它们有同样的概率密度公式 f，那么根据式（22.10），可以推出随着 n 增大，$\mathrm{VaR}_\alpha^{\mathrm{HS}}(n)$（表达式在式（22.11）中给出）逐渐变为一个正态随机变量，其均值为真实 VaR_α 的值，方差为

$$\sigma^2(\mathrm{VaR}_\alpha^{\mathrm{HS}}(n))=\frac{1}{f^2(\mathrm{VaR}_\alpha)}\frac{\alpha(1-\alpha)}{n}。$$

换句话说，我们可以期待这个模拟估算会在一个相对慢的比率下聚集真实的估算值，也就是

$$|\mathrm{VaR}_\alpha^{\mathrm{HS}}(n)-\mathrm{VaR}_\alpha|=O\left(\frac{1}{\sqrt{n}}\right)。$$

第四步，计算尾端风险值

我们再次强调，一个给定的证券投资组合的 TVaR 是由$\mathcal{L}_t$ 的条件期望值来确定的，该证券投资组合的损失是任意变化的，也就是

$$\begin{aligned}\mathrm{TVaR}_\alpha(\mathcal{L}_t)&=E(\mathcal{L}_t\mid\mathcal{L}_t>\mathrm{VaR}_\alpha)\\&=\frac{1}{1-\alpha}\int_{\mathrm{VaR}_\alpha}^{+\infty}xf(x)\,\mathrm{d}x。\end{aligned}$$

这里的 f 代表$\mathcal{L}_t$ 的概率密度公式。TVaR 的公式代表着在 $100(1-\alpha)\%$ 的尾端的平均损失。在这个历史模拟的框架下，可以通过简单的极端损失均值来估计这个量，也就是

$$\begin{cases}\text{令 } k=[n\alpha],\ \mathrm{VaR}_\alpha^{\mathrm{HS}}(n)=\mathcal{L}^{(k+1)},\\ \text{再定义 } \mathrm{TVaR}_\alpha^{\mathrm{HS}}(n)=\dfrac{1}{n-k-1}\displaystyle\sum_{i=k+1}^{n}\mathcal{L}^{(i)}。\end{cases}\tag{22.12}$$

历史模拟的技术会成为绝大部分金融机构的风险计算工具。它提供了对 VaR 和 TVaR 快速且简单的估计方法，并且历史模拟是基于一项假设，这项假设强调证券投资组合的历史表现可以被用来提供该组合未来轨道的准确方案。尽管有着很多吸引力，但历史模拟方案不太可能成为一种没有缺点的决定性计算工具。为了执行这一方案，我们必须处理下面的事项。

1）我们是不是获得了所有产品的历史数据？

一个典型的交易证券投资组合很有可能包含许多不同种类的金融工具。获取每一个工具的历史价值数据的工作是一项非常巨大的任务。所有价值需要被传递到一个中心数据库，并且，一旦一部分数据丢失，我们必须使用一个合适的弥补方式来填充这个缺口。

2）我们如何选择历史数据模型的大小？这个问题给我们带来了同样的一个思考就是我们遇到了模型的条件方差，即

如果这个历史窗口太小，那么 VaR 的结果更可能会有缺陷。

如果这个窗口太大，那么潜在的一些无关紧要的数值就会错误地影响到 VaR 的估计。

解决问题的一种尝试方法是首先进行波动性建模并对历史价值权重进行降序排列。指数加权是一个很常用的方法，这个方法需要选择一个参数 $\lambda \in (0, 1)$ 和固定的权重

$$\frac{1-\lambda}{1-\lambda^n} > \frac{(1-\lambda)\lambda}{1-\lambda^n} > \frac{(1-\lambda)\lambda^2}{1-\lambda^n} > \cdots > \frac{(1-\lambda)\lambda^{n-1}}{1-\lambda^n}。$$

然后应用上式得出了如下的一组加权损失：

$$\left\{\tilde{\mathcal{L}}_{t-k} = \frac{(1-\lambda)\lambda^{k-1}}{1-\lambda^n}\mathcal{L}_{t-k}: k = 1, \cdots, n\right\}。$$

VaR 的计算得出了加权损失，而不是完全损失。很明显这个结果是通过所选择的 λ 和为了继续研究所估计的参数值而得到的。感兴趣的读者可以通过查阅克里斯托费森（Christoffersen）2003 年出版的书，从而获得到更多的信息。

22.3 蒙特卡洛仿真模拟

风险的历史模拟方法数学性较弱，它没有依赖于一个每日损失的模型，所以它完全没有参数。蒙特卡洛仿真模拟作为一个可供风险管理者选择的方式，它在宗旨上与历史模拟相似。但是，蒙特卡洛仿真模拟不仅仅依赖于过去的数据，并且利用了市场上数学损失模型的优势。蒙特卡洛仿真模拟的基本过程如下：

第一步，选择一个合适的评估证券投资组合中各项资产每日损失变化的模型。

第二步，运用模型来模拟未来可能的资产价格，并且由此来得到每日证券投资组合损失的可能价值。

第三步，反复重复步骤二，并用模拟出的价值来创造一个近似分布。

第四步，在一个给定的置信水平下用相同的方法以历史模拟方式来计算 VaR 和 TVaR。

为了阐述蒙特卡洛方法，我们需要考虑一个类似的环境，也就是说，我们要假定证券投资组合不包含衍生产品，并且假定损失率的 n 维向量符合普通分配。也就是说，假定

$$\begin{pmatrix} l_1(t) \\ \vdots \\ l_n(t) \end{pmatrix} = \boldsymbol{I}_t \sim N(\boldsymbol{e}, \boldsymbol{V})。$$

这里，像通常一样，$e \in \mathbb{R}^n$ 表示了向量的预期回报，并且 $\boldsymbol{V} \in \mathbb{R}^{n \times n}$ 表示了协方

差矩阵。我们需要假定已知 $\boldsymbol{e}$ 和 $\boldsymbol{V}$，例如它们可以通过历史数据来估计。

在这种设定下，我们知道，一个给定的证券投资组合的权重向量 $\boldsymbol{W} \in \mathbb{R}^n$，在一定的置信水平 α 下，相一致的 VaR 是由以下公式决定的：

$$\mathrm{VaR}_{\alpha}^{\mathrm{true}} = V(t)\left[w^{\mathrm{T}} e + \sqrt{w^{\mathrm{T}} V w} \Phi^{-1}(\alpha) \right]。 \tag{22.13}$$

这里 $V(t)$ 表示证券投资组合的现值。

我们现在关注这个小型的例子，来具体说明蒙特卡洛的风险测量方法。我们通过以下内容来进行进一步讨论：

（1）分解协方差矩阵

我们需要假定协方差矩阵 $\boldsymbol{V}$ 是正定的，因此，根据定理 2.3，它决定了一个楚列斯基分解，也就是

$$\boldsymbol{V} = \boldsymbol{R}\boldsymbol{R}^{\mathrm{T}}，这里\ \mathbb{R}\ 是下三角矩阵。 \tag{22.14}$$

（2）协方差矩阵的逆

$\boldsymbol{V}$ 的逆也是正定的，根据式（22.14），它可以被写成

$$\boldsymbol{V}^{-1} = \boldsymbol{R}^{-\mathrm{T}}\boldsymbol{R}^{-1}，这里\ \boldsymbol{R}^{-\mathrm{T}} = (\boldsymbol{R}^{-1})^{\mathrm{T}}\ 是上三角矩阵。 \tag{22.15}$$

（3）楚列斯基变换

可以通过改变均值并乘以 $\boldsymbol{R}^{-1}$ 来变换损失随机向量 $\boldsymbol{l}_t$，也就是说，我们考虑

$$z_t = \boldsymbol{R}^{-1}(\boldsymbol{l}_t - \boldsymbol{e})。$$

我们发现新的向量平均值为零并且它的协方差矩阵是恒等式，也就是

$$E(z_t) = \boldsymbol{R}^{-1}(E(\boldsymbol{I}_t) - \boldsymbol{e}) = \boldsymbol{0}$$

以及

$$\begin{aligned} E[z_t z_t^{\mathrm{T}}] &= E[\boldsymbol{R}^{-1}(z_t - \boldsymbol{e}))(\boldsymbol{R}^{-1}(z_t - \boldsymbol{e}))^{\mathrm{T}}] \\ &= E[\boldsymbol{R}^{-1}(z_t - \boldsymbol{e})(z_t - \boldsymbol{e})^{\mathrm{T}}\boldsymbol{R}^{-\mathrm{T}}] \\ &= \boldsymbol{R}^{-1}E[(z_t - \boldsymbol{e})(z_t - \boldsymbol{e})^{\mathrm{T}}]\boldsymbol{R}^{-\mathrm{T}} \\ &= \boldsymbol{R}^{-1}\boldsymbol{V}\boldsymbol{R}^{-\mathrm{T}} = \boldsymbol{R}^{-1}\boldsymbol{R}\boldsymbol{R}^{\mathrm{T}}\boldsymbol{R}^{-\mathrm{T}} = \boldsymbol{I}_n。 \end{aligned}$$

（4）场景法

上面的发现是非常有用的，它告诉我们

如果

$$\begin{cases} \boldsymbol{I}_t = (l_1(t), \cdots, l_n(t))^{\mathrm{T}} \sim N(\boldsymbol{e}, \boldsymbol{V}) = N(\boldsymbol{e}, \boldsymbol{R}\boldsymbol{R}^{\mathrm{T}}), \\ 那么\ z_t = \boldsymbol{R}^{-1}(\boldsymbol{l}_t - \boldsymbol{e}) \sim N(0, \boldsymbol{I}_n)\ 是标准的。 \end{cases} \tag{22.16}$$

特别地，由式（22.16）推断出随机向量的真实损失可以写成

$$\boldsymbol{I}_t = \boldsymbol{R}z_t + \boldsymbol{e}。$$

其中 $z_t \sim N(\boldsymbol{0}, \boldsymbol{I}_n)$。

22.3.1 楚列斯基算法

上面的例子说明了楚列斯基分解在测算金融证券投资组合的未来情况时的重要

性。在这里我们转向研究一项运算实践中的挑战，这项运算可以由计算机执行，并且用来给出一个给定正定矩阵的楚列斯基因子。从验证 2×2 的情形开始，这里有元素 r_{11}，r_{21}，r_{22}，并且

$$\begin{pmatrix}\sigma_{11} & \sigma_{12}\\ \sigma_{21} & \sigma_{22}\end{pmatrix}=\begin{pmatrix}r_{11} & 0\\ r_{21} & r_{22}\end{pmatrix}\begin{pmatrix}r_{11} & r_{21}\\ 0 & r_{22}\end{pmatrix}。$$

通过乘法运算，得到

$$\sigma_{11}=r_{11}^2\Rightarrow r_{11}=\sqrt{\sigma_{11}},$$

$$\sigma_{21}=r_{21}r_{11}\Rightarrow r_{21}=\frac{\sigma_{21}}{r_{11}},$$

$$\sigma_{22}=r_{21}^2+r_{22}^2\Rightarrow r_{22}=\sqrt{\sigma_{22}-r_{21}^2}。$$

更广泛地，有

$$\begin{pmatrix}\sigma_{11} & \sigma_{12} & \cdots & \sigma_{1n}\\ \sigma_{21} & \sigma_{22} & \cdots & \sigma_{2n}\\ \vdots & \vdots & & \vdots\\ \sigma_{n1} & \sigma_{n2} & \cdots & \sigma_{nn}\end{pmatrix}$$

$$=\begin{pmatrix}r_{11} & 0 & \cdots & 0\\ r_{21} & r_{22} & \cdots & 0\\ \vdots & \vdots & & \vdots\\ r_{n1} & r_{n2} & \cdots & r_{nn}\end{pmatrix}\begin{pmatrix}r_{11} & r_{21} & \cdots & r_{n1}\\ 0 & r_{22} & \cdots & r_{n2}\\ \vdots & \vdots & & \vdots\\ 0 & 0 & \cdots & r_{nn}\end{pmatrix}。$$

现在，运用矩阵乘法规则，我们发现

$$r_{jj}=\sqrt{\sigma_{jj}-\sum_{k=1}^{j-1}r_{jk}^2}\quad(j=1,\cdots,n)$$

以及

$$r_{ij}=\frac{\sigma_{ij}-\sum_{k=1}^{j-1}r_{ik}r_{jk}}{r_{jj}}\quad(i=j+1,\cdots,n)。$$

我们得出以下推断：

1）$\boldsymbol{R}$ 的第一列是由以下列向量决定的：

$$\begin{pmatrix}r_{11}\\ r_{21}\\ \vdots\\ r_{i1}\\ \vdots\\ r_{n1}\end{pmatrix}=\begin{pmatrix}\sqrt{\sigma_{11}}\\ \sigma_{12}/r_{11}\\ \vdots\\ \sigma_{1i}/r_{11}\\ \vdots\\ \sigma_{1n}/r_{11}\end{pmatrix}。$$

2）运用第一列，可以计算出第二列、第三列等。总的来说，计算出前 $(j-1)$ 列，可以按照下列方式计算出第 j 列：

$$\begin{pmatrix} r_{1j} \\ r_{2j} \\ \vdots \\ r_{j-1,j} \\ r_{jj} \\ r_{j+1,j} \\ \vdots \\ r_{nj} \end{pmatrix} = \begin{pmatrix} 0 \\ 0 \\ \vdots \\ 0 \\ (\sigma_{jj} - \sum_{k=1}^{j-1} r_{jk}^2)^{1/2} \\ (\sigma_{j,j+1} - \sum_{k=1}^{j-1} r_{jk} r_{j+1,k}) / r_{jj} \\ \vdots \\ (\sigma_{jn} - \sum_{k=1}^{j-1} r_{jk} r_{nk}) / r_{jj} \end{pmatrix}。$$

通过观察这些结果使得我们能够通过计算机程序来计算一个给定了协方差矩阵 $\boldsymbol{V}$ 的 $\boldsymbol{R}$。

22.3.2 产生随机变量

为了模拟任意统计模型的概率规律，我们需要从规定的分布中生成一个长的随机变量序列。为了开始这一过程，我们考虑生成相互独立并服从均匀分布 $U(0,1)$ 的随机变量 U_1，U_2，…的实现值 u_1，u_2，…这一任务。将注意力集中到 $U(0,1)$ 的原因是，将独立的 $U(0,1)$ 序列转换为具有不同分布的新序列（正如我们将要看到的）往往是很有可能的。

我们的随机数将由具有确定性的计算机算法生成，所以从哲学的角度来看，我们不能认为输出是真正随机的。事实上，切合实际的目标是在开发算法时精心设计，使它们近似于均匀分布的随机性，这样的算法被统称为伪随机数生成器。更确切地，我们给出如下定义：

定义 伪随机数序列 $(u_n)_{n\geqslant 1}$ 是一个 $[0,1]$ 范围内的确定性的数据序列，它与选自均匀分布 $U(0,1)$ 的独立随机数的序列具有相同的相关统计特性。

计算机生成伪随机序列是通过从 u_0 开始迭代一个确定的公式，它通常被称为算法的种子。形式上我们有一个有限集 E 和一个函数 f：$E \to E$，然后给定种子 u_0，反复生成序列

$$u_0, \underbrace{f(u_0)}_{u_1}, \underbrace{f^2(u_0)}_{u_2}, \cdots, \underbrace{f^k(u_0)}_{u_k}, \cdots。$$

关于函数 f 的恰当函数形式的确定方法，超出了本书的范围。幸运的是，几乎所有的现代数学和统计学软件包都配备了可靠的伪随机数生成器。为了给出选择一

个不错的f的指标，我们提出以下意见：

（1）周期性

函数f定义在一个有限集上，因此，该序列最终将自我重复，一次重复之前迭代的次数被称为f的周期。一个好的伪随机数生成器的标志是周期长，大多数常用软件包的周期序数将大于2^{40}。

（2）速度

任意一个伪随机序列令人满意的一个特征是数字生成迅速，因此将会确保评估函数f所需的计算时间是最小的。当然，常用的软件包都能够有效地节约计算时间。

（3）检验

存在一系列被良好定义的统计检验，它们建立的目的是为了评价生成的序列模拟均匀分布序列的精确程度。再一次，常用的软件包在检验下的表现一贯良好。

一旦生成了一个伪随机数的序列$(u_k)_{k\geqslant 1}$，就存在许多种变换，使得新的数列呈现出一个不同分布的统计特性。作为一个示例，我们演示著名的 Box - Muller 变换，它将产生一个表现为标准正态分布特性的新序列$(z_n)_{n\geqslant 1}$。

Box - Muller 变换

首先，考虑下面两个函数：

$$F(u,v)=\sqrt{-2\log u}\cos(2\pi v),G(u,v)=\sqrt{-2\log u}\sin(2\pi v)。$$

其中$0<u$，$v<1$。注意到自然对数在（0，1）上是负的，因而这两个函数定义良好。现在我们创建两个新的随机变量X和Y，设

$$X=F(U,\ V),Y=G(U,\ V)。$$

并且还注意到，运用合适的映射，可以将X和Y恢复到最初的变量组（U，V）。特别地，

$$\phi(x,y)=\exp\left(-\frac{1}{2}(x^2+y^2)\right)$$

使我们能够恢复U，因为

$$\begin{aligned}\phi(X,Y)&=\phi(F(U,V),G(U,V))\\&=\phi(\sqrt{-2\log U}\cos(2\pi V),\sqrt{-2\log U}\sin(2\pi V))\\&=\exp\left(-\frac{1}{2}\left(\log U^{-2}\underbrace{(\cos^2(2\pi V)+\sin^2(2\pi V))}_{=1}\right)\right)\\&=\exp\left(-\frac{1}{2}\log U^{-2}\right)=\exp(\log(U))=U。\end{aligned}$$

并且

$$\psi(x,\ y)=\frac{1}{2\pi}\arctan\left(\frac{y}{x}\right)$$

使我们能够恢复V，因为

$$\begin{aligned}\psi(X,Y) &= \Psi(F,(U,V)),G(U,V)\\ &= \psi\left(\sqrt{-2\log U}\cos(2\pi V),\sqrt{-2\log U}\sin(2\pi V)\right)\\ &= \frac{1}{2\pi}\arctan\left(\frac{\sqrt{-2\log U}\sin(2\pi V)}{\sqrt{-2\log U}\cos(2\pi V)}\right)\\ &= \frac{1}{2\pi}\arctan(\tan(2\pi V)) = V。\end{aligned}$$

注意到，我们已经用函数 F 和 G 创建了一对新的随机变量 X 和 Y，在这样一种方式下，运用变换 ϕ 和 ψ 可以恢复初始变量（U 和 V）。在这种情形下，我们可以使用与我们在 F 分布的推导（见第 12.4 节）中开发的演算相同的方法，（用式(12.12)）来证明（X, Y）的联合概率密度是

$$\begin{aligned}q(x, y) = 1\times J(x, y) &= \left|\det\begin{pmatrix}\partial\phi/\partial x & \partial\psi/\partial x\\ \partial\phi/\partial y & \partial\psi/\partial y\end{pmatrix}\right|\\ &= \left|\det\begin{pmatrix}-x\phi(x,y) & \dfrac{-y}{2\pi(x^2+y^2)}\\ -y\phi(x,y) & \dfrac{x}{2\pi(x^2+y^2)}\end{pmatrix}\right|\\ &= \left|-\frac{x^2\phi(x,y)}{2\pi(x^2+y^2)}-\frac{y^2\phi(x,y)}{2\pi(x^2+y^2)}\right|\\ &= \frac{1}{2\pi}\phi(x,y) = \frac{1}{2\pi}\exp\left(-\frac{1}{2}(x^2+y^2)\right)。\end{aligned}$$

我们将其看作一对独立的 N（0，1）随机变量的概率密度。这一变换可以追溯到 20 世纪 50 年代末，并且被广泛地称为 Box – Muller 变换，作为对其创始人 Box 和 Muller（1958）的尊重。此变换是非常有用的，为了强调它的重要性，我们截取下列定理的结果：

定理 如果 U 和 V 表示两个独立且均匀分布的随机变量，则变量 X 和 Y 被定义为

$$X = \sqrt{-2\ln U}\cos(2\pi V),\ Y = \sqrt{-2\ln U}\sin(2\pi V)$$

是独立的，且服从标准正态分布。

下面我们给出在基本模型中使用蒙特卡洛模拟方法的过程。

（1）MC 步骤 1

取协方差矩阵 $\boldsymbol{V}$ 并找到它的楚列斯基因子 $\boldsymbol{R}$。

（2）MC 步骤 2

运用一个伪随机数生成器连同一个合适的映射（如 Box – Muller 变换）产生一个 n 维向量 z_t，它模拟了 N（$\mathbf{0}$，$\boldsymbol{I}_n$）中的随机向量的一个变现。

（3）MC 步骤 3

运用下式计算组合损失的一个模拟：

$$\mathcal{L}_t = V(t)(\boldsymbol{w}^{\mathrm{T}}\boldsymbol{R}\boldsymbol{z}_t + \boldsymbol{w}^{\mathrm{T}}\boldsymbol{e})。$$

（4）MC 步骤 4

反复重复步骤 2 和步骤 3，直到获得 N 个假设的组合损失，即有 $\{\mathcal{L}_t^k: k=1,\cdots,N\}$。

使用模拟的损失数据推导出 $100\alpha\%$ 分位数，即计算

$$\mathrm{VaR}_{\alpha}^{\mathrm{MC}}(N) = \mathrm{quantile}\{(\mathcal{L}_t^k)_{k=1}^{N}: 100\alpha\%\}。\tag{22.17}$$

为了在实践中理解蒙特卡洛配方，考虑下面的简单例子。假设我们可以投资于三项资产，它们的损失随机变量 $\{l_1, l_2, l_3\}$ 服从联合正态分布，即

$$\begin{pmatrix} l_1 \\ l_2 \\ l_3 \end{pmatrix} \sim N\left[\begin{pmatrix} 3 \\ 4 \\ 5 \end{pmatrix}, \begin{pmatrix} 2 & 1 & 2 \\ 1 & 4 & 3 \\ 2 & 3 & 6 \end{pmatrix}\right]。$$

我们选择构造一个均等权重的组合，在这种情形下，组合损失随机变量是

$$\mathcal{L}_t = \frac{1}{3}(l_1 + l_2 + l_3)。$$

$\mathcal{L}_t$ 的均值和方差计算如下：

$$\mu = \frac{1}{3}(3+4+5) = 4,$$

$$\sigma^2 = \frac{1}{9}(2+1+2+1+4+3+2+3+6) = \frac{8}{3}。$$

95% 置信水平下的真实 VaR 由下式给出：

$$\mathrm{VaR}_{0.95}^{\mathrm{true}} = 4 + \frac{2\sqrt{2}}{\sqrt{3}} \times 1.65 = 6.69。$$

应用楚列斯基算法，我们发现

$$\begin{pmatrix} r_{11} \\ r_{21} \\ r_{31} \end{pmatrix} = \begin{pmatrix} \sqrt{2} \\ 1/\sqrt{2} \\ \sqrt{2} \end{pmatrix},$$

$$\begin{pmatrix} r_{12} \\ r_{22} \\ r_{32} \end{pmatrix} = \begin{pmatrix} 0 \\ \sqrt{4 - r_{21}^2} \\ \dfrac{3 - r_{21}r_{31}}{\sqrt{4 - r_{21}^2}} \end{pmatrix} = \begin{pmatrix} 0 \\ \sqrt{4 - 1/2} \\ \dfrac{3 - 1}{\sqrt{4 - 1/2}} \end{pmatrix},$$

并且

$$\begin{pmatrix} r_{13} \\ r_{23} \\ r_{33} \end{pmatrix} = \begin{pmatrix} 0 \\ 0 \\ \sqrt{6 - r_{31}^2 - r_{32}^2} \end{pmatrix} = \begin{pmatrix} 0 \\ 0 \\ \sqrt{6 - 2 - \dfrac{4}{4 - 1/2}} \end{pmatrix}。$$

因此，楚列斯基因子表示为

$$\boldsymbol{R}=\begin{pmatrix}\sqrt{2} & 0 & 0\\ 1/\sqrt{2} & \sqrt{7/2} & 0\\ \sqrt{2} & \sqrt{8/7} & \sqrt{20/7}\end{pmatrix}。$$

现在我们可以使用一个伪随机数生成器来提供一个向量 $z=(z_1, z_2, z_3)^{\mathrm{T}}\in\mathbb{R}^3$，其元素旨在模拟三个独立的标准正态随机变量。通过以下模拟，可以给出投资组合损失随机变量的一个潜在价值

$$\mathcal{L}_t^{\mathrm{sim}}=4+\left(\frac{1}{3},\frac{1}{3},\frac{1}{3}\right)\begin{pmatrix}\sqrt{2} & 0 & 0\\ 1/\sqrt{2} & \sqrt{7/2} & 0\\ \sqrt{2} & \sqrt{8/7} & \sqrt{20/7}\end{pmatrix}\begin{pmatrix}z_1\\ z_2\\ z_3\end{pmatrix}。$$

然后，这个过程被大量重复，从而形成一幅真实分布的图像，并且根据式(22.17)可以计算出 VaR。

图 22.3 证实，蒙特卡洛风险价值估计确实收敛于真实值，不过其速度相当缓慢。我们说这并不奇怪，因为我们从前一节中知道，VaR 估计的收敛速度是建立在规模为 n 的经验分布的基础上的，它的顺序为 $1/\sqrt{n}$。现在，尽管其收敛速度慢，蒙特卡洛模拟方法仍然是最受欢迎的 VaR 估计方法之一。我们只在正态和连续波动的简化框架下演示了这一技术。显然，风险控制人员将更加信任一个由更精确的损失模型，例如一个具有 GARCH 型特性的模型，计算出的 VaR 估计。蒙特卡洛模

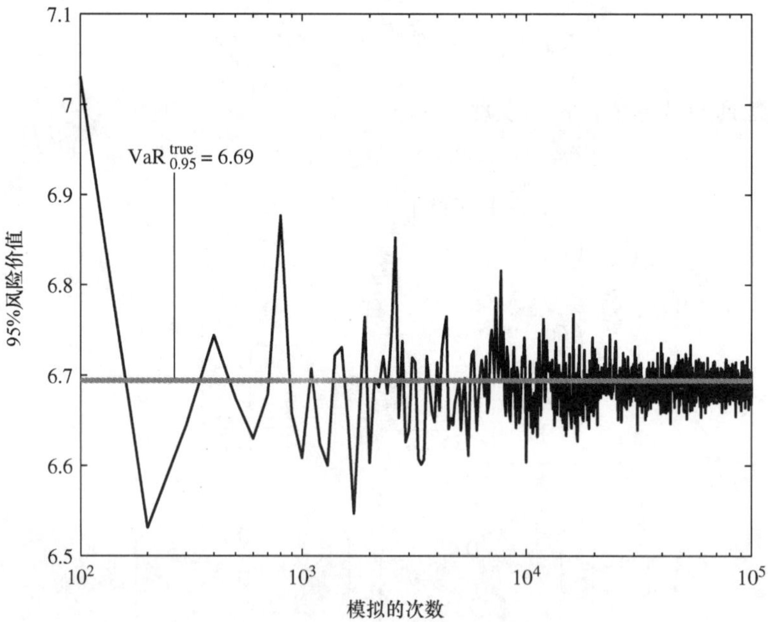

图 22.3　蒙特卡洛 VaR 的收敛

拟方法的妙处在于它可以普遍应用于任何模型，正是这种灵活性使蒙特卡洛模拟方法成为风险管理中最重要的工具之一。已经有大量的学术研究致力于蒙特卡洛技术的应用，我们在上面勾勒出的基本框架可以从许多不同的途径被改善，从而确保更加精确的估计和提高收敛速度，对这方面有兴趣的读者可以参考格拉瑟曼（Glasserman）于2004年所出版的著作。

23 VaR的其他方法

在这简短的一章里，我们将回顾第10章的正态在险价值法（Normal VaR）框架，并说明两个相当简单的修正可以怎样（潜在地）提供更加精确的在险价值（VaR）估计。首先，我们假设投资组合损失的随机变量服从t分布，这一简单的想法使我们考虑到损失的厚尾性质，并且提供了闭合解。其次，我们提出正态分布的一个修正，从而将实际分布的偏度和峰度都考虑在内。

23.1 t分布的假设

为了克服正态VaR框架的不足，我们建议使用一个替代分布，它可以更好地契合金融损失数据的属性。作为准备，我们将假设μ和σ分别表示$\mathcal{L}_t$的均值和波动率，另外，设$F(x)$和$f(x)$分别表示下列标准化的损失的分布函数和概率密度：

$$Z_t = \frac{\mathcal{L}_t - \mu}{\sigma}。\tag{23.1}$$

在F连续且严格递增的假设下，我们知道，置信水平为α的每日在险价值（VaR）由下式给出：

$$\mathrm{VaR}_\alpha = \mu + \sigma F^{-1}(\alpha)。\tag{23.2}$$

从上面的公式可以看到，为了给出VaR_α，所需要的关键工具就是计算α分位数$F^{-1}(\alpha)$的能力。

我们已经讨论过，将F设定为标准正态分布是不够的，因为它未能契合真实的尾部形态。被人们普遍认可的是，t分布是在众多F的备选分布中最合适的，因为它具有足够的灵活性，可以契合一系列尾部递减的形态。在12.5节我们已经遇到了t分布，在那里，我们还记得，它的尾部厚度（因而其峰度系数）随自由度数值的不同而不同，参见图23.1。

为了进一步探究这一构思，须假设$\mu \in \mathbb{R}$和$\sigma > 0$是两个选定的常数，从而使

$$\frac{\mathcal{L}_t - \mu}{\sigma}\text{是具有}n\text{个自由度的标准}t\text{分布。}$$

我们从12.5节讲到，如果X是自由度$n > 2$的t分布随机变量，则它的前两阶矩分别是

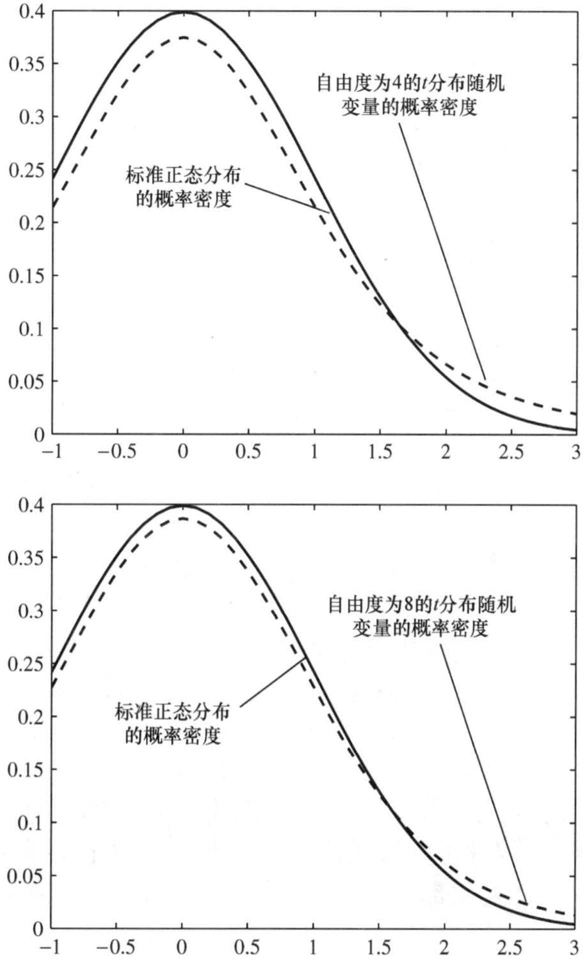

图 23.1　正态分布与 t 分布概率密度的比较

$$E(X)=0,\ E(X^2)=\frac{n}{n-2}。$$

因此，作为结论，我们可以推断出$\mathcal{L}_t$ 的均值是简单的常数μ，且它的波动率表示为$\sigma\sqrt{n/n-2}$。

现在可以运用式（23.2）来进行推导，置信水平为 α 的 t 分布的 VaR 可表示为

$$\text{VaR}_\alpha(\mathcal{L}_t)=\mu+\sigma\sqrt{\frac{n}{n-2}}t_n^{-1}(\alpha)。\tag{23.3}$$

其中，运用式（12.15）和式（12.16），数值 $t_n^{-1}(\alpha)$满足：

$$\frac{\Gamma\left(\frac{n+1}{2}\right)}{\Gamma\left(\frac{n}{2}\right)} \frac{1}{\sqrt{n\pi}}\int_{-\infty}^{t_n^{-1}(\alpha)}\left(1+\frac{x^2}{n}\right)^{-\left(\frac{n+1}{2}\right)}\mathrm{d}x = \alpha。 \tag{23.4}$$

注意到，与正态分布的情形相同，$t_n^{-1}(\alpha)$的值从统计表和（或）大部分数据软件包中是现成可用的。

观察式（23.3）可以发现，VaR 的估计取决于 n，即我们为修正 t 分布所采用的自由度数值。选择此数值的一个方法是使用最大似然估计法，即根据一个时间序列的历史损失$\{\mathcal{L}_{t-\tau}\}_{\tau=1}^{T}$来寻找 n 值，从而最大似然函数为

$$L(n) = \prod_{\tau=1}^{T}\frac{\Gamma\left(\frac{n+1}{2}\right)}{\Gamma\left(\frac{n}{2}\right)} \frac{1}{\sqrt{n\pi}}\left(1+\frac{1}{n}\left(\frac{\mathcal{L}_{t-\tau}-\mu}{\sigma}\right)^2\right)^{-\left(\frac{n+1}{2}\right)}。$$

或等价地，也许更方便地，寻找 $n>2$ 的值，来最大化对数似然函数

$$LL(n) = T\left[\log\left(\Gamma\left(\frac{n+1}{2}\right)\right)-\log\left(\Gamma\left(\frac{n}{2}\right)\right)-\frac{1}{2}\log(\pi n)\right]-\frac{n+1}{2}\sum_{\tau=1}^{T}\left(1+\frac{1}{n}\left(\frac{\mathcal{L}_{t-\tau}-\mu}{\sigma}\right)^2\right)。$$

然后，通过允许使用合适的数值优化算法来寻找上述函数的最大值，求出最大似然估计。

作为最大似然估计的替代，这里有一个更简单的方法（请参阅克里斯托弗（Christoffersen）2003 年出版的书），它充分利用了一个事实，即 t 分布作为 n 的函数，它的矩存在解析解。我们主要关注的问题之一是，要确保我们选择的 t 分布能够如实地模拟损失分布的尾部。鉴于此，我们重点关注峰度系数，回顾 12.5 节，它由下式给出：

$$\mathcal{K}(X) = 3\left(\frac{n-2}{n-4}\right)$$

其中 X 是自由度为 n 的 t 分布。

运用这一事实，从业者就可以使用历史时间序列$\{\mathcal{L}_{t-\tau}\}_{\tau=1}^{T}$来寻找峰度系数的一个估计$\hat{\mathcal{K}}$。然后解出

$$\hat{\mathcal{K}} = 3\left(\frac{n-2}{n-4}\right)。$$

即，令

$$n = \frac{4\hat{\mathcal{K}}-6}{\hat{\mathcal{K}}-3}。$$

为了更深入地发展 t 分布框架，现在来解决计算 TVaR 的问题。由式（9.12）可知，置信水平为 α 的 TVaR 表示为

$$\mathrm{TVaR}_\alpha(\mathcal{L}_t) = \frac{1}{1-\alpha}\int_\alpha^1 \mathrm{VaR}_u(\mathcal{L}_t)\mathrm{d}u。$$

现在，将式（23.3）代入上式并积分，可以得到

$$\mathrm{TVaR}_\alpha(\mathcal{L}_t) = \mu + \frac{\sigma}{1-\alpha}\sqrt{\frac{n}{n-2}}\int_\alpha^1 t_n^{-1}(u)\mathrm{d}u。$$

通过以下替换，可以进一步化简该表达式：

$$x = t_n^{-1}(u) \Rightarrow u \Rightarrow t_n(x) \Rightarrow \mathrm{d}u = p_n(x)\mathrm{d}x。$$

其中

$$p_n(x) = \frac{\Gamma\left(\frac{n+1}{2}\right)}{\Gamma\left(\frac{n}{2}\right)}\frac{1}{\sqrt{n\pi}}\left(1+\frac{x^2}{n}\right)^{-\left(\frac{n+1}{2}\right)}$$

是一个自由度为 n 的 t 分布随机变量的概率密度，见式（12.15）。这一替换使积分限发生了如下改变：$\alpha \mapsto t_n^{-1}(\alpha)$ 且 $1 \mapsto +\infty$，从而有

$$\mathrm{TVaR}_\alpha(\mathcal{L}_t) = \mu + \frac{\sigma}{1-\alpha}\frac{1}{\sqrt{\pi(n-2)}}\frac{\Gamma\left(\frac{n+1}{2}\right)}{\Gamma\left(\frac{n}{2}\right)}\int_{t_n^{-1}(\alpha)}^{+\infty} x\left(1+\frac{x^2}{n}\right)^{-\left(\frac{n+1}{2}\right)}\mathrm{d}x。$$

上面的积分简化过程再一次运用了以下替换：

$$y = 1+\frac{x^2}{n} \Rightarrow \mathrm{d}y = \frac{2x}{n}\mathrm{d}x。$$

所以有

$$\begin{aligned}
\int_{t_n^{-1}(\alpha)}^{+\infty} x\left(1+\frac{x^2}{n}\right)^{-\left(\frac{n+1}{2}\right)}\mathrm{d}x &= \frac{n}{2}\int_{1+\frac{(t_n^{-1}(\alpha))^2}{n}}^{+\infty} y^{-\left(\frac{n+1}{2}\right)}\mathrm{d}y \\
&= \frac{n}{2}\left[\frac{y^{-\left(\frac{n+1}{2}\right)}y}{\frac{1-n}{2}}\right]_{y=1+\frac{(t_n^{-1}(\alpha))^2}{n}}^{y\to\infty} \\
&= \left(1+\frac{(t_n^{-1}(\alpha))^2}{n}\right)^{-\left(\frac{n+1}{2}\right)}\left(\frac{n+(t_n^{-1}(\alpha))^2}{n-1}\right)。
\end{aligned}$$

此项计算使我们能够推断出,每日损失随机变量下的 TVaR 是遵循 t 分布的随机变量,表示为

$$\mathrm{TVaR}_\alpha(\mathcal{L}_t) = \mu + \frac{\sigma}{1-\alpha}\sqrt{\frac{n}{n-2}}p_n(t_n^{-1}(\alpha))\left(\frac{n+(t_n^{-1}(\alpha))^2}{n-1}\right)。\tag{23.5}$$

用于风险度量的 t 分布框架可以看作是对正态分布情形的改进，因为它直接纳入了损失分布的厚尾可能性。这在从业者中非常流行，其原因是 VaR_α 和 TVaR 都存在解析解。然而，一个可以觉察到的缺点是 t 分布如同正态分布情形那样是对称的。因此，所有的风险计算都忽略了一个非常现实的可能性，即真正的损失分布可

能是偏斜的。

23.2 对正态分布假设的修正

在下一个方法中，我们将简单地探讨是否可以量化损失标准化随机变量式(23.1) 相对标准正态分布随机变量偏离了多少。我们对此问题的解决计划是，尝试写出$f=F'$的一个展开式，即式（23.1）的真实概率密度，它具有以下形式：

$$f(x)=a_0\phi(x)+\frac{a_1}{1!}\phi'(x)+\frac{a_2}{2!}\phi''(x)+\cdots+\frac{a_n}{n!}\phi^{(n)}(x)+\cdots。\qquad(23.6)$$

其中，ϕ 表示标准正态分布的概率密度。

因此，我们的任务是提供一个展开式系数$(\alpha_n)_{n=0}^{\infty}$的表达式，并且阐明确保式(23.6) 对所有 x 具有收敛性所需要的条件。我们使用的方法受到了克拉默(Cramér) 处理相同问题的启发，参见克拉默（Cramér）于 1966 年出版的书。

为了开始我们的分析，我们需要一个重要的结论，它来自研究函数分解问题的一个数学分支。为了设定背景条件，我们提供以下定义：

定义 23.1 设 F：$\mathbb{R}\to[0,1]$ 表示一个分布函数，它的所有矩都是有限的。我们说$\hat{x}$是 F 的一个增长点，如果

$$F(\hat{x}-h)<F(\hat{x}+h)\quad(h>0)。$$

下面的关键结论可以在 Szego 于 1959 年出版的书中找到。

定理 23.1 设 F：$\mathbb{R}\to[0,1]$ 表示一个分布函数，它的所有矩都是有限的。如果所有 F 的增长点的集合是无限的，则存在一个多项式序列$(p_n(x))_{n=0}^{\infty}$，它唯一地被下列条件所决定：

1）p_n 是 n 阶的，且 x^n 的系数为正。

2）序列$(p_n)_{n=0}^{\infty}$对 F 是正交的，即该多项式满足正交条件

$$\int_{\mathbb{R}}p_m(x)p_n(x)\,\mathrm{d}F(x)=\begin{cases}1, & m=n,\\0, & m\neq n。\end{cases}$$

鉴于上述结果，我们说$(p_n)_{n=0}^{\infty}$是与分布 F 相关的正交多项式序列。

为了理解为什么这一结果可能是有用的，现在考虑标准正态分布 Φ 的情况，我们知道它所对应的概率密度表示为

$$\phi(x)=\frac{\mathrm{d}}{\mathrm{d}x}\Phi(x)=\frac{1}{\sqrt{2\pi}}\exp\left(-\frac{x^2}{2}\right)。\qquad(23.7)$$

此外，我们提供以下定义：

定义 23.2 埃尔米特（Hermite）多项式被表示为 H_0，H_1，…，它被定义为

$$\frac{\mathrm{d}^n}{\mathrm{d}x^n}\exp\left(-\frac{x^2}{2}\right)=(-1)^nH_n(x)\exp\left(-\frac{x^2}{2}\right)\quad(n=0,1,2,\cdots)。\qquad(23.8)$$

注意到每一个 $H_n(x)$ 都是一个 n 次多项式，又运用式（23.8），可以给出前面的几个例子：

$$\begin{cases} H_0(x)=1, \\ H_1(x)=x, \\ H_2(x)=x^2-1, \\ H_3(x)=x^3-3x, \\ H_4(x)=x^4-6x^2+3。 \end{cases} \tag{23.9}$$

可以证明，与 Φ 相关的正交多项式序列与埃尔米特（Hermite）多项式有密切的联系，事实上，通过反复的分部积分，可以证明

$$\begin{aligned} \int_{\mathbb{R}} H_m(x)H_n(x)\,\mathrm{d}\Phi(x) &= \frac{1}{\sqrt{2\pi}}\int_{\mathbb{R}} H_m(x)H_n(x)\exp\left(-\frac{x^2}{2}\right)\mathrm{d}x \\ &= \begin{cases} n!, & m=n, \\ 0, & m\neq n。 \end{cases} \end{aligned} \tag{23.10}$$

因此，我们可以推断出

$$\left(h_n(x)=\frac{1}{\sqrt{n!}}H_n(x)\right)_{n=0}^{\infty}$$

是与 Φ 相关的正交多项式序列。注意到，根据式（23.8）和式（23.7），有

$$\phi^{(n)}(x)=(-1)^n H_n(x)\phi(x),$$

所以式（23.6）可以写作

$$f(x)=a_0\phi(x)-\frac{a_1}{1!}H_1(x)\phi(x)+\frac{a_2}{2!}H_2(x)\phi(x)-\cdots+\frac{a_n}{n!}(-1)^n H_n(x)\phi(x)+\cdots。$$

现在，将此序列乘以 $H_n(x)$ 并积分，式（23.10）使我们能够得出结论：展开式系数由下式给出

$$a_n=(-1)^n\int_{\mathbb{R}} H_n(x)f(x)\,\mathrm{d}x \quad (n=0,1,\cdots)。 \tag{23.11}$$

考虑到 f 是一个具有零均值、单位方差的随机变量的概率密度，我们可以运用式（23.9）推断出

$$a_0=1,\ a_1=a_2=0。$$

此外，如果令 μ_k 表示标准化损失 Z_t 的第 k 阶矩，则也可以计算

$$\begin{aligned} a_3 &= -\mu_3 = -S(\mathcal{L}_t\text{ 的偏度系数}) \\ a_4 &= \mu_4-3=\mathcal{K}-3(\mathcal{L}_t\text{ 的超额峰度系数}) \\ a_5 &= \mu_5+10\mu_3, \\ a_6 &= \mu_6-15\mu_4+30。 \end{aligned}$$

以这种方式继续下去，一个典型的展开式系数 a_k 显然可以表示为 Z_t 的次序 $\leqslant k$ 的矩的一个特定的线性组合。此外，可以将这些表达式用到式（23.6）中，

从而表明

$$f(x)=\phi(x)+r(x)。$$

其中的余数项由下式给出：

$$r(x)=\underbrace{-\frac{1}{3!}S\phi^{(3)}(x)}_{\text{第一次近似}}+\underbrace{\frac{1}{4!}(\mathcal{K}-3)\phi^{(4)}(x)+\frac{10}{6!}S^2\phi^{(6)}(x)}_{\text{第一次近似}\Rightarrow\text{提高了精度}}-\underbrace{\frac{1}{5!}(\mu_5-10S)\phi^{(5)}(x)-\frac{35}{7!}S(\mathcal{K}-3)\phi^{(7)}(x)-\frac{280}{9!}S^3\phi^{(9)}(x)}_{\text{第二次修正}\Rightarrow\text{进一步提高了精度}}+\cdots。$$

注意到，展开式的每一项都以不同的方式影响其精度，添加一个额外的项并不一定产生一个改进的近似。列出上述等式是为了证明，当一行新的项添加到展开式中，展开式的精度如何被改进。对更详细地理解这一结论感兴趣的读者，建议参阅克拉默于 1966 年出版的书。

我们在这一节中推导的展开式被更多地知晓为埃奇沃思展开式，以它们的发现者弗朗西斯·埃奇沃思（Francis Edgeworth）（1905）命名。在实践中最常用的展开式如下：

$$f(x)\approx\phi(x)-\frac{1}{3!}S\phi^{(3)}(x)+\frac{1}{4!}(\mathcal{K}-3)\phi^{(4)}(x)+\frac{10}{6!}S^2\phi^{(6)}(x)。$$

它由于对偏度和峰度的偏差进行了修正而广受欢迎。

注意到，我们可以对其进行积分，从而提供该分布的如下近似：

$$F(x)\approx\Phi(x)-\frac{1}{3!}S\Phi^{(3)}(x)+\frac{1}{4!}(\mathcal{K}-3)\Phi^{(4)}(x)+\frac{10}{6!}S^2\Phi^{(6)}(x)。$$

埃奇沃思展开式已经被应用于许多金融领域，它们在期权定价模型中尤其流行，参阅 Jondeau，Poon 和 Rockinger 于 2007 年出版的书。但是从风险管理的角度来看，根据式（23.2），如果我们获得了标准化损失分布的逆即 F^{-1} 的埃奇沃思展开式，VaR 的计算显然可能被加强。对统计学文献的回顾显示，这一问题最早于 20 世纪 30 年代后期由 Edmund Cornish 进行了研究，他是与英国著名遗传学家和统计学家 Sir Ronald Fish 合作的一个年轻的澳大利亚统计学家。事实上，在 1937 年，他们成功地论证了埃奇沃思型展开式应该怎样被用于提供一个被认为最接近标准正态情形分布的 α 分位数 F^{-1}（α）的近似，参阅 Cornish 和 Fisher 于 1937 年发表的著作。他们的方法的理论发展非常具有技术性，在本书的范围之外，但是，感兴趣的读者不妨参阅 Kendall 和 Stuart 于 1956 年出版的著作。作为他们开创性工作的一个应用，我们引述科尼什－费歇尔定理（Cornish－Fisher theorem）最常用的版本。

定理 23.2 设 X 表示一个具有零均值、单位方差的随机变量，其分布函数 F 近似地等于标准正态分布 Φ。对于置信水平 $\alpha\in(0,1)$，定义

$$x_\alpha=F^{-1}(\alpha)\text{且}z_\alpha=\Phi^{-1}(\alpha),$$

则以下近似成立：

$$x_\alpha \approx z_\alpha + \frac{S}{3!}H_2(z_\alpha) - \frac{S^2}{4!}\left(\frac{4}{3}H_3(z_\alpha) + \frac{2}{3}H_1(z_\alpha)\right) + \frac{\mathcal{K}-3}{4!}H_3(z_\alpha)$$

$$= z_\alpha + \frac{S}{6}(z_\alpha^2 - 1) - \frac{S^2}{36}z_\alpha(2z_\alpha^2 - 5) + \frac{\mathcal{K}-3}{24}z_\alpha(z_\alpha^2 - 3)。 \tag{23.12}$$

其中，S 和$\mathcal{K}$分别表示 X 的偏度和峰度。

上述近似式（23.12）通常被称为四阶科尼什－费歇尔展开式（the fourth-order Cornish－Fisher expansion），因为它允许对偏度和峰度，它们分别为第三和第四阶矩，进行一个修正。注意到，为了将高阶矩的偏差考虑在内，更进一步地完善展开式是可能的。现在我们可以直接应用其结果，来提供以下 VaR 的修正公式：

$$\mathrm{VaR}_\alpha^{\mathrm{mod}} = \mu + \sigma[z_\alpha + 修正]。 \tag{23.13}$$

其中

$$修正 = \frac{S}{6}(z_\alpha^2 - 1) - \frac{S^2}{36}(2z_\alpha^3 - 5z_\alpha) + \frac{\mathcal{K}-3}{24}(z_\alpha^3 - 3z_\alpha)。 \tag{23.14}$$

修正的 VaR_α 的科尼什－费歇尔公式将潜在的损失分布很有可能是偏斜的和厚尾的这一事实考虑在内。从历史时间序列数据中可以很容易地估计偏度系数和峰度系数，因此这是计算 $\mathrm{VaR}_\alpha^{\mathrm{mod}}$ 的一个相当简单的任务。

我们用“谨慎”这个词来结束本节。修正的在险价值估计式（23.13）是为每日损失随机变量与一个正态随机变量相差不大的投资组合设计的。在这种情形下，实践经验表明 $\mathrm{VaR}_\alpha^{\mathrm{mod}}$ 远远优于不可靠的正态在险价值估计。然而，在另一方面，实践经验也表明，如果基础分布函数 F 是极度厚尾的，那么 F 近似于标准正态分布的理论假设不成立，在这些情况下，人们发现 $\mathrm{VaR}_\alpha^{\mathrm{mod}}$ 是非常不可靠的。关于使用 $\mathrm{VaR}_\alpha^{\mathrm{mod}}$的陷阱的一个很好的讨论可以在亚历山大（Alexander）出版的著作中找到。

24 后验测试

巴塞尔银行监管委员会于 1996 年宣布了他们用于计算监管风险资本（RRC）的新的内部模型法。RRC 是一个金融机构为了保证在极端市场事件造成的潜在损失中存活，所必须维持的现金和权益的缓冲基金。该委员会建议，RRC 的水平应该通过一个公式来决定，它涉及银行自身的（即内部）模型计算出的最近一段时间的风险价值（VaR）估计。具体来说，该委员会坚持认为，每一个金融机构应当在 10 天的持有期和 99% 的置信水平下计算它们的风险价值（VaR）估计。这一方法被普遍遵守，因此全球范围内的金融机构均采用自己选择的风险模型来计算所需的监管风险价值的数值，表示为 $\mathrm{VaR}_{0.99}^{(10)}$，然后，根据这些数值，来确保自己的风险资本，由下面的公式定义：

$$\mathrm{RRC}(t) = \max\left\{\mathrm{VaR}_{0.99}^{(10)}(t-1), \frac{P}{60}\sum_{\tau=1}^{60}\mathrm{VaR}_{0.99}^{(10)}(t-\tau)\right\}。 \tag{24.1}$$

其中，P 是一个惩罚因子，它的初始值设为 3，但是如果监管机构发现该机构的 VaR 模型不合标准，可以将其提高。

正如我们所知道的，计算 VaR 没有一个放之四海而皆准的方法，而是存在大量的复杂程度相异的不同方法。因此，实施其中最合适的一个，是风险管理者的责任。事实上，最终的 VaR 模型的选择是一个至关重要的决定，必须取得下列因素之间的平衡：

1）一个倾向于高估风险的 VaR 模型，根据式（24.1），将导致银行预留的数额比需要的风险资本金高出许多。

2）另一方面，一个倾向于低估风险的 VaR 模型，将被监管机构处罚。具体来说，式（24.1）中的 P 值将被提高，以确保银行预留了充足的风险资本量。只有当银行可以证明其已经对风险模型进行了改进，该惩罚因子才会减小。

鉴于此，为了判断所实施的 VaR 模型的有效性，风险管理者显然需要一些对其进行后验测试的方法。本章我们将致力于研究一个科学的框架，来解决这一问题。

24.1 量化 VaR 的表现

为了推进我们的讨论，我们假设在 $t-1$ 时刻，我们所选择的 VaR 模型提供了第 t 期的每日风险价值的估计 $\mathrm{VaR}_\alpha(t)$。这一估计的成效将在第 t 期结束时被确认，那时可以比较 $\mathrm{VaR}_\alpha(t)$ 和当日已实现的损失 $\mathcal{L}_t$。鉴于此，定义一个指标随机变量

$$I_t=\begin{cases}1, & \mathcal{L}_t>\mathrm{VaR}_\alpha(t),\\ 0, & \text{其他。}\end{cases}$$

设 p 表示失败的概率，即

$$p=P\{I_t=1\}\Rightarrow P\{I_t=0\}=1-p。$$

在数学术语中，我们说 I_t 是一个伯努利试验的例子，该随机试验只有两个可能的结果：成功或失败。事件 $\{I_t=1\}$（失败的）代表一次 VaR 异常，因此，为了建立一个完美的风险模型，我们希望 p（发生异常的概率）可以等于 $1-\alpha$。

为了判断所选模型的表现，我们另外假设 $(I_{t+\tau})_{\tau\geqslant 0}$ 是一个独立的序列。然后，我们转向模型过去的历史，检验过去 T 天的 VaR 估计的值。具体来说，可以通过求解下式来计算发生异常的数量：

$$T_{\mathrm{ex}}=\sum_{\tau=1}^{T}I_{t-\tau}。\tag{24.2}$$

因此，异常天数所占的比例由下式给出：

$$\pi_{\mathrm{ex}}=\frac{1}{T}\sum_{\tau=1}^{T}I_{t-\tau}=\frac{T_{\mathrm{ex}}}{T}。\tag{24.3}$$

现在，如果模型是与目的相符的，我们将希望 $\pi_{\mathrm{ex}}\approx 1-\alpha$。事实上，巴塞尔银行监管委员会在设置式（24.1）中惩罚因子 P 值时，就使用了这一思路。具体来说，在 99% 的置信水平下的 250 个 VaR 估计的样本是必需的。监管机构在此设定下计算式（24.3）中的 π_{ex}，一切顺利的话应该约为 0.01。惩罚因子由 π_{ex} 偏离 0.01 的量决定，见表 24.1。

表 24.1 监管后验测试决定的惩罚因子值

π_{ex}	≤0.016	0.02	0.024	0.028	0.032	0.036	≥0.04
P	3	3.4	3.5	3.65	3.75	3.85	4

24.2 检验 VaR 异常的比例

为了建立一个具体的统计检验，我们遵循克里斯托弗森（Christoffersen，1998）的方法。我们首先简单地观察到，VaR 成功（失败）的似然估计被概括为

$p^{I_t}(1-p)^{1-I_t}$。现在，假设指标事件彼此独立地发生，可以使用过去 T 天的历史数据来构造相关的似然函数

$$
\begin{aligned}
L(p) &= \prod_{\tau=1}^{T} p^{I_{t-\tau}}(1-p)^{1-I_{t-\tau}} \\
&= p\sum_{\tau=1}^{T} I_{t-\tau}(1-p)^{\mathrm{T}} - \sum_{\tau=1}^{T} I_{t-\tau} \\
&= p^{T_{ex}}(1-p)^{T-T_{ex}}\text{。}
\end{aligned}
$$

因此，也有相关的对数似然函数

$$
\begin{aligned}
LL(p) &= \log(p^{T_{ex}}(1-p)^{T-T_{ex}}) \\
&= T_{ex}\log(p) + (T-T_{ex})\log(1-p)\text{。}
\end{aligned} \tag{24.4}
$$

如果令 p^* 表示使式（24.4）最大化的 p 值，那么它的值必须满足一阶条件

$$
\frac{\mathrm{d}}{\mathrm{d}p}LL(p)\big|_{p=p^*} = \frac{T_{es}}{P^*} - \frac{T-T_{ex}}{1-p^*} = 0\text{。} \tag{24.5}
$$

可以很容易地发现，当 $p^* = T_{ex}/T$ 时式（24.5）成立，也就是说，VaR 异常概率的最大似然估计与样本估计式（24.3）相同。

现在，我们有能力探索出一个统计检验，用于验证以下零假设成立（或不成立）：

$$
H_0\colon p = 1-\alpha,\ H_1\colon p \neq 1-\alpha\text{。}
$$

要做到这一点，我们采用所谓的广义似然率表达式（18.17）。我们记得，这一比例的构建涉及以下两个数量的计算：

1）当未知参数可以在整个参数空间内变化时，似然函数的最大值。

在我们的例子中参数空间是区间［0，1］，似然函数的最大值是

$$
L_{\text{full}}(p^*) = \left(\frac{T_{ex}}{T}\right)^{T_{ex}}\left(1-\frac{T_{ex}}{T}\right)^{T-T_{ex}}\text{。} \tag{24.6}
$$

2）当未知参数被限制在参数空间 Θ 的某个子空间 Θ_{res} 内时，似然函数的最大值。

在我们的例子中，受限制的参数空间是单点$\{1-\alpha\}$（一次 VaR_α 异常的真实概率），相对应的似然函数是

$$
L_{res}(1-\alpha) = (1-\alpha)^{T_{ex}}\alpha^{T-T_{ex}}\text{。}
$$

鉴于以上所述，基于 T 日观测值的 VaR 异常比例的广义似然率由下式给出：

$$
\lambda_{\text{prop}}(T) = \frac{L_{res}(1-\alpha)}{L_{\text{full}}(p^*)} = \frac{(1-\alpha)T_{ex}\alpha T - T_{ex}}{\left(\frac{T_{ex}}{T}\right)^{T_{ex}}\left(1-\frac{T_{ex}}{T}\right)^{T-T_{ex}}}\text{。}
$$

注意到，根据定义，$\lambda_{\text{prop}}(T)$永远不会超过单位 1。事实上它的值越小，零假设被数据支持的可能性就越小。在这里，我们可以使这一方法变得更加科学，因为在一定的规律性条件下，我们可以引用第 18 章中的命题，来得出下面的对数比率

检验统计量：

$$LR_{\text{prop}} = -2\log(\lambda_{\text{prop}}(T)) = -2\log\left(\frac{(1-\alpha)^{T_{\text{ex}}}\alpha^{T-T_{\text{ex}}}}{\left(\frac{T_{\text{ex}}}{T}\right)^{T_{\text{ex}}}\left(1-\frac{T_{\text{ex}}}{T}\right)^{T-T_{\text{ex}}}}\right)。\quad (24.7)$$

当 $T\to\infty$ 时，它收敛到自由度为 1 的卡方随机变量。我们运用这一信息来检验零假设的有效性。具体而言，我们为该检验选择 $l\in$（0，1）的显著性水平，并按以下步骤进行操作：

1）使用统计表或计算机程序包，计算 χ_1^2 的 $100\cdot l\%$ 分位数 $z_1(l)$，也就是说，计算满足 $P\{z_1\leqslant z_1(t)\}=l$ 的值，其中 Z_1 是自由度为 1 的卡方随机变量。

2）对于一个足够大的样本，可以假设 LR_{prop} 约为具有一个自由度的卡方随机变量，因此

$$P\{L|R_{\text{prop}}\leqslant z_1(l)\}\approx l。$$

3）然后，我们遵循判定规则：

$$\text{接受 } H_0\text{，即接受模型，如果 } LR_{\text{prop}}\leqslant z_1(l)\text{，否则拒绝模型。}\quad (24.8)$$

4）为了得到进一步的证据，计算检验的 p 值：

$$p=1-\chi_1^2(LR_{\text{prop}})。$$

如果 p 值很小，具体来说如果 $p<l$，则它可以被用作拒绝该模型的证据支持。

例如，如果选择 5% 的显著性水平，即 $l=0.05$，则 χ_1^2 分布的临界值为 $z_1(0.05)=3.84$。因此，如果 LR_{prop} 检验值大于 3.84，又如果 p 值小于 0.05，那么我们应该考虑在 5% 的水平上拒绝 VaR 模型。

注意：从业者不应忽视的事实是，LR 检验统计量的推导是基于渐近理论的，也就是说，分布结果在 $T\to\infty$ 的极限下成立。在实践中这意味着，为了得到更有信心的结果，这一检验只适用于样本容量 T 很大的情况。关于检验属性的精彩探讨和更加深入的例子，请参见库皮克（Kupiec）于 1995 年出版的著作。

24.3 检验 VaR 异常的独立性

上述 LR 检验的缺点是，它虽然获取到了 VaR 异常的比例，但是没有考虑它们发生的时间。VaR 异常值的时限是重要的，因为，正如我们所知，金融损失呈现波动聚类，在高波动率的时期，遭受较大损失的机会也增加。一个好的 VaR 模型将会把聚类现象考虑在内，因此，我们不希望发现 VaR 异常聚集在一起。因而重要的是，一个好的 VaR 模型应该将 VaR 异常作为相互独立的事件。在 20 世纪 90 年代后期，克里斯托弗森解决了这一问题，并提出了一个增强的 LR 检验统计量，包含了一个 VaR 异常的独立性检验。他的方法背后的思路是要考虑一个情况，即今天的异常概率与昨天是否发生了异常相独立。作为准备，定义

$$p_{ee}=P\{I_{t-\tau}=1\text{given}I_{t-\tau-1}=1\}\text{（异常，假定以前发生异常）},$$

$$p_{en}=P\{I_{t-\tau}=0\text{given}I_{t-\tau-1}=1\}\text{（异常，假定以前未发生异常）。}$$

进而，使用条件概率法则，有

$$p_{ne}=P\{I_{t-\tau}=1\text{given}I_{t-\tau-1}=0\}=1-p_{ee},$$

$$p_{nn}=P\{I_{t-\tau}=0\text{given}I_{t-\tau-1}=0\}=1-p_{en}\text{。}$$

现在，考察一个时间序列上的过去损失和以前的 VaR 估计，来确定以下数值：

T_{ee} = 异常之后发生异常的情况，

T_{en} = 异常之后未发生异常的情况，

T_{ne} = 无异常之后发生异常的情况，

T_{nn} = 无异常之后未发生异常的情况。

与这些观测值相对应的似然函数由下式给出：

$$L(p_{ee},p_{en})=(1-p_{en})^{T_{nn}}p_{en}^{T_{en}}(1-p_{ee})^{T_{ne}}p_{ee}^{T_{ee}}\text{。}$$

对数似然函数是

$$LL(p_{en},p_{ee})=T_{nn}\log(1-p_{en})+T_{en}\log(p_{en})+T_{ne}\log(1-p_{ee})+T_{ee}\log(p_{ee})\text{。}$$

通过求解一阶条件，可以找到最大似然估计值 p_{ee}^* 和 p_{en}^*，即

$$\frac{\partial LL}{\partial p_{ee}}=-\frac{T_{ne}}{1-p_{ee}^*}+\frac{T_{ee}}{p_{ee}^*}=0\quad\Rightarrow\quad p_{ee}^*=\frac{T_{ee}}{T_{ne}+T_{ee}},\tag{24.9}$$

并且

$$\frac{\partial LL}{\partial p_{en}}=-\frac{T_{nn}}{1-p_{en}^*}+\frac{T_{en}}{p_{en}^*}=0\quad\Rightarrow\quad p_{en}^*=\frac{T_{en}}{T_{en}+T_{nn}}\text{。}\tag{24.10}$$

在这一框架内可以推断出，无约束的最大似然函数值表示为

$$L_{full}(p_{en}^*,p_{ee}^*)=(1-p_{en}^*)^{T_{nn}}(P_{en}^*)^{T_{en}}(1-p_{ee}^*)^{T_{ne}}(p_{ee}^*)^{T_{ee}}\text{。}$$

如果我们现在执行异常序列独立的限制条件，即 $p_{ne}=p_{ee}=p$，则似然函数可以改写为更加熟悉的形式

$$p^{T_{ex}}(1-p)^{T-T_{ex}}\text{。}$$

其中，T_{ex} 由式（24.2）给出，它只是在此期间内的 VaR 异常的数量。在这一设定下，我们从式（24.5）知道，这个数量的最大化为 $p^*=T_{ex}/T$，因此，有约束的最大似然函数由下式给出：

$$L_{res}(p^*)=\left(\frac{T_{ex}}{T}\right)^{T_{ex}}\left(1-\frac{T_{ex}}{T}\right)^{T-T_{ex}}\text{。}$$

采用与上一节相同的方式进行研究，我们可以推断，VaR 异常的独立性的广义似然率表示为

$$\lambda_{\text{ind}}(T)=\frac{L_{\text{res}}(p^{*})}{L_{\text{full}}(p_{\text{en}}^{*},p_{\text{ee}}^{*})}$$

$$=\frac{\left(\frac{T_{\text{ex}}}{T}\right)^{T_{\text{ex}}}\left(1-\frac{T_{\text{ex}}}{T}\right)^{T-T_{\text{ex}}}}{(1-p_{\text{en}}^{*})^{T_{\text{nn}}}(p_{\text{en}}^{*})^{T_{\text{en}}}(1-p_{\text{ee}}^{*})^{T_{\text{ne}}}(p_{\text{ee}}^{*})^{T_{\text{ee}}}}。\qquad(24.11)$$

其中，p_{en}^{*}和p_{ee}^{*}分别由式（24.10）和式（24.9）给出。运用与之前相同的论点可以推断出，对数比率检验统计量

$$LR_{\text{ind}}(T)=-2\log(\lambda_{\text{ind}}(T))\qquad(24.12)$$

当 $T\to\infty$ 时收敛于具有一个自由度的卡方随机变量。然后，$LR_{\text{ind}}(T)$的值就可以被用来以通常的方式验证 VaR 异常的独立性假设。特别是，这个检验能够拒绝使 VaR 异常呈现聚类的 VaR 模型。

到目前为止，我们的探索一直关注着任何 VaR 模型都会表现出的两个重要特征：

1）在过去的 T 日内取到的 VaR_α 异常的比例应该与期望值 $1-\alpha$ 保持接近。

在 T 足够大的条件下，这一属性可以用式（24.7）中的检验统计量 $LR_{\text{prop}}(T)$ 来测试。

2）该模型不应产生 VaR 异常的聚集，它们应被视为独立事件。

在 T 足够大的条件下，这一属性可以再次使用式（24.12）中的检验统计量 $LR_{\text{ind}}(T)$（24.12）来测试。

我们现在提出一个简单但有用的观察。我们注意到，$\lambda_{\text{prop}}(T)$的分子与 $\lambda_{\text{ind}}(T)$ 的分母相同，因此我们可以将这两个量相乘，产生一个新的似然率

$$\lambda_{\text{joint}}(T)=\lambda_{\text{prop}}(T)\lambda_{\text{ind}}(T)$$

$$=\frac{(1-\alpha)^{T_{\text{ex}}}\alpha^{T-T_{\text{ex}}}}{(1-p_{\text{en}}^{*})^{T_{\text{nn}}}(p_{\text{en}}^{*})^{T_{\text{en}}}(1-p_{\text{ee}}^{*})^{T_{\text{ne}}}(p_{\text{ee}}^{*})^{T_{\text{ee}}}}。\qquad(24.13)$$

因而，我们可以运用对数函数的加法性质，推导出

$$\begin{aligned}-2\log(\lambda_{\text{joint}}(T))&=-2\log(\lambda_{\text{prop}}(T)\lambda_{\text{ind}}(T))\\&=-2\log(\lambda_{\text{prop}}(T))-2\log(\lambda_{\text{ind}}(T))\\&=LR_{\text{prop}}(T)+LR_{\text{ind}}(T)。\end{aligned}$$

这一推导过程使我们能够定义新的检验统计量

$$\begin{aligned}LR_{\text{joint}}(T)&=-2\log(\lambda_{\text{joint}}(T))\\&=LR_{\text{prop}}(T)+LR_{\text{ind}}(T)。\end{aligned}\qquad(24.14)$$

根据定义，当 $T\to\infty$ 时，它收敛于具有两个自由度的卡方随机变量。因此，我们可以运用 $LR_{\text{joint}}(T)$，对 VaR 异常的比例范围及其独立性进行联合检验，这就是克里斯托弗森的后验测试框架，它被总结如下：

使用损失观测值和风险价值（VaR）估计的大样本，采用克里斯托弗森的联合

检验统计量 $LR_{\text{joint}}(T)$ 对 VaR 模型的表现进行检验。

如果模型通过检验，则不需要进行更多操作。

如果模型未通过检验，则应该判断是不是因为它近似于异常值的比例不够精确，并且（或者）异常值是不是倾向于聚集。这可以通过分别求解并检验 $LR_{\text{prop}}(T)$ 和 $LR_{\text{ind}}(T)$ 来实现。

参考文献

Abramowitz, M. and Stegun, I.A. (1964) *Handbook of Mathematical Functions*, Dover Publications, New York.

Acerbi, C. and Tasche, D. (2002) On the coherence of expected shortfall, *Journal of Banking and Finance* **26**(7) 1487–1503.

Alexander, C. (2008a) *Market Risk Analysis, Volume II, Practical Financial Econometrics*, John Wiley, Chichester.

Alexander, C. (2008b) *Market Risk Analysis, Volume IV, Value-at-Risk Models*, John Wiley, Chichester.

Artzner, P., Delbaen, F., Eber, J.-M. and Heath, D. (1999) Coherent measures of risk, *Mathematical Finance* **9** 203–228.

Balkema, J. and de Hahn, L. (1974) Residual life at great age, *Annals of Probability* **2**.

Baxter, B.J.C. (2010) *Numerical Analysis Lecture Notes*, http://www.cato.tzò.com/brad/M2N1/.

Berger, M.A. (1992) *An Introduction to Probability and Stochastic Processes*, Springer Texts in Statistics, Springer, Berlin.

Bielecki, T.R. and Rutkowski, M. (2010) *Credit Risk: Modelling, Valuation and Hedging*, Springer Finance, Berlin.

Black, F. and Scholes, M. (1973) The pricing of options and corporate liabilities, *Journal of Political Economy* **81**, 637–654.

Bollerslev, T. (1986) Generalized autoregressive conditional heteroscedasticity, *Journal of Econometrics* **31**, 307–327.

Box, G.E.P. and Muller, M.E. (1958) A note on the generation of random normal deviates, *Annals of Mathematical Statistics* **29**(2), 610–611.

Britten-Jones, M. and Schaeffer, S.M. (1999) Nonlinear value at risk, *European Finance Review* **2** 161–187.

Cornish, E.A. and Fisher, R.A. (1937) Moments and cumulants in the specification of distributions, *Revue de l'Institut International de Statistique 5*, **4** 307–320.

Christoffersen, P.F. (1998) Evaluating interval forecasts, *International Economic Review* **39** 841–862.

Christoffersen, P.F. (2003) *Elements of Financial Risk Management*, Academic Press, New York.

Cox, D.R. and Hinkley, D.V. (1979) *Theoretical Statistics*, Chapman and Hall, London.

Cramér, H. (1966) *Mathematical Methods of Statistics*, Princeton University Press, Princeton, NJ.

Dowd, K. (2002) *An Introduction to Market Risk Measurement*, John Wiley, Chichester.

Edgeworth, F.Y. (1905) The law of error, *Proceedings of the Cambridge Philosophical Society* **20** 36–66.

Embrechts, P., Klüppelberg, C. and Mikosch, T. (1997) *Modelling Extremal Events for Insurance and Finance*, Springer, Berlin.

Engle, R.F. (1982) Auto-regressive conditional heteroskedasticity with estimates of variance of United Kingdom inflation, *Econometrica* **50** 987–1007.

Engle, R.F. and Ng, V. (1993) Measuring and testing the impact of news on volatility, *Journal of Finance* **48**(5) 1749–1778.

Fisher, R.A. and Tippet, L.H.C. (1928) Limiting forms of the frequency distribution of the largest or smallest number of the sample. *Proceedings of the Cambridge Philosophical Society* **24** 180–190.

Gil-Pelaez, J. (1951) Note on the inversion theorem, *Biometrika* **38** 481–482.

Gill, P.E., Murray, W. and Wright, M.H. (1982) *Practical Optimization*, Academic Press, New York.

Glasserman, P. (2004) *Monte Carlo Methods in Financial Engineering*, Springer Science, Berlin.

Glosten, L.R., Jagannathan, R. and Runkle, D.E. (1993) On the relation between the expected value and the volatility of the nominal excess return on stocks, *Journal of Finance* **48**(5) 1779–1801.

Gnedenko, B.V. (1941) Limit theorems for the maximal term of a variational series, *Comptes Rendus de l'Acad Sc l'USRR* **32**.

Gouriéroux, C. (1997) *ARCH Models and Financial Applications*, Springer Series in Statistics, Springer, Berlin.

Higham, D.J. (2004) *An Introduction to Financial Option Valuation*, Cambridge University Press, Cambridge.

Huand, C.F. and Litzenberger, R. (1988) *Foundations for Financial Economics*, North Holland, Amsterdam.

Hull, J.C. (2007) *Risk Management and Financial Institutions*, Pearson Prentice Hall, New Jersey.

Imhof, J.P. (1961) Computing the distribution of quadratric forms in normal variables, *Biometrika* **48** 419–426.

Jarque, C.K. and A.K. Bera, (1980) Efficiency tests for normality, homoskedasticity and serial independence of regression residuals, *Economic Letters* **6** 255–259.

Jondeau, E., Poon, S. and Rockinger, M. (2007) *Financial Modeling Under Non-Gaussian Distributions*, Springer Finance (Financial Engineering). Springer, Berlin

Jorion, P. (2006) *Value at Risk*, McGraw-Hill, New York.

Joshi, M.S. (2005) *The Concepts and Practice of Mathematical Finance*, Cambridge University Press, Cambridge.

Kendall, M.G. and Stuart, A. (1956) *The Advanced Theory of Statistics, Volume 1*, Charles Griffin and Co. Ltd.

Kupiec, P. (1995) Techniques for verifying the accuracy of risk measurement models, *Journal of Derivatives* **2** 173–184.

Mandelbrot, B.B. (1963) The variation of certain speculative prices, *Journal of Business* **XXXVI** 675–702.

Markowitz, H.M. (1952) Portfolio selection, *Journal of Finance* **7** 77–91.

McNeil, A.J., Frey, R. and Embrechts, P. (2005) *Quantitative Risk Management*, Princeton University Press, Princeton, NJ.

Merton, R.C. (1973) Theory of rational option pricing, *The Bell Journal of Econometrics and Management Science* **4**, 141–183.

Mina, J. and Ulmer, A. (1999) *Delta-Gamma: Four ways*, RiskMetrics Publication.

Moix, P-Y. (2001) *The Measurement of Market Risk*, LNEMS **504** Springer, Berlin.

Nash, S.G. and Sofer, A. (1996) *Linear and Nonlinear Programming*, McGraw-Hill, New York.

Neftci, S.N. (1996) *An Introduction to the Mathematics of Financial Derivatives*, Academic Press, New York.

Nelson, D.B. (1991) Conditional heteroskedasticity in asset returns: a new approach, *Econometrica* **59**, 347–370.

Picklands, J. (1975) Statistical inference using extreme order statistics, *Annals of Statistics* **3** 119–131.

Poon, S.-H. (2005) *A Practical Guide to Forecasting Financial Market Volatility*, John Wiley, Chichester.

Schönbucher, P.J. (2003) *Credit Derivatives Pricing Models*, John Wiley, Chichester.

Sharpe, W.F. (1964) Capital asset prices: a theory of market equilibrium under conditions of risk, *Journal of Finance* **19**(3) 425–442.

Szegö, G. (1959) *Orthogonal Polynomials*, American Mathematical Society, New York.

Taylor, S.J. (2007). *Asset Price Dynamics, Volatility and Prediction*, Princeton University Press, Princeton, NJ.

Wilmott, S., Howison, S. and Dewynne, J. (1995) *The Mathematics of Financial Derivatives – A Student Introduction*, Cambridge University Press, Cambridge.